새로운 배움, 더 큰 즐거움

미래엔이 응원합니다!

올리드

중등 역사 ①-2

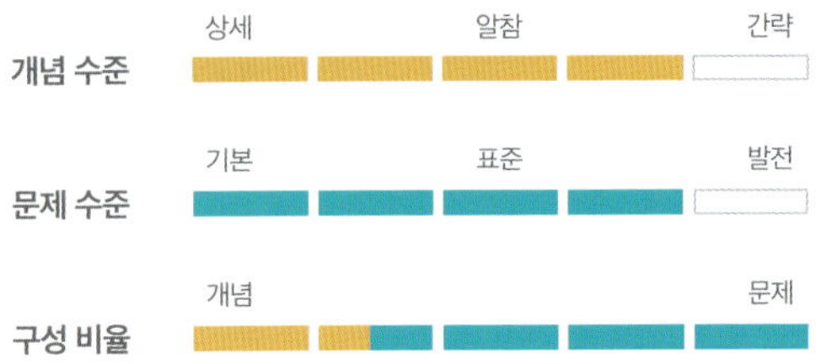

BOOK CONCEPT

개념 이해부터 내신 대비까지 완벽하게 끝내는 필수 개념서

BOOK GRADE

개념 수준	상세	알참	간략

문제 수준	기본	표준	발전

구성 비율	개념		문제

WRITERS

강승호　과천여고 교사 | 동국대 역사교육과
문지은　심원고 교사 | 서울대 역사교육과
이진욱　공항고 교사 | 서울대 역사교육과

COPYRIGHT

인쇄일 2022년 9월 1일(1판10쇄)
발행일 2020년 4월 6일

펴낸이 신광수
펴낸곳 ㈜미래엔
등록번호 제16-67호

교육개발2실장 김용균
개발책임 김문희
개발 황대근

콘텐츠서비스실장 김효정
콘텐츠서비스책임 이승연

디자인실장 손현지
디자인책임 김기욱
디자인 이진희, 유성아

CS본부장 강윤구
CS지원책임 강승훈

ISBN 979-11-6841-128-9

역사 수업 시간에 무슨 말인지 몰라
한숨만 쉬다 온 친구!
역사가 공부할 내용은 많은데 어떻게 정리해야 할지 모르겠고,
어떤 사람은 외우면 된다고 하고, 다른 사람은 이해만 하면 된다고 하고!
역사 공부에 갈피를 못 잡겠어서 고민이라고요?

**걱정마세요,
이제 올리드를 만났잖아요 :D**

올리드가 여러분의 역사 공부 친구가 되어 드릴게요.
중요 개념을 중심으로 한 쪽에 정리한 내용과
개념을 쉽고 빠르게 확인해 볼 수 있는 문제,
학교 시험 유형과 유사한 실전 문제,
중간·기말고사에 대비할 수 있는 시험대비 문제까지!
빠지는 게 하나도 없는 **올리드**가
여러분이 가는 역사 공부의 길을 꽃길로 만들어 줄게요.

올리드와 함께 걸을 준비 되었나요?

이제 시작이에요.
여러분이 걷는 꽃길의 끝에는 **역사 만점이 기다리고 있답니다!**

Structure

올리드는 6종 역사 교과서를 완벽 분석하여 개발한 필수 개념서로, 개념학습편과 시험대비편으로 되어 있습니다. 개념학습편은 짧은 시간에 효율적으로 개념을 완성하도록 구성하였고, 시험대비편은 시험 직전 최종 점검할 수 있도록 구성하였습니다.

개념 학습편

주제별 학습으로 짧게! 개념 완성!

1 교과서 내용 정리

짧고 간결하게 주제별 1쪽 내용 정리로 구성하여 학습의 집중도를 높였습니다.

2 꼭 나오는 자료

시험에 꼭 나오는 알짜 자료만 엄선하여 알기 쉽게 자료 분석을 하였습니다.

3 용어 사전

꼭 알아야 하는 어려운 용어를 설명하여 개념 이해를 돕도록 구성하였습니다.

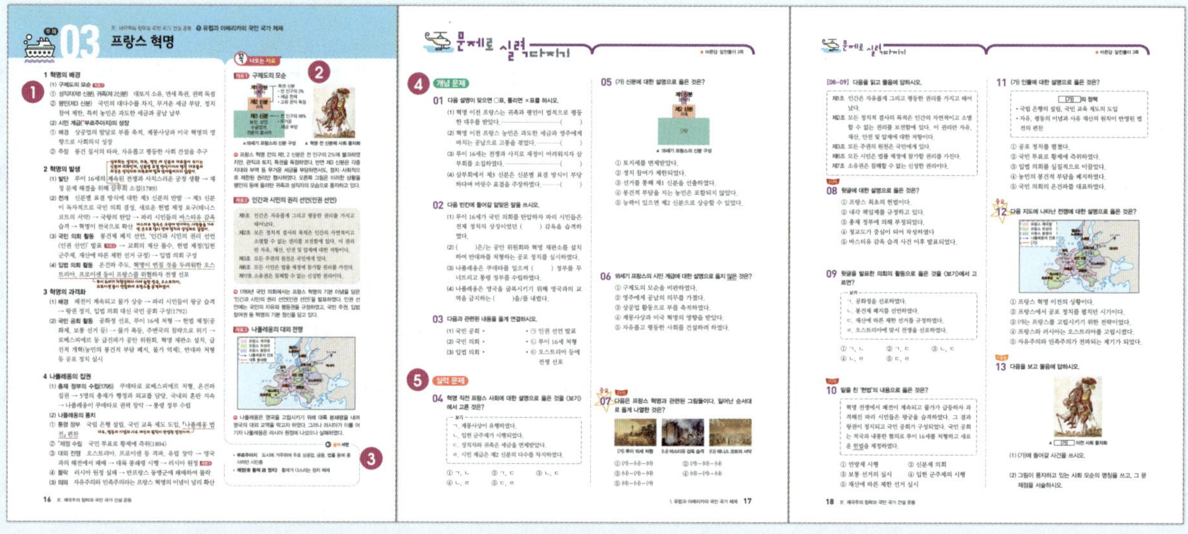

4 개념 문제

학습한 개념을 제대로 알고 있는지 빠르게 확인할 수 있도록 구성하였습니다.
빈칸 채우기, 선 연결, ○× 문제 등 다양한 개념 문제로 잘못 이해하고 있는
개념은 없는지, 혼동하고 있는 개념은 없는지 체크할 수 있습니다.

5 실력 문제

다양한 유형의 문제로 탄탄하게 실력을 다져 나갈 수 있도록 구성하였습니다.
핵심 개념이 빠짐없이 다루어지도록 문제를 배열하였고, 고난도 문제뿐만
아니라 시험에 자주 출제되는 서술형 문제도 제시하였습니다.

6 올리드 특강

중요한 개념을 다시 한 번 짚어 볼 수 있도록 여러 유형의 문제와 함께 구성하였습니다.

7 표와 자료로 마무리하기

개념을 일목요연하게 정리한 후 필수 자료와 연관지어 확실하게 단원을 마무리할 수 있습니다.

8 실전문제로 마무리하기

다양한 실전 문제와 단원 통합 문제로 종합적인 분석 능력과 응용력을 키울 수 있습니다.

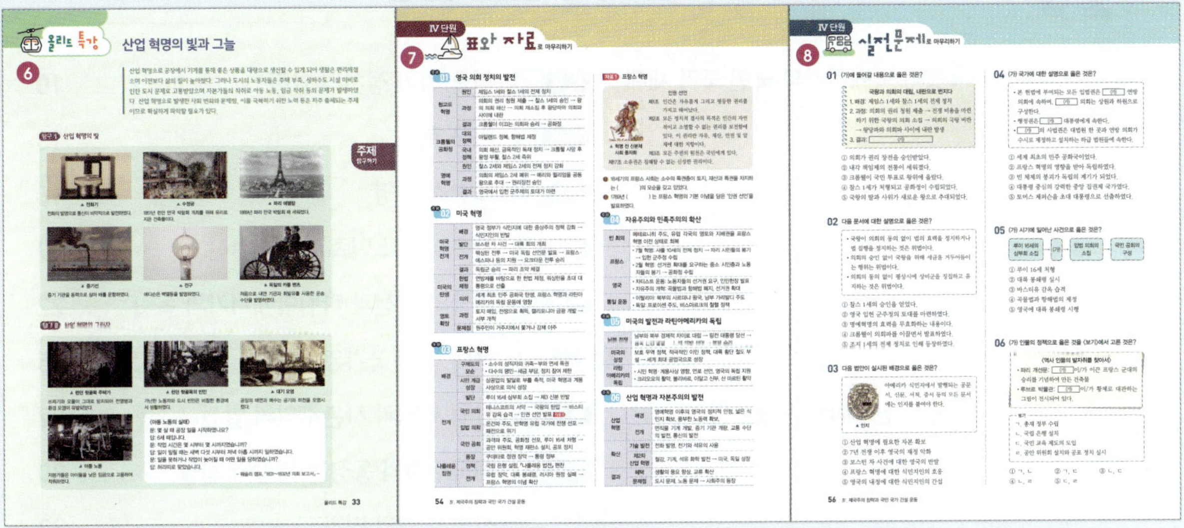

시험
대비편

핵심 요약과 기출 문제로 빠르게! 최종 점검!

1 주제별 핵심 요약

주제별 시험에 잘 나오는 핵심 개념만 뽑아 한눈에 정리하여 시험 직전에
쉽고 빠르게 공부할 수 있습니다.

2 주제별 기출 문제

기출 문제를 분석하여 학교 시험과 유사한 유형과 난이도로 문제를 구성하여
시험 대비를 완벽하게 할 수 있습니다.

차례 Contents

IV 제국주의 침략과 국민 국가 건설 운동

V 세계 대전과 사회 변동

VI 현대 세계의 전개와 과제

1 내가 가지고 있는 교과서의 출판사명과 학교 시험 범위를 확인한다.

2 올리드의 해당 쪽수를 찾아서 공부한다.

예 학교 시험 범위가 미래엔 역사 교과서 142~145쪽일 경우, 올리드의 16~18쪽을 공부하면 된다.

금성	동아출판	비상교육	지학사	천재교육
132~133	138	133		136~137
134~135	126~127	134~135	130~131	136~137
136~139	128~129	136~139	132~134	138~140
140~143	130~133	140~143	135~137	140~145
144~145	134~135	144~145	138	146~147
146~151	138~141	147~152	140~144	148~151
152~153	142~143	153~155	145~148	152~157
154~156	146~147	156, 159~161	150~154	158~161
157~161	148~151	157, 162~163	155~159	162~163
164~165, 168~169	154~157	165~168	162, 164, 166, 169	166~169
166, 170, 172~173	158~159	169~170	163, 165, 167~168	170~173
167, 171	160~161	171~172	165, 167, 169	174~175
180~182	168~169, 172~173	179~181, 183	178~180, 183~184	180~185
184~187	170~171, 174~175	182, 184	181~182	186~191
188~193	178~181	185~189	186~195	192~199
194~203	184~187	191~203	196~207	200~209
210~214	194~197	209~215	214~223	214~223
215~217	200~203	217~221	224~231	224~231
218~227	206~217	223~233	232~243	232~247

독서 자극 명언

예로부터 '시간이 없어서 책을 읽지 못하는 사람은 시간이 있어도 책을 읽지 않는다.'라는 말이 있습니다. 독서와 관련된 아래의 명언을 통해 독서의 중요성을 느껴 보세요.

- 남의 책을 많이 읽어라. 남이 고생하여 얻은 지식을 아주 쉽게 내 것으로 만들 수 있고, 그것으로 자기 발전을 이룰 수 있다. — 소크라테스

- 필기는 정확한 사람을 만들고, 담론은 재치 있는 사람을 만들며, 독서는 완성된 사람을 만든다. — 프랜시스 베이컨

- 나는 책 한 권을 책꽂이에서 뽑아 읽었다. 그리고 그 책을 꽂아놓았다. 그러나 나는 이미 조금 전의 내가 아니다. — 앙드레 지드

- 한 인간의 존재를 결정짓는 것은 그가 읽은 책과 그가 쓴 글이다. — 도스토예프스키

- 지금의 나를 만든 것은 하버드 대학도 아니고 미국이라는 나라도 아니고 내 어머니도 아니다. 내가 살던 마을의 작은 도서관이었다. 하버드 졸업장보다 소중한 것이 독서하는 습관이다. — 빌 게이츠

제국주의 침략과 국민 국가 건설 운동

주제 01 영국 의회 정치의 발전

1 청교도 혁명(1642~1649)

(1) 배경 17세기 시민 계급과 *젠트리 성장

① **농촌** 장원제 붕괴 → 중소 지주층인 젠트리 성장

② **도시** 상공업 발달 → 상인, 제조업자 등 시민 계급 성장

③ **젠트리와 시민 계급** 청도교가 대부분, 의회의 다수 차지 → 국왕의 전제 정치 비판

(2) *청교도 혁명의 전개

① **원인** 제임스 1세와 찰스 1세의 전제 정치(의회 무시, 의회의 승인 없이 과세, 청교도 탄압) `자료1`
　└ 의회의 승인 없이 과세를 금지하고 이유 없는 구속을 금지하는 내용을 담고 있어.

② **전개** 찰스 1세의 세금 부과, 청교도 탄압 → 의회의 권리 청원 제출 → 찰스 1세의 승인(1628) → 왕의 의회 해산·탄압 → 전쟁 비용이 필요한 찰스 1세의 의회 소집 → 의회의 세금 부과 반대, 국왕의 실정 비판 → 왕당파와 의회파 사이에 내전 발생(1642)

③ **결과** 크롬웰이 이끄는 의회파 승리 → 찰스 1세 처형, 공화정 수립(1649)

(3) 크롬웰의 공화정 `자료2`

① **대외 정책** 왕당파의 거점인 아일랜드 정복, 항해법을 제정하여 대외 무역 확대
　└ 영국과 영국의 식민지에 상품을 운반하는 선박은 영국이나 상품 생산국의 선박이어야 한다고 규정해서 네덜란드 중계 무역에 타격을 주었어.

② **국내 정책** 의회를 해산하고 청교도 윤리에 입각한 금욕적인 독재 정치 전개 → 국민의 반감

③ **결과** 크롬웰 사망 후 왕정 부활, 찰스 2세의 즉위

2 명예혁명(1688)

(1) 원인 찰스 2세와 제임스 2세의 전제 정치 강화 (의회 무시, 청교도 탄압)

(2) 전개 의회의 제임스 2세 폐위 → 제임스 2세의 딸 메리와 그녀의 남편 윌리엄을 공동 왕으로 추대(명예혁명)

(3) 권리 장전 승인(1689) 의회의 입법 권한과 과세 승인 권한을 확인 → 의회가 왕의 권력을 제한 `자료3`

(4) 결과 영국에서 *입헌 군주정의 토대가 마련

3 영국의 발전

(1) 대외적 성장 앤 여왕 때 스코틀랜드 병합(1707), 식민지 확대 → 대영 제국 수립

(2) 정치적 안정
　└ 앤 여왕이 후계자를 낳지 못하고 죽자, 제임스 1세의 후손인 하노버 공이 조지 1세로 즉위하여 하노버 왕조가 시작되었어.

① **조지 1세 즉위** 독일에서 성장, 영국 사정에 어두워 정치에 관여하지 못함.

② **내각 책임제 실시** 의회의 다수당이 내각을 구성하여 정치를 주도 → '왕은 군림하나 통치하지 않는다'는 영국 정치의 전통이 수립

(3) 경제 발전 정치적 안정을 바탕으로 가장 먼저 18세기 후반 산업 혁명 시작

꼭 나오는 자료

자료1 제임스 1세의 전제 정치

> 성서 안에서 왕은 신으로 불리고 있다. 따라서 그의 권력은 어떤 의미에서 보면 신의 권력과도 비유된다. 왕은 이 세상에서 일종의 신의 권력이나 신의 권력과 비슷한 힘을 행사하는 까닭에 신으로 불리는 것은 정당하다. 신의 속성을 생각해 보면 그것이 얼마나 왕과 일치하는가를 알 수 있기 때문이다.　– 제임스 1세의 연설(1610) –

🔵 제임스 1세는 원래 스코틀랜드의 왕이었다. 영국 왕 엘리자베스 1세가 후계자 없이 죽자 그 뒤를 이어 영국의 왕위에 올랐다. 그는 왕권신수설을 지지하고 의회를 무시하였는데 이는 청교도 혁명이 일어나는 원인 중 하나가 되었다.

자료2 크롬웰의 공화정

🔵 크롬웰은 찰스 1세의 의회 탄압에 맞서 의회파를 이끌고 내전에서 승리하였다. 그는 청교도 혁명이 성공한 이후 공화정을 수립하고 호국경의 자리에 올라 모든 권력을 장악하였다. 집권 초기에는 사회를 안정시키고 항해법을 제정하여 영국의 대외 무역을 발전시켰으나 음주와 도박을 금지하고 문화 활동을 규제하여 국민의 불만을 샀다.

▲ 크롬웰

자료3 권리 장전

- 국왕이 의회의 동의 없이 법의 효력을 정지하거나 법 집행을 정지하는 것은 위법이다.
- 의회의 승인 없이 국왕을 위해 세금을 거두어들이는 행위는 위법이다.
- 의회의 동의 없이 평상시에 상비군을 징집하고 유지하는 것은 위법이다.
- 의회 안에서 말하고 토론한 내용으로 의회 아닌 어떤 곳에서도 고발당하거나 심문을 당하지 않는다.

🔵 의회는 제임스 2세를 폐위시키고 제임스 2세의 딸 메리와 남편 윌리엄을 공동 왕으로 추대하였다. 이 과정이 무력 충돌 없이 피를 흘리지 않고 이루어졌다고 해서 '명예혁명'이라고 한다. 이듬해 의회는 왕의 권력을 제한하는 권리 장전을 올려 왕의 승인을 받았다.

🔴 용어 사전

- * **젠트리** 귀족과 자영 농민 사이의 중소 지주층으로, 모직물 산업을 배경으로 경제력을 확대한 계층
- * **청교도(淸 푸르다 敎 가르치다 徒 무리)** 사치와 쾌락을 배격하고 금욕주의를 강조한 영국의 칼뱅파 신교도들
- * **입헌 군주정(立 세우다 憲 법 君主 임금 政 정치)** 의회가 정한 법률로 군주의 권력을 제한하는 정치 형태

★ 바른답·알찬풀이 2쪽

개념 문제

01 다음 설명이 맞으면 ○표, 틀리면 ×표를 하시오.

(1) 제임스 1세와 찰스 1세는 의회를 무시하고 청교도 를 탄압하였다. ····················( )

(2) 영국 의회는 찰스 1세 때 권리 청원을 제출하였지 만 왕의 승인을 얻지 못하였다. ············( )

(3) 크롬웰이 집권한 이후 청교도 윤리에 입각한 금욕 적인 독재 정치가 전개되었다. ·············( )

02 다음 빈칸에 들어갈 알맞은 말을 쓰시오.

(1) 17세기 영국에서 장원제가 무너지면서 새로운 중 소 지주층인 ( )이/가 성장하였다.

(2) 찰스 1세 때 왕당파와 의회파의 내전이 발생하자 ( )이/가 이끄는 의회군이 승리하여 공화정 을 수립하였다.

(3) 18세기 영국은 의회의 다수당이 내각을 구성하여 정치를 주도하는 ( )이/가 실시되었다.

03 괄호 안의 내용 중 옳은 것에 ○표 하시오.

(1) 청교도 혁명을 통해 영국 의회는 찰스 1세를 처형 하고 (공화정 / 입헌 군주정)을 수립하였다.

(2) 메리와 윌리엄은 공동 왕으로 추대된 뒤 (권리 청원 / 권리 장전)을 승인하였다.

(3) 명예혁명을 통해 영국은 (입헌 군주정 / 전제 군주 정)의 토대를 마련하였다.

실력 문제

04 **중요** (가)에 들어갈 사건으로 옳은 것은?

> [역사탐구교실]
>
> (가) 은/는 왜 일어났을까요?
>
> 학생: 배경은 무엇인가요?
>
> 교사: 17세기 영국에서 시민 계층과 젠트리가 성장하 면서 이들이 의회에 대거 진출하게 되었지요.
>
> 학생: 직접적인 원인은 무엇인가요?
>
> 교사: 제임스 1세와 찰스 1세가 의회를 무시하고 청 교도를 탄압하는 전제 정치를 실시한 일이 발 단이 되었어요.

① 명예혁명 ② 왕정 부활 ③ 프랑스 혁명
④ 청교도 혁명 ⑤ 왕위 계승 전쟁

05 **고난도** 다음 연설 내용에 대해 옳게 설명한 학생은?

> **제임스 1세의 연설(1610)**
>
> 성서 안에서 왕은 신으로 불리고 있다. 따라서 그의 권력은 어떤 의미에서 보면 신의 권력과도 비유된다. 왕은 이 세상에서 일종의 신의 권력이나 신의 권력과 비슷한 힘을 행사하는 까닭에 신으로 불리는 것은 정 당하다.

① 지원: 영국 의회의 강한 반발을 불러왔어.
② 수영: 권리 청원의 주장과 일치하고 있지.
③ 정우: 크롬웰의 절대적인 지지를 얻어냈어.
④ 규민: 청교도들의 생각과 일치하는 내용이야.
⑤ 민서: 도시의 상공업자들은 이 생각을 지지했어.

06 청교도 혁명 과정에서 일어난 사건으로 옳은 것을 〈보기〉 에서 고른 것은?

> **보기**
>
> ㄱ. 제임스 1세는 의회의 권리 청원을 승인하였다.
> ㄴ. 찰스 1세는 청교도 출신으로 왕위를 계승하였다.
> ㄷ. 의회파를 이끈 크롬웰이 왕당파 군대에 승리하였다.
> ㄹ. 찰스 1세가 처형된 후 왕정이 폐지되고 공화정이 세워졌다.

① ㄱ, ㄴ ② ㄱ, ㄷ ③ ㄴ, ㄷ
④ ㄴ, ㄹ ⑤ ㄷ, ㄹ

07 (가) 인물에 대한 설명으로 옳은 것은?

> [역사 인물 카드]
>
> 이 사람은 젠트리 출신의 군인이 자 정치가인 (가) 입니다. 정 치 혼란을 수습하기 위해 노력하 였지만 음주와 도박을 금지하고 문화 활동을 규제하여 영국 국민 의 반감을 샀습니다.

① 제임스 1세를 폐위시켰다.
② 의회와 청교도를 탄압하였다.
③ 호국경이 되어 독재 정치를 하였다.
④ 의회가 제출한 권리 청원을 승인하였다.
⑤ 영국 최초의 입헌 군주제를 실시하였다.

고난도

08 다음 법안 제정의 결과로 옳은 것은?

> 영국의 식민지이건 다른 나라의 식민지이건, 아시아·아프리카·아메리카의 각 지역에서 생산된 물자들이 영국이나 영국의 식민지에 수입되는 경우에, 이를 운송하는 배의 주인은 반드시 영국인이어야 한다. …… 이 조항을 위반한 선박은 모두 몰수될 것이다.

① 시민 계층의 성장이 약화되었다.
② 영국의 대외 무역이 확대되었다.
③ 중상주의 경제 정책이 약화되었다.
④ 찰스 1세의 전제 정치가 강화되었다.
⑤ 네덜란드의 해운업이 크게 성장하였다.

[09~10] 다음을 읽고 물음에 답하시오.

> • 국왕이 __(가)__ 의 동의 없이 법의 효력을 정지하거나 법 집행을 정지하는 것은 위법이다.
> • __(가)__ 의 승인 없이 국왕을 위해 세금을 거두어들이는 행위는 위법이다.
> • __(가)__ 의 동의 없이 평상시에 상비군을 징집하고 유지하는 것은 위법이다.
> • __(가)__ 안에서 말하고 토론한 내용으로 __(가)__ 아닌 어떤 곳에서도 고발당하거나 심문을 당하지 않는다.

고난도

09 (가)에 대한 설명으로 옳은 것은?

① 제임스 2세에 의해 해산되었다.
② 가톨릭교도가 다수를 차지하였다.
③ 찰스 1세의 과세 정책을 지지하였다.
④ 젠트리와 시민 계층이 다수를 차지하였다.
⑤ 크롬웰에 반대하여 청교도 혁명을 일으켰다.

10 위 문서의 직접적인 등장 배경으로 옳은 것은?

① 찰스 1세의 전제 정치
② 의회의 제임스 2세 폐위
③ 크롬웰의 금욕적 독재 정치
④ 영국에서 산업 혁명의 시작
⑤ 찰스 1세의 처형과 공화정의 수립

중요

11 18세기 영국의 발전에 대한 설명으로 옳은 것을 〈보기〉에서 있는 대로 고른 것은?

> **보기**
> ㄱ. 스코틀랜드를 병합하였다.
> ㄴ. 하노버 왕조가 성립하였다.
> ㄷ. 내각 책임제가 확립되었다.
> ㄹ. 의회 중심의 공화정이 실시되었다.

① ㄱ, ㄷ   ② ㄴ, ㄹ   ③ ㄱ, ㄴ, ㄷ
④ ㄴ, ㄷ, ㄹ   ⑤ ㄱ, ㄴ, ㄷ, ㄹ

12 다음 사건들을 일어난 순서대로 옳게 나열한 것은?

> (가) 찰스 1세가 처형되었다.
> (나) 크롬웰이 항해법을 실시하였다.
> (다) 의회가 제임스 2세를 폐위시켰다.
> (라) 의회 다수당이 내각을 구성하였다.

① (가) – (나) – (다) – (라)   ② (가) – (라) – (다) – (나)
③ (나) – (다) – (라) – (가)   ④ (나) – (라) – (가) – (다)
⑤ (다) – (가) – (라) – (나)

서술형

13 다음을 보고 물음에 답하시오.

▲ __(가)__ 을/를 승인하는 메리와 윌리엄 공동 왕

(1) (가)에 들어갈 용어를 쓰시오.

(2) (가)로 인한 정치 체제의 변화를 서술하시오.

주제 02 미국 혁명

1 미국 혁명의 배경

(1) **영국의 식민지 건설** 17세기부터 종교·경제적인 이유로 이주한 영국인들이 북아메리카 동부 연안에 13개의 식민지 건설

(2) **영국의 식민지 정책 변화**

① 초기 식민지에 대한 간섭 없음 → 식민지인의 자치 실시

② 변화 7년 전쟁 이후 재정 악화 → 영국 정부가 식민지에 대한 중상주의 경제 정책 강화(*인지세, 차세 등 부과) → 식민지 주민들은 "대표 없는 곳에 과세할 수 없다."라며 반발 → 차세 이외 세금 폐지

┗ 영국 의회에 식민지 의회의 대표가 참석하지 않았으므로 세금을 부과할 수 없다는 논리였어.

┗ 아메리카 대륙의 지배권을 놓고 영국과 프랑스가 벌인 전쟁이야.

2 미국 혁명의 전개

(1) **발단** 보스턴 차 사건(1773) 자료1 → 영국 정부의 보스턴항 봉쇄, 탄압 → 식민지 대표들이 대륙 회의를 개최하여 영국에 맞서기로 결의

(2) **전개** 렉싱턴에서 영국군과 식민지군의 무력 충돌로 전쟁 시작 → 다시 대륙 회의를 개최하여 워싱턴 총사령관 임명, 미국 독립 선언문 발표(1776) 자료2 → 프랑스, 에스파냐 등의 지원 → 요크타운 전투 승리

┗ 계몽사상의 영향을 받았어.

(3) **결과** 독립군의 승리 → 파리 조약 체결(1783, 13개 주의 독립 승인)

3 아메리카 합중국(미국)의 탄생

(1) **헌법 제정** *연방제를 바탕으로 한 헌법 제정(양원제, 국민 주권, 삼권 분립 규정), 워싱턴을 초대 대통령으로 선출

(2) **아메리카 *합중국의 성립**

① 의의 세계 최초의 민주 공화국 탄생

② 영향 프랑스 혁명과 라틴아메리카의 독립 운동에 영향

4 영토 확장과 서부 개척

(1) **영토 확장** 자료3

① 과정 유럽 국가들이 지배하였던 지역을 매입하거나 넘겨받음 → 서부 개척 진행

② 문제점 개척 과정에서 원주민이 거주지에서 쫓겨나거나 희생

(2) **서부 개척** 멕시코와 전쟁을 벌여 캘리포니아 등 서쪽 지역 확보(태평양 연안까지 영토 확장) → 캘리포니아에 금광이 개발되어(골드러시) 많은 인구가 서부로 유입

▲ 캘리포니아 골드러시와 관련된 광고

▲ 체로키족의 강제 이주, '눈물의 길'

꼭 나오는 자료

자료1 보스턴 차 사건 (1773)

◀ 인디언으로 변장한 식민지 주민들은 영국 동인도 회사의 배에 침입하여 실려 있던 차를 바다에 던져 버렸다. 이 사건으로 영국 정부는 보스턴항을 봉쇄하고 식민지인을 탄압하였다.

자료2 미국 독립 선언문

> 모든 인간은 평등하게 창조되었으며 그 누구에게도 넘겨 줄 수 없는 권리를 신으로부터 부여받았다. 그중에는 생명, 자유 그리고 행복 추구의 권리가 있다. 이 권리를 확보하기 위해 인류는 정부를 조직하였으며, 이러한 정부의 정당한 권력은 국민의 동의에서 나오는 것이다. 어떠한 형태의 정부이든 이러한 목적을 파괴할 때에는 언제든지 그 정부를 바꾸거나 폐지하여 새로운 정부를 조직하는 것이 바로 국민의 권리이다.

┗ 혁명권(저항권)을 강조하고 있어.

⊙ 미국 독립 선언은 인간은 평등하게 태어났고, 양도할 수 없는 권리인 기본권(생명·자유·행복 추구권)을 갖는다고 보았다. 또한 국민 주권, 혁명권과 같은 근대 민주주의의 원리를 담고 있다.

자료3 미국의 영토 확장

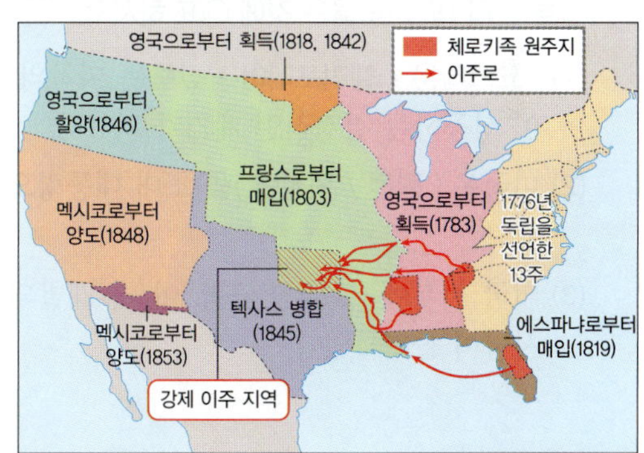

⊙ 독립 이후 미국은 매입, 양도, 전쟁 등의 여러 방법으로 영토를 확장하여 1840년대에는 태평양 연안까지 영토를 확장하였다.

🔴 용어 사전

* **인지(印 도장, 紙 종이)** 수수료나 세금 등을 낸 것을 증명하기 위해 서류에 붙이는 종이 표

* **연방제(聯 연결하다, 邦 나라, 制 제도)** 여러 주가 모여서 하나의 통일된 중앙 정부를 수립하지만 각 주의 자치권을 인정하는 정치 제도

* **합중국(合 합하다, 衆 무리, 國 나라)** 둘 이상의 주권을 가진 주가 모여서 독립된 제도를 유지하면서 동일한 주권 아래 연합한 단일 국가

개념 문제

01 다음 설명이 맞으면 ○표, 틀리면 ×표를 하시오.

(1) 영국 정부는 7년 전쟁 이후 아메리카 식민지에 대한 중상주의 정책을 강화하였다. ·················( )

(2) 프랑스와 에스파냐는 미국 혁명의 확산을 막기 위해 영국을 지원하였다. ···························( )

(3) 미국은 헌법에 연방 정부의 권한을 행정, 사법, 입법으로 나누는 삼권 분립의 원칙을 규정하였다. ···( )

02 다음 빈칸에 들어갈 알맞은 말을 쓰시오.

(1) 영국은 식민지의 신문, 서적 등 모든 증서에 세금을 내게 하는 ( )을/를 제정하였다.

(2) 식민지인들이 몰래 영국 배를 습격한 ( )을/를 계기로 영국 정부의 탄압이 심해지면서 미국 독립 전쟁이 시작되었다.

(3) 독립 전쟁 승리 이후 미국은 연방 헌법을 만들고 세계 최초의 ( )을/를 탄생시켰다.

03 괄호 안의 내용 중 옳은 것에 ○표 하시오.

(1) (요크타운 / 캘리포니아) 전투는 미국의 독립 혁명이 성공하는 결정적인 계기가 되었다.

(2) 미국은 (링컨 / 워싱턴)을 초대 대통령으로 선출하였다.

(3) 미국 서부에 (석유 / 금광)이/가 개발되면서 많은 사람이 몰려들었다.

실력 문제

04 영국의 북아메리카 식민지 정책에 대한 설명으로 옳은 것을 〈보기〉에서 고른 것은?

> **보기**
> ㄱ. 영국 의회에 식민지 대표를 포함하였다.
> ㄴ. 초기에는 식민지 의회의 자치를 허용하였다.
> ㄷ. 7년 전쟁 이후 식민지에 대한 간섭이 강화되었다.
> ㄹ. 청교도들을 강제로 이주시켜 식민지를 건설하였다.

① ㄱ, ㄴ 　② ㄱ, ㄷ 　③ ㄴ, ㄷ
④ ㄴ, ㄹ 　⑤ ㄷ, ㄹ

05 (가)에 들어갈 용어로 옳은 것은?

이 그림은 1773년 인디언으로 변장한 식민지 주민들이 영국 동인도 회사의 배에 침입하여 실려 있던 차를 바다에 던졌던 (가) 을/를 나타낸 그림입니다.

① 파리 조약 　　② 대륙 회의
③ 요크타운 전투 　④ 보스턴 차 사건
⑤ 미국 독립 선언문

[06~07] 다음을 읽고 물음에 답하시오.

> 모든 인간은 평등하게 창조되었으며 그 누구에게도 넘겨줄 수 없는 권리를 신으로부터 부여받았다. 그중에는 생명, 자유 그리고 행복 추구의 권리가 있다. 이 권리를 확보하기 위해 인류는 정부를 조직하였으며, 이러한 정부의 정당한 권력은 국민의 동의에서 나오는 것이다. 어떠한 형태의 정부이든 이러한 목적을 파괴할 때에는 언제든지 (가) 것이 바로 국민의 권리이다.

06 위 자료에 대한 설명으로 옳지 <u>않은</u> 것은?

① 계몽사상의 영향을 받았다.
② 국민 주권의 원리를 담고 있다.
③ 국민의 기본권을 강조하고 있다.
④ 요크타운 전투 승리 이후 발표되었다.
⑤ 식민지 대표들이 대륙 회의에서 발표하였다.

고난도
07 (가)에 들어갈 내용으로 가장 적절한 것은?

① 식민지를 건설하는
② 다른 나라로 이민 가는
③ 새로운 정부를 조직하는
④ 중앙 집권제를 실시하는
⑤ 자유와 평등의 권리를 제한하는

08 (가)에 들어갈 내용으로 옳은 것은?

영국군과 식민지군의 무력 충돌로 전쟁 발발 → (가) → 요크타운 전투에서 식민지군의 승리

① 영국의 인지세법 실시
② 보스턴 차 사건의 발생
③ 미국 독립 선언문 발표
④ 연방제 바탕의 헌법 제정
⑤ 아메리카 13개 주의 독립 승인

중요

09 다음 헌법에 대한 설명으로 옳은 것을 〈보기〉에서 고른 것은?

- 행정권은 미국 대통령에 속한다.
- 미국의 사법권은 1개의 대법원에, 그리고 연방 의회가 수시로 제정·설치하는 하급 법원에 속한다.

— 보기 —
ㄱ. 양원제 의회를 구성하였다.
ㄴ. 각 주의 자치를 금지하였다.
ㄷ. 저항권의 원리를 명시하였다.
ㄹ. 삼권 분립의 원칙을 규정하였다.

① ㄱ, ㄴ   ② ㄱ, ㄹ   ③ ㄴ, ㄷ
④ ㄴ, ㄹ   ⑤ ㄷ, ㄹ

고난도

10 (가) 인물에 대한 설명으로 옳은 것은?

미국의 1달러 지폐에 등장하는 ___(가)___ 은/는 대륙 회의에서 식민지군 총사령관으로 임명되었던 인물이다.

① 독립 선언문 작성자 중 한 명이다.
② 미국의 초대 대통령으로 선출되었다.
③ 요크타운 전투에서 영국군에 패하였다.
④ 캘리포니아 주의 주지사로 선출되었다.
⑤ 연방제 대신 중앙 집권제를 주장하였다.

중요

11 미국 혁명의 의의로 옳은 것을 〈보기〉에서 고른 것은?

— 보기 —
ㄱ. 프랑스 혁명에 영향을 주었다.
ㄴ. 영국의 명예혁명에 영향을 주었다.
ㄷ. 세계 최초로 입헌 군주국을 수립하였다.
ㄹ. 라틴아메리카의 독립 운동을 자극하였다.

① ㄱ, ㄴ   ② ㄱ, ㄹ   ③ ㄴ, ㄷ
④ ㄴ, ㄹ   ⑤ ㄷ, ㄹ

12 다음 그림에서 묘사하는 사건을 이해하기 위한 탐구 활동으로 가장 적절한 것은?

▲ 체로키족의 강제 이주, '눈물의 길'

① 미국 연방 헌법의 주요 내용을 찾아본다.
② 18세기 보스턴 차 사건의 배경을 알아본다.
③ 19세기 미국의 서부 개척 과정을 조사한다.
④ 영국과 식민지인의 파리 조약 내용을 찾아본다.
⑤ 17세기 영국인의 식민지 이주 과정을 알아본다.

서술형

13 다음 지도를 보고 물음에 답하시오.

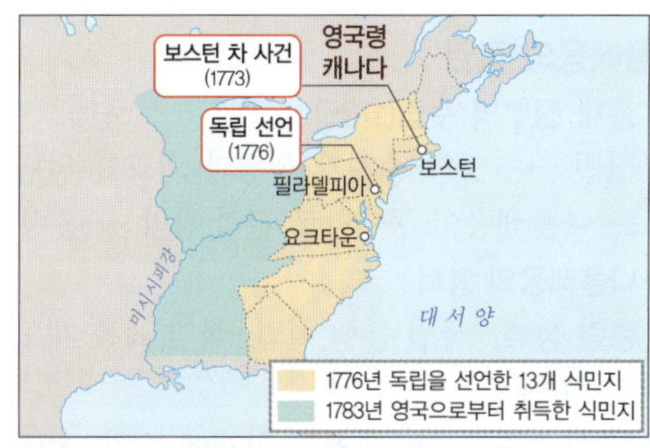

(1) 지도에 나타난 사건의 명칭을 쓰시오.

(2) (1)의 결과 수립된 국가가 제정한 헌법의 주요 내용을 세 가지 서술하시오.

주제 03 프랑스 혁명

1 혁명의 배경

(1) 구제도의 모순 [자료1]
① **성직자(제1 신분), 귀족(제 2신분)** 대토지 소유, 면세 특권, 권력 독점
② **평민(제3 신분)** 국민의 대다수를 차지, 무거운 세금 부담, 정치 참여 제한, 특히 농민은 과도한 세금과 공납 납부

(2) 시민 계급(*부르주아지)의 성장
① **배경** 상공업의 발달로 부를 축적, 계몽사상과 미국 혁명의 영향으로 사회의식 성장
② **주장** 봉건 질서의 타파, 자유롭고 평등한 사회 건설을 추구

2 혁명의 발생

(1) 발단 루이 16세의 계속된 전쟁과 사치스러운 궁정 생활 → 재정 문제 해결을 위해 삼부회 소집(1789)

> 삼부회는 성직자, 귀족, 평민 세 신분의 대표들이 모이는 신분제 의회인데, 신분별 표결 방식이어서 평민 대표들의 의견은 성직자와 귀족표에 밀려 받아들여지지 않았어.

(2) 전개 신분별 표결 방식에 대한 제3 신분의 반발 → 제3 신분이 독자적으로 국민 의회 결성, 새로운 헌법 제정 요구(테니스 코트의 서약) → 국왕의 탄압 → 파리 시민들의 바스티유 감옥 습격 → 혁명이 전국으로 확산

> 바스티유 감옥은 국왕에 반대하는 사람들을 가두던 곳으로 당시 전제 정치의 상징과도 같았어.

(3) 국민 의회 활동 봉건제 폐지 선언, ‘인간과 시민의 권리 선언(인권 선언)’ 발표 [자료2] → 교회의 재산 몰수, 헌법 제정(입헌 군주제, 재산에 따른 제한 선거 규정) → 입법 의회 구성

(4) 입법 의회 활동 온건파 주도, 혁명이 번질 것을 두려워한 오스트리아, 프로이센 등이 프랑스를 위협하자 전쟁 선포

> 루이 16세가 처형당하자 이에 놀란 영국, 오스트리아, 프로이센 등이 연합하여 프랑스를 공격하였어.

3 혁명의 과격화

(1) 배경 패전이 계속되고 물가 상승 → 파리 시민들이 왕궁 습격 → 왕권 정지, 입법 의회 대신 국민 공회 구성(1792)

(2) 국민 공회 활동 공화정 선포, 루이 16세 처형 → 헌법 제정(공화제, 보통 선거 등) → 물가 폭등, 주변국의 침략으로 위기 → 로베스피에르 등 급진파가 공안 위원회, 혁명 재판소 설치, 급진적 개혁(농민의 봉건적 부담 폐지, 물가 억제), 반대파 처형 등 공포 정치 실시

4 나폴레옹의 집권

(1) 총재 정부의 수립(1795) 쿠데타로 로베스피에르 처형, 온건파 집권 → 5명의 총재가 행정과 외교를 담당, 국내외 혼란 지속 → 나폴레옹이 쿠데타로 권력 장악 → 통령 정부 수립

(2) 나폴레옹의 통치
① **통령 정부** 국립 은행 설립, 국민 교육 제도 도입, 『나폴레옹 법전』 편찬

> 자유, 평등의 이념과 사유 재산의 원칙이 반영된 법전이야.

② ***제정 수립** 국민 투표로 황제에 즉위(1804)
③ **대외 전쟁** 오스트리아, 프로이센 등 격파, 유럽 장악 → 영국과의 해전에서 패배 → 대륙 봉쇄령 시행 → 러시아 원정 [자료3]
④ **몰락** 러시아 원정 실패 → 반프랑스 동맹군에 패배하여 몰락

(3) 의의 자유주의와 민족주의라는 프랑스 혁명의 이념이 널리 확산

꼭 나오는 자료

자료1 구제도의 모순

▲18세기 프랑스의 신분 구성   ▲ 혁명 전 신분제 사회 풍자화

🔴 프랑스 혁명 전의 제1, 2 신분은 전 인구의 2%에 불과하였지만, 관직과 토지, 특권을 독점하였다. 반면 제3 신분은 각종 지대와 부역 등 무거운 세금을 부담하면서도, 정치·사회적으로 제한된 권리만 행사하였다. 오른쪽 그림은 이러한 상황을 평민의 등에 올라탄 귀족과 성직자의 모습으로 풍자하고 있다.

자료2 인간과 시민의 권리 선언(인권 선언)

> 제1조 인간은 자유롭게 그리고 평등한 권리를 가지고 태어났다.
> 제2조 모든 정치적 결사의 목적은 인간의 자연적이고 소멸할 수 없는 권리를 보전함에 있다. 이 권리란 자유, 재산, 안전 및 압제에 대한 저항이다.
> 제3조 모든 주권의 원천은 국민에게 있다.
> 제6조 모든 시민은 법률 제정에 참가할 권리를 가진다.
> 제17조 소유권은 침해할 수 없는 신성한 권리이다.

🔴 1789년 국민 의회에서는 프랑스 혁명의 기본 이념을 담은 ‘인간과 시민의 권리 선언(인권 선언)’을 발표하였다. 인권 선언에는 국민의 자유와 평등권을 규정하였고, 국민 주권, 입법 참여권 등 혁명의 기본 정신을 담고 있다.

자료3 나폴레옹의 대외 전쟁

🔴 나폴레옹은 영국을 고립시키기 위해 대륙 봉쇄령을 내려 영국의 대외 교역을 막고자 하였다. 그러나 러시아가 이를 어기자 나폴레옹은 러시아 원정에 나섰으나 실패하였다.

🟠 용어 사전

* **부르주아지** 도시에 거주하며 주로 상공업, 금융, 법률 등에 종사하던 시민층

* **제정(帝 황제 政 정치)** 황제가 다스리는 정치 체제

개념 문제

01 다음 설명이 맞으면 ○표, 틀리면 ×표를 하시오.

(1) 혁명 이전 프랑스는 귀족과 평민이 법적으로 평등한 대우를 받았다. ·····················( )

(2) 혁명 이전 프랑스 농민은 과도한 세금과 영주에게 바치는 공납으로 고통을 겪었다. ··············( )

(3) 루이 16세는 전쟁과 사치로 재정이 어려워지자 삼부회를 소집하였다. ·····················( )

(4) 삼부회에서 제3 신분은 신분별 표결 방식이 부당하다며 머릿수 표결을 주장하였다. ············( )

02 다음 빈칸에 들어갈 알맞은 말을 쓰시오.

(1) 루이 16세가 국민 의회를 탄압하자 파리 시민들은 전제 정치의 상징이었던 ( ) 감옥을 습격하였다.

(2) ( )은/는 공안 위원회와 혁명 재판소를 설치하여 반대파를 처형하는 공포 정치를 실시하였다.

(3) 나폴레옹은 쿠데타를 일으켜 ( ) 정부를 무너뜨리고 통령 정부를 수립하였다.

(4) 나폴레옹은 영국을 굴복시키기 위해 영국과의 교역을 금지하는 ( )을/를 내렸다.

03 다음과 관련된 내용을 옳게 연결하시오.

(1) 국민 공회 •　　　　• ㉠ 인권 선언 발표

(2) 국민 의회 •　　　　• ㉡ 루이 16세 처형

(3) 입법 의회 •　　　　• ㉢ 오스트리아 등에 전쟁 선포

실력 문제

04 혁명 직전 프랑스 사회에 대한 설명으로 옳은 것을 〈보기〉에서 고른 것은?

> **보기**
> ㄱ. 계몽사상이 유행하였다.
> ㄴ. 입헌 군주제가 시행되었다.
> ㄷ. 성직자와 귀족은 세금을 면제받았다.
> ㄹ. 시민 계급은 제2 신분의 다수를 차지하였다.

① ㄱ, ㄴ　　② ㄱ, ㄷ　　③ ㄴ, ㄷ
④ ㄴ, ㄹ　　⑤ ㄷ, ㄹ

05 (가) 신분에 대한 설명으로 옳은 것은?

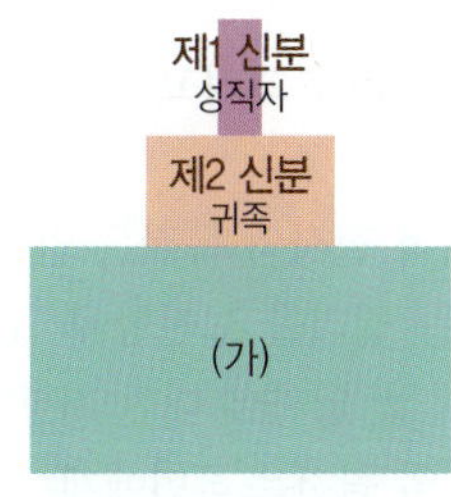

▲ 18세기 프랑스의 신분 구성

① 토지세를 면제받았다.

② 정치 참여가 제한되었다.

③ 선거를 통해 제1 신분을 선출하였다.

④ 봉건적 부담을 지는 농민은 포함되지 않았다.

⑤ 능력이 있으면 제2 신분으로 상승할 수 있었다.

06 18세기 프랑스의 시민 계급에 대한 설명으로 옳지 <u>않은</u> 것은?

① 구제도의 모순을 비판하였다.

② 영주에게 공납의 의무를 가졌다.

③ 상공업 활동으로 부를 축적하였다.

④ 계몽사상과 미국 혁명의 영향을 받았다.

⑤ 자유롭고 평등한 사회를 건설하려 하였다.

07 중요 고난도
다음은 프랑스 혁명과 관련된 그림들이다. 일어난 순서대로 옳게 나열한 것은?

(가) 루이 16세 처형　　(나) 바스티유 감옥 습격　　(다) 테니스 코트의 서약

① (가)-(나)-(다)　　② (가)-(다)-(나)
③ (나)-(가)-(다)　　④ (다)-(가)-(나)
⑤ (다)-(나)-(가)

[08~09] 다음을 읽고 물음에 답하시오.

> 제1조 인간은 자유롭게 그리고 평등한 권리를 가지고 태어
> 났다.
> 제2조 모든 정치적 결사의 목적은 인간의 자연적이고 소멸
> 할 수 없는 권리를 보전함에 있다. 이 권리란 자유,
> 재산, 안전 및 압제에 대한 저항이다.
> 제3조 모든 주권의 원천은 국민에게 있다.
> 제6조 모든 시민은 법률 제정에 참가할 권리를 가진다.
> 제7조 소유권은 침해할 수 없는 신성한 권리이다.

고난도

08 윗글에 대한 설명으로 옳은 것은?

① 프랑스 최초의 헌법이다.
② 내각 책임제를 규정하고 있다.
③ 총재 정부에 의해 부정되었다.
④ 청교도가 중심이 되어 작성하였다
⑤ 바스티유 감옥 습격 사건 이후 발표되었다.

09 윗글을 발표한 의회의 활동으로 옳은 것을 〈보기〉에서 고르면?

> **보기**
> ㄱ. 공화정을 선포하였다.
> ㄴ. 봉건제 폐지를 선언하였다.
> ㄷ. 재산에 따른 제한 선거를 규정하였다.
> ㄹ. 오스트리아에 맞서 전쟁을 선포하였다.

① ㄱ, ㄴ   ② ㄱ, ㄷ   ③ ㄴ, ㄷ
④ ㄴ, ㄹ   ⑤ ㄷ, ㄹ

고난도

10 밑줄 친 '헌법'의 내용으로 옳은 것은?

> 혁명 전쟁에서 패전이 계속되고 물가가 급등하자 과
> 격해진 파리 시민들은 왕궁을 습격하였다. 그 결과
> 왕권이 정지되고 국민 공회가 구성되었다. 국민 공회
> 는 적국과 내통한 혐의로 루이 16세를 처형하고 새로
> 운 헌법을 제정하였다.

① 연방제 시행   ② 신분제 의회
③ 보통 선거의 실시   ④ 입헌 군주제의 시행
⑤ 재산에 따른 제한 선거 실시

11 (가) 인물에 대한 설명으로 옳은 것은?

> **⌐ (가) ⌐의 정책**
> • 국립 은행의 설립, 국민 교육 제도의 도입
> • 자유, 평등의 이념과 사유 재산의 원칙이 반영된 법
> 전의 편찬

① 공포 정치를 펼쳤다.
② 국민 투표로 황제에 즉위하였다.
③ 입법 의회를 실질적으로 이끌었다.
④ 농민의 봉건적 부담을 폐지하였다.
⑤ 국민 의회의 온건파를 대표하였다.

중요

12 다음 지도에 나타난 전쟁에 대한 설명으로 옳은 것은?

① 프랑스 혁명 이전의 상황이다.
② 프랑스에서 공포 정치를 펼치던 시기이다.
③ (가)는 프랑스를 고립시키기 위한 전략이었다.
④ 프랑스와 러시아는 오스트리아를 고립시켰다.
⑤ 자유주의와 민족주의가 전파되는 계기가 되었다.

서술형

13 다음을 보고 물음에 답하시오.

▲ ⌐ (가) ⌐ 이전 사회 풍자화

(1) (가)에 들어갈 사건을 쓰시오.

(2) 그림이 풍자하고 있는 사회 모순의 명칭을 쓰고, 그 문제점을 서술하시오.

주제 04 자유주의와 민족주의의 확산

1 빈 체제의 형성
┌ 오스트리아의 수도 빈에서 열린 이 회의에는 90개의
└ 왕국과 53개의 공국이 참여했다고 해.

(1) **빈 회의** 오스트리아의 외무 장관 메테르니히 주도, 유럽 각국의 영토와 지배권을 프랑스 혁명 이전 상태로 되돌리는 데 합의 → 빈 체제 형성 → 자유주의, 민족주의 운동 탄압

(2) **그리스의 독립** 그리스가 오스만 제국으로부터 독립 운동 전개 → 영국, 러시아 및 유럽 지식인들의 지원 → 독립

2 프랑스의 7월 혁명과 2월 혁명

(1) **7월 혁명(1830)**
① **배경** 샤를 10세의 전제 정치(의회 해산, 언론 자유 억압)
② **전개** 파리 시민들의 봉기로 샤를 10세 추방 → 루이 필리프를 왕으로 추대(입헌 군주정 수립) **자료1**

(2) **2월 혁명(1848)**
① **배경** 재산 소유에 따른 선거권 제한, 노동자 세력의 성장
② **전개** 선거권 확대를 요구하는 중소 시민층·노동자들의 봉기 → 왕정 폐지, 공화정 수립
  ┌ 2월 혁명으로 21세 이상 성년 남자의
  └ 보통 선거가 실현되었어.
③ **영향** *자유주의와 *민족주의 운동의 확산 → 오스트리아에서 메테르니히 추방(빈 체제 붕괴), 독일과 이탈리아의 통일 국가 수립 운동에 영향

3 영국의 자유주의 개혁

(1) **의회의 점진적인 개혁** 가톨릭교도에 대한 차별 폐지, 공장법 제정(어린이와 부녀자의 노동 시간 제한)

(2) **선거권 확대** 제1차 선거법 개정(도시 상공업 계층까지 선거권 확대, 1832) → 차티스트 운동 전개(노동자들의 선거권 요구, 인민헌장 발표) → 이후 점진적 선거법 개정으로 선거권 확대 **자료2**

(3) **자유주의 경제 체제 확립** 곡물법과 항해법 폐지
  ┌ 국내 지주를 보호하기 위해 수입 곡물에 관세를 부과
  └ 하는 법률로 중상주의 경제 정책의 하나였어.

4 러시아의 개혁

(1) **니콜라이 1세** 청년 장교들의 자유주의 봉기 진압, 남하 정책 추진 → 오스만 제국과의 전쟁 패배

(2) **알렉산드르 2세** 농노 해방령 발표(1861), 지방 의회(두마) 구성 → 알렉산드르 2세 암살 → 전제 정치 강화, 자유주의 운동 탄압

(3) ***브나로드 운동** 지식인들의 농촌 계몽 활동 전개 → 성과 미흡

5 이탈리아와 독일의 통일

이탈리아	사르데냐 왕국의 재상 카보우르가 오스트리아와의 전쟁에서 승리(중·북부 이탈리아 통합) → 가리발디가 남부의 시칠리아와 나폴리를 점령, 사르데냐 왕에게 바침 → 이탈리아 왕국 수립(1861) → 베네치아와 교황령 통합 → 통일 완성(1870) **자료3**
독일	관세 동맹(경제적 통합, 1834) → 2월 혁명 이후 의회를 통한 통일 방안 논의 실패 → 프로이센의 재상 비스마르크의 철혈 정책 → 오스트리아 격파, 북독일 연방 결성 → 프랑스 격파, 독일 제국 수립

┌ 비스마르크는 강력한 군비 확장 정책을 추진
  했어. 그는 병력과 무기를 통해서 전쟁에서
└ 승리해야 통일할 수 있다고 주장했어.

꼭 나오는 자료

자료1 7월 혁명

▲ 「민중을 이끄는 자유의 여신」(루브르박물관)

◀ 들라크루아가 7월 혁명의 모습을 묘사한 작품으로 억압에 저항하는 프랑스인을 상징하는 그림이다. 1830년 7월 혁명으로 샤를 10세가 추방되고 루이 필리프가 새로운 왕으로 추대되면서 입헌 군주정이 수립되었다.

자료2 차티스트 운동

> **인민헌장의 6개 요구 사항**
> 1. 21세 이상 모든 남자의 선거권 인정
> 2. 하원 의원 재산 자격 제한 폐지
> 3. 매년 선거 실시
> 4. 인구 비례에 의한 평등한 선거구 설정
> 5. 하원 의원에게 보수 지급
> 6. 비밀 투표 보장

◎ 영국의 제1차 선거법 개정에서 선거권을 얻지 못한 노동자들은 1838년 인민헌장을 발표하고 청원 서명서를 의회에 제출하였으나 의회는 이를 받아들이지 않았다. 하지만 이후 의회는 이들의 요구를 점차 수용하여 1918년에 21세 이상 모든 남자의 보통 선거를 보장하였다.

자료3 이탈리아의 통일

▲ 이탈리아의 통일

◀ 이탈리아반도는 오랫동안 여러 나라로 분열되어 있었고, 오스트리아와 프랑스 등 주변 국가의 간섭을 받았다. 이탈리아의 통일 운동은 2월 혁명 이후 북부는 사르데냐 왕국, 남부는 가리발디에 의해 이루어졌다.

용어 사전

* **자유주의(自 스스로 由 따르다 主義 사상)** 17~18세기 유럽의 시민 계급이 중심이 되어 봉건적 사회 질서를 해체하고 개인의 자유를 보장하려 한 사상

* **민족주의(民 백성 族 무리 主義 사상)** 다른 민족이나 국가의 지배와 간섭에서 벗어나 민족을 중심으로 통일 국가를 이루고 지켜야 한다는 사상

* **브나로드** '민중 속으로'라는 뜻의 러시아어. 러시아 지식인들이 농촌에서 전개한 계몽 운동

개념 문제

01 다음 설명이 맞으면 ○표, 틀리면 ×표를 하시오.

(1) 빈 회의는 유럽 각국의 영토와 정치 체제를 프랑스 혁명 이전으로 되돌리려 하였다. ················( )

(2) 빈 체제에서 영국과 러시아는 그리스의 독립 운동을 철저하게 탄압하였다. ····················( )

(3) 러시아의 지식인들은 선거권의 확대를 요구하는 브나로드 운동을 전개하였다. ··············( )

02 다음 빈칸에 들어갈 알맞은 말을 쓰시오.

(1) 빈 체제를 주도한 오스트리아의 ( )은/는 각국의 자유주의와 민족주의 운동을 탄압하였다.

(2) 영국의 노동자들은 ( ) 운동을 전개하여 선거권 확대를 요구하였다.

(3) 파리 시민들은 ( )을/를 통해 루이 필리프를 왕으로 추대하였다.

(4) ( )은/는 시칠리아와 나폴리를 사르데냐 국왕에게 바침으로써 이탈리아 통일에 기여하였다.

03 괄호 안의 내용 중 옳은 것에 ○표 하시오.

(1) 2월 혁명을 통해 프랑스에는 (공화정 / 입헌 군주정)이 수립되었다.

(2) 프로이센의 수상 비스마르크는 (공포 정치 / 철혈 정책)을/를 통해 군비 확장 정책을 추진하였다.

(3) 영국은 국내 지주를 보호하기 위한 (곡물법 / 항해법)을 폐지하여 자유주의 경제 정책을 확립하였다.

실력 문제

중요
04 밑줄 친 '회의'의 합의 내용으로 옳은 것은?

> 나폴레옹이 몰락한 이후 유럽 각국은 오스트리아의 수도 빈에 모여서 <u>회의</u>를 열고 전후 유럽 질서를 논의하였다.

① 유럽 각국의 프랑스 분할 지배를 합의하였다.
② 프랑스의 왕정 폐지와 공화정 수립을 결정하였다.
③ 이탈리아와 독일의 통일을 지원하기로 결정하였다.
④ 프랑스 혁명 이전 유럽 질서를 회복하고자 하였다.
⑤ 나폴레옹 전쟁의 결과를 인정하고 받아들이기로 하였다.

05 (가) 인물에 대한 설명으로 옳은 것은?

① 빈 체제에 반대하였다.
② 남부 이탈리아를 정복하였다.
③ 독일 통일 운동을 주도하였다.
④ 7월 혁명을 통해 왕으로 추대되었다.
⑤ 혁명이 일어나 오스트리아에서 추방되었다.

06 7월 혁명에 대한 설명으로 옳은 것을 〈보기〉에서 고른 것은?

> **보기**
> ㄱ. 2월 혁명 이후에 일어난 사건이다.
> ㄴ. 국왕을 몰아내고 입헌 군주정을 수립하였다.
> ㄷ. 샤를 10세의 전제 정치에 항의하여 일어났다.
> ㄹ. 중소 시민층과 노동자에게 선거권이 주어졌다.

① ㄱ, ㄴ   ② ㄱ, ㄷ   ③ ㄴ, ㄷ
④ ㄴ, ㄹ   ⑤ ㄷ, ㄹ

중요
07 (가)에 들어갈 내용으로 적절한 것은?

> [역사 노트 필기]
> **주제 - 프랑스의 2월 혁명**
> 1. 발단: 선거권 제한, 노동자 세력의 성장
> 2. 전개: 파리 시민들의 선거권 확대 요구 → 루이 필리프의 망명, 공화정의 수립
> 3. 영향: (가)

① 그리스의 독립
② 빈 체제의 붕괴
③ 차티스트 운동의 전개
④ 메테르니히의 권력 장악
⑤ 프랑스 부르봉 왕조의 부활

고난도
08 (가)에 들어갈 내용으로 적절한 것은?

> **영국의 선거권 확대 과정**
>
> 제1차 선거법 개정: 산업 자본가와 중산 계층
>
> ↓ [(가)]의 영향
>
> 제2차 선거법 개정: 도시 노동자와 소시민
>
> ↓
>
> 제3차 선거법 개정: 농민과 광산 노동자

① 차티스트 운동
② 부르봉 왕조의 부활
③ 가톨릭교도 차별 폐지
④ 빈 회의와 빈 체제 수립
⑤ 2월 혁명과 공화정 수립

09 다음을 주장한 계층에 대한 설명으로 옳은 것은?

> • 21세 이상 모든 남자의 선거권 보장
> • 하원 의원의 재산 자격 제한 폐지
> • 인구 비례에 의한 평등 선거구 설정
> • 하원 의원에게 보수 지급
> • 비밀 투표 보장

① 면세의 특권을 가졌다.
② 도시의 공장에서 일하였다.
③ 중소 지주 출신으로 의회에 진출하였다.
④ 제1차 선거법 개정으로 선거권을 얻었다.
⑤ 곡물법의 시행으로 경제적인 이익을 받았다.

10 19세기 러시아의 상황에 대한 설명으로 옳은 것을 〈보기〉에서 고른 것은?

> **보기**
> ㄱ. 니콜라이 1세가 선거제를 개혁하였다.
> ㄴ. 알렉산드르 2세가 농노 해방령을 발표하였다.
> ㄷ. 지식인들을 중심으로 브나로드 운동이 전개되었다.
> ㄹ. 알렉산드르 2세 암살 이후 자유주의 개혁이 이루어졌다.

① ㄱ, ㄴ ② ㄱ, ㄷ ③ ㄴ, ㄷ
④ ㄴ, ㄹ ⑤ ㄷ, ㄹ

중요
11 (가) 국가에 대한 설명으로 옳은 것은?

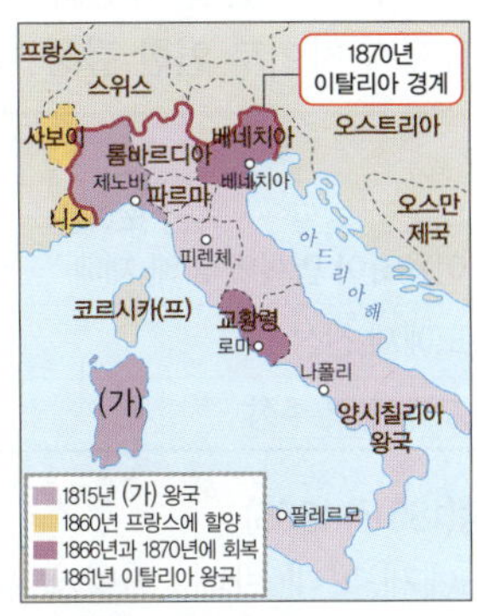

① 공화제 국가였다.
② 이탈리아 통일에 반대하였다.
③ 가리발디에 의해 점령당하였다.
④ 오스트리아와 동맹을 체결하였다.
⑤ 재상 카보우르가 통일을 주도하였다.

고난도
12 (가), (나)에 들어갈 용어를 옳게 연결한 것은?

> 프로이센은 [(가)]을 맺어 독일의 경제적 통합을 달성하였다. 이후 프로이센의 재상 비스마르크는 [(나)]을 통해서만 통일을 이룰 수 있다고 주장하며 강력한 군비 확장 정책을 추진하였다.

	(가)	(나)
①	항해법	철혈 정책
②	항해법	민족주의 정책
③	관세 동맹	철혈 정책
④	관세 동맹	자유주의 정책
⑤	관세 동맹	민족주의 정책

서술형
13 다음을 읽고 물음에 답하시오.

다음은 [(가)]을/를 묘사한 그림이다. [(가)]의 결과 왕정이 폐지되고 공화정이 수립되었다.

(1) (가)에 들어갈 사건을 쓰시오.

(2) (1)이 주변 유럽 국가에 미친 영향을 쓰시오.

주제 05 미국의 발전과 라틴아메리카의 독립

1 미국의 남북 전쟁

(1) 배경 19세기 중반 산업 혁명이 전개되며 경제 발전 → 남부와 북부의 경제적 차이로 인한 갈등 발생 자료1

구분	남부	북부
산업 구조	대농장 발달 → 흑인 노예를 이용하여 면화와 담배 재배	상공업 발달 → 풍부한 철·석탄 바탕, 자유롭고 값싼 노동력 필요
노예 제도	노예제 찬성	노예제 반대
무역 형태	자유 무역 주장	*보호 무역 주장

└ 남부는 수출을 통해 큰 이익을 얻어서 자유 무역을 지지했어.

(2) 남북 전쟁(1861~1865)

① **발발** 노예제 확대 반대, 연방제 유지를 주장하는 링컨의 대통령 당선 → 남부 7개 주의 연방 탈퇴, 남부 연합 결성

② **전개** 남부의 공격으로 남북 전쟁 시작 → 초기에 남부 우세 → 링컨 대통령의 노예 해방 선언, 인구와 자원이 우세한 북부의 반격 → 북부가 게티즈버그 전투를 계기로 승리(1865)

└ 영국과 프랑스가 노예 해방을 지지하는 등 국제 여론이 북부에 유리했어요.

2 최대 공업국으로 성장한 미국

(1) 남북 전쟁의 영향 전쟁 물자의 생산을 위한 중공업 발전, 물자 수송을 위한 철도 공사가 활발하게 진행, 서부 개척 가속화

(2) 정부 정책 국내 산업을 보호하기 위한 보호 무역 정책(고율 관세), 적극적인 이민 정책(노동력 확보)

(3) 철도 발전 대륙 횡단 철도의 개통으로 대규모 시장의 형성 → 거대한 철도망 완성, 화물과 승객을 빠르고 효율적으로 수송 자료2

(4) 결과 철강·기계 산업 발달 → 19세기 말 최대 공업국으로 성장

3 라틴아메리카의 독립

(1) 독립 운동의 배경

① **식민 지배** 16세기 이후 에스파냐와 포르투갈의 지배

② **발단** 미국 혁명과 프랑스 혁명의 영향, 계몽사상의 영향, 나폴레옹 전쟁으로 에스파냐 본국의 간섭 약화

③ **주변 국가의 지원** 영국의 독립 지원(새로운 상품 시장의 확보 목적), 미국의 먼로 선언(아메리카에 대한 유럽의 간섭을 배제)

(2) 각국의 독립 운동 자료3

① **아이티** 흑인 노예 봉기 → 프랑스로부터 독립, 공화국 수립 (1804)

└ 라틴아메리카 최초로 독립하였어.

② ***크리오요의 활약** 볼리바르의 활약 → 베네수엘라, 콜롬비아, 볼리비아 등 독립

└ 크리오요 출신으로 베네수엘라, 콜롬비아, 에콰도르를 해방하고 대콜롬비아 공화국을 세웠어. 이후 페루, 볼리비아까지 해방하여 '해방자'로 불렸지.

③ **멕시코** 이달고 신부 등 투쟁 → 에스파냐로부터 독립, 공화정 수립(1821)

└ 1810년 돌로레스에 있는 교회에 사람들을 모아 에스파냐에 저항할 것을 연설하면서 독립 운동을 이끌었던 인물이야.

④ **브라질** 포르투갈 왕의 아들이 주도 → 헌법 제정, 의회 구성(1822)

⑤ **아르헨티나** 산 마르틴의 활약, 에스파냐로부터 독립

(3) 라틴아메리카의 변화 독재 체제 등장, 열강 간섭, 경제적 어려움과 빈부 격차 → 사회 혼란 지속 → 국민 국가로의 발전이 늦음.

꼭 나오는 자료

자료1 남북 전쟁의 원인

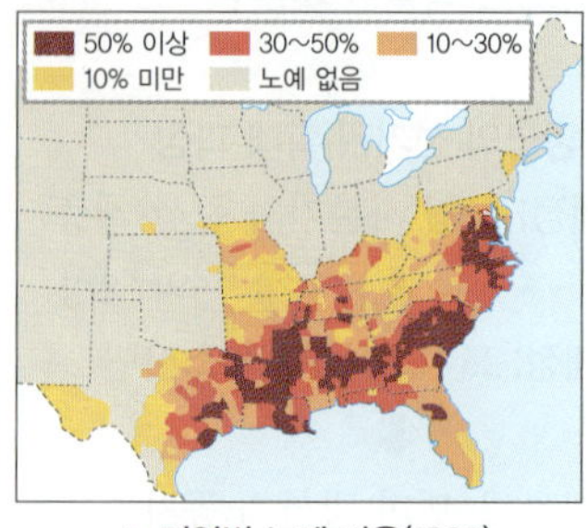

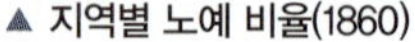

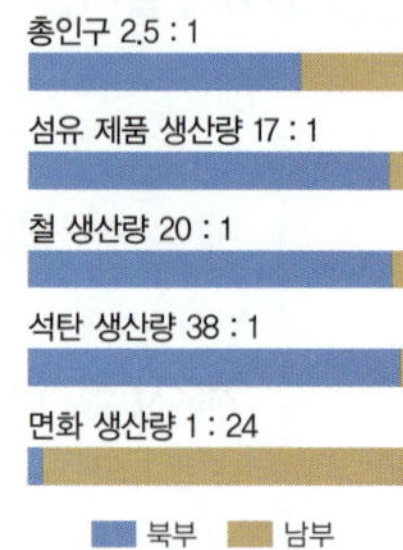

▲ 지역별 노예 비율(1860) ▲ 산업 구조 비교(1860)

1860년의 지역별 노예 비율을 보면 주로 남부 지방에 노예 비율이 높고 북부 지역은 비율이 매우 낮은 것을 알 수 있다. 한편 남부는 주로 면화 산업이 발전하였으나 북부는 상공업이 발달하고 철과 석탄 생산량이 많았다.

자료2 철도의 발전

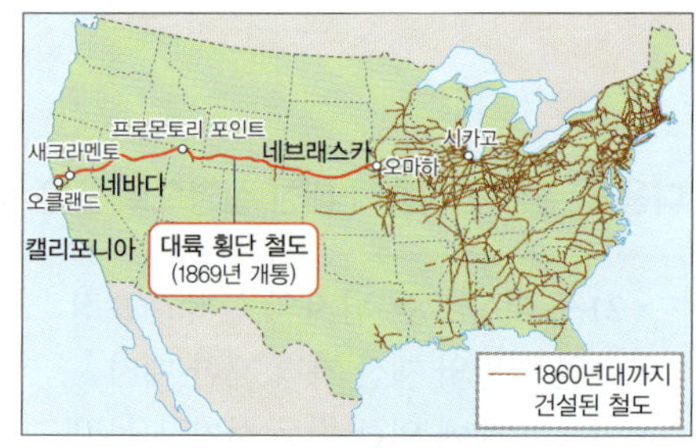

▲ 미국의 철도망(1870)

미국은 대륙 횡단 철도가 개통되면서 동부와 서부를 경제적으로 통합하게 되었다. 이후 거대한 철도망의 완성으로 화물과 승객을 빠르고 효율적으로 수송할 수 있게 되었다. 이는 철강과 기계 산업 발달을 촉진하였다.

자료3 라틴아메리카의 독립

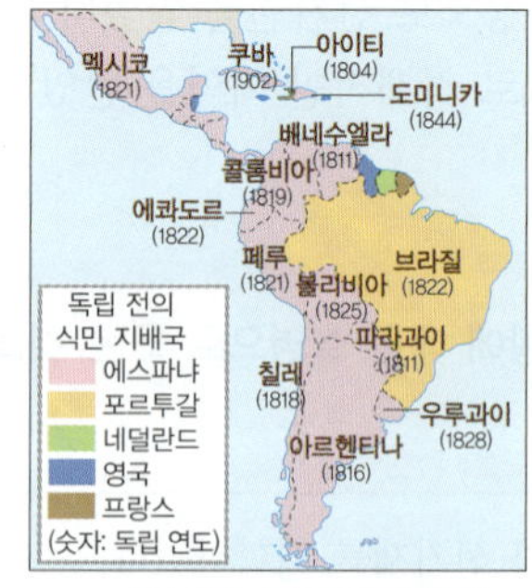

에스파냐와 포르투갈은 신항로 개척 이후 라틴아메리카에 식민지를 건설하여 가혹한 식민 지배와 경제 수탈을 하였다. 이에 반발하여 라틴아메리카에서는 19세기 초부터 크리오요를 중심으로 한 독립 운동이 일어나 19세기 전반 대부분의 국가가 유럽의 식민 지배에서 벗어났다.

▲ 라틴아메리카 각국의 독립

용어 사전

* **보호 무역(保 지키다 護 보호하다 貿 교역하다 易 바꾸다)** 자국의 이익을 위해 수입 물품에 높은 관세를 부과하거나 보조금을 주어 국내 산업을 보호하는 정책

* **크리오요** 아메리카 대륙에서 태어난 에스파냐인 또는 프랑스인의 후손.

문제로 실력 다지기

개념 문제

01 다음 설명이 맞으면 ○표, 틀리면 ×표를 하시오.

(1) 19세기 중반 미국의 남부와 북부는 경제적 차이로 갈등을 겪었다. ·······························( )

(2) 남북 전쟁 직후 미국 정부는 적극적인 자유 무역 정책을 추진하였다. ·······················( )

(3) 대륙 횡단 철도의 개통으로 미국은 대규모 시장이 형성되어 경제 발전이 촉진되었다. ··········( )

02 다음 빈칸에 들어갈 알맞은 말을 쓰시오.

(1) 남북 전쟁 중에 링컨 대통령이 ( )을/를 선언하였다.

(2) 19세기 미국은 적극적인 ( ) 정책으로 노동력을 확보하여 산업 발전에 활용하였다.

(3) 미국은 아메리카에 대한 유럽의 간섭을 배제한다는 내용의 ( )을/를 발표하였다.

(4) 라틴아메리카의 해방자로 불리는 ( )은/는 대콜롬비아 공화국을 세웠다.

03 괄호 안의 내용 중 옳은 것에 ○표 하시오.

(1) 미국의 남북 전쟁은 북부가 (요크타운 / 게티즈버그) 전투에서 승리하며 끝이 났다.

(2) 라틴아메리카 국가 가운데 (아이티 / 에콰도르)가 가장 먼저 독립하여 공화국을 세웠다.

(3) 멕시코는 (이달고 / 산마르틴)이/가 독립 투쟁을 전개하여 에스파냐로부터 독립하였다.

실력 문제

04 19세기 중반 미국의 경제적 상황에 대한 설명으로 옳은 것을 〈보기〉에서 고른 것은?

> **보기**
> ㄱ. 서부 개척으로 영토가 크게 넓어졌다.
> ㄴ. 노동자들의 반대로 이민이 금지되었다.
> ㄷ. 북부와 남부의 경제적 갈등이 나타났다.
> ㄹ. 지하자원의 부족으로 대외 무역이 발전하였다.

① ㄱ, ㄴ   ② ㄱ, ㄷ   ③ ㄴ, ㄷ
④ ㄴ, ㄹ   ⑤ ㄷ, ㄹ

중요 **고난도**
05 다음 자료로 추측할 수 있는 남북 전쟁 전 미국의 상황으로 가장 적절한 것은?

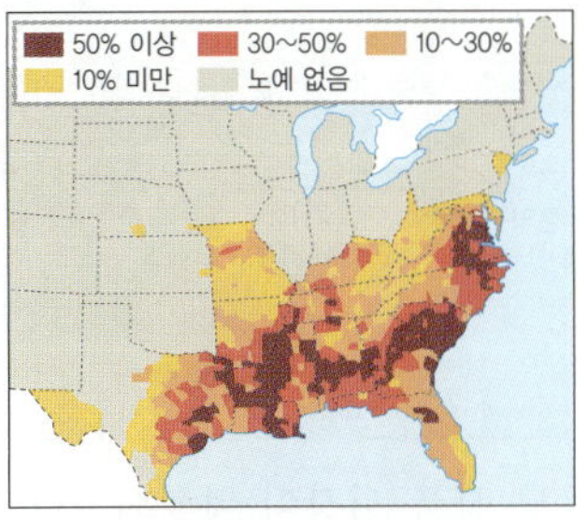

▲ 지역별 노예 비율(1860)

① 북부의 노예 비율이 점차 증가하였다.
② 영국과 프랑스가 노예 해방을 지지하였다.
③ 유럽 이민자와 흑인 노예 간에 갈등이 있었다.
④ 노예제의 필요성에 대한 남북의 의견이 달랐다.
⑤ 에스파냐가 라틴아메리카에 대한 간섭을 강화하였다.

06 다음 인물에 대한 설명으로 옳은 것은?

① 연방제 유지를 주장하였다.
② 보호 무역 제도에 반대하였다.
③ 미국의 초대 대통령으로 선출되었다.
④ 남부 7개 주의 연방 탈퇴를 지지하였다.
⑤ 남북 전쟁이 끝난 뒤 노예 해방을 선언하였다.

07 (가), (나)에 들어갈 말을 옳게 연결한 것은?

> 19세기 [(가)] 과정에서 미국의 산업은 크게 발전하였다. 물자의 생산을 위한 중공업이 발전하였고 뿐만 아니라 이를 수송하는데 필요한 [(나)] 공사가 활발하게 진행되었다. 한편 서부 개척도 한층 가속화되었다.

	(가)	(나)		(가)	(나)
①	남북 전쟁	도로	②	남북 전쟁	철도
③	독립 전쟁	도로	④	독립 전쟁	운하
⑤	독립 전쟁	철도			

08 (가)의 개통이 가져온 효과로 옳은 것은?

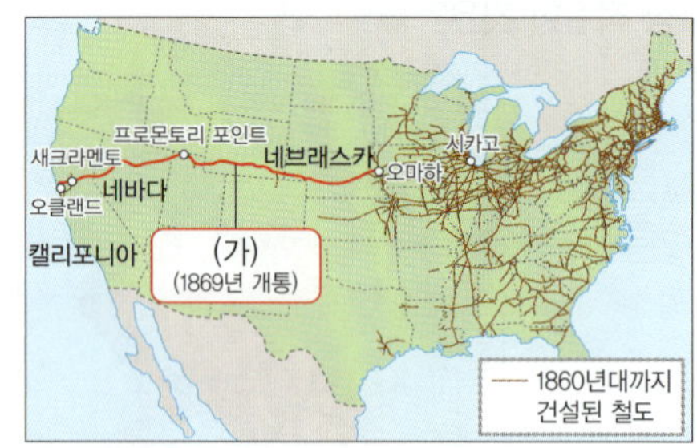

① 대규모 상품 시장이 형성되었다.
② 북부의 전쟁 승리에 기여하였다.
③ 남부의 대농장 경영이 촉진되었다.
④ 남부 11개 주가 연방을 탈퇴하였다.
⑤ 아프리카로부터 많은 흑인 노예가 들어왔다.

09 (가)에 들어갈 내용으로 가장 적절한 것은?

① 노예제를 지지
② 독립 운동에 참여
③ 값싼 노동력을 제공
④ 남부 농장에서 흑인 노예를 대체
⑤ 자본주의를 비판하며 노동 운동을 전개

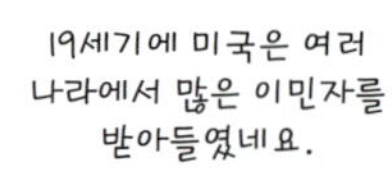
중요

10 19세기 미국이 세계 최대의 공업국으로 성장한 배경으로 적절한 것을 〈보기〉에서 고른 것은?

> **보기**
> ㄱ. 흑인 노예가 값싼 노동력을 제공하였다.
> ㄴ. 내각 책임제로 정치적 안정을 이루었다.
> ㄷ. 미국 정부가 보호 무역 정책을 전개하였다.
> ㄹ. 철강과 기계 산업 등 중공업이 발달하였다.

① ㄱ, ㄴ
② ㄱ, ㄷ
③ ㄴ, ㄷ
④ ㄴ, ㄹ
⑤ ㄷ, ㄹ

고난도

11 다음 국가를 지도에서 옳게 고른 것은?

> • 라틴아메리카에서 가장 먼저 독립하였다.
> • 흑인 노예들이 중심이 되어 독립 운동을 일으켰다.

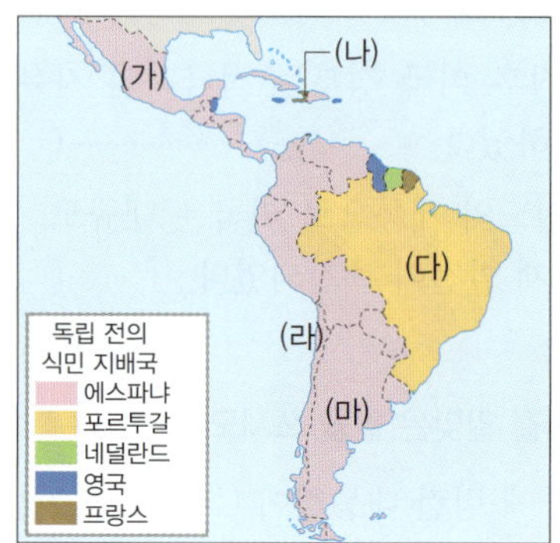

① (가)
② (나)
③ (다)
④ (라)
⑤ (마)

12 다음에서 설명하는 인물로 옳은 것은?

> • 크리오요 출신
> • 에스파냐로부터 베네수엘라, 콜롬비아, 에콰도르, 볼리비아 해방
> • 라틴아메리카를 통합하려고 했으나 성공하지 못함.

① 먼로
② 링컨
③ 볼리바르
④ 산 마르틴
⑤ 이달고 신부

서술형

13 다음을 보고 물음에 답하시오.

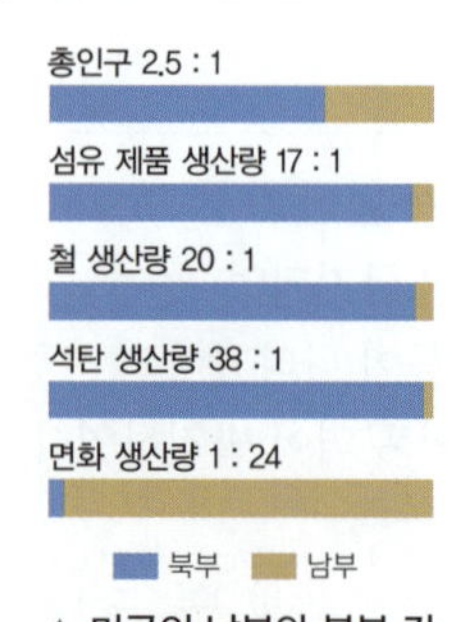

▲ 미국의 남부와 북부 간 산업 구조 비교(1860)

(1) 왼쪽 도표의 상황이 원인이 되어 일어난 사건을 쓰시오.

(2) 왼쪽 도표의 내용을 활용하여 (1)이 일어난 원인을 서술하시오.

근대 국민 국가의 성립

시민 혁명 이후 유럽 및 아메리카에 자유주의와 민족주의가 확산되면서 근대 국민 국가가 출현하였다. 근대 국민 국가는 통일된 영토와 하나의 민족의식을 가진 국민을 바탕으로 하여 국민이 주권을 가지는 근대 국가 체제이다. 16~18세기 유럽 및 아메리카의 각국은 통일이나 혁명 등의 과정을 거치면서 근대 국민 국가로 발전하였다. 시민 혁명 이후 근대 국민 국가의 성립 과정에 대한 문제가 자주 출제되기 때문에 이탈리아와 독일의 통일 과정이나 근대 국민 국가의 특징에 대해 파악할 필요가 있다.

탐구 1 국민 국가의 상징

〈라 마르세예즈〉
거룩한 조국애여,
복수를 위해 우리의 팔을 이끌고 들어 올려라.
자유여, 소중한 자유여
너의 수호자와 함께 싸워라!
우리의 깃발 아래로 승리가
너의 강인한 노래에 발을 맞추고
쓰러져 가는 너의 적이
너의 승리와 우리의 영광을 보기를!

▲ 라 마르세예즈 악보

▲ 프랑스 국기인 '삼색기'

- 근대 국민 국가는 국민들이 일체감을 가질 수 있도록 국기, 국가, 국경일 등을 만들었다. 특히 프랑스는 혁명을 거치면서 국민 국가가 형성되어 국기와 국가에 혁명의 경험이 반영되어 있다.
- 프랑스의 국가 '라 마르세예즈'는 원래 프랑스 혁명 당시 의용군이 부르던 행진곡이었다.
- 프랑스의 국기 '삼색기'는 프랑스 혁명의 정신을 상징하고 있다. 푸른색은 자유, 흰색은 평등, 붉은색은 우애를 상징한다.

탐구 2 이탈리아와 독일의 통일

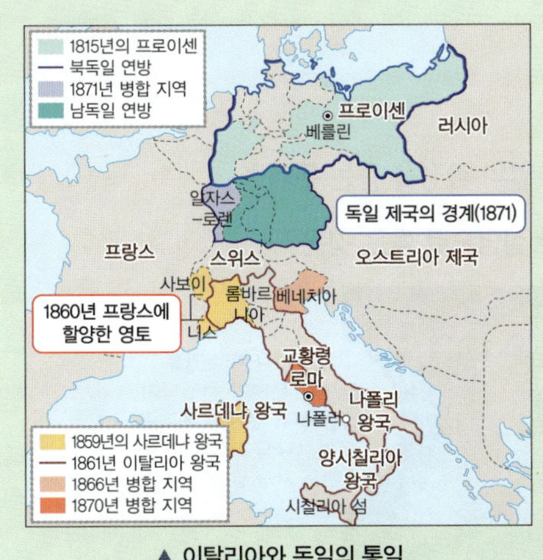

▲ 이탈리아와 독일의 통일

▲ 카보우르

▲ 가리발디

▲ 비스마르크

- 카보우르는 사르데냐 왕국의 총리로 사르데냐 왕국을 중심으로 이탈리아의 통일을 추진하였다. 또한 프랑스 나폴레옹 3세의 지원을 받아 오스트리아와의 전쟁에서 승리하여 이탈리아 중·북부 지역을 통합하였다.
- 가리발디는 '붉은 셔츠단'이라는 의용대를 거느리고 이탈리아의 통일 운동에 참여하였다. 그는 남부의 시칠리아와 나폴리를 정복하고 이를 사르데냐 왕국에 바침으로써 이탈리아의 통일에 기여하였다.
- 비스마르크는 프로이센의 수상으로 "언론이나 다수결이 아니라 철과 피, 즉 병기와 병력으로 문제를 해결해야 한다."는 철혈 정책으로 유명하다. 이에 따라 프로이센은 강력한 군비 확장 정책을 추진하여 오스트리아와 프랑스를 차례로 격퇴하고 독일의 통일을 주도하였다.

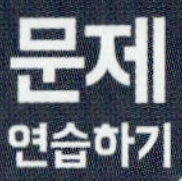
문제 연습하기

유형 1 프랑스 혁명의 특징을 묻는 문제

다음 노래와 관련된 혁명에 대한 설명으로 옳은 것은?

> 거룩한 조국애여,
> 복수를 위해 우리의 팔을 이끌고 들어 올려라.
> 자유여, 소중한 자유여
> 너의 수호자와 함께 싸워라!
> 우리의 깃발 아래로 승리가
> 너의 강인한 노래에 발을 맞추고
> 쓰러져 가는 너의 적이
> 너의 승리와 우리의 영광을 보기를!
>
> – 라 마르세예즈 –

① 보스턴 차 사건으로 시작되었다.
② 오스트리아의 메테르니히가 주도하였다.
③ 유혈 사태 없이 평화롭게 혁명을 이루었다.
④ 인권 선언을 통해 혁명의 기본 이념을 밝혔다.
⑤ 노동자들을 중심으로 인민헌장을 발표하고 활동하였다.

유형 2 국민 국가의 상징을 묻는 문제

밑줄 친 '제도와 상징'에 해당하는 내용으로 옳은 것을 〈보기〉에 서 있는 대로 고른 것은?

> 시민 혁명 이후 유럽 및 아메리카에 자유주의와 민족주의 가 확산되면서 근대 국민 국가가 출현하였다. 근대 국민 국 가들은 국민들이 일체감을 가질 수 있도록 여러 가지 <u>제도 와 상징</u>을 만들었다.

보기
ㄱ. 국기와 국가를 만들어 사용하였다.
ㄴ. 국경일을 제정하여 이를 기념하였다.
ㄷ. 표준어를 제정하여 이를 사용하였다.
ㄹ. 입헌 군주제와 내각 책임제를 실시하였다.

① ㄱ, ㄷ 　② ㄴ, ㄹ 　③ ㄱ, ㄴ, ㄷ
④ ㄴ, ㄷ, ㄹ 　⑤ ㄱ, ㄴ, ㄷ, ㄹ

유형 3 독일과 이탈리아 통일의 공통점을 묻는 문제

(가), (나) 통일의 공통점으로 옳은 것은?

① 의회 중심으로 통일 정책을 추진하였다.
② 프랑스의 도움을 얻어 통일을 이루었다.
③ 7월 혁명과 2월 혁명 사이에 통일을 이루었다.
④ 빈 회의에서 다른 유럽 국가들의 승인을 얻었다.
⑤ 통일을 방해하는 다른 유럽 국가와 전쟁을 벌였다.

유형 4 독일 통일의 과정을 묻는 문제

다음 인물에 대한 설명으로 옳은 것은?

① 남부 이탈리아를 정복하였다.
② 사르데냐 왕국의 총리로 임명되었다.
③ 강력한 군비 확장 정책을 추진하였다.
④ 오스트리아를 통합하여 통일을 이루었다.
⑤ 농노 해방령을 발표하고 개혁을 추진하였다.

산업 혁명과 자본주의의 발전

1 영국의 산업 혁명

(1) 영국에서 시작된 배경 명예혁명 이후 정치적 안정, 모직물 공업 발달, 넓은 식민지 확보(원료 공급지와 상품 판매처로 활용), 노동력의 확보(인클로저 운동), 석탄과 철 등 풍부한 천연자원

(2) 산업 혁명의 전개 [인클로저 운동 과정에서 많은 농민이 경작지를 잃고 도시로 이주하여 값싼 노동력을 제공하였어.]

① 면직물 공업에서 시작 면직물의 수요 증가 → 방적기와 방직기 등이 개발(하그리브스의 제니 방적기, 존 케이의 나는 북) [옷감을 짜는 기계야.]

② 제임스 와트의 증기 기관 개량 증기 기관을 기계의 동력으로 사용 → 직물 생산량이 크게 증가 → 면직물 공업이 가내 수공업에서 벗어나 공장제 기계 공업으로 발전 **자료1**

③ 교통과 통신 발전 시장 확대, 교역량 증가 → 산업 발달 가속화

교통	스티븐슨(영국)의 증기 기관차, 풀턴(미국)의 증기선, 도로와 운하 건설
통신	모스의 유선 전신

2 제2차 산업 혁명과 산업 대국의 성장

(1) 산업 혁명의 확산 산업 혁명의 결과 영국 면직물이 세계 시장을 장악 → 각국이 적극적으로 영국의 기계와 기술 도입 **자료2**

18세기 후반	→	19세기 전반	→	19세기 중반	→	19세기 후반
영국		프랑스, 벨기에		미국, 독일		일본, 러시아

[미국은 남북 전쟁 이후 산업 혁명이 급속히 전개되었어. 독일은 통일 이후 국가 주도의 중공업을 육성하였어.]

(2) 19세기 후반의 발전

① 기술 발전 대서양 횡단 케이블 설치, 전화의 발명, 새로운 동력으로 전기 사용, 석유를 이용한 내연 기관의 발전

② 제2차 산업 혁명 철강, 기계, 석유 화학 등 새로운 산업 분야 발전 → 독일과 미국이 영국을 앞서는 새로운 공업 강국으로 성장

③ 경제 변화 산업 혁명이 확산되면서 *자본주의 경제 발전

3 산업 혁명의 결과

(1) 산업 혁명과 자본주의 경제 체제

① 사회 변화 도시 인구 증가, 농업 사회에서 산업 사회로 변화

② 산업 혁명의 혜택 상품의 대량 생산으로 생활의 풍요로움, 교통과 통신이 발전하여 지역 간 교류 활발, 삶의 편리함 증가

③ 자본주의 경제 체제 확립 자본가와 노동자가 새로운 사회 계층으로 등장, 애덤 스미스의 자유 방임주의가 이론적으로 뒷받침.

(2) 산업 혁명의 문제점 **자료3**

① 도시 문제 도시로 인구 집중 → 위생과 환경 문제 발생

② 노동 문제 *빈부 격차의 확대, 저임금과 장시간 노동, 아동 노동 → 자본가와 노동자의 갈등 발생, 정치·사회적 불평등 심화 → 기계 파괴 운동, 노동조합 결성

(3) 사회주의 사상의 등장 마르크스, 오언 등이 자본주의 체제의 모순 비판, 사유 재산 제도 부정 → 공동 생산, 공동 분배 바탕으로 평등 사회 건설 주장

🚢 꼭 나오는 자료

자료1 면직물 공업의 발전

▲ 제니 방적기

▲ 제임스 와트의 증기 기관

하그리브스가 만든 제니 방적기는 1인당 면실 생산을 8배나 증가시켰다. 제임스 와트는 증기 기관을 개량하여 이전보다 훨씬 싼 비용으로 강한 동력을 공급할 수 있게 되었다. 이후 증기 기관이 모든 기계의 동력원으로 사용되었다.

자료2 산업 혁명의 확산

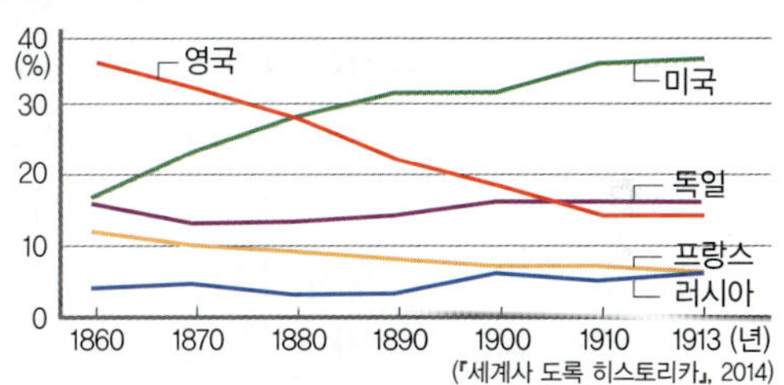

▲ 각국의 공업 생산 비율

영국에서 시작된 산업 혁명은 19세기에 세계 각국으로 확산되었다. 1900년대를 전후하여 철강, 기계, 석유 화학이 발전하면서 미국과 독일이 영국을 앞서는 새로운 강국으로 떠올랐다.

자료3 산업 혁명의 문제점

▲ 러다이트 운동

▲ 마르크스

19세기 초반 일자리를 뺏긴 노동자들은 실업의 이유가 기계 때문이라고 여겨 기계를 파괴하는 운동을 벌였다(러다이트 운동). 한편 대표적인 사회주의 사상가인 마르크스는 노동자의 계급 투쟁을 강조하였다. 그는 『자본론』에서 자본주의 사회는 필연적으로 무너지고 노동자가 주인이 되는 사회주의 사회가 건설될 것이라고 주장하였다.

🔖 용어 사전

* **자본주의(資 재물 本 근본 主義 사상)** 자본가가 이윤을 얻을 목적으로 노동자를 고용하여 상품을 생산하고, 판매 및 생산과 소비가 시장에 의해 결정되는 경제 체제
* **빈부 격차(貧 가난 富 부유함 隔 멀어지다 差 차이)** 가난한 사람들과 부유한 사람들의 경제적인 차이

개념 문제

01 다음 설명이 맞으면 ○표, 틀리면 ×표를 하시오.

(1) 산업 혁명은 18세기 후반 영국에서 가장 먼저 시작되어 전 세계로 확산되었다. ·················(   )

(2) 산업 혁명으로 농업 사회가 산업 사회로 변화하면서 자본주의 경제 체제가 확립되었다. ·······(   )

(3) 산업 혁명 직후 노동자들의 권리가 향상되고 풍족한 생활이 가능하였다. ·················(   )

02 다음 빈칸에 들어갈 알맞은 말을 쓰시오.

(1) 18세기 영국의 (   ) 운동으로 농지를 잃은 농민들은 도시로 이주하여 값싼 노동력을 제공하였다.

(2) 산업 혁명을 통해 면직물 공업은 가내 수공업 단계에서 벗어나 (   )으로 발달하였다.

(3) 산업 혁명 이후 생산 수단을 가진 (   )와/과 임금을 받는 노동자가 새로운 사회 계층으로 등장하였다.

(4) 산업 혁명 이후 등장한 (   ) 사상은 자본주의를 비판하고 사유 재산 제도를 부정하였다.

03 다음 발명가와 발명품을 옳게 연결하시오.

(1) 모스   •   • ㉠ 증기선

(2) 풀턴   •   • ㉡ 유선 전신

(3) 스티븐슨 •   • ㉢ 증기 기관차

(4) 하그리브스 •   • ㉣ 제니 방적기

실력 문제

04 (가)에 들어갈 내용으로 가장 적절한 것은?

> 18세기 곡물 가격이 상승하자 영국의 지주들은 농민의 경작지와 공유지에 울타리를 쳐서 자신의 소유지로 삼는 인클로저 운동을 전개하였다. 이 과정에서 많은 농민이 농지에서 쫓겨나 [(가)] 하면서 산업 혁명을 촉진하였다.

① 농촌 인구가 증가
② 시민 혁명이 발생
③ 값싼 노동력을 제공
④ 농지 가격이 크게 폭락
⑤ 아메리카로 가는 이민자가 증가

05 영국에서 산업 혁명이 시작된 배경으로 옳은 것을 〈보기〉에서 있는 대로 고른 것은?

> **보기**
> ㄱ. 넓은 해외 식민지를 갖고 있었다.
> ㄴ. 명예혁명 이후 정치가 안정되었다.
> ㄷ. 모직물 공업이 일찍부터 발달하였다.
> ㄹ. 철도 건설로 넓은 시장이 형성되어 있었다.

① ㄱ, ㄴ   ② ㄷ, ㄹ   ③ ㄱ, ㄴ, ㄷ
④ ㄱ, ㄷ, ㄹ   ⑤ ㄴ, ㄷ, ㄹ

06 (가)에 대한 설명으로 옳지 <u>않은</u> 것은?

> 역사 용어 사전: [(가)]
> • 시작 시기: 18세기 중엽
> • 의미: 기계의 발명과 기술의 혁신으로 생산력이 급증함에 따라 나타난 사회·경제적 대변혁

① 영국에서 시작되었다.
② 값싼 노동력이 요구되었다.
③ 면직물 공업에서 먼저 일어났다.
④ 중상주의 경제 이론이 바탕이 되었다.
⑤ 대량의 원료 공급지 확보가 필요하였다.

07 다음 발명품이 가져온 결과에 대한 설명으로 가장 적절한 것은?

▲ 제임스 와트가 개량한 기계

① 전통적인 가내 수공업이 크게 발전하였다.
② 효율적으로 더 강한 동력을 사용하게 되었다.
③ 멀리 떨어진 곳에 소식을 빨리 전하게 되었다.
④ 전기를 새로운 동력원으로 사용하기 시작하였다.
⑤ 8개의 방추를 사용해 실 생산량이 8배 증가하였다.

08 다음은 19세기 유럽의 철도망의 변화이다. 이를 통해 일어난 사회 변동에 대한 설명으로 옳은 것은?

① 농촌 인구가 증가하였다.
② 석탄 채굴 산업이 쇠퇴하였다.
③ 대량의 제품 수송이 가능해졌다.
④ 유럽 국가 간 전쟁이 치열해졌다.
⑤ 도로와 운하의 건설이 줄어들었다.

고난도

09 (가) 국가의 공업 생산 비율이 증가하게 된 배경으로 옳은 것은?

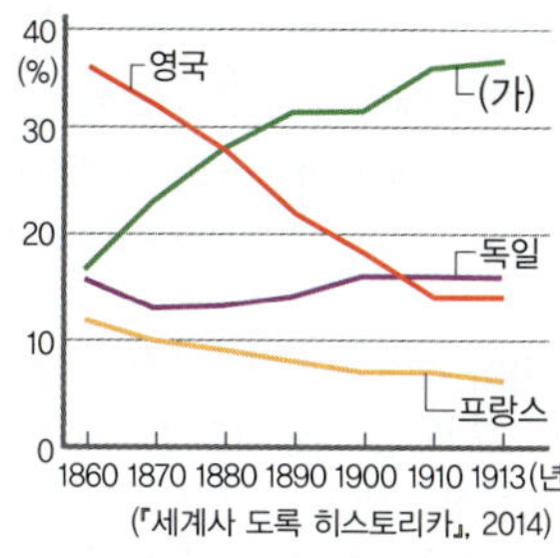

① 가장 먼저 산업 혁명 시작
② 남북 전쟁 이후 산업 발전
③ 시베리아 횡단 철도의 완성
④ 동아시아 국가 중 먼저 산업화 성공
⑤ 통일 이후 정부 주도의 경제 정책 추진

10 (가)에 들어갈 주제로 가장 적절한 것은?

[역사 탐구 보고서]

주제: (가)

• 통신의 발전: 대서양 횡단 케이블 설치와 전화 발명
• 기술의 발전: 전기가 새로운 동력으로 사용, 석유를 이용한 내연 기관 발전
• 산업의 발전: 철강, 기계, 석유 화학 분야의 발전
• 신흥 공업 강국의 성장: 미국과 독일

① 사회주의 사상의 등장
② 제2차 산업 혁명의 전개
③ 자본주의 경제 체제의 침체
④ 산업 혁명의 발생 원인과 배경
⑤ 새로운 기계와 면직물 공업의 발전

중요

11 산업 혁명으로 인한 사회 변화로 옳은 것을 〈보기〉에서 고른 것은?

보기
ㄱ. 자본주의 경제 체제가 확립되었다.
ㄴ. 도시 문제로 인해 농촌 인구가 늘어났다.
ㄷ. 계급 간 정치·사회적 불평등이 심화되었다.
ㄹ. 국가의 경제에 대한 통제가 더욱 강화되었다.

① ㄱ, ㄴ ② ㄱ, ㄷ ③ ㄴ, ㄷ
④ ㄴ, ㄹ ⑤ ㄷ, ㄹ

12 다음 자료의 운동이 일어난 원인으로 가장 적절한 것은?

① 아동 노동에 대한 어른들의 불만
② 인클로저 운동에 대한 농민의 반발
③ 상품의 대량 생산으로 인한 가격의 하락
④ 공장 설립을 통한 자본가들의 생산력 향상 노력
⑤ 기계에 일자리를 빼앗겼다고 여긴 노동자들의 불만

서술형

13 다음을 읽고 물음에 답하시오.

(1) (가)에 들어갈 사상을 쓰시오.

(2) (가) 사상이 추구하는 이상적인 사회상을 두 가지 서술하시오.

주제 07 제국주의의 등장과 열강의 침탈

1 제국주의의 등장

(1) 제국주의의 의미   강대국이 군사력을 앞세워 약소국을 침략하여 식민지로 삼으려는 팽창 정책

(2) 제국주의의 배경   19세기 후반 자본주의 발전 → 소수의 거대 기업과 은행들이 자본 축적 → 경제 발전을 지속하기 위해 식민지 정복
┌ 초기에는 영국, 네덜란드, 프랑스 등이 식민지 팽창 정책을 추진하였고, 독일과 미국 등이 나중에 뛰어들었어.

(3) 제국주의의 정책   식민지에서 공장, 철도, 광산 건설 사업에 투자 → 값싼 노동력과 원료를 이용하여 상품을 만들어 막대한 이익 획득 `자료1`

(3) 제국주의의 지배 논리 `자료2`

사회 진화론	인간 사회에도 자연 세계와 같이 *적자생존의 원칙이 적용, 강대국의 약소국 지배 정당화
인종 주의	인종 간에 우열이 존재, 인종 차별과 탄압 합리화

2 제국주의 국가들의 아프리카 분할 `자료3`

(1) 배경   19세기 중반 리빙스턴·스탠리 등 탐험가들에 의해 아프리카 내륙 지방 탐험 → 제국주의 국가들의 아프리카 침략 → 베를린 회의에서 아프리카 분할 원칙에 합의

(2) 아프리카 분할

영국	수에즈 운하 매입, 이집트 보호국화, 남아프리카 연방 조직, 종단 정책(이집트의 카이로~케이프타운 식민지 연결), 3C 정책 추진
프랑스	횡단 정책(알제리~마다가스카르섬 연결) ┌ 카이로, 케이프타운, 콜카타를 연결하였어.
독일	뒤늦게 식민지 경쟁에 참여, 3B 정책을 통해 발칸반도 및 서아시아와 아프리카 지역으로 세력 확장 ┌ 베를린, 비잔티움, 바그다드를 연결하였어.
기타	• 벨기에: 콩고 차지 • 이탈리아: 에티오피아 침략

(3) 제국주의 열강의 충돌

① **파쇼다 사건**   영국의 종단 정책과 프랑스의 횡단 정책의 충돌
② **모로코 사건**   모로코 지배를 둘러싼 프랑스와 독일의 대립
(4) 결과   라이베리아와 에티오피아를 제외한 아프리카 대부분이 식민지화

┌ 17세기 초 영국 등이 아시아, 아프리카 지역에 설립한 특허 회사로, 무역, 정치, 군사적 실권을 위임받아 실질적인 식민 지배 기구의 역할을 하였어.

3 제국주의 국가들의 아시아·태평양 지역 분할

영국	동인도 회사를 통해서 인도 지배 → 인도 식민지화, 오스트레일리아·뉴질랜드 차지
프랑스	베트남, 캄보디아 등 세력 확대 → 인도차이나 연방 수립
네덜란드	인도네시아 차지 → 네덜란드령 동인도 수립
독일	태평양의 여러 섬(마셜 제도, 캐롤라인 제도) 차지
미국	하와이 *병합, 에스파냐와의 전쟁에서 승리 → 필리핀, 괌 차지
러시아	남하 정책 → 연해주, 중앙아시아 점령 → 영국, 프랑스와 충돌
기타	• 중국: 여러 강대국이 중국에 진출하여 특권을 요구 • 일본: 한국과 타이완을 침략하고 만주 침략을 준비

꼭 나오는 자료

자료1 제국주의의 의미

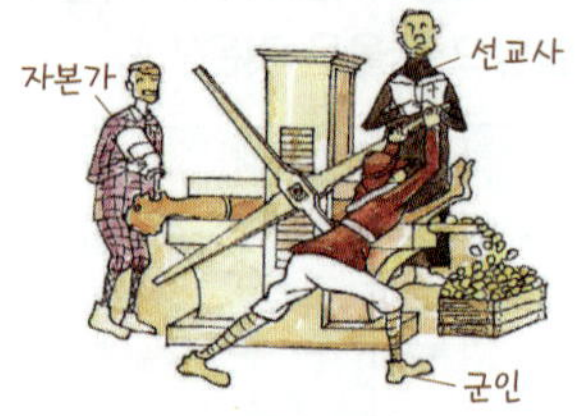

▲ 식민지를 지배하는 방식 (풍자화)

▲ 제국주의자 세실 로즈의 꿈 (풍자화)

제국주의 침략은 선교사들의 종교 전파, 군대를 통한 무력 사용, 자본가들의 경제적 침탈이 동시에 이루어지며 전개되었다. 한편 영국의 정치인 세실 로즈는 이집트의 카이로와 남아프리카의 케이프타운을 전선으로 연결하는 아프리카 종단 정책을 추진하였고, 케이프주 식민지의 총독이 되었다.

자료2 제국주의의 지배 논리

> 백인의 짐을 져라 /
> 그대가 키운 최정예를 보내라 /
> 근대의 아들들을 역경의 길로 보내라 / 그대가 잡은 원주민들의 욕구를 달래기 위해 . …… 절반은 악마 같고 절반은 어린이 같은 자들에게 / 아주 힘겹게 시중들기 위해
> – 키플링, 『백인의 짐』 –

제국주의자들은 약소국이 강대국의 지배를 받는 것은 당연하며 미개한 아시아와 아프리카를 식민지로 삼아 문명화하는 것은 자신들의 의무라고 주장하였다. 또 자신들의 지배는 식민지인에게 베푸는 은혜라고 주장하며 자신들의 행위를 정당화하였다.

자료3 제국주의 국가들의 아프리카 분할

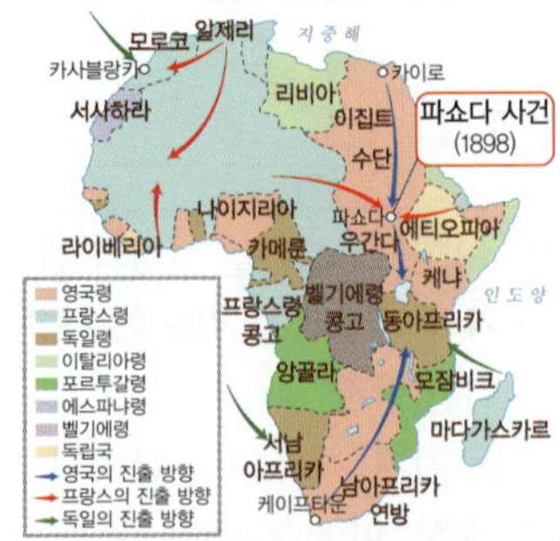

▲ 제국주의 국가의 아프리카 분할

19세기 에티오피아와 라이베리아를 제외한 아프리카의 전 지역이 제국주의 열강의 식민지가 되었다. 제국주의 열강은 식민지 팽창 정책을 펼치다가 서로 충돌을 벌이기도 하였다.

용어 사전

* **적자생존(適 따르다 者 것 生 살다 存 존재)**   환경에 적응하는 생물은 살아남고 그렇지 못한 생물은 사라지는 현상

* **병합(倂 아우르다 合 합하다)**   둘 이상의 나라가 하나로 합쳐지는 일

개념 문제

01 다음 설명이 맞으면 ○표, 틀리면 ×표를 하시오.

(1) 19세기 아프리카의 식민지 국가들은 원료와 노동력을 수출하여 막대한 이익을 얻었다. ⋯⋯⋯( )

(2) 제국주의자들은 강대국이 약소국을 지배하는 것이 세계를 문명화하는 것이라고 생각하였다. ( )

(3) 제국주의자들은 인종 간에 우열이 존재한다고 주장하여 인종 차별을 합리화하였다. ⋯⋯⋯⋯( )

02 다음 빈칸에 들어갈 알맞은 말을 쓰시오.

(1) 19세기 말 강대국이 식민지를 확대하려는 팽창 정책인 ( )이/가 등장하였다.

(2) 아프리카 쟁탈전이 격화되자 유럽 열강은 ( )을/를 열어 아프리카 분할 원칙에 합의하였다.

(3) 영국은 수에즈 운하를 매입하고 ( )을/를 보호국으로 삼았다.

(4) 영국과 프랑스의 아프리카 팽창 정책이 충돌하면서 ( )이/가 발생하였다.

03 괄호 안의 내용 중 옳은 것에 ○표 하시오.

(1) 영국은 동인도 회사를 통해 (인도 / 베트남)을/를 지배하다가 이후 직접 통치하였다.

(2) 네덜란드는 (인도네시아 / 말레이시아)를 차지하여 네덜란드령 동인도를 세웠다.

(3) 미국은 에스파냐와의 전쟁에서 승리하여 (타이완 / 필리핀)을 차지하였다.

(4) (독일 / 러시아)은/는 연해주와 중앙아시아를 점령하여 영국, 프랑스 등과 충돌하였다.

실력 문제

04 제국주의의 등장 배경으로 옳은 것을 〈보기〉에서 고른 것은?

┌─ 보기 ─
ㄱ. 사회주의 사상이 널리 유행하였다.
ㄴ. 자본주의 체제가 고도로 발전하였다.
ㄷ. 산업화한 국가 간의 경쟁이 치열해졌다.
ㄹ. 라틴아메리카에 대한 유럽의 간섭이 심해졌다.
└─

① ㄱ, ㄴ   ② ㄱ, ㄹ   ③ ㄴ, ㄷ
④ ㄴ, ㄹ   ⑤ ㄷ, ㄹ

고난도

05 다음 그림에 대한 설명으로 옳은 것은?

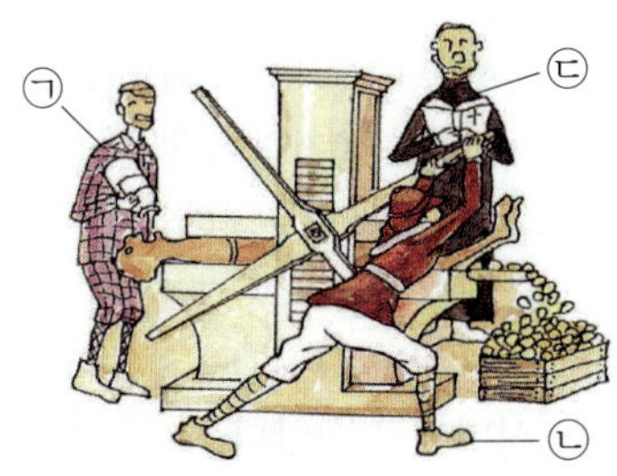

① 민족주의를 풍자하고 있다.
② ㉠은 군사력을 통한 침략을 상징한다.
③ ㉡은 자본을 투자하는 역할을 담당하였다.
④ ㉢은 종교를 앞세워서 침략을 정당화하였다.
⑤ 18세기 중상주의 경제 정책에 대해 비판하고 있다.

중요

06 다음 시가 쓰여진 목적으로 가장 적절한 것은?

> 백인의 짐을 져라
> 그대가 키운 최정예를 보내라
> 근대의 아들들을 역경의 길로 보내라
> 그대가 잡은 원주민들의 욕구를 달래기 위해
> ⋯⋯ 절반은 악마 같고 절반은 어린이 같은 자들에게
> 아주 힘겹게 시중들기 위해

① 노동자의 인권 보호
② 제국주의 침략 정당화
③ 유럽인의 침략 행위 비판
④ 사회주의 사상가들의 노력 강조
⑤ 자본주의 경제 정책의 문제점 폭로

07 (가)에 들어갈 말로 옳은 것은?

> "사회는 단순한 상태에서 복잡한 상태로 진화하며, 더 발달된 사회가 덜 발달된 사회를 지배하는 (가) 의 원칙이 적용된다."

▲ 허버트 스펜서

① 자본주의   ② 민족주의   ③ 사회주의
④ 인종주의   ⑤ 적자생존

08 다음 팽창 정책을 추진한 국가에 대한 설명으로 옳은 것은?

> • 수에즈 운하를 매입하고 이집트를 보호국화하였다.
> • 금과 다이아몬드 매장량이 많은 아프리카의 남부를 차지하고 3C 정책을 추진하였다.

① 모로코를 차지하였다.
② 인도를 식민지로 삼았다.
③ 타이완을 보호국으로 삼았다.
④ 19세기 후반 세계 최대 공업국이 되었다.
⑤ 통일 이후 뒤늦게 식민지 경쟁에 뛰어들었다.

고난도
09 다음 지도에 대한 설명으로 옳은 것을 〈보기〉에서 고른 것은?

> **보기**
> ㄱ. (가)는 아프리카 종단 정책을 추진하였다.
> ㄴ. (가)는 베를린, 비잔티움, 바그다드를 연결하려고 하였다.
> ㄷ. (나)는 파쇼다에서 독일과 충돌을 일으켰다.
> ㄹ. (가), (나)는 아프리카 분할을 놓고 충돌을 일으켰다.

① ㄱ, ㄴ   ② ㄱ, ㄹ   ③ ㄴ, ㄷ
④ ㄴ, ㄹ   ⑤ ㄷ, ㄹ

10 19세기 이후 아프리카에서 독립을 유지한 국가를 〈보기〉에서 고른 것은?

> **보기**
> ㄱ. 콩고   ㄴ. 알제리
> ㄷ. 라이베리아   ㄹ. 에티오피아

① ㄱ, ㄴ   ② ㄱ, ㄹ   ③ ㄴ, ㄷ
④ ㄴ, ㄹ   ⑤ ㄷ, ㄹ

11 다음 제국주의 정책을 추진한 국가에 대한 설명으로 옳은 것은?

① 필리핀과 괌을 차지하였다.
② 태평양의 뉴질랜드를 차지하였다.
③ 모로코에서 프랑스와 충돌하였다.
④ 산업 혁명을 가장 먼저 시작하였다.
⑤ 알제리와 마다가스카르섬을 장악하였다.

12 미국의 제국주의 침략으로 옳은 것을 〈보기〉에서 고른 것은?

> **보기**
> ㄱ. 괌과 하와이를 통합하였다.
> ㄴ. 오스트레일리아를 병합하였다.
> ㄷ. 마셜 제도와 캐롤라인 제도를 차지하였다.
> ㄹ. 에스파냐와 전쟁을 벌여 필리핀을 차지하였다.

① ㄱ, ㄴ   ② ㄱ, ㄹ   ③ ㄴ, ㄷ
④ ㄴ, ㄹ   ⑤ ㄷ, ㄹ

서술형
13 다음을 읽고 물음에 답하시오.

▲ 세실 로즈의 꿈 (풍자화)

> 나는 런던 이스트엔드의 실업자 집회에 가서 "빵을 달라."라는 절절한 연설만 듣고 오다가 문득 ⎡ (가) ⎦의 중요성을 깨달았다. 우리는 영국의 4천만 국민을 피비린내 나는 내란으로부터 구하기 위해 새로운 영토를 개척해야만 한다. – 세실 로즈, 『유언집』 –

(1) (가)에 들어갈 용어를 쓰시오.

(2) (1)의 의미를 쓰고, 이를 정당화하는 사회사상을 <u>두 가지</u> 쓰시오.

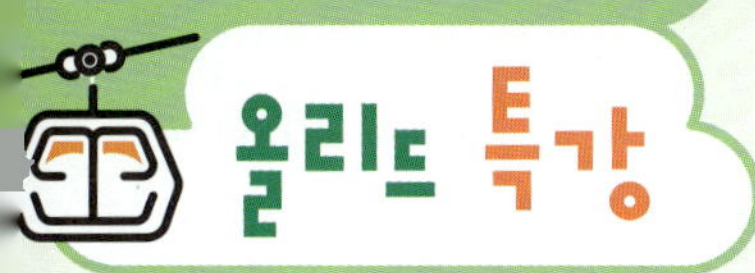

산업 혁명의 빛과 그늘

산업 혁명으로 공장에서 기계를 통해 좋은 상품을 대량으로 생산할 수 있게 되어 생활은 편리해졌으며 이전보다 삶의 질이 높아졌다. 그러나 도시의 노동자들은 주택 부족, 상하수도 시설 미비로 인한 도시 문제로 고통받았으며 자본가들의 착취로 아동 노동, 임금 착취 등의 문제가 발생하였다. 산업 혁명으로 발생한 사회 변화와 문제점, 이를 극복하기 위한 노력 등은 자주 출제되는 주제이므로 확실하게 파악할 필요가 있다.

주제 탐구하기

탐구 1 산업 혁명의 빛

▲ 전화기

전화의 발명으로 통신이 비약적으로 발전하였다.

▲ 수정궁

1851년 런던 만국 박람회 개최를 위해 유리로 지은 건축물이다.

▲ 파리 에펠탑

1889년 파리 만국 박람회 때 세워졌다.

▲ 증기선

증기 기관을 동력으로 삼아 배를 운항하였다.

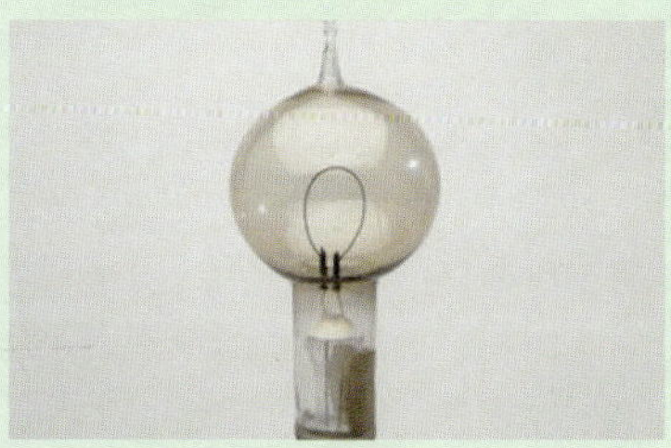

▲ 전구

에디슨은 백열등을 발명하였다.

▲ 독일의 카를 벤츠

처음으로 내연 기관과 휘발유를 사용한 운송 수단을 발명하였다.

탐구 2 산업 혁명의 그림자

▲ 런던 뒷골목 주택가

쓰레기와 오물이 그대로 방치되어 전염병과 환경 오염이 유발되었다.

▲ 런던 뒷골목의 빈민

가난한 노동자와 도시 빈민은 비참한 환경에서 생활하였다.

▲ 대기 오염

공장의 매연과 폐수는 공기와 하천을 오염시켰다.

▲ 아동 노동

자본가들은 아이들을 낮은 임금으로 고용하여 착취하였다.

〈아동 노동의 실태〉
문: 몇 살 때 공장 일을 시작하였나요?
답: 6세 때입니다.
문: 작업 시간은 몇 시부터 몇 시까지였습니까?
답: 일이 밀릴 때는 새벽 다섯 시부터 저녁 아홉 시까지 일하였습니다.
문: 일을 못하거나 작업이 늦어질 때 어떤 일을 당하였습니까?
답: 허리띠로 맞았습니다.

– 웨슬리 캠프, 「1831~1832년 의회 보고서」 –

유형 1 산업 혁명과 생활의 변화를 묻는 문제

다음 발명품이 가져온 사회 변화에 대한 설명으로 가장 적절한 것은?

① 석유가 새로운 동력원으로 사용되었다.
② 철광석에 대한 수요가 크게 줄어들었다.
③ 가내 수공업의 규모가 더욱 확대되었다.
④ 교역이 증가하고 세계가 점차 가까워지게 되었다.
⑤ 기계를 이용해 면직물을 만드는 공장이 세워졌다.

유형 3 산업 혁명 시기 사회 문제를 묻는 문제

밑줄 친 '사회 문제'에 해당하는 내용으로 옳은 것을 〈보기〉에서 있는 대로 고른 것은?

> 산업 혁명이 가져온 대량 생산으로 사람들의 생활은 풍요롭고 편리해졌으며 이전보다 삶의 질이 높아졌다. 그러나 한편으로는 여러 가지 사회 문제가 나타나기도 하였다.

— 보기 —
ㄱ. 도시 노동자들의 거주 주택이 부족해졌다.
ㄴ. 농촌 인구의 증가로 토지 가격이 상승하였다.
ㄷ. 상하수도 시설의 부족으로 전염병의 위협이 높아졌다.
ㄹ. 경제 규모가 확대되면서 계층 간 빈부 격차가 커졌다.

① ㄱ, ㄴ ② ㄷ, ㄹ ③ ㄱ, ㄴ, ㄷ
④ ㄱ, ㄷ, ㄹ ⑤ ㄴ, ㄷ, ㄹ

유형 2 산업 혁명 시기 박람회의 목적을 묻는 문제

다음 건축물이 조성된 공통적인 목적을 옳게 설명한 것은?

▲ 런던 수정궁　　　▲ 파리 에펠탑

① 혁명의 정당성을 알리기 위해서
② 사회주의의 가능성을 홍보하기 위해서
③ 산업 혁명의 문제점을 비판하기 위해서
④ 절대주의 왕권의 권위를 내세우기 위해서
⑤ 국가별로 산업화의 성과를 과시하기 위해서

유형 4 아동 노동의 원인을 묻는 문제

다음 문제가 일어나게 된 원인을 옳게 설명한 것은?

> 문: 몇 살 때 공장 일을 시작하였나요?
> 답: 6세 때입니다.
> 문: 작업 시간은 몇 시부터 몇 시까지였습니까?
> 답: 일이 밀릴 때는 새벽 다섯 시부터 저녁 아홉 시까지 일하였습니다.
> 문: 일을 못하거나 작업이 늦어질 때 어떤 일을 당하였습니까?
> 답: 허리띠로 맞았습니다.

① 노동자들의 노동조합 결성 때문에
② 자본가들의 이윤을 극대화하려는 욕구 때문에
③ 사회주의자들이 폭력 혁명을 주장했기 때문에
④ 전쟁으로 성인 남성 노동력이 부족했기 때문에
⑤ 노동자들이 기계가 실업의 원인이라고 여겼기 때문에

주제 08 서아시아와 아프리카 각지의 근대화 운동

1 오스만 제국의 근대화 운동
> 동서 교역로에 위치하여 번영을 누리던 오스만 제국은 무역의 중심이 지중해에서 대서양으로 이동하자 점차 쇠퇴했어.

(1) **오스만 제국의 쇠퇴** 신항로 개척으로 무역 중심지 이동 → 17세기 말부터 위기, 중앙 집권 체제 약화, 제국 내 여러 민족의 독립 요구, 유럽 열강의 간섭, 영토 축소

(2) **오스만 제국의 국민 국가 건설 운동**
> 그리스가 독립하고, 이집트의 자치를 허용하는 등 영토가 축소되었다.

① *탄지마트(1839~1876) **자료1**

목적	대내외적 위기 극복, 서구식 근대화를 통한 부국강병 추구
내용	민족적·종교적 차별 금지, 근대식 헌법 제정, 의회 설립, 서구식 행정·법률·군사·교육 제도 마련
결과	보수 세력의 반발과 유럽 열강의 간섭 → 성과 미흡

② 청년 튀르크당의 개혁(1908)

배경	*술탄 압둘 하미드 2세의 전제 정치 강화(헌법 정지, 의회 해산)
전개	청년 튀르크당이 무력 혁명으로 정권 장악 → 헌법과 의회 부활, 근대적 산업 육성, 근대적 교육 실시, 외세 배척 운동 추진
결과	극단적인 튀르크 민족주의로 제국 내 민족 갈등 유발

2 서아시아의 근대화 운동 **자료2**

(1) **와하브 운동** 압둘 와하브를 중심으로 이슬람교 초기의 순수성을 회복하자는 운동 전개 → 오스만 제국이 보낸 이집트 군대에 진압

(2) **이란의 입헌 혁명**
> 생존권을 지키기 위해 담배 재배 농민들과 판매 상인들이 시작한 운동이었지만 점차 반외세 운동으로 발전했지.

① 배경 러시아와 영국의 대립 속에서 많은 영토와 이권 상실

② 담배 불매 운동 카자르 왕조가 담배 독점 판매권을 영국 회사에 넘긴 것에 대한 반발 → 영국이 담배 독점 판매권 반납

③ 입헌 혁명(1905) 의회 개설, 입헌 군주제 헌법 제정 → 보수 세력 반발, 영국과 러시아의 간섭으로 실패

3 아프리카의 근대화 운동

(1) **이집트의 근대화 운동**

① 무함마드 알리의 근대화 운동 유럽식 군대 및 행정 기구와 교육 제도 도입, 산업 장려 → 오스만 제국으로부터 독립

② 수에즈 *운하 건설 영국과 프랑스의 자금을 빌려 철도와 수에즈 운하 건설 → 이집트의 재정 악화 → 영국이 수에즈 운하 경영권 장악 → 영국과 프랑스의 내정 간섭을 받게 됨.

③ 아라비 파샤의 외세 배격 운동 '이집트인을 위한 이집트'를 구호로 내세워 반영 운동 전개 → 영국군의 진압, 영국의 보호국화
> 아라비 혁명은 이집트 최초의 민족 운동이었어.

(2) **아프리카의 저항과 민족 운동** **자료3**

에티오피아	메넬리크 2세의 개혁, 이탈리아 침략 → 아도와 전투 승리
수단	영국과 이집트의 이중 지배, 마흐디(구세주) 운동
나미비아	헤레로족이 독일인의 착취에 맞서 봉기
줄루 왕국	다이아몬드 광산을 노린 영국의 침략 → 이산들와나 전투
알제리	프랑스의 침략에 저항

꼭 나오는 자료

자료1 탄지마트

- 모든 오스만인은 개인의 자유를 누린다.
- 출판은 법률이 허용하는 범위 내에서 자유이다.
- 적법하게 취득한 재산은 보장을 받는다.
- 제국 의회는 원로원과 대의원의 양원제로 구성한다.

– 1876년에 발표된 헌법의 주요 내용 –

19세기 오스만 제국은 탄지마트 칙령을 내려 대개혁을 단행하였다. 탄지마트의 내용은 1876년 헌법에 반영되었으나 헌법에 의해 술탄의 권한이 축소되자 압둘 하미드 2세는 헌법을 정지시키고 전제 정치를 부활시켰다.

자료2 서아시아의 근대화 운동

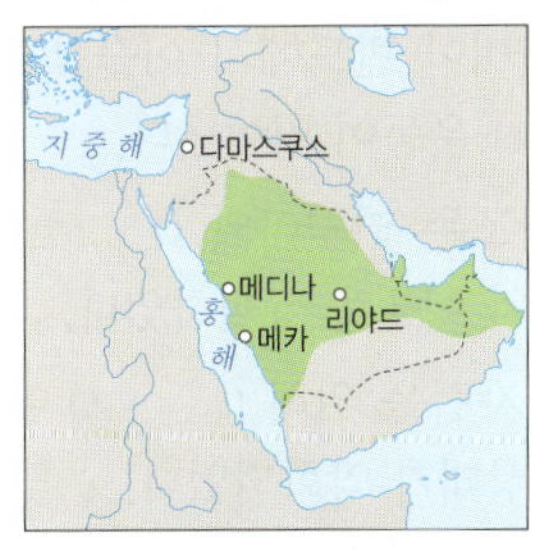

▲ 와하브 운동 세력권

▲ 열강의 이란 침략

18세기 아라비아 반도에서 와하브 운동이 일어났다. 와하브 운동가들은 사우드 가문과 함께 아랍 국가 건설에 노력하였고 이는 오늘날 사우디아라비아 건국의 근간이 되었다. 한편 이란의 근대화 운동이 실패한 후 영국과 러시아는 협정을 맺어 이란의 북부는 러시아, 남부는 영국이 분할 점령하였다.

자료3 아프리카의 저항과 민족 운동

▲ 아도와 전투

▲ 영국 총독을 공격하는 마흐디군

에티오피아의 메넬리크 2세는 근대적 개혁을 추진하였으며, 에티오피아를 노리던 이탈리아가 침략하자 아도와 전투에서 이탈리아군을 크게 무찔렀다. 한편 수단은 이집트와 영국의 공동 지배에 시달리고 있었다. 수단의 무함마드 아흐마드는 스스로를 구세주라는 뜻의 '마흐디'로 칭하면서 초기 이슬람 정신으로 돌아갈 것을 주장하였다.

용어 사전

- *탄지마트 '개혁'을 뜻하는 튀르크어
- *술탄 아랍어로 '권위', '권력'을 뜻하며 이슬람 세계의 정치적 지배자를 의미
- *운하(運 길, 河 강) 교통, 농업용수 등을 이용하기 위해서 인공적으로 만든 강

개념 문제

01 다음 설명이 맞으면 ○표, 틀리면 ×표를 하시오.

(1) 19세기 오스만 제국은 그리스 독립과 이집트의 자치 허용으로 어려움에 처하였다. ·················( )

(2) 오스만 제국은 유럽 열강의 지지 아래 서구식 근대 개혁인 탄지마트를 실시하였다. ·················( )

(3) 술탄 압둘 하미드 2세의 전제 정치에 반발하여 청년 튀르크당이 결성되었다. ·················( )

02 다음 빈 칸에 들어갈 알맞은 말을 쓰시오.

(1) 18세기 중엽 아라비아 반도에서 이슬람교의 개혁을 내세운 ( ) 운동이 일어났다.

(2) 이란의 카자르 왕조는 러시아와 ( )의 대립 속에서 많은 영토와 이권을 상실하였다.

(3) 이집트는 경제적 자립을 위해 ( ) 운하를 건설하였으나 재정 상태가 악화되었다.

(4) 에티오피아는 ( ) 전투에서 이탈리아군을 물리치며 독립을 유지할 수 있었다.

03 다음 지역과 관련된 민족 운동을 옳게 연결하시오.

(1) 수단 •　　　　　• ㉠ 마흐디 운동

(2) 알제리 •　　　　　• ㉡ 헤레로족의 봉기

(3) 나미비아 •　　　　• ㉢ 이산들와나 전투

(4) 줄루 왕국 •　　　　• ㉣ 프랑스 침략에 저항

실력 문제

04 (가) 국가의 쇠퇴 원인으로 옳지 <u>않은</u> 것은?

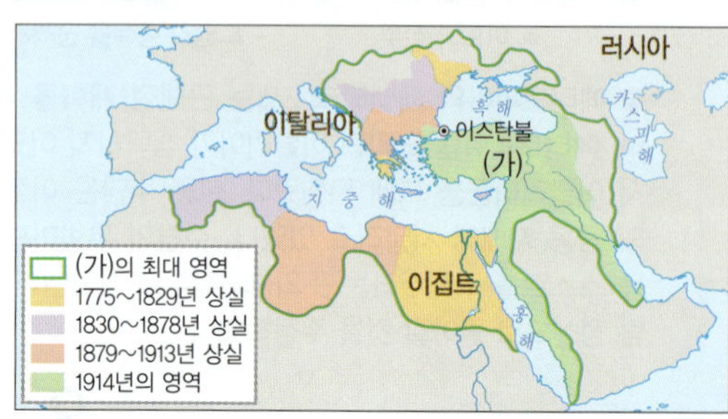

① 유럽 열강의 간섭
② 이민족의 독립 요구
③ 크리스트교의 국교화
④ 중앙 집권 체제의 약화
⑤ 국제 무역 중심지의 이동

[05~06] 다음을 읽고 물음에 답하시오.

〈1876년 헌법의 주요 내용〉
• 모든 오스만인은 개인의 자유를 누린다.
• 출판은 법률이 허용하는 범위 내에서 자유이다.
• 적법하게 취득한 재산은 보장을 받는다.
• 제국 의회는 원로원과 대의원의 양원제로 구성한다.

05 위 자료와 관련된 근대화 운동으로 옳은 것은?

① 탄지마트
② 입헌 혁명
③ 와하브 운동
④ 마흐디 운동
⑤ 담배 불매 운동

06 중요 고난도

위 자료와 관련된 근대화 운동에 대한 설명으로 옳은 것을 〈보기〉에서 고른 것은?

보기
ㄱ. 청년 장교와 지식인이 주도하였다.
ㄴ. 서구 열강의 내정 간섭에 의해 실시되었다.
ㄷ. 보수 세력의 반발로 성과를 얻지 못하였다.
ㄹ. 부국강병을 위한 서구식 근대화 정책이었다.

① ㄱ, ㄴ　　　② ㄱ, ㄷ　　　③ ㄴ, ㄷ
④ ㄴ, ㄹ　　　⑤ ㄷ, ㄹ

07 (가) 단체에 대한 설명으로 옳은 것은?

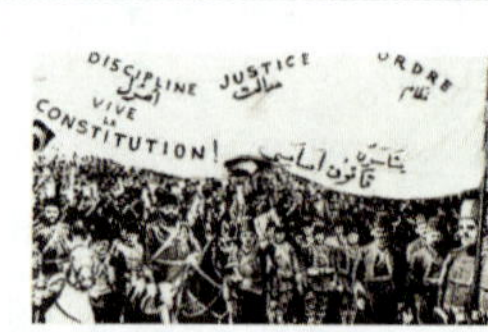

자료는 20세기 초 오스만 제국의 [(가)]이/가 주도한 시가 행진 장면이다. 이들은 정권을 장악하고 헌법을 부활시켰다.

① 의회 폐지를 주도하였다.
② 이집트의 독립을 지지하였다.
③ 튀르크 민족주의를 주장하였다.
④ 술탄의 전제 정치를 지지하였다.
⑤ 보수 세력을 중심으로 조직되었다.

고난도

08 (가) 운동에 대한 설명으로 옳은 것은?

▲ (가) 의 세력권

① 이집트 독립을 지원하였다.
② 튀르크 민족주의를 내세웠다.
③ 영국 군대에 의해서 진압되었다.
④ 이슬람교 초기의 순수성 회복을 주장하였다.
⑤ 19세기 전개된 이란 민족 운동의 기반이 되었다.

09 (가)에 들어갈 내용으로 적절한 것은?

영국이 이란 담배 독점 판매권 반납	→	(가)	→	영국·러시아의 이란 분할 점령

▲ 이란의 근대화 운동

① 카자르 왕조의 설립
② 담배 불매 운동의 전개
③ 청년 튀르크당의 무장봉기
④ 와하브 운동과 와하브 왕국 건설
⑤ 의회 개설과 헌법 제정 요구 운동

중요

10 19세기 이집트의 상황에 대한 설명으로 옳은 것을 〈보기〉에서 고른 것은?

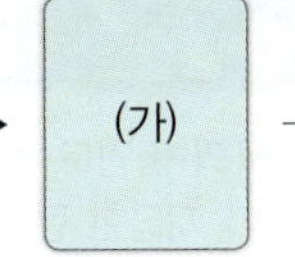

보기

ㄱ. 오스만 제국에게 자치권을 빼앗기게 되었다.
ㄴ. 아라비 파샤가 최초의 민족 운동을 주도하였다.
ㄷ. 수에즈 운하의 건설로 경제 발전을 이룩하였다.
ㄹ. 총독 무함마드 알리는 적극적인 부국강병 정책을 실시하였다.

① ㄱ, ㄴ　　　② ㄱ, ㄷ　　　③ ㄴ, ㄷ
④ ㄴ, ㄹ　　　⑤ ㄷ, ㄹ

11 (가)에 들어갈 국가로 옳은 것은?

> 19세기 서구 열강에 의해 아프리카 전역이 식민지로 전락하던 시기에 (가) 은/는 독립을 유지할 수 있었다. (가) 의 메넬리크 2세는 근대화 정책을 추진하고 군대를 개혁하였다. 1896년 이탈리아가 침략해 오자 메넬리크 2세는 아도와 전투에서 이탈리아군을 물리치고 큰 승리를 거두었다.

① 이란　　　　　　② 알제리
③ 이집트　　　　　④ 나미비아
⑤ 에티오피아

12 다음 자료의 인물에 대한 설명으로 옳은 것은?

① 독일의 침략을 물리쳤다.
② 근대화 정책을 추진하였다.
③ 영국의 지배에 저항하였다.
④ 이산들와나 전투를 승리로 이끌었다.
⑤ 아프리카에서 유일하게 독립을 유지하였다.

서술형

13 다음 지도를 보고 물음에 답하시오.

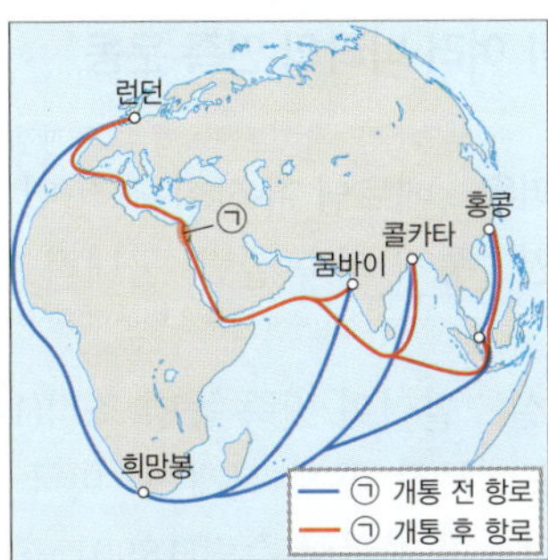

(1) ㉠에 해당하는 시설을 쓰시오.

(2) (1)의 건설이 이집트에 끼친 영향을 이집트와 영국의 관계를 중심으로 설명하시오.

인도와 동남아시아의 민족 운동

1 영국의 인도 침략과 세포이의 항쟁

(1) **무굴 제국의 쇠퇴** 지방 세력의 대두와 재정 파탄으로 쇠퇴 → 영국, 프랑스 등 열강이 동인도 회사를 앞세워 인도 진출

(2) **플라시 전투(1757)**
　벵골 지방은 면직물 산업이 발달했던 곳이야. 벵골 장악으로 영국은 인도 지배의 발판을 마련할 수 있었어.

① **배경** 인도 무역의 주도권을 둘러싼 영국과 프랑스의 대립

② **전개** 영국이 프랑스와 벵골 연합군을 격파, 벵골 통치권과 조세 징수권 확보 → 영국의 인도 독점 지배의 계기

(3) **영국의 인도 지배** 인도는 영국의 면화 공급지이자 면직물 시장으로 전락, 근대적 토지 제도 도입(인도의 전통적인 촌락 공동체 붕괴), 무거운 세금 징수 자료1

(4) **세포이의 항쟁(1857~1858)** 자료2

배경	영국의 침략과 수탈에 대한 인도인의 분노와 반발
전개	세포이의 봉기 → 각계각층 인도인의 참여, 수도 델리 점령, 북인도 장악 → 영국군에 진압
결과	무굴 제국 멸망, 동인도 회사 해체 → 영국령 인도 제국 수립(1877, 영국 왕이 인도를 직접 통치)
의의	최초의 대규모 반영 민족 운동

2 인도 국민 회의의 저항

(1) **성립 배경** 세포이의 항쟁 이후 영국이 인도 지식인을 회유하기 위해 인도 국민 회의 결성 지원(1885)

(2) **초기 활동** 영국에 협조하면서 인도인의 권익 확보에 노력

(3) **벵골 분할령과 반영 민족 운동의 전개**

① **벵골 분할령(1905)** 영국이 벵골 지역을 종교에 따라 분할한다는 방침 발표 → 힌두교도와 이슬람교도의 분열 조장 자료3

② **인도 국민 회의의 저항** 영국 상품 불매 운동, 국산품 애용(*스와데시), 자치 획득(*스와라지), 민족 교육의 4대 강령 채택 → 계층과 종교의 차이를 뛰어넘는 민족 운동으로 발전

③ **결과** 벵골 분할령 철회(1911), 형식적으로 인도의 자치 인정
　힌두교 지식인 계층이 주도한 운동이었지만 이슬람교도까지 참여하였어.

3 동남아시아 여러 나라의 민족 운동

(1) **베트남** 베트남 젊은이들을 일본에 유학생으로 파견하여 인재를 양성하자는 운동이야.

① **판보이쩌우** 베트남 유신회 조직(입헌 군주제 수립), 동유 운동

② **판쩌우찐** 통킹*의숙 설립, 근대적 개혁 주장
　근대적 교육 기관으로 문맹 퇴치와 근대 사상을 보급하기 위해 노력했어.

(2) **필리핀**

① **호세 리살** 필리핀 민족 동맹 조직(1892), 에스파냐에 저항

② **아기날도** 무장 투쟁 전개 → 미국·에스파냐 전쟁 때 미국 지원 → 필리핀 공화국 수립(1899) → 미국이 필리핀 점령

(3) **인도네시아** 이슬람 동맹(크리스트교 포교 반대, 민족 산업 육성 및 자치 요구), 카르티니(여성 계몽 운동 지도, 여학교 설립 노력)

(4) **타이** 왕실 중심의 근대적 개혁, 지리적 이점(프랑스와 영국 식민지 사이에 위치) 활용한 유연한 외교 → 독립 유지

꼭 나오는 자료

자료1 인도 면직물 산업의 몰락

▲ 인도와 영국의 면직물 무역 변화

◀ 인도의 면직물은 19세기 이전까지 유럽에서 큰 인기를 얻었다. 그러나 산업 혁명이 진행되면서 영국에서 값싼 면직물이 인도에 들어오자 인도의 면직물 공업은 큰 타격을 받아 급속히 몰락하였다.

자료2 세포이의 항쟁

▲ 세포이는 영국의 동인도 회사에 고용된 인도인 용병이었다. 동인도 회사가 지급한 탄약의 포장지에 소기름과 돼지기름이 칠해져 있다는 소문이 돌자 세포이들은 이를 종교 탄압으로 받아들여 봉기하였다.

자료3 벵골 분할령

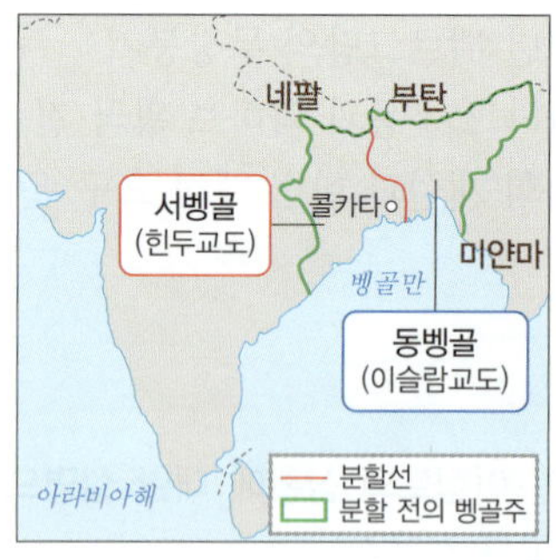

▲ 영국은 힌두교도가 많은 서벵골과 이슬람교도가 많은 동벵골을 나누는 벵골 분할령을 발표하였다. 이는 종교 갈등을 이용하여 벵골 지방의 민족 운동을 약화시키기 위한 정책이었다. 이러한 분열 정책은 인도인의 거센 저항에 부딪혔다.

용어 사전

* **스와데시** '모국'을 뜻하는 힌디어
* **스와라지** '자치'를 뜻하는 힌디어
* **의숙(義 옳다, 塾 글방)** 공공의 이익을 위해서 설립한 교육 기관

개념 문제

01 다음 설명이 맞으면 ○표, 틀리면 ×표를 하시오.

(1) 인도 무역의 주도권을 둘러싸고 영국과 독일 사이에 플라시 전투가 벌어졌다. ·····················( )

(2) 영국의 값싼 면직물이 들어오면서 인도의 면직물 산업은 큰 타격을 받아 침체되고 인도인의 불만이 높아졌다. ·····················( )

(3) 영국은 세포이의 항쟁을 진압하고 무굴 제국을 다시 부활시켰다. ·····················( )

02 다음 빈칸에 들어갈 알맞은 말을 쓰시오.

(1) 17세기 말 인도의 ( ) 제국은 재정 파탄과 지방 세력의 독립으로 쇠퇴하였다.

(2) 영국은 세포이의 항쟁 이후 인도 지식인들을 회유하기 위해서 ( ) 설립을 지원하였다.

(3) 영국은 벵골 분할령을 발표하여 힌두교와 ( )의 종교 대립을 부추기고자 하였다.

03 괄호 안의 내용 중 옳은 것에 ○표 하시오.

(1) (인도 / 베트남)의 판쩌우찐은 통킹 의숙을 세우고 근대 개혁을 주장하였다.

(2) 필리핀의 (호세 리살 / 아기날도)은/는 필리핀 민족 동맹을 조직하여 에스파냐의 식민 지배에 맞섰다.

(3) (타이 / 캄보디아)는 근대적 개혁을 실시하고 유연한 외교를 통해 독립을 유지하였다.

실력 문제

04 17세기 말 무굴 제국의 상황에 대한 설명으로 옳은 것을 〈보기〉에서 고른 것은?

보기
ㄱ. 지방 세력의 독립으로 세력이 약화되었다.
ㄴ. 벵골 지방을 동과 서로 나누어 통치하였다.
ㄷ. 영국과 프랑스가 동인도 회사를 앞세워 침략하였다.
ㄹ. 힌두교를 국교로 삼아 다른 종교 활동을 금지하였다.

① ㄱ, ㄴ ② ㄱ, ㄷ ③ ㄴ, ㄷ
④ ㄴ, ㄹ ⑤ ㄷ, ㄹ

05 (가)에 들어갈 탐구 주제로 가장 적절한 것은?

[역사 탐구 노트]
주제: (가)
1. 원인: 인도에서 유럽 열강이 벌인 식민지 침략 경쟁
2. 결과: 영국이 벵골 통치권과 조세 징수권을 확보

① 벵골 분할령 ② 플라시 전투
③ 세포이의 항쟁 ④ 무굴 제국의 멸망
⑤ 인도 국민 회의 결성

06 다음 무역 상황이 19세기 인도 경제에 끼친 영향을 옳게 설명한 것은?

▲ 인도와 영국의 면직물 무역 변화

① 면직물 산업이 몰락하였다.
② 영국 상품 수요가 줄어들었다.
③ 면화 재배 면적이 줄어들었다.
④ 면직물 수출이 크게 증가하였다.
⑤ 공장제 기계 공업이 도입되었다.

중요 07 밑줄 친 '이 사건'의 결과로 옳은 것은?

이 사건은 동인도 회사가 인도인 용병에게 지급한 탄약 주머니에 소와 돼지기름이 칠해져 있다는 소문이 돌면서 시작되었습니다.

① 프랑스가 인도에서 영국의 우선권을 인정
② 무굴 제국이 부활하여 인도인의 자치를 허용
③ 영국이 벵골의 통치권과 조세 징수권을 확보
④ 영국과 프랑스가 인도를 분할하여 식민지 통치
⑤ 동인도 회사가 해체되고 영국이 인도를 직접 지배

08 인도 국민 회의에 대한 설명으로 옳은 것을 〈보기〉에서 고른 것은?

> ─ 보기 ─
> ㄱ. 영국의 지원을 받아 결성되었다.
> ㄴ. 영국이 제안한 벵골 분할령에 찬성하였다.
> ㄷ. 인도 지식인이 중심이 되어서 활동하였다.
> ㄹ. 이슬람교도를 배척하여 종교 갈등을 일으켰다.

① ㄱ, ㄴ   ② ㄱ, ㄷ   ③ ㄴ, ㄷ
④ ㄴ, ㄹ   ⑤ ㄷ, ㄹ

09 (가)에 들어갈 내용으로 적절하지 <u>않은</u> 것은?

> 〈인도 국민 회의의 반영 운동〉
> 1. 배경: 영국의 벵골 분할령 발표
> 2. 활동 강령: (가)
> 3. 결과: 영국의 벵골 분할령 철회, 인도인의 자치 확대

① 영국 상품을 배척하자!
② 인도 상품을 애용하자!
③ 국민 교육을 실시하자!
④ 크리스트교를 배척하자!
⑤ 인도인의 자치를 획득하자!

중요 **고난도**
10 다음 사건들을 일어난 순서대로 옳게 나열한 것은?

> (가) 인도 국민 회의가 결성되었다.
> (나) 세포이가 수도 델리를 점령하였다.
> (다) 영국이 프랑스와 벵골 연합군을 격파하였다.
> (라) 영국이 형식상 인도인의 자치를 인정하였다.

① (가) – (나) – (라) – (다)
② (가) – (나) – (라) – (다)
③ (다) – (나) – (가) – (라)
④ (다) – (가) – (나) – (라)
⑤ (라) – (가) – (다) – (나)

11 다음에서 설명하는 인물로 옳은 것은?

> • 프랑스의 침략에 저항하였다.
> • 동유 운동을 전개하여 교육 활동에 노력하였다.
> • 근대 문물 수용을 위해 유신회를 조직하였다.

① 판쩌우찐   ② 아기날도
③ 카르티니   ④ 호세 리살
⑤ 판보이쩌우

12 (가) 국가에 대한 설명으로 옳은 것은?

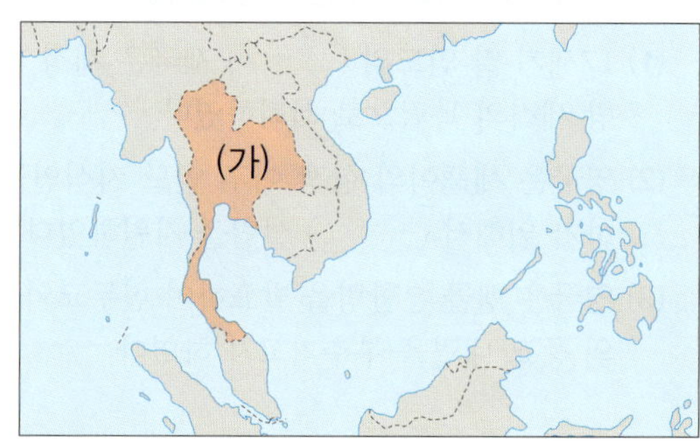

① 이슬람교를 국교로 삼았다.
② 이슬람 동맹이 자치를 요구하였다.
③ 에스파냐의 식민 지배에 저항하였다.
④ 동남아시아에서 유일하게 독립을 유지하였다.
⑤ 통킹 의숙을 설립하여 근대 사상을 보급하였다.

서술형
13 다음 지도를 보고 물음에 답하시오.

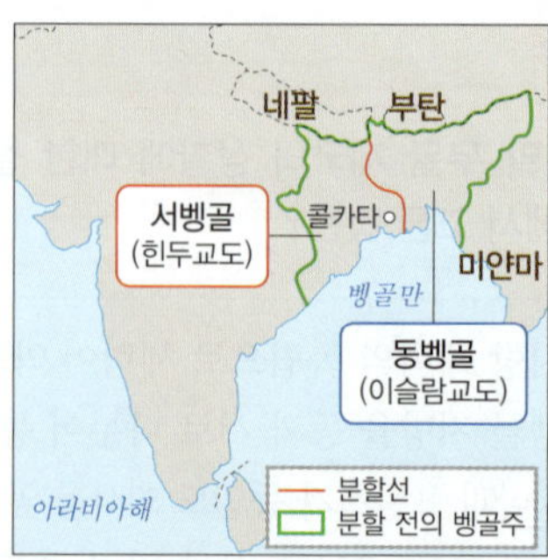

(1) 지도에 표시된 두 지역이 나뉘게 된 계기를 쓰시오.

(2) (1)에 대한 반대 투쟁을 주도한 단체와 그 활동을 서술하시오.

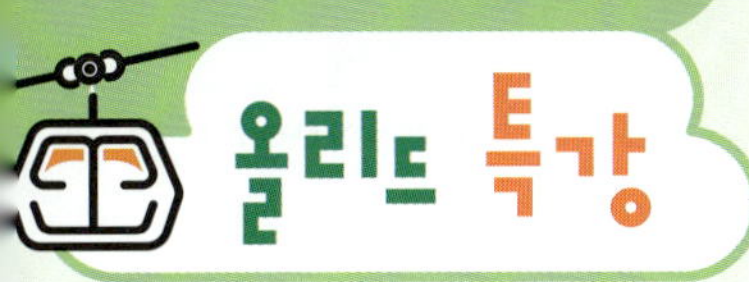

이집트의 근대화와 민족 운동

19세기 초 오스만 제국이 임명한 총독 무함마드 알리는 근대화 정책을 추진하여 오스만 제국으로부터 이집트의 자치권을 인정받았다. 19세기 중엽 이집트는 수에즈 운하를 건설하여 교통로를 획기적으로 크게 변화시켰으나 그 과정에서 영국의 보호국으로 전락하였다. 이집트의 근대화 과정과 민족 운동, 수에즈 운하의 건설 과정에 따른 이집트의 식민지화 과정 등이 자주 출제되니 정확히 알아둘 필요가 있다.

탐구 1 이집트의 근대화 운동

▲ 무함마드 알리

▲ 아라비 파샤

- 무함마드 알리는 19세기 초 민중의 지지를 얻어 총독으로 추대되었고 이후 이집트의 근대화 정책을 주도하였다.
- 아라비 파샤를 중심으로 한 이집트 군부는 '이집트인을 위한 이집트의 건설'을 구호로 내세우고 혁명을 일으켰으나 영국군에 진압되었다.

탐구 2 수에즈 운하와 이집트의 식민지화

▲ 수에즈 운하의 개통

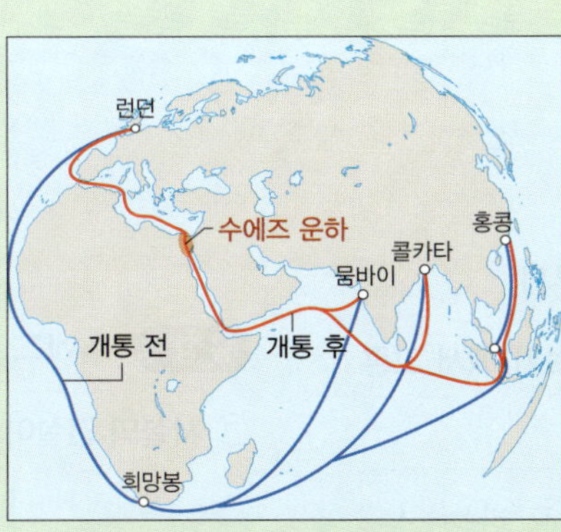

▲ 수에즈 운하 개통으로 인한 항해 거리의 변화

▲ 현재의 수에즈 운하

▲ 영화 '80일 간의 세계 일주' 포스터

- 수에즈 운하는 지중해와 홍해를 연결하는 인공 수로이다. 이집트 정부는 10여 년 만에 운하를 완공하였는데 이 과정에서 수많은 이집트인의 노력과 희생이 있었다.
- 수에즈 운하의 완공으로 유럽과 인도를 오가는 거리가 이전보다 3분의 1로 줄어들었다. 1873년 쥘 베른의 소설 『80일간의 세계 일주』가 출간되었다. 주인공이 런던에서 출발해 80일 만에 세계 일주가 가능했던 것은 바로 수에즈 운하의 덕분이었다.
- 수에즈 운하 건설 과정에서 많은 빚을 지게 된 이집트는 영국에 운하의 주식을 헐값에 넘기게 되었다. 영국은 운하를 관리한다는 구실로 이집트에 군대를 주둔시켰고 수에즈 운하를 통해 아시아에 대한 경제 침략을 확대하였다.

문제 연습하기

유형 1 무함마드 알리에 대해 묻는 문제

(가) 인물에 대한 설명으로 옳은 것은?

① 와하브 운동을 이끌었다.
② 영국에 담배 판매 독점권을 넘겼다.
③ 수에즈 운하 건설 반대 운동을 펼쳤다.
④ 의회를 통한 민주 공화제 정부를 수립하였다.
⑤ 오스만 제국에 의해 이집트 총독으로 임명되었다.

유형 2 아라비 파샤의 민족 운동에 대해 묻는 문제

밑줄 친 '민족 운동'에 대한 설명으로 옳은 것을 〈보기〉에서 고른 것은?

“이집트를 위한 이집트”라는 구호를 내걸고 민족 운동을 지도하였다.

┌ 보기 ┐
ㄱ. 전제 정치의 강화를 추구하였다.
ㄴ. 이집트 최초의 민족 운동으로 평가된다.
ㄷ. 외국인 지배로부터의 해방을 추구하였다.
ㄹ. 아라비아반도에서 와하브 왕국을 건설하였다.

① ㄱ, ㄴ　　　② ㄱ, ㄹ　　　③ ㄴ, ㄷ
④ ㄴ, ㄹ　　　⑤ ㄷ, ㄹ

유형 3 수에즈 운하에 대해 묻는 문제

(가) 시설에 대한 설명으로 옳은 것을 〈보기〉에서 고른 것은?

1873년 쥘 베른의 소설 『80일 간의 세계 일주』가 출간되었다. 주인공은 런던에서 출발해 80일 동안 세계 여행을 하는 내기를 하는데, 이러한 여행이 가능했던 것은 지중해와 홍해를 연결하는 (가) 이/가 완공되었기 때문이다.

┌ 보기 ┐
ㄱ. 미국이 운영권을 장악하였다.
ㄴ. 이집트가 추진한 근대화 정책으로 건설되었다.
ㄷ. 유럽과 아시아를 연결하는 항로를 단축시켰다.
ㄹ. 콜롬비아로부터 파나마가 독립하는 계기가 되었다.

① ㄱ, ㄴ　　　② ㄱ, ㄷ　　　③ ㄴ, ㄷ
④ ㄴ, ㄹ　　　⑤ ㄷ, ㄹ

유형 4 수에즈 운하와 이집트의 식민지화를 묻는 문제

㉠ 시설의 건설이 이집트에 끼친 영향을 옳게 설명한 것은?

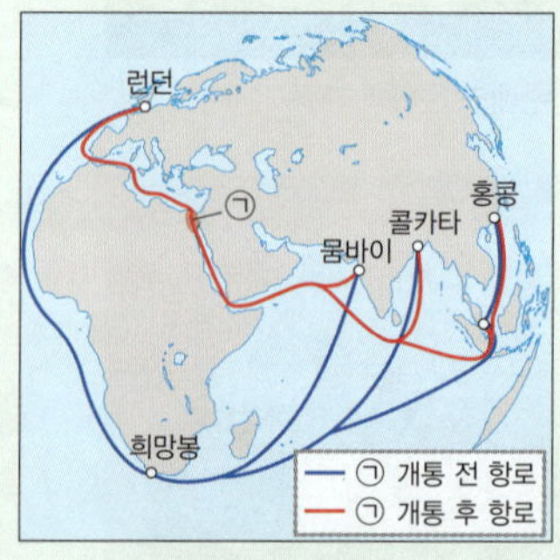

① 유럽에 대한 수출이 크게 증가하였다.
② 유럽 열강의 경제적 지배를 받게 되었다.
③ 오스만 제국으로부터 자치권을 획득하였다.
④ 대규모 사업으로 이집트 경제가 발전하였다.
⑤ 독일과 러시아에 의해 분할 점령을 당하였다.

주제 10 중국의 근대화 운동

1 아편 전쟁과 중국의 개항

> 공행은 특허 상인 조합인데, 외국 상인과 거래하는 대신 무거운 세금을 부담하고 이들을 감시해야만 했어.

(1) **배경** 청은 공행을 통해서만 서양과 무역 → 영국의 무역 적자 심화, 영국의 교역 확대 요구 거절 → 영국이 인도산 아편 *밀수출(삼각 무역) → 청의 아편 중독자 증가, 은 유출 [자료1]

(2) **아편 전쟁의 전개**

① 제1차 아편 전쟁

원인	청이 임칙서를 광저우에 파견하여 아편 몰수
전개	영국의 함대 파견 → 전쟁 발발 → 청의 패배
결과	난징 조약 체결(홍콩 *할양, 공행 폐지, 상하이 등 5개 항구 개항)

> 중국이 최초로 외국과 맺은 불평등 조약이야.

② 제2차 아편 전쟁

원인	난징 조약 이후에도 영국의 무역 적자 지속
전개	애로호 사건 → 영국과 프랑스 연합군의 승리
결과	톈진 조약과 베이징 조약 체결(외국 공사의 베이징 주둔, 톈진 개항, 크리스트교 *포교의 자유 허용)

2 중국의 근대화 노력

(1) **태평천국 운동(1851~1864)** [자료2]

주장	청 왕조 타도, 한족 국가 수립, 악습 철폐, 천조전무 제도
전개	홍수전이 비밀 조직 상제회 조직 → 농민의 지지를 받고 태평천국 건국 → 지도층의 분열, 한인 의용군과 외국군대에 진압

(2) **양무운동(1861~1895)**

> 중국의 정치 제도는 그대로 두고 서양의 기술만을 받아들여 부국강병을 이루자는 주장이야.

주장	'중체서용'을 내세우며 서양 기술 수용을 통한 부국강병 추구
전개	증국번, 이홍장 등 한인 관료들을 중심으로 추진 → 서양의 과학 기술 도입(군수 공업 등 산업 육성을 통한 군사력 증강, 해외 유학생 파견)
한계	체계적 계획 없이 지방에서 개별적으로 추진 → 청·일 전쟁 패배로 실패

(3) **변법자강 운동(1898)**

배경	청·일 전쟁 패배 이후 위기의식 고조, 제도 개혁의 필요성 대두
주장	캉유웨이와 량치차오 중심, 정치 제도 개혁(메이지 유신 모방)
전개	의회 설립, 입헌 군주제, 과거제 개혁, 서양식 교육 보급, 상공업 진흥 추진 → 서태후 등 보수파의 반발로 실패

(4) **의화단 운동(1899)** 부청멸양 주장, 선교사와 외교관, 교회와 철도 공격 → 8개국 연합군에 의해 진압, 신축조약 체결

> 청 왕조를 도와서 서양인을 몰아내자는 주장이야.

> 외국 군대의 베이징 주둔을 허용하고 막대한 배상금을 지불하였어.

3 신해혁명과 근대 국민 국가의 수립

(1) **신해혁명(1911)**

① 배경 근대적 개혁 무산, 열강의 침탈 → 혁명 분위기 고조 → 쑨원의 혁명 운동(중국 동맹회 결성, 삼민주의 제창) [자료3]

② 전개 청 정부의 민영 철도 국유화 선언 → 우창에서 무장봉기 → 난징 점령 → 쑨원을 임시 대총통으로 추대, 중화민국 수립(1912)

(2) **중화민국의 혼란** 위안스카이가 혁명파와 타협, 중화민국 대총통에 취임 → 제정 부활 시도 → 위안스카이 사후 *군벌 다툼

꼭 나오는 자료

자료1 삼각 무역

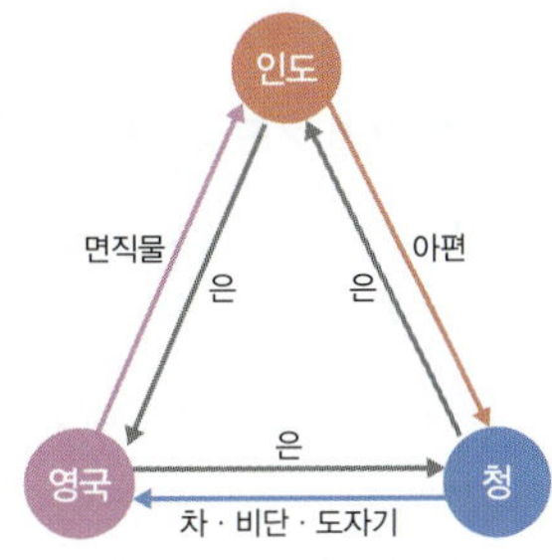

◀ 영국은 인도에서 재배한 아편을 청에 밀수출하고 청의 은을 회수하는 삼각 무역으로 청과의 무역 적자를 줄이려 하였다. 이에 아편 중독자가 늘어나고 은 유출이 심각해지자 청 정부는 이를 단속하기 위해 임칙서를 광저우에 파견하였다.

자료2 태평천국 운동

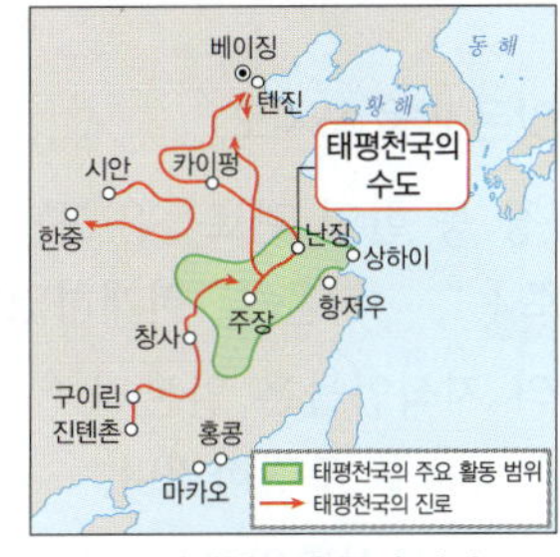

▲ 태평천국 운동의 전개   ▲ 천조전무 제도

🔺 홍수전은 크리스트교의 영향을 받아 상제회를 조직하고 청 왕조에 반발하여 태평천국 운동을 벌였다. 또한 태평천국 운동은 신분 차별 없이 토지를 골고루 나누어 주는 토지 제도인 천조전무 제도를 주장하였다.

자료3 삼민주의

> 나는 유럽과 미국의 진화가 3대 주의와 밀접한 관련이 있다고 생각한다. 로마가 멸망하자 민족주의가 일어난 유럽 각국이 독립하였다. 이후 각국이 제국으로 나아가 전제 정치를 행하자 백성이 그 고통을 견디지 못해 민권주의가 일어났다. …… 세계 문명이 개화하고 문물이 발달하면서 최근 백 년간이 지난 천 년보다 훨씬 빠르게 진전되었다. 이에 경제 문제가 정치 문제의 뒤를 이어 일어나 민생주의가 두드러지게 되었다.
>
> – 쑨원, 『민보』 발간사, 1905 –

🔺 쑨원은 중국 동맹회를 결성하고 민족(청과 외세 배격), 민권(공화정 수립), 민생(토지 개혁)의 삼민주의를 내세워 여러 차례 무장봉기를 주도하였다. 이후 우창 봉기를 계기로 쑨원의 혁명 세력은 삼민주의를 바탕으로 한 중화민국을 수립하였다.

용어 사전

* **밀수출(密 몰래, 輸 나르다, 出 옮기다)** 허가를 받지 않고 몰래 해외에 물건을 파는 일
* **할양(割 나누다, 讓 넘겨주다)** 자기 나라 영토의 일부분을 다른 나라에 넘겨주는 일
* **포교(布 널리 펴다, 敎 종교)** 종교를 널리 알리고 전하는 활동
* **군벌(軍 군인, 閥 파벌)** 군인들이 중심이 되어 형성한 정치 세력

개념 문제

01 다음 설명이 맞으면 ○표, 틀리면 ×표를 하시오.

(1) 청의 공행 무역에 불만을 가진 영국은 인도에서 재배한 아편을 청에 몰래 판매하였다. ⋯⋯⋯( )

(2) 제1차 아편 전쟁의 결과 청은 크리스트교 포교의 자유를 허용하였다. ⋯⋯⋯⋯⋯⋯⋯⋯( )

(3) 제2차 아편 전쟁의 결과 청은 영국에 홍콩을 할양하였다. ⋯⋯⋯⋯⋯⋯⋯⋯⋯⋯⋯( )

02 빈칸에 들어갈 알맞은 말을 쓰시오.

(1) 증국번, 이홍장 등 한인 관료들은 '중체서용'의 논리를 바탕으로 ( )을/를 전개하였다.

(2) 캉유웨이 등의 지식인들은 일본의 ( )을/를 본떠 변법자강 운동을 추진하였다.

(3) 산둥성 농민들이 부청멸양을 주장하는 ( ) 운동을 일으켰으나 8개국 연합군에 의해 진압되었다.

03 괄호 안의 내용 중 옳은 것에 ○표 하시오.

(1) 쑨원은 중국 동맹회를 결성하고 (사회주의 / 삼민주의)를 주장하였다.

(2) 청 정부의 민영 철도 국유화 선언을 계기로 (우창 / 난징)에서 신군의 무장봉기가 일어났다.

(3) 1912년 쑨원을 대총통으로 하는 (태평천국 / 중화민국)이 수립되었다.

실력 문제

중요
04 (가)에 대한 설명으로 옳은 것은?

> 18세기 중반 청은 [(가)]을/를 통해서만 서양과 무역하였다. 중국산 물품 구입에 많은 은을 지출한 영국은 무역 적자를 줄이기 위해 인도산 아편을 청에 밀수출하였다.

① 면세의 특권을 갖고 있었다.
② 과거 시험에 합격한 관인층이었다.
③ 영국과 결탁하여 아편을 판매하였다.
④ 정부의 허가를 받은 특허 상인이었다.
⑤ 태평천국 운동을 진압하는 데 앞장섰다.

고난도
05 다음 사건을 계기로 일어난 전쟁에 대한 설명으로 옳은 것은?

> 청 정부는 임칙서를 광저우에 파견하여 영국이 불법으로 유통한 아편을 몰수해 불태우고 아편 상인들을 추방하였다. 그러자 영국은 자국민들을 보호한다는 구실로 함대를 파견하였다.

① 청이 영국의 함대를 물리쳤다.
② 전쟁 이후 상하이가 개항되었다.
③ 영국은 청에 배상금을 지불하였다.
④ 전쟁의 결과 신축 조약이 체결되었다.
⑤ 전쟁 이후 공행 무역이 더욱 확대되었다.

06 제2차 아편 전쟁의 결과 체결된 조약 내용을 〈보기〉에서 고른 것은?

> **보기**
> ㄱ. 크리스트교 포교의 자유를 허용함.
> ㄴ. 영국에 홍콩을 넘겨주어 통치하게 함.
> ㄷ. 외국 공사가 베이징에 상주할 수 있음.
> ㄹ. 서양식 헌법을 제정하고 입헌 군주제를 도입함.

① ㄱ, ㄴ   ② ㄱ, ㄷ   ③ ㄴ, ㄷ
④ ㄴ, ㄹ   ⑤ ㄷ, ㄹ

07 지도의 (가) 운동을 일으킨 인물로 옳은 것은?

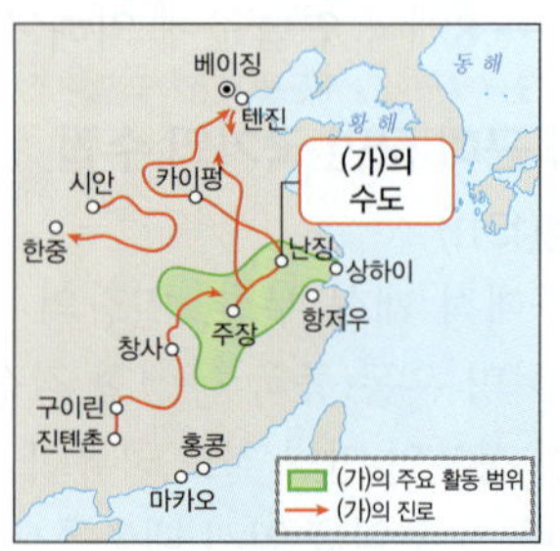

① 이홍장   ② 증국번   ③ 광서제
④ 홍수전   ⑤ 캉유웨이

중요

08 (가)에 들어갈 내용으로 적절한 것은?

> **탐구 주제: 한인 관료들의 근대화 노력**
> 1. 주도 인물: 증국번, 이홍장
> 2. 주장: (가)
> 3. 결과: 지방에서 개별적으로 추진되어 큰 성과를 얻지 못함. 청·일 전쟁의 패배로 한계가 드러남.

① 의회를 설립하고 입헌 군주제를 실시하자!
② 청 왕조를 타도하고 한족 국가를 수립하자!
③ 신분에 구별 없이 평등하게 토지를 분배하자!
④ 일본의 메이지 유신을 본받아 개혁을 추진하자!
⑤ 중국의 가치를 근본으로 서양의 기술을 받아들이자!

09 변법자강 운동에 대한 설명으로 옳은 것을 〈보기〉에서 있는 대로 고른 것은?

> **보기**
> ㄱ. 서태후와 보수파들의 반발로 중단되었다.
> ㄴ. 청·일 전쟁에서 패배하면서 실패로 돌아갔다.
> ㄷ. 캉유웨이와 량치차오를 중심으로 전개되었다.
> ㄹ. 과거제의 개혁과 서양식 교육 보급을 추진하였다.

① ㄱ, ㄹ ② ㄴ, ㄷ ③ ㄱ, ㄷ
④ ㄱ, ㄷ, ㄹ ⑤ ㄴ, ㄷ, ㄹ

10 다음 주장을 내세운 운동에 대한 설명으로 옳은 것은?

> • 청 왕조를 도와 서양 세력을 물리치자!
> • 선교사를 몰아내고 크리스트교 교회를 파괴하자!

① '중체서용'을 앞세웠다.
② 청 왕조로부터 탄압을 받았다.
③ 영국과 프랑스의 지원을 얻었다.
④ 공화제 국가 수립의 계기가 되었다.
⑤ 철도, 전신 등의 시설을 파괴하였다.

고난도

11 다음 사상과 관련 있는 탐구 주제로 적절한 것은?

> 나는 유럽과 미국의 진화가 3대 주의와 밀접한 관련이 있다고 생각한다. 로마가 멸망하자 민족주의가 일어난 유럽 각국이 독립하였다. 이후 각국이 제국으로 나아가 전제 정치를 행하자 백성이 그 고통을 견디지 못해 민권주의가 일어났다. …… 세계 문명이 개화하고 문물이 발달하면서 최근 백 년간이 지난 천 년보다 훨씬 빠르게 진전되었다. 이에 경제 문제가 정치 문제의 뒤를 이어 일어나 민생주의가 두드러지게 되었다.
> – 『민보』 발간사, 1905 –

① 상제회와 태평천국 운동
② 쑨원과 중국 동맹회의 결성
③ 개혁 세력의 변법자강 운동
④ 서태후와 보수파의 황실 개혁
⑤ 한인 관료들의 부국강병 정책

12 (가), (나)에 들어갈 내용을 옳게 연결한 것은?

> 청 정부는 개혁 추진과 배상금 지불 등으로 재정이 어려워지자 민간 (가) 을/를 국유화하려 하였다. 이에 반대하는 움직임이 확산되는 가운데 (나) 에서 신식 군대가 봉기를 일으켜 전국의 여러 지역이 호응하는 신해혁명이 일어났다.

	(가)	(나)		(가)	(나)		(가)	(나)
①	철도	난징	②	공장	우창	③	철도	우창
④	공장	난징	⑤	군대	우창			

서술형

13 다음 표를 보고 물음에 답하시오.

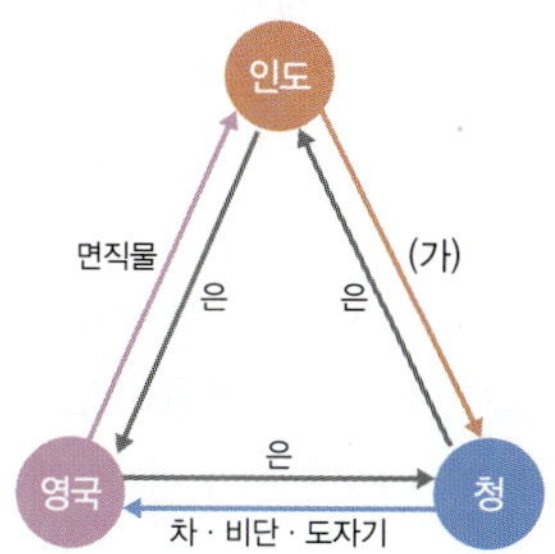

(1) 위의 무역 형태를 나타내는 용어를 쓰시오.

(2) (가)에 들어갈 물품을 쓰고, (가)의 유입이 청에 미친 사회적, 경제적 영향을 서술하시오.

주 제 **11**

일본의 근대화 운동

1 일본의 개항

(1) **배경**　막부의 통상 수교 거부 정책 → 아편 전쟁 이후 서양 열강 경계 → 미국 페리 제독 함대의 무력시위 → 막부의 굴복
  > 에도 막부는 네덜란드를 제외한 서양 국가들과 통상 수교를 거부하였어.

(2) **개항**

① 미·일 화친 조약 체결(1854)　2개 항구 개항, *최혜국 대우 인정

② 미·일 수호 통상 조약 체결(1858)　치외 법권, 협정 관세 인정 **자료 1**

(3) **막부 체제의 동요**
  > 관세를 협정으로 정하는 것은 해당 국가의 관세 자주권을 침해하는 일이야.

① **배경**　불평등 조약 체결 이후 외국 상품 유입과 물가 상승으로 국내 경제 위기 → 막부의 외교 정책 비판, 백성의 불만 고조

② ***존왕양이 운동**　개항에 불만을 가진 하급 무사층 주도 → 막부 타도 → 에도 막부 붕괴 → 메이지 천황을 중심으로 한 새로운 정부 수립(메이지 정부)

2 메이지 정부의 근대화 개혁

(1) **메이지 유신(1868)**　부국강병을 목표로 서양 문물을 적극 수용하는 근대화 정책
  > 지배 세력의 봉건적 특권이 폐지되었어.

정치 제도	에도를 도쿄로 이름을 바꾸어 수도로 삼음, 봉건제 폐지하여 천황 중심의 중앙 집권 체제 확립(폐번치현)
사회 제도	신분 차별 폐지, 서양식 교육 제도 실시, 유학생과 사절단을 서구에 파견(이와쿠라 사절단)
기타 제도	근대적 산업 육성, 철도 부설, 징병제 실시

(2) **천황제 국가의 수립**

① **자유 민권 운동**　헌법 제정과 서양의 의회 제도 도입 요구 → 메이지 정부의 탄압

② **일본 제국 헌법 제정(1889)**　의회 개설 및 입헌 군주제 규정 → 실제로는 천황에 절대 권력 부여 **자료 2**

3 일본의 제국주의화와 침략 전쟁

(1) **일본의 대외 팽창**　메이지 유신으로 근대화 정책 성공 → 제국주의 침략 정책 전개 → 조선 개항, 류큐 점령(1879)

(2) **청·일 전쟁(1894~1895)** **자료 3**
  > 조선은 운요호 사건을 계기로 일본과 강화도 조약(1876)을 맺고 개항하였어.

① **배경**　조선에 대한 지배권을 둘러싸고 일본과 청이 대립

② **결과**　일본의 승리, 시모노세키 조약 체결 → 막대한 전쟁 배상금 획득, 랴오둥반도와 타이완 할양

(3) **삼국 간섭(1895)**

① **배경**　일본을 견제하던 러시아가 프랑스, 독일을 끌어들여 랴오둥반도를 청에 다시 반환하도록 압력

② **결과**　일본이 랴오둥반도를 청에 반환, 이후 일본과 러시아의 대립

(4) **러·일 전쟁(1904~1905)**

① **배경**　삼국 간섭 이후 러시아가 만주와 한반도에 영향력 확대

② **전개**　일본은 영국과 동맹을 맺고 선제 공격 → 일본의 승리

③ **결과**　포츠머스 조약 체결(만주와 한반도에 대한 이권 확보)

꼭 나오는 자료

자료 1 일본의 개항

> **미·일 수호 통상 조약**
> - 시모다, 하코다테 외에 4개 항구를 추가로 개항할 것.
> - 일본에 수출입하는 모든 상품은 별도로 정한 바에 따라 관세를 낼 것.
> - 일본인에게 죄를 지은 미국인은 미국 영사 재판소에서 조사하여 미국법에 따라 처벌받을 것.

🔵 에도 막부는 미국과 미·일 수호 통상 조약을 맺고 치외 법권, 협정 관세 등을 인정하였다. 이는 일본에 일방적으로 불리한 불평등 조약이었다. 이후 일본은 대외 침략 과정에서 자신들이 맺은 불평등 조약의 내용을 조선 등에 그대로 강요하였다.

자료 2 일본 제국 헌법 제정

> **일본 제국 헌법**
> 제1조 대일본 제국은 만세일계의 천황이 통치한다.
> 제4조 천황은 국가의 원수로서 통치권을 총괄하고 헌법의 조항에 따라 이를 행한다.
> 제5조 천황은 제국 의회의 동의를 얻어 입법권을 행사한다.

▲ 일본 제국 헌법의 선포

🔵 메이지 정부는 자유 민권 운동을 탄압하고 일본 제국 헌법을 반포하여 천황에게 절대 권력을 부여하였다. 이 헌법은 입헌 군주제를 표방하면서도 천황을 신성불가침의 존재로 규정하였다. 이에 천황은 정치·군사적으로 절대적 권력을 행사할 수 있게 되었다.

자료 3 청·일 전쟁

▲ 청·일 전쟁 풍자화

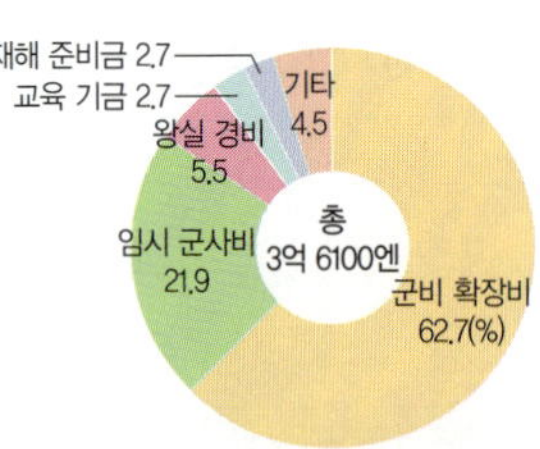

이와나미 강좌, 「일본역사」

▲ 청·일 전쟁 배상금의 사용 내용

🔵 청·일 전쟁에서 승리한 일본은 청이 조선을 자주국으로 인정하게 하여, 조선에 대한 일본의 영향력을 강화할 수 있었다. 또한 일본은 청으로부터 받은 배상금의 대부분을 군사력 증대에 이용하여 대외 팽창에 더욱 적극적으로 나섰다.

🔶 **용어 사전**

* **최혜국(最 가장, 惠 은혜, 國 나라)**　조약을 체결한 나라들 가운데 가장 유리한 대우를 받는 나라
* **존왕양이(尊 높이다, 王 임금, 攘 물리치다, 夷 오랑캐)**　왕을 높이고 오랑캐(외세)를 물리치자는 주장

개념 문제

01 다음 설명이 맞으면 ○표, 틀리면 ×표를 하시오.

(1) 에도 막부는 아편 전쟁 이전부터 적극적인 대외 개방 정책을 펼쳤다. ·····················( )

(2) 일본이 개항하여 문호를 개방한 이후 에도 막부의 정치 권력은 더욱 강화되었다. ··················( )

(3) 미·일 화친 조약은 미국에 최혜국 대우를 인정한 불평등 조약이었다. ·····················( )

02 다음 빈칸에 들어갈 알맞은 말을 쓰시오.

(1) 개항에 불만을 가진 하급 무사들은 에도 막부를 무너뜨리고 천황을 중심으로 ( ) 정부를 수립하였다.

(2) 메이지 유신이 진행되는 가운데 서양의 의회 제도를 도입하자는 ( ) 운동이 일어났으나 정부의 탄압을 받았다.

(3) 메이지 정부는 일본 제국 헌법을 제정하여 정치, 외교 등 모든 방면에서 ( )에게 절대적 권한을 부여하였다.

03 괄호 안의 내용 중 옳은 것에 ○표 하시오.

(1) 일본은 1879년 청과 일본에 조공 무역을 하고 있던 (류큐 / 타이완)을/를 점령하였다.

(2) 삼국 간섭으로 일본은 청에 (산둥 / 랴오둥)반도를 반환하였다.

(3) 러·일 전쟁의 결과 일본은 러시아와 (포츠머스 / 시모노세키) 조약을 체결하였다.

실력 문제

04 개항 이전 에도 막부의 대외 정책으로 옳은 것을 〈보기〉에서 고른 것은?

보기
ㄱ. 네덜란드 상인과 제한된 교역을 하였다.
ㄴ. 공행을 통해서만 통상할 수 있도록 하였다.
ㄷ. 아편 전쟁으로 인해 서구 열강을 경계하였다.
ㄹ. 에도를 중심으로 서양 상인들과 활발히 교역하였다.

① ㄱ, ㄴ ② ㄱ, ㄷ ③ ㄴ, ㄷ
④ ㄴ, ㄹ ⑤ ㄷ, ㄹ

05 지도에 표시된 항구의 공통점에 대한 설명으로 옳은 것은?

① 러시아의 요구로 개항하였다.
② 영국과의 전쟁에 패하면서 개항하였다.
③ 개항 이전 네덜란드 상인이 활동하였다.
④ 미국과 맺은 통상 조약을 통해 개항되었다.
⑤ 서구 열강과 조약을 맺어 영토를 할양하였다.

고난도
06 다음 조약 체결이 일본에 가져온 결과로 옳은 것은?

- 시모다, 하코다테 외에 4개 항구를 추가로 개항할 것.
- 일본에 수출입하는 모든 상품은 별도로 정한 바에 따라 관세를 낼 것.
- 일본인에게 죄를 지은 미국인은 미국 영사 재판소에서 조사하여 미국법에 따라 처벌받을 것.

① 외국 상품 수입으로 물가가 하락하였다.
② 하급 무사들이 존왕양이 운동을 전개하였다.
③ 막대한 배상금을 받아 군수 산업이 발전하였다.
④ 자유 민권 운동이 일어나 공화제가 실시되었다.
⑤ 에도 막부를 중심으로 중앙 집권화가 이루어졌다.

중요
07 다음 정책을 추진한 일본 정부의 정치 체제로 옳은 것은?

- 번을 없애고 현을 설치한 후 지방관 파견
- 신분 차별을 없애고 서양식 교육 제도 실시
- 징병제를 실시하여 근대적인 군대를 육성

① 서구식 공화제 국가
② 천황 중심의 중앙 집권 국가
③ 쇼군 중심의 중앙 집권 국가
④ 다이묘 중심의 지방 분권 국가
⑤ 지방 무사들의 연합 정권 국가

08 다음과 관련된 정부가 추진한 개혁으로 옳은 것은?

▲ 이와쿠라 사절단

▲ 헌법 선포식

① 도쿄를 수도로 지정
② 무사의 특권을 인정
③ 자유 민권 운동을 지원
④ 다이묘를 번의 지방관으로 인정
⑤ 모병제를 통한 근대적 군대 육성

중요
09 (가)에 공통으로 들어갈 용어로 옳은 것은?

> 제1조 대일본 제국은 만세일계의 [(가)]이/가 통치한다.
> 제4조 [(가)]은/는 국가의 원수로서 통치권을 총괄하고 헌법의 조항에 따라 이를 행한다.
> 제5조 [(가)]은/는 제국 의회의 동의를 얻어 입법권을 행사한다.

① 쇼군 　　② 무사 　　③ 천황
④ 막부 　　⑤ 다이묘

10 일본의 대외 팽창 정책에 대한 설명으로 옳은 것을 〈보기〉에서 있는 대로 고른 것은?

> **보기**
> ㄱ. 조선과 강화도 조약을 체결하였다.
> ㄴ. 청을 공격하여 청·일 전쟁을 일으켰다.
> ㄷ. 운요호 사건을 계기로 류큐를 점령하였다.
> ㄹ. 메이지 유신 이후 적극적인 팽창 정책을 펼쳤다.

① ㄱ, ㄹ 　　② ㄴ, ㄷ 　　③ ㄱ, ㄷ
④ ㄱ, ㄴ, ㄹ 　　⑤ ㄴ, ㄷ, ㄹ

고난도
11 (가) 비용의 사용 결과에 대한 설명으로 옳은 것은?

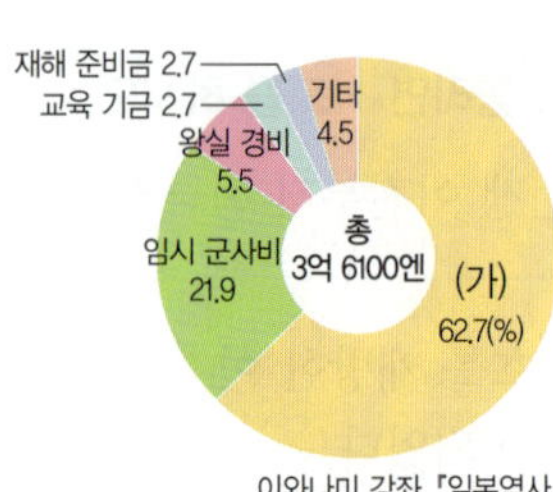

▲ 청·일 전쟁 배상금의 사용 내용

① 에도 막부가 붕괴되었다.
② 일본의 군수 산업이 성장하였다.
③ 대외 팽창 정책의 속도가 둔화되었다.
④ 메이지 정부 수립을 가능하게 하였다.
⑤ 무사 세력의 경제적 지위가 상승하였다.

12 다음 전쟁의 결과로 옳은 것은?

① 일본이 류큐를 점령하였다.
② 조선에 대한 청의 간섭을 배제하였다.
③ 일본이 랴오둥반도를 청에 다시 반환하였다.
④ 일본과 청이 시모노세키 조약을 체결하였다.
⑤ 일본이 만주와 한반도의 이권을 확보하였다.

서술형
13 다음을 읽고 물음에 답하시오.

> [(가)]
> • 청은 조선이 완전한 자주국임을 인정할 것.
> • 청은 랴오둥반도, 타이완 및 그 부속 여러 섬을 일본에게 줄 것.
> • 청은 일본에 배상금 2억 냥을 지불할 것.

(1) (가)에 들어갈 조약 명칭을 쓰시오.

(2) (1)의 계기가 된 사건을 쓰고, 사건이 일어나게 된 배경을 쓰시오.

주제 

12 조선의 근대화 운동

1 조선의 개항과 개화 정책

(1) **조선의 개항** ┌ 일본 군함 운요호에 대한 조선의 정당한 대응을 꼬투리잡아서 개항을 요구하였어.
└ 조선 정부는 개항의 필요성을 인식하던 상황에서 일본의 요구를 받아들였어.

① **계기** 운요호 사건(1875)을 계기로 일본의 개항 요구

② **결과** 강화도 조약 체결(1876, 외국과 체결한 최초의 근대적 조약, 불평등 조약) 자료 1
┌ 별기군은 일본인 교관에게 근대적인 훈련을
받았으며 구식 군인보다 좋은 대우를 받았어.
이는 나중에 임오군란의 원인이 되기도 해.

(2) **개화 정책의 추진**

① **근대화 정책** 서양 문물 수용, 통리기무아문 설치, 청과 일본에 사절단 파견, 신식 군대의 창설(별기군)

② **개화 정책에 대한 반발** *위정척사 운동, 임오군란(1882)
└ 보수적인 유생들이 성리학적 질서 유지,
외세 배격을 주장하였어.

2 조선의 근대화 운동 자료 2

(1) **갑신정변(1884)**

① **배경** 급진 개화파 세력이 정부의 소극적 개화 정책에 반발

② **전개** *정변을 일으켜 정권 장악 → 청의 군사 개입으로 실패

(2) **동학 농민 운동(1894)** 지배층의 수탈과 외세에 저항하는 농민들의 봉기

(3) **갑오개혁(1894)**

① **배경** 일본의 개혁 강요, 조선 정부의 개혁 필요성 인식

② **내용** 과거제와 신분제 폐지, 근대 문물과 제도의 도입, 왕실과 국가 재정의 분리

③ **결과** 을미사변 이후 고종이 아관 파천을 단행하면서 중단

(4) **독립 협회의 활동**
┌ 일본이 명성 황후를 시해한 을미사변으로 신변의 위협을
느낀 고종이 러시아 공사관으로 거처를 옮긴 사건이야.

① **배경** 열강의 이권 침탈에 대한 반발, 서재필 등의 근대 의식 보급 → 독립 협회 조직

② **활동** 『독립신문』 창간, 만민 공동회 개최, 국권·민권 수호 운동, 정부와 협의하여 의회 설립 추진
└ 독립 협회가 개최한 만민 공동회는
우리나라 최초의 대중 집회였어.

3 대한 제국의 수립

(1) **대한 제국 선포(1897)** 고종의 *환궁 → 국호를 대한 제국, 연호 '광무' 사용

(2) **광무개혁**

① **대한국 국제** 대한 제국이 전제 군주 국가임을 규정한 헌법 자료 3

② **근대적 개혁** 군사 제도 개혁, 상공업 진흥 정책, 근대적 교육 시설 확립

4 국권 침탈과 국권 수호 운동

(1) **국권 침탈**

① **배경** 러·일 전쟁 이후 일본이 한반도에 대한 이권 확보

② **을사늑약(1905)** 일본이 대한 제국의 외교권 박탈, 통감 정치

(2) **국권 수호 운동**

① **의병 운동** 일본의 침략에 맞선 의병이 전국적으로 확산, 무력 투쟁을 통해 일본의 침략을 물리쳐야 한다고 주장 → 일본의 탄압으로 만주와 연해주 등으로 이주하여 독립군으로 활동

② **애국 계몽 운동** 개화사상과 독립 협회의 활동을 계승, 지식인과 관료층이 주도, 민족의 실력을 길러 국권을 회복하자고 주장

꼭 **나오는 자료**

자료 1 **강화도 조약**

- 조선은 부산과 두 개 항구를 개방하고 일본인이 통상할 수 있게 한다.
- 조선의 해안을 일본의 항해자가 자유롭게 측량하도록 허가한다.
- 일본인이 조선의 항구에 머무는 동안 죄를 범하면 일본 관원이 심판한다.

△ 강화도 조약은 일본에 치외 법권, 해안 측량권 인정 등 조선에 불리한 불평등한 내용을 담고 있다. 이 조약을 통해 부산, 원산, 인천이 개항되었다.

자료 2 **갑신정변**

갑신정변 당시 주요 개혁 정강

- 흥선 대원군을 가까운 시일 내에 귀국시키고 종래 청에 행하던 조공의 허례를 폐지한다.
- 문벌을 폐지하여 인민의 평등한 권리를 제정하고 능력에 따라 관리를 등용한다.
- 토지에 대한 세금을 개혁하여 관리의 부정을 막고 백성의 부담을 덜어 그 곤란함을 없애며, 동시에 국가 재정을 넉넉히 한다.

△ 갑신정변은 김옥균, 홍영식 등의 급진 개화파 세력이 임오군란 이후 소극적으로 전개되던 정부의 개화 정책에 반발하여 일으켰다. 그러나 개혁에 대한 민중의 지지가 없었고 청의 군사 개입으로 성공하지 못하였다.

자료 3 **대한국 국제**

제1조 대한국은 세계 만국이 공인한 자주독립 제국이다.
제2조 대한 제국의 정치는 만세불변의 전제 정치이다.
제3조 대한국 대황제는 무한한 군권을 지니고 있다.
제6조 대한국 대황제는 법률을 제정하여 반포와 집행을 명령한다.

△ 대한국 국제는 대한 제국의 국가 체제와 국가 운영의 기본 원칙을 규정한 일종의 헌법과 같은 성격을 갖고 있다. 그러나 국민의 기본권과 권력의 분립에 대한 규정이 없었으며 국가의 주권 및 군사·사법·행정 등에서 황제가 절대적 권한을 가진다는 점을 강조하였다.

🚩 **용어 사전**

* **위정척사(衛 지키다, 正 바르다, 斥 물리치다, 邪 사악하다)** 조선의 전통 질서를 지키고 사악한 외세를 물리친다는 뜻

* **정변(政 정치, 變 변화)** 비합법적인 수단으로 일어난 정치적인 큰 변화나 비상 상황을 나타내는 말

* **환궁(還 돌아오다, 宮 궁궐)** 임금이 대궐로 다시 돌아오는 일

개념 문제

01 다음 설명이 맞으면 ○표, 틀리면 ×표를 하시오.

(1) 운요호 사건을 계기로 조선은 청과 강화도 조약을 체결하였다. ··(   )

(2) 강화도 조약은 치외 법권, 해안 측량권을 규정하여 불평등한 성격을 갖는다. ·····················(   )

(3) 근대화 정책을 추진하기 위해 조선 정부는 청과 일본에 사절단을 파견하였다. ·····················(   )

02 다음 빈칸에 들어갈 알맞은 말을 쓰시오.

(1) 김옥균 등 급진 개화파 세력은 (　　　)을/를 일으켰으나 청의 간섭으로 실패하였다.

(2) (　　　)은/는 탐관오리의 수탈과 외세의 침략에 반발하여 일어난 농민 운동이다.

(3) 조선은 (　　　)을/를 추진하여 과거제와 신분제를 폐지하였다.

(4) 일본은 러시아 세력을 견제하기 위해서 명성 황후를 시해한 (　　　)을/를 일으켰다.

03 괄호 안의 내용 중 옳은 것에 ○표 하시오.

(1) 아관파천 후 환궁한 고종은 국호를 대한 제국, 연호를 (광무 / 건양)로/으로 고쳤다.

(2) 대한국 국제는 주권 및 행정·군사·외교권이 모두 (황제 / 국민)에게 있다는 내용을 담고 있다.

(3) 일본은 (을사늑약 / 정미조약)을 체결하여 대한 제국의 외교권을 박탈하였다.

실력 문제

04 조선의 개항에 대한 설명으로 옳은 것을 〈보기〉에서 고른 것은?

> **보기**
> ㄱ. 운요호 사건을 계기로 개항하였다.
> ㄴ. 미국에 가장 먼저 문호를 개방하였다.
> ㄷ. 청, 일본에 비해서 개항의 시기가 늦었다.
> ㄹ. 청의 강요에 의해 강화도 조약을 체결하였다.

① ㄱ, ㄴ   ② ㄱ, ㄷ   ③ ㄴ, ㄷ
④ ㄴ, ㄹ   ⑤ ㄷ, ㄹ

05 중요 고난도 다음 조약에 대한 설명으로 옳은 것은?

> • 조선의 해안을 일본의 항해자가 자유롭게 측량하도록 허가한다.
> • 일본인이 조선의 항구에 머무는 동안 죄를 범하면 일본 관원이 심판한다.

① 갑신정변의 결과 체결되었다.
② 청이 조약 체결을 알선하였다.
③ 위정척사 세력이 체결을 주도하였다.
④ 조선에 불리한 불평등 조약의 성격을 갖는다.
⑤ 조선이 서양과 체결한 최초의 근대적 조약이었다.

06 다음을 주장한 근대화 운동이 일어난 배경으로 옳은 것은?

> • 흥선 대원군을 가까운 시일 내에 귀국시키고 종래 청에 행하던 조공의 허례를 폐지한다.
> • 문벌을 폐지하여 인민의 평등한 권리를 제정하고 능력에 따라 관리를 등용한다.
> • 토지에 대한 세금을 개혁하여 관리의 부정을 막고 백성의 부담을 덜어 그 곤란함을 없애며, 동시에 국가 재정을 넉넉히 한다.

① 청의 근대적 개혁 요구
② 열강의 이권 침탈에 대한 반발
③ 정부의 소극적인 개화 정책에 대한 반발
④ 신식 군인과 구식 군인에 대한 차별 대우
⑤ 탐관오리의 수탈과 외세의 침략에 대한 반발

07 (가)에 들어갈 내용으로 적절한 것은?

① 위정척사 운동의 확산
② 동학 농민 운동의 전개
③ 급진 개화 세력의 정변
④ 서양 문물의 수용과 근대 개혁
⑤ 민권 신장을 추구한 만민 공동회

08 (가)에 들어갈 내용으로 옳은 것은?

> 〈주제: 1894년 조선 정부의 근대 개혁〉
> 1. 배경: 일본의 요구, 조선 정부의 개혁 필요성 인식
> 2. 내용: [(가)]
> 3. 결과: 아관 파천으로 중단되었으나 조선의 근대화를 앞당기는 주요 정책들을 추진

① '광무' 연호의 사용
② 토지의 균등한 분배
③ 입헌 군주제의 시행
④ 부산, 원산, 인천의 개항
⑤ 과거제와 신분제의 폐지

09 (가) 시기에 일어난 사건으로 옳은 것은?

> 조선 왕실이 러시아와 가까워지자 일본은 명성 황후를 시해하였다. → (가) → 고종은 국호를 '대한 제국'으로 바꾸고 연호를 '광무'로 정하였다.

① 청이 정변을 무력으로 진압하였다.
② 고종이 러시아 공사관으로 거처를 옮겼다.
③ 외국과 최초의 근대적 조약을 체결하였다.
④ 구식 군인들과 하층민들이 군란을 일으켰다.
⑤ 일본이 을사늑약을 맺어 외교권을 빼앗았다.

10 다음 문서에 대한 설명으로 옳지 <u>않은</u> 것은?

> 제1조 대한국은 세계 만국이 공인한 자주독립 제국이다.
> 제2조 대한 제국의 정치는 만세불변의 전제 정치이다.
> 제3조 대한국 대황제는 무한한 군권을 지니고 있다.
> 제6조 대한국 대황제는 법률을 제정하여 반포와 집행을 명령한다.

① 헌법의 성격을 가졌다.
② 권력 분립에 대한 규정이 실려있다.
③ 대한 제국의 국가 체제를 규정하였다.
④ 황제에게 국가의 주권이 있음을 나타냈다.
⑤ 고종이 러시아 공사관에서 환궁한 후 발표하였다.

11 다음 자료에서 설명하는 단체와 관련된 사진으로 옳은 것은?

> • 서재필 등이 중심이 되어 결성
> • 자주국권, 자유민권 운동을 전개

① 
② 
③ 
④ 
⑤ 

12 다음 사건들을 일어난 순서대로 옳게 나열한 것은?

> (가) 고종이 대한국 국제를 반포하였다.
> (나) 급진 개화파가 갑신정변을 일으켰다.
> (다) 일본의 공격으로 청·일 전쟁이 일어났다.
> (라) 일본이 대한 제국에 을사늑약을 강요하였다.

① (가) – (라) – (나) – (다)
② (나) – (다) – (가) – (라)
③ (나) – (라) – (가) – (다)
④ (다) – (가) – (나) – (라)
⑤ (다) – (라) – (나) – (가)

13 다음 자료를 보고 물음에 답하시오.

(1) (가)의 주장을 제시한 국권 회복 운동의 명칭을 쓰시오.

(2) (나)를 주장한 세력의 국권 침탈 이후의 활동을 쓰시오.

동아시아 3국의 근대화

동아시아 3국(중국, 일본, 조선)은 제국주의 열강의 침략을 물리치기 위해 노력하는 한편 부국강병과 근대화를 이루기 위한 활동을 전개하였다. 3국이 근대화하는 과정은 서로 비슷하기도 하고 다르기도 하였다. 동아시아 3국의 개항 과정과 근대화 과정의 특징은 자주 출제되는 주제이므로 이를 확실하게 파악할 필요가 있다.

주제 탐구하기

탐구 1   불평등 조약과 개항

난징 조약(1842)	미·일 화친 조약(1854) 미·일 수호 통상 조약(1858)	강화도 조약(1876)

• 상하이 등 5개 항구 개항 • 영국에 홍콩 할양 • 공행 폐지 • 협정 관세 • 영국의 영사 재판권 인정	• 하코다테, 나가사키 등 6개 항구 개항 • 미국에 최혜국 대우 인정 • 미국의 영사 재판권 인정 • 협정 관세	• 부산 외 2개 항구 개항 • 일본의 해안 측량권 인정 • 일본의 영사 재판권 인정(치외 법권)

탐구 2   동아시아 3국의 정치 체제 개혁 노력

〈입헌 체제의 도입〉

▲ 고종은 환구단에서 황제 즉위식을 거행하고 대한 제국을 수립·선포하였다.

▲ 신해혁명으로 청 왕조가 타도되었고 중화민국이 수립되었다. 사진은 중화민국의 수립을 알리는 포스터이다.

▲ 메이지 정부는 일본 제국 헌법을 공포한 이후 제국 의회를 세웠다. 이를 통해 입헌 군주제의 형식을 갖추었다.

〈의회 설립 운동〉

▲ 서재필은 『독립신문』을 발행하고 독립 협회를 운영하면서 의회 설립을 주장하였다.

▲ 캉유웨이(왼쪽), 량치차오(오른쪽) 등은 변법자강 운동을 전개하면서 입헌 정치 체제 수립을 추진하였다.

▲ 일본에서 의회 설립을 주장한 자유 민권 운동이 전개되었으나 메이지 정부의 탄압을 받았다.

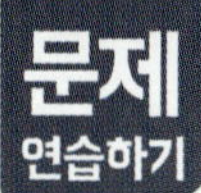

문제 연습하기

유형 1 불평등 조약의 내용을 묻는 문제

(가), (나) 조약의 공통점을 옳게 설명한 것은?

> 영국이 인도산 아편을 청에 밀수출하자 청은 아편 단속에 나섰다. 영국은 이를 빌미로 제1차 아편 전쟁을 일으켰으며, 전쟁에서 패배한 청은 영국과 [(가)]을/를 체결하였다. 한편 개항의 필요성을 느끼고 있던 조선은 일본이 무력 시위를 벌이며 개항을 요구하자 일본과 [(나)]을/를 체결하였다.

① 치외 법권을 인정하였다.
② 공행 제도를 폐지하였다.
③ 주요 항구를 할양해 주었다.
④ 관세 자주권을 인정해 주었다.
⑤ 크리스트교 포교를 허용하였다.

유형 2 동아시아의 근대화 운동을 묻는 문제

(가), (나) 사이에 일어난 사건으로 옳은 것은?

(가) 아편 전쟁

(나) 강화도 조약의 체결

① 신해혁명의 발발
② 존왕양이 운동의 전개
③ 일본 제국 헌법의 제정
④ 임칙서의 아편 무역 단속
⑤ 급진 개화파의 갑신정변 발생

유형 3 대한 제국의 수립과 관련된 문제

다음 설명에 해당하는 건축물로 옳은 것은?

> • 목적: 하늘에 제사를 지내고 신령의 위패를 봉안하여 황제의 권위를 과시
> • 의미: 대한 제국이 황제가 통치하는 전제 군주국임을 상징

①

②

③

④

⑤

유형 4 동아시아의 국민 국가 건설 노력을 묻는 문제

(가)에 들어갈 내용으로 옳은 것은?

> 〈동아시아의 입헌 체제 도입 노력〉
> 1. 중국: [(가)]
> 2. 일본: 자유 민권 운동의 의회 설립 요구
> 3. 조선: 독립 협회의 의회 설립 운동

① 상제회와 태평천국 운동
② 한인 관료 중심의 양무운동
③ 신해혁명 이후 지방 군벌의 활동
④ 농민의 외세 배격과 의화단 운동
⑤ 변법자강 운동의 입헌 정치 요구

표와 자료로 마무리하기

주제 01 영국 의회 정치의 발전

청교도 혁명	원인	제임스 1세와 찰스 1세의 전제 정치
	과정	의회의 권리 청원 제출 → 찰스 1세의 승인 → 왕의 의회 해산 → 의회 재소집 후 왕당파와 의회파 사이에 내란
	결과	크롬웰이 이끄는 의회파 승리 → 공화정
크롬웰의 공화정	대외 정책	아일랜드 정복, 항해법 제정
	국내 정책	의회 해산, 금욕적인 독재 정치 → 크롬웰 사망 후 왕정 부활, 찰스 2세 즉위
명예 혁명	원인	찰스 2세와 제임스 2세의 전제 정치 강화
	과정	의회의 제임스 2세 폐위 → 메리와 윌리엄을 공동 왕으로 추대 → 권리장전 승인
	결과	영국에서 입헌 군주제의 토대가 마련

주제 02 미국 혁명

미국 혁명 전개	배경	영국 정부가 식민지에 대한 중상주의 정책 강화 → 식민지인의 반발
	발단	보스턴 차 사건 → 대륙 회의 개최
	전개	렉싱턴 전투 → 미국 독립 선언문 발표 → 프랑스·에스파냐 등의 지원 → 요크타운 전투 승리
	결과	독립군 승리 → 파리 조약 체결
미국의 탄생	헌법 제정	연방제를 바탕으로 한 헌법 제정, 워싱턴을 초대 대통령으로 선출
	의의	세계 최초 민주 공화국 탄생, 프랑스 혁명과 라틴아메리카의 독립 운동에 영향
영토 확장	과정	토지 매입, 전쟁으로 획득, 캘리포니아 금광 개발 → 서부 개척
	문제점	원주민이 거주지에서 쫓겨나 강제 이주

주제 03 프랑스 혁명

배경	구제도의 모순	• 소수의 성직자와 귀족—부와 면세 특권 • 다수의 평민—세금 부담, 정치 참여 제한
	시민 계급 성장	상공업의 발달로 부를 축적, 미국 혁명과 계몽사상으로 의식 성장
전개	발단	루이 16세 삼부회 소집 → 제3 신분 반발
	국민 의회	테니스코트의 서약 → 국왕의 탄압 → 바스티유 감옥 습격 → 인권 선언 발표 [자료1]
	입법 의회	온건파 주도, 반혁명 유럽 국가에 전쟁 선포 → 패전으로 위기
	국민 공회	과격파 주도, 공화정 선포, 루이 16세 처형 → 공안 위원회, 혁명 재판소 설치, 공포 정치
나폴레옹 집권	등장	쿠데타로 정권 장악 → 통령 정부
	정책	국립 은행 설립, 『나폴레옹 법전』 편찬
	전개	유럽 장악, 대륙 봉쇄령, 러시아 원정 실패 → 프랑스 혁명의 이념 확산

자료1 프랑스 혁명

▲ 혁명 전 신분제 사회 풍자화

인권 선언

제1조 인간은 자유롭게 그리고 평등한 권리를 가지고 태어났다.

제2조 모든 정치적 결사의 목적은 인간의 자연적이고 소멸할 수 없는 권리를 보전함에 있다. 이 권리란 자유, 재산, 안전 및 압제에 대한 저항이다.

제3조 모든 주권의 원천은 국민에게 있다.

제17조 소유권은 침해할 수 없는 신성한 권리이다.

❶ 18세기의 프랑스 사회는 소수의 특권층이 토지, 재산과 특권을 차지하는 (   )의 모순을 갖고 있었다.

❷ 1789년 (   ) 는 프랑스 혁명의 기본 이념을 담은 '인권 선언'을 발표하였다.

주제 04 자유주의와 민족주의의 확산

빈 회의	메테르니히 주도, 유럽 각국의 영토와 지배권을 프랑스 혁명 이전 상태로 회복
프랑스	• 7월 혁명: 샤를 10세의 전제 정치 → 파리 시민들의 봉기 → 입헌 군주정 수립 • 2월 혁명: 선거권 확대를 요구하는 중소 시민층과 노동자들의 봉기 → 공화정 수립
영국	• 차티스트 운동: 노동자들의 선거권 요구, 인민헌장 발표 • 자유주의 개혁: 곡물법과 항해법 폐지, 선거권 확대
통일 운동	• 이탈리아: 북부의 사르데냐 왕국, 남부 가리발디 주도 • 독일: 프로이센 주도, 비스마르크의 철혈 정책

주제 05 미국의 발전과 라틴아메리카의 독립

남북 전쟁	남부와 북부 경제적 차이로 대립 → 링컨 대통령 당선 → 남북 전쟁 발발 → 노예 해방 선언 → 북부 승리
미국의 성장	보호 무역 정책, 적극적인 이민 정책, 대륙 횡단 철도 부설 → 세계 최대 공업국으로 성장
라틴아메리카의 독립	• 시민 혁명·계몽사상 영향, 먼로 선언, 영국의 독립 지원 • 크리오요의 활약, 볼리바르, 이달고 신부, 산 마르틴 활약

주제 06 산업 혁명과 자본주의의 발전

산업 혁명	배경	명예혁명 이후의 영국의 정치적 안정, 넓은 식민지 확보, 풍부한 노동력 확보,
	전개	면직물 기계 개발, 증기 기관 개량, 교통 수단의 발전, 통신의 발전
확산	기술 발전	전화 발명, 전기와 석유의 사용
	제2차 산업 혁명	철강, 기계, 석유 화학 발전 → 미국, 독일 성장
결과	혜택	생활의 풍요 향상, 교류 확산
	문제점	도시 문제, 노동 문제 → 사회주의 등장

주제 07 제국주의의 등장과 열강의 침탈

등장	의미	강대국이 군사력을 앞세워 약소국을 침략하여 식민지로 삼으려는 팽창 정책
	지배 논리	사회 진화론과 인종주의로 침략 합리화
아프리카 침탈 자료 2	영국	수에즈 운하 매입, 3C 정책 추진
	프랑스	횡단 정책
	독일	3B 정책 추진
	충돌	파쇼다 사건, 모로코 사건
아시아·태평양 침탈	영국	인도 식민지화, 오스트레일리아·뉴질랜드 차지
	프랑스	인도차이나 연방 수립
	미국	하와이 병합, 필리핀 차지

자료 2 제국주의 열강의 아프리카 분할

❶ (　　　　) 침략 정책의 결과 19세기 에티오피아와 라이베리아를 제외한 아프리카 전 지역이 열강의 식민지가 되었다.

❷ 영국이 종단 정책과 **프랑스**의 횡단 정책이 충돌하면서 (　　　　) 사건이 일어났다.

주제 08 서아시아와 아프리카 각지의 근대화 운동

오스만 제국	탄지마트	서구식 근대화를 통한 부국강병 추구
	청년 튀르크당의 개혁	청년 튀르크당이 헌법과 의회를 부활
서아시아	와하브 운동	이슬람교의 근본 이념을 강조
	이란 입법 혁명	카자르 왕조의 전제 정치에 대한 반발
아프리카	이집트	수에즈 운하 건설, 아라비 혁명
	에티오피아	메넬리크 2세의 개혁, 아도와 전투
	수단	마흐디(구세주) 운동

주제 09 인도와 동남아시아의 민족 운동

영국의 인도 침략	전개	동인도 회사를 앞세워 인도 진출 → 플라시 전투 → 영국의 인도 독점 지배
	성격	원료 공급지 및 상품 판매지로 이용
	세포이 항쟁	최초의 대규모 반영 민족 운동 → 무굴 제국 멸망, 영국령 인도 제국 수립
인도 국민회의의 저항	성립	인도 지식인 회유 위한 영국의 지원
	반영 민족 운동	벵골 분할령 → 4대 강령, 반영 투쟁
동남아시아의 민족운동	베트남	판보이쩌우, 판쩌우찐
	필리핀	호세 리살, 아기날도
	타이	동남아시아 국가 중 유일하게 독립 유지

주제 10 중국의 근대화 운동

중국의 개항	공행 무역 → 삼각 무역 → 아편 단속 → 제1차 아편 전쟁 → 난징 조약 → 제2차 아편 전쟁 → 톈진 조약, 베이징 조약
태평천국 운동	• 홍수전 주도, 상제회 기반 • 청 왕조 타도, 천조전무 제도 주장
양무운동	• '중체서용', 서양 기술 수용, 부국강병책 • 증국번, 이홍장 중심 → 청·일 전쟁 패배
변법자강 운동	• 과거제 개혁, 상공업 진흥, 입헌 군주제 • 캉유웨이, 량치차오 중심 → 보수파 반발로 실패
신해혁명	• 쑨원의 중국 동맹회, 삼민주의 제창 자료 3 • 우창 봉기 → 각 성의 독립 선포 → 중화민국 수립

자료 3 신해혁명

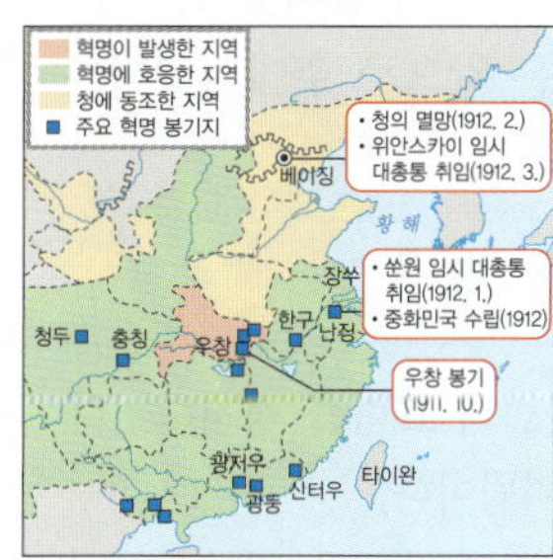

쑨원의 삼민주의
• 민족: 만주족과 외세를 몰아낸다.
• 민권: 공화정을 세우고 백성의 권리를 신장하다.
• 민생: 토지를 분배하여 백성의 생활을 안정시킨다.

❶ 쑨원 등 혁명파는 (　　　　)을/를 내걸고 무장봉기를 시도하였다.

❷ 청 정부의 민간 철도 국유화에 반대하여 혁명 세력이 우창 봉기를 일으키면서 (　　　　)이 일어났다.

주제 11 일본의 근대화 운동

개항	전개	미·일 화친 조약, 미·일 수호 통상 조약 체결
	존왕양이 운동	에도 막부 붕괴, 메이지 정부 수립
메이지 정부	근대 개혁	폐번치현, 신분제 폐지, 징병제 실시
	제국 헌법	입헌 군주제 규정, 천황의 절대권 규정
침략 정책	청·일 전쟁	일본의 승리, 시모노세키 조약 체결
	삼국 간섭	랴오둥반도를 청에 반환
	러·일 전쟁	일본의 승리, 포츠머스 조약 체결

주제 12 조선의 근대화 운동

개항과 개화 정책	개항	운요호 사건, 강화도 조약 체결
	개화 정책	서양 문물 수용, 신식 군대 창설
근대화 운동	갑신정변	급진 개화파 세력 정변 시도
	동학 농민 운동	지배층 수탈과 외세에 저항
	갑오개혁	신분제와 과거제 폐지 등 개혁
	독립 협회	국권과 민권 수호 운동, 만민 공동회
	대한 제국	광무개혁, 대한국 국제 선포

01 (가)에 들어갈 내용으로 옳은 것은?

> **국왕과 의회의 대립, 내란으로 번지다**
> 1. 배경: 제임스 1세와 찰스 1세의 전제 정치
> 2. 과정: 의회의 권리 청원 제출 → 전쟁 비용을 마련하기 위한 국왕의 의회 소집 → 의회의 국왕 비판 → 왕당파와 의회파 사이에 내란 발생
> 3. 결과: [(가)   ]

① 의회가 권리 장전을 승인받았다.
② 내각 책임제의 전통이 세워졌다.
③ 크롬웰이 국민 투표로 왕위에 올랐다.
④ 찰스 1세가 처형되고 공화정이 수립되었다.
⑤ 국왕의 딸과 사위가 새로운 왕으로 추대되었다.

02 다음 문서에 대한 설명으로 옳은 것은?

> • 국왕이 의회의 동의 없이 법의 효력을 정지하거나 법 집행을 정지하는 것은 위법이다.
> • 의회의 승인 없이 국왕을 위해 세금을 거두어들이는 행위는 위법이다.
> • 의회의 동의 없이 평상시에 상비군을 징집하고 유지하는 것은 위법이다.

① 찰스 1세의 승인을 얻었다.
② 영국 입헌 군주정의 토대를 마련하였다.
③ 명예혁명의 효력을 무효화하는 내용이다.
④ 크롬웰이 의회파를 이끌면서 발표하였다.
⑤ 조지 1세의 전제 정치로 인해 등장하였다.

03 다음 법안이 실시된 배경으로 옳은 것은?

아메리카 식민지에서 발행되는 공문서, 신문, 서적, 증서 등의 모든 문서에는 인지를 붙여야 한다.

▲ 인지

① 산업 혁명에 필요한 자본 확보
② 7년 전쟁 이후 영국의 재정 악화
③ 보스턴 차 사건에 대한 영국의 반발
④ 프랑스 혁명에 대한 식민지인의 호응
⑤ 영국의 내정에 대한 식민지인의 간섭

04 (가) 국가에 대한 설명으로 옳은 것은?

> • 본 헌법에 부여되는 모든 입법권은 [(가)] 연방 의회에 속하며, [(가)] 의회는 상원과 하원으로 구성한다.
> • 행정권은 [(가)] 대통령에게 속한다.
> • [(가)]의 사법권은 대법원 한 곳과 연방 의회가 수시로 제정하고 설치하는 하급 법원들에 속한다.

① 세계 최초의 민주 공화국이었다.
② 프랑스 혁명의 영향을 받아 독립하였다.
③ 빈 체제의 붕괴가 독립의 계기가 되었다.
④ 대통령 중심의 강력한 중앙 집권제 국가였다.
⑤ 토머스 제퍼슨을 초대 대통령으로 선출하였다.

05 (가) 시기에 일어난 사건으로 옳은 것은?

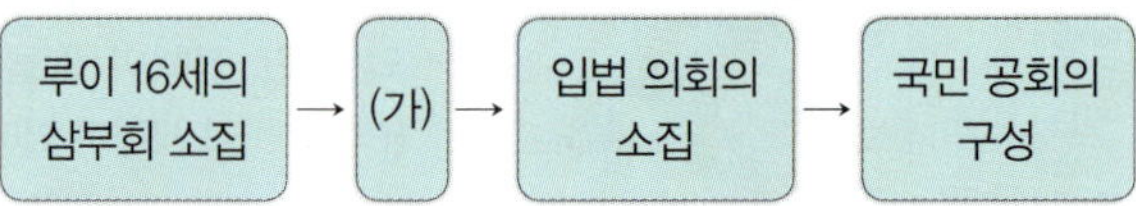

① 루이 16세 처형
② 대륙 봉쇄령 실시
③ 바스티유 감옥 습격
④ 곡물법과 항해법의 제정
⑤ 영국에 대륙 봉쇄령 시행

06 (가) 인물의 정책으로 옳은 것을 〈보기〉에서 고른 것은?

> **〈역사 인물의 발자취를 찾아서〉**
> • 파리 개선문: [(가)]이/가 이끈 프랑스 군대의 승리를 기념하여 만든 건축물
> • 루브르 박물관: [(가)]이/가 황제로 대관하는 그림이 전시되어 있다.

┌ 보기 ─
ㄱ. 총재 정부 수립
ㄴ. 국립 은행 설치
ㄷ. 국민 교육 제도의 도입
ㄹ. 공안 위원회 설치와 공포 정치 실시
└

① ㄱ, ㄴ ② ㄱ, ㄷ ③ ㄴ, ㄷ
④ ㄴ, ㄹ ⑤ ㄷ, ㄹ

07 밑줄 친 '혁명'의 결과로 옳은 것은?

이 그림은 프랑스 화가 들라크루아의 그림입니다. <u>혁명</u> 당시 자유의 여신이 3색기와 총을 들고 민중을 이끄는 모습을 표현하고 있습니다.

① 곡물법과 항해법이 폐지되었다.
② 국민 공회가 공화정을 선포하였다.
③ 루이 필리프가 왕으로 추대되었다.
④ 메테르니히의 주도로 빈 체제가 성립되었다.
⑤ 부르봉 왕조가 부활하여 루이 18세가 즉위하였다.

08 다음 자료와 관련된 운동에 대한 설명으로 옳은 것은?

- 21세 이상 모든 남자의 선거권을 인정하라!
- 하원 의원의 자격을 재산으로 제한하지 말라!
- 인구 비례에 의한 평등 선거구제를 실시하라!
- 하원 의원에게 연봉을 지급하라!
- 비밀 투표를 보장하라!

① 도시의 자본가 계층이 요구하였다.
② 영국에서 일어난 자유주의 운동이다.
③ 정부가 요구 조건을 모두 승인하였다.
④ 프랑스 2월 혁명의 영향으로 일어났다.
⑤ 러시아에서 전개된 지식인의 사회 참여 운동이다.

09 (가) 시기에 일어난 사건을 〈보기〉에서 있는 대로 고른 것은?

아메리카 동부 13개 주의 독립 → (가) → 대륙 횡단 철도의 개통

┌ 보기 ─
ㄱ. 보스턴 차 사건
ㄴ. 대통령으로 링컨 선출
ㄷ. 남북 전쟁과 노예 해방 선언
ㄹ. 태평양 연안까지 미국 영토 확장

① ㄱ, ㄴ
② ㄷ, ㄹ
③ ㄱ, ㄴ, ㄹ
④ ㄱ, ㄷ, ㄹ
⑤ ㄴ, ㄷ, ㄹ

10 (가)에 들어갈 내용으로 적절하지 <u>않은</u> 것은?

[역사 수행평가 보고서]
주제: 정복과 저항의 땅, 라틴아메리카 이야기
– 목차 –
1장 유럽인의 정복과 착취
　– 콜럼버스의 신항로 개척
　– 에스파냐인의 정복 활동과 착취
2장 들불처럼 번지는 독립 운동
　– [(가)]

① 이달고 신부와 멕시코의 독립
② 크리오요가 세운 아이티 공화국
③ 해방자의 이름으로 세운 볼리비아
④ 포르투갈 지배에서 벗어난 브라질
⑤ 아르헨티나의 독립 운동가 산 마르틴

11 (가)에 들어갈 사진으로 적절한 것은?

[역사 사진 전시회]
"산업의 대변혁을 일으킨 기계의 발명"

[(가)]

▲ 이 기계는 1인당 면실 생산을 8배 가까이 증가시켰다.

① 
② 
③ 
④ 
⑤ 

12 제2차 산업 혁명에 대한 설명으로 옳은 것은?

① 인클로저 운동이 배경이 되었다.
② 18세기 후반 영국에서 시작되었다.
③ 석탄이 새로운 동력 자원으로 주목받았다.
④ 모직물과 면직물 산업을 중심으로 전개되었다.
⑤ 독일과 미국이 새로운 공업 강국으로 성장하였다.

13 다음 그림이 풍자하는 정책에 대한 설명으로 옳은 것은?

① 미국 독립 혁명의 배경이 되었다.
② 사회주의를 사상적 기반으로 삼았다.
③ 군사력을 앞세운 대외 침략 정책이다.
④ 영국 산업 혁명 확산의 계기가 되었다.
⑤ 유럽 국가들 간 왕위 계승 전쟁을 유발하였다.

14 (가), (나) 국가에 대한 설명으로 옳은 것은?

① (가) – 필리핀, 괌을 차지하였다.
② (가) – 태평양의 마셜 제도를 차지하였다.
③ (나) – 동인도 회사를 통해 인도를 식민 지배하였다.
④ (나) – 동남아시아에 인도차이나 연방을 수립하였다.
⑤ (가), (나) – 파쇼다에서 충돌하자 전쟁을 벌였다.

15 다음 근대화 운동에 대한 설명으로 옳은 것은?

- 전개: 1839~1876
- 배경: 19세기 오스만 제국의 대내외적 위기
- 목적: 서구식 근대화를 통한 부국강병 추구

① 근대식 헌법과 의회를 설립하였다.
② 압둘 와하브를 중심으로 전개되었다.
③ 극단적인 튀르크 민족주의를 주장하였다.
④ 철도를 부설하고 수에즈 운하를 건설하였다.
⑤ 무함마드 알리가 적극적인 근대화를 추진하였다.

16 아프리카의 민족 운동에 대한 설명으로 옳은 것을 〈보기〉에서 있는 대로 고른 것은?

보기
ㄱ. 수단에서 마흐디 운동이 전개되었다.
ㄴ. 줄루 왕국은 영국의 침략에 저항하였다.
ㄷ. 아라비 파샤는 모로코의 저항 운동을 이끌었다.
ㄹ. 메넬리크 2세는 이산들와나 전투에서 승리하였다.
ㅁ. 나미비아에서 헤레로족이 독일에 맞서 봉기하였다.

① ㄱ, ㄴ, ㄷ ② ㄱ, ㄴ, ㅁ ③ ㄴ, ㄷ, ㄹ
④ ㄷ, ㄹ, ㅁ ⑤ ㄱ, ㄴ, ㄷ, ㅁ

17 다음 지도의 정책에 반대한 민족 운동에 대한 설명으로 옳은 것은?

① 무굴 제국 멸망의 계기가 되었다.
② 형식적인 인도의 자치를 이끌어냈다.
③ 최초의 대규모 반영 민족 운동이었다.
④ 이슬람교를 배격하는 힌두교 운동이었다.
⑤ 프랑스가 벵골에서 철수하는 계기가 되었다.

18 (가)에 들어갈 내용으로 적절한 것은?

수행 평가 과제 계획서

1학년 ○반 ○○○

- 주제: (가)
- 조사 방법: 관련 도서 및 누리집 검색
- 조사 내용
  - 공행 무역과 삼각 무역의 차이
  - 임칙서의 활동

① 일본의 개항
② 홍수전의 활동
③ 강화도 조약 체결
④ 제1차 아편 전쟁과 중국의 개항
⑤ 제2차 아편 전쟁과 톈진 조약의 체결

19 (가) 인물에 대한 설명으로 옳은 것은?

> 1911. 10. 10.　우창 봉기
> 1912. 1. 1.　　[　(가)　], 중화민국의 임시 대총통으로
> 　　　　　　　추대
> 1912. 2. 12.　선통제 퇴위
> 1912. 3. 10.　위안스카이, 임시 대총통으로 취임

① 상제회를 조직해 활동하였다.
② 중체서용의 사상을 내세웠다.
③ 중국 동맹회를 결성해 활동하였다.
④ 제정을 부활시켜 황제에 등극하였다.
⑤ 보수파와 함께 변법자강 운동을 견제하였다.

20 다음 변화를 가져온 사건으로 옳은 것은?

 → 

▲ 천황의 모습

① 페리 함대의 무력시위와 개항
② 존왕양이 운동과 메이지 유신
③ 삼각 무역과 아편 전쟁의 발발
④ 자유 민권 운동의 전개와 탄압
⑤ 삼국 간섭과 러·일 전쟁의 발발

21 다음 개혁 정강을 발표한 세력에 대한 설명으로 옳은 것은?

> • 흥선 대원군을 가까운 시일 내에 귀국시키고 종래
> 　청에 행하던 조공의 허례를 폐지한다.
> • 문벌을 폐지하여 인민의 평등한 권리를 제정하고
> 　능력에 따라 관리를 등용한다.
> • 토지에 대한 세금을 개혁하여 관리의 부정을 막고
> 　백성의 부담을 덜어 그 곤란함을 없애며, 동시에 국
> 　가 재정을 넉넉히 한다.

① 임오군란을 지지하였다.
② 강화도 조약 체결에 반대하였다.
③ 급진적인 개혁을 위해 정변을 일으켰다.
④ 청으로부터 군사적 도움을 얻으려 하였다.
⑤ 탐관오리의 수탈과 외세 침략에 저항하였다.

22 다음을 읽고 물음에 답하시오.

> 18세기 영국의 지주들은 농민의 경작지와 공유
> 지 사이에 울타리를 쳐서 자신의 소유지로 삼은
> [　(가)　] 운동을 전개하였다. 이 때문에 토지를
> 잃은 농민들이 도시로 이주하면서 값싼 노동력
> 이 제공되어 ㉠영국에서 산업 혁명이 시작되는
> 배경이 되었다.

(1) (가)에 들어갈 용어를 쓰시오.

(2) 위 자료에 나온 내용을 제외하고 밑줄 친 ㉠에 해
　당하는 내용을 세 가지 이상 서술하시오.

23 (가) 지역이 주장한 경제 정책을 노예 제도와 무역 형
태로 나누어 서술하시오.

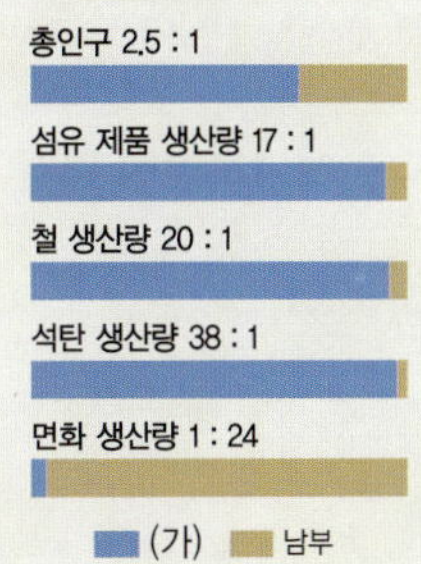

▲ 1860년 미국의 산업 구조 비교

24 다음 조약 내용을 읽고 물음에 답하시오.

> • 청은 조선이 완전한 자주국임을 인정할 것.
> • 청은 랴오둥반도, 타이완 및 그 부속 여러 섬을
> 　일본에게 줄 것.
> • 청은 일본에 배상금 2억 냥을 지불할 것.

(1) 위 조약 체결의 원인이 된 사건을 쓰시오.

(2) 위 조약의 체결이 이후 일본과 러시아의 관계에 끼
　친 영향을 서술하시오.

뒤로는 가지 않는다

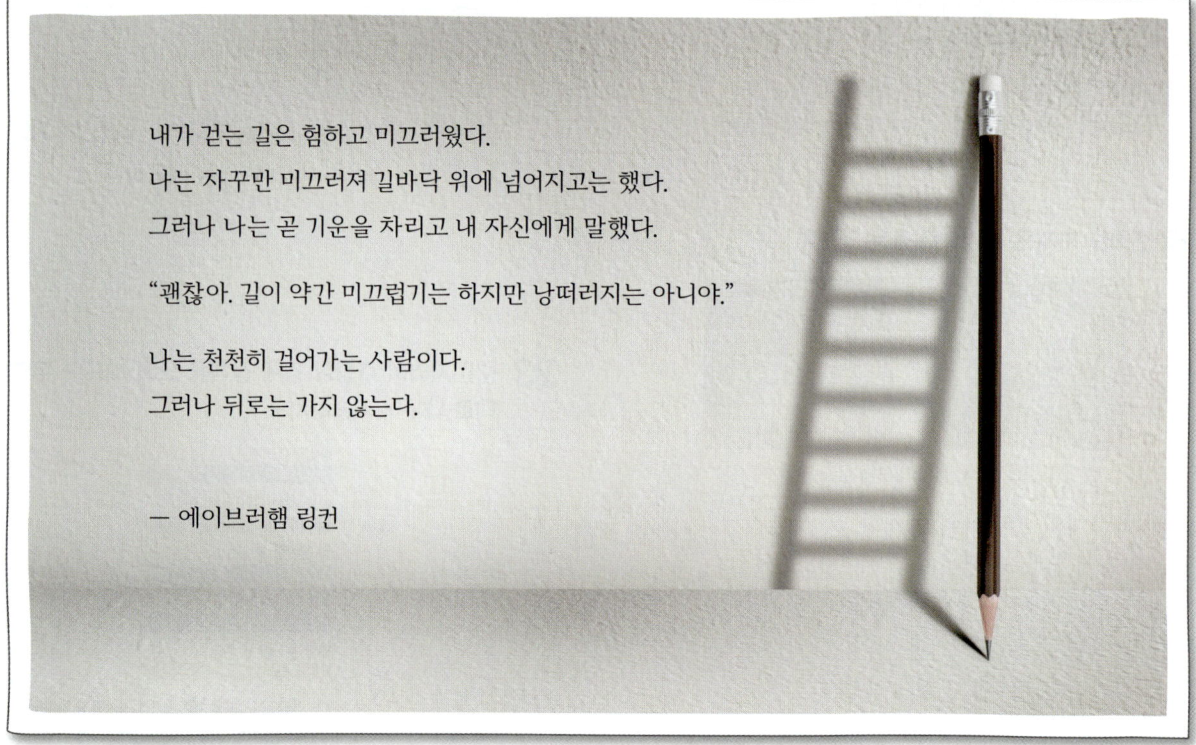

내가 걷는 길은 험하고 미끄러웠다.
나는 자꾸만 미끄러져 길바닥 위에 넘어지고는 했다.
그러나 나는 곧 기운을 차리고 내 자신에게 말했다.

"괜찮아. 길이 약간 미끄럽기는 하지만 낭떠러지는 아니야."

나는 천천히 걸어가는 사람이다.
그러나 뒤로는 가지 않는다.

— 에이브러햄 링컨

느려도
앞만 봐!

시속
30cm/s

나만의 속도에 맞춰, 그대로 정진. 전진!

V

세계 대전과 사회 변동

주제 13 제1차 세계 대전

1 제1차 세계 대전의 발발

(1) 19세기 후반 제국주의 국가의 경쟁 3국 동맹과 3국 협상의 대립

3국 동맹	독일, 오스트리아·헝가리 제국, 이탈리아 → 프랑스 견제
3국 협상	프랑스, 영국, 러시아 → 독일 팽창 견제

(2) 발칸반도의 상황 자료1

① 배경 오스만 제국의 지배를 받던 여러 민족의 독립 운동 활발
 → 오스트리아·헝가리 제국이 슬라브족 국가인 보스니아 헤르
 체고비나를 합병 → 범슬라브주의를 내세운 국가와 대립

② 범슬라브주의와 범게르만주의의 대립 자료2

범슬라브주의	러시아와 세르비아 중심
범게르만주의	독일과 오스트리아·헝가리 제국 중심

(3) 전쟁의 발발 세르비아계 청년이 오스트리아·헝가리 제국의 황
 태자 부부 암살(사라예보 사건, 1914) → 오스트리아·헝가리
 제국이 세르비아에 선전 포고 → 3국 동맹과 3국 협상의 국가
 들이 잇달아 참전

2 제1차 세계 대전의 전개

(1) 초기 독일 우세 → 영국, 프랑스 저항 → *참호전(전쟁 장기화)

(2) 전쟁의 확산

① 동맹국과 연합국

동맹국	독일, 오스트리아·헝가리 제국 + 오스만 제국과 불가리아 가담
연합국(협상국)	영국, 프랑스, 러시아 + 이탈리아, 일본, 미국 등

전쟁이 시작되자 이탈리아는 3국 동맹을 이탈하여 연합국 편에 가담하였어.

② 식민지 주민의 참전 유럽 열강이 식민지에 전후 자치와 독립
 약속 → 식민지 주민을 전쟁에 동원

(3) 연합국의 승리 독일의 *무제한 잠수함 작전을 계기로 미국 참
 전(1917) → 러시아 이탈(러시아 혁명으로 독일과 *강화 조약
 체결) → 동맹국의 잇따른 항복 → 독일 혁명(제정 붕괴, 공화국
 수립) → 독일 공화국 정부와 연합국이 휴전 조약 체결(1918)

(4) 제1차 세계 대전의 특징 여성도 간호병으로 참전하거나 후방에서 군수품 생산에 동원되었어.

① 총력전 국가의 모든 인적, 물적 자원까지 총동원

② 신무기 등장 탱크, 장갑차, 잠수함, 기관총, 독가스 등의 등장

③ 참호전 전선이 교착 상태에 빠지자 참호를 파고 장기간 대치

3 파리 강화 회의와 베르사유 체제 실제 회의는 승전국의 이해 관계에 따라 대부분의 문제가 결정되었어.

(1) 파리 강화 회의(1919) 제1차 세계 대전 전후 처리 문제 논의

원칙	미국의 윌슨 대통령이 제안한 14개조(*민족 자결주의, 비밀 외교 종식, 군비 축소 등) 패전국의 식민지에만 적용되었어.
결과	베르사유 조약 체결(독일에 막대한 배상금 지불 요구) 자료3

(2) 국제 연맹 창설 국제 분쟁 해결을 위해 창설 → 미국과 소련의
 불참, 군사적 제재 수단 미비

꼭 나오는 자료

자료1 유럽의 화약고, 발칸 반도

◁ 발칸반도의 상황을 풍자한 그
림이다. 발칸반도라는 화약통 위
에 앉아 있는 유럽 열강을 그렸
다. 발칸반도는 다양한 민족과
종교의 갈등으로 유럽의 화약고
라고 불렸다.

자료2 범슬라브주의와 범게르만주의의 대립

▲ 발칸반도는 이슬람 국가인 오스만 제국의 지배를 받으면
서 민족과 종교가 다양해져 분쟁이 계속되었다. 19세기 오스
만 제국의 쇠퇴를 배경으로 각 민족이 독립운동을 전개하였
는데, 여기에 유럽 열강이 끼어들면서 러시아 중심의 범슬라브
주의와 오스트리아·헝가리 제국 중심의 범게르만주의의 대립
이 심화되었다.

자료3 베르사유 조약

- 독일은 영토의 일부를 프랑스, 벨기에, 폴란드에 넘
 겨준다.
- 독일은 해외의 식민지에 관한 모든 권리를 포기한다.
- 독일의 군인 수는 육군 10만 명, 해군 1만 6,500명으
 로 제한되며, 잠수함과 항공기 보유는 금지한다.
- 독일은 연합국에 전쟁 배상금으로 1,320억 마르크를
 지불해야 한다.

▲ 파리 강화 회의 결과 연합국과 독일이 맺은 베르사유 조약의
주요 내용이다. 베르사유 조약은 독일에 전쟁 책임을 묻고 막대
한 배상금을 지불하게 하였다. 이 조약 체결을 계기로 성립된
제1차 세계 대전 이후의 세계 질서를 베르사유 체제라고 한다.

용어 사전

- * **참호(塹 구덩이, 壕 도랑)** 적의 공격을 막기 위해 땅을 파서
 만든 방어 시설
- * **무제한 잠수함 작전** 독일이 영국의 해상 봉쇄에 맞서 연합국
 을 오가는 군함은 물론 민간 선박까지 경고 없이 공격한 것
- * **강화 조약(講 화해, 和 조화, 條 가지, 約 맺음)** 전쟁을 벌이던
 나라들이 싸움을 끝내기 위해 맺는 조약
- * **민족 자결주의** 각 민족은 정치적 운명을 스스로 결정할 수 있
 으며 다른 민족의 간섭을 받을 수 없다는 주장

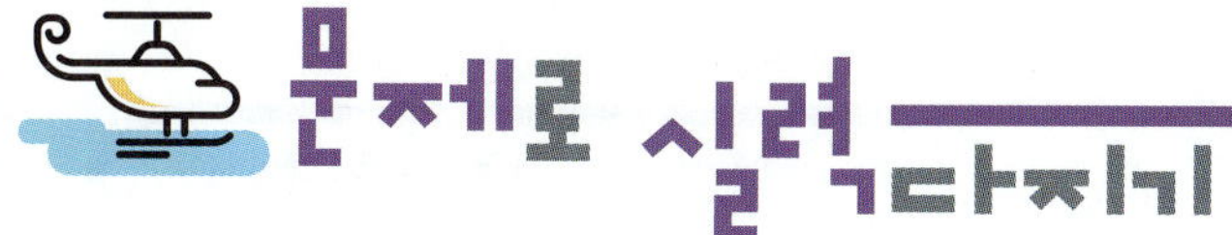

개념 문제

01 다음 설명이 맞으면 ○표, 틀리면 ×표를 하시오.

(1) 독일, 오스트리아·헝가리 제국, 이탈리아는 3국 동맹을 맺었다. ……………………………………( )

(2) 독일과 오스트리아·헝가리 제국은 범슬라브주의를 내세웠다. …………………………………( )

(3) 이탈리아는 제1차 세계 대전이 발발하자 동맹국을 탈퇴하고 연합국에 가담하였다. ……………( )

(4) 미국과 소련은 국제 연맹에 참여하였다. …( )

02 다음 국가와 관련 있는 내용을 옳게 연결하시오.

(1) 프랑스 •   • ㉠ 동맹국
(2) 세르비아 •   • ㉡ 3국 협상
(3) 오스만 제국 •   • ㉢ 범슬라브주의

03 다음 빈칸에 들어갈 알맞은 말을 쓰시오.

(1) 제1차 세계 대전은 세르비아계 청년이 오스트리아·헝가리 제국의 황태자 부부를 암살한 ( ) 사건을 계기로 발발하였다.

(2) 독일의 ( )을/를 계기로 미국이 제1차 세계 대전에 참전하였다.

(3) 제1차 세계 대전의 전후 처리를 위해 ( )이/가 개최되었다.

실력 문제

04 밑줄 친 '이 나라'에 대한 설명으로 옳은 것은?

> 이 나라는 프랑스를 견제하기 위해 오스트리아·헝가리 제국, 이탈리아와 3국 동맹을 맺었다. 그러자 이에 맞서 영국, 프랑스가 러시아를 끌어들여 3국 협상을 체결하였다.

① 세르비아를 지지하였다.
② 범슬라브주의를 내세웠다.
③ 무제한 잠수함 작전을 폈다.
④ 사라예보에서 황태자가 암살당하였다.
⑤ 제1차 세계 대전에서 연합국에 가담하였다.

05 (가)에 해당하는 사건으로 옳은 것은?

> 발칸반도의 긴장이 고조되는 상황에서 1914년 6월에 오스트리아·헝가리 제국의 황태자 부부가 세르비아계 청년에게 암살되는 [(가)]이/가 발생하였다.

① 청교도 혁명
② 의화단 운동
③ 파쇼다 사건
④ 사라예보 사건
⑤ 태평천국 운동

06 다음 사건들을 일어난 순서대로 옳게 나열한 것은?

> (가) 오스트리아·헝가리 제국이 세르비아에 선전 포고를 하였다.
> (나) 독일이 오스트리아·헝가리 제국, 이탈리아와 3국 동맹을 맺었다.
> (다) 세르비아계 청년이 오스트리아·헝가리 제국의 황태자 부부를 암살하였다.
> (라) 러시아가 세르비아를 지지하며 오스트리아·헝가리 제국에 선전 포고를 하였다.

① (가) – (나) – (다) – (라)
② (가) – (라) – (나) – (다)
③ (나) – (다) – (가) – (라)
④ (나) – (가) – (다) – (라)
⑤ (다) – (나) – (라) – (가)

07 (가)에 들어갈 국가를 〈보기〉에서 고른 것은?

> 제1차 세계 대전이 발발하자, 이탈리아는 3국 동맹을 이탈해 연합국에 가담하였고, [(가)]은/는 동맹국에 가담하였다.

보기

ㄱ. 일본   ㄴ. 미국
ㄷ. 불가리아   ㄹ. 오스만 제국

① ㄱ, ㄴ   ② ㄱ, ㄷ   ③ ㄴ, ㄷ
④ ㄴ, ㄹ   ⑤ ㄷ, ㄹ

08 (가), (나) 사이 시기에 있었던 사실로 옳은 것은?

> (가) 영국은 독일로 들어가는 물자를 막기 위해 해상을 봉쇄하였다.
> (나) 미국이 참전을 결정하고 연합국에 가담하면서 전쟁이 연합국에 유리하게 전개되었다.

① 국제 연맹이 창설되었다.
② 사라예보 사건이 일어났다.
③ 러시아가 독일과 강화 조약을 체결하였다.
④ 독일이 무제한 잠수함 작전을 전개하였다.
⑤ 영국, 프랑스, 러시아가 3국 협상을 체결하였다.

중요
09 (가)에 들어갈 내용으로 가장 적절한 것은?

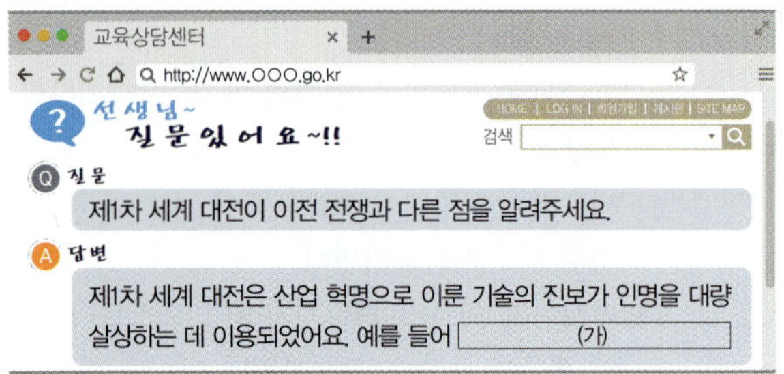

① 핵무기가 등장하였어요.
② 참호전이 전개되었어요.
③ 식민지 주민이 전쟁에 동원되었어요.
④ 여성들이 군수 공장에 동원되었어요.
⑤ 탱크, 잠수함 등 신무기가 등장하였어요.

10 밑줄 친 '이 회의'에 대한 설명으로 옳은 것은?

> 제1차 세계 대전이 끝나고 전후 처리 문제를 의논하기 위하여 1919년 이 회의가 열렸다. 그러나 실제 회의는 전후 평화를 유지하는 것보다 승전국의 이익이 중시되는 방향으로 흘러갔다.

① 미국과 소련이 불참하였다.
② 빈 체제의 형성을 가져왔다.
③ 식민지 대표들이 참석하였다.
④ 표결 방식을 두고 대립하였다.
⑤ 윌슨 대통령의 14개조를 기본 원칙으로 삼았다.

중요 · 고난도
11 다음 조약에 대한 설명으로 옳지 <u>않은</u> 것은?

> • 독일은 영토의 일부를 프랑스, 벨기에, 폴란드에 넘겨준다.
> • 독일은 해외의 식민지에 관한 모든 권리를 포기한다.
> • 독일의 군인 수는 육군 10만 명, 해군 1만 6,500 명으로 제한되며, 잠수함과 항공기 보유는 금지한다.
> • 독일은 연합국에 전쟁 배상금으로 1,320억 마르크를 지불해야 한다.

① 독일의 군비를 제한하였다.
② 모든 식민지의 독립을 보장하였다.
③ 독일에 대한 보복적 성격이 강하였다.
④ 전쟁 책임이 독일에 있음을 명시하였다.
⑤ 베르사유 체제가 성립되는 계기가 되었다.

12 (가)에 해당하는 기구로 옳은 것은?

> 파리 강화 회의가 끝난 후 세계 여러 나라는 국제 분쟁의 평화적 해결을 위해 1920년에 [(가)] 을/를 창설하였다.

① 탄지마트 ② 국제 연맹
③ 대륙 회의 ④ 동인도 회사
⑤ 인도 국민 회의

서술형
13 다음을 읽고 물음에 답하시오.

> 파리 강화 회의는 그가 제안한 평화 원칙 14개조를 기초로 진행되었다. 이 원칙에는 민족 자결주의와 ㉠국제 기구 창설 등이 포함되었다.

(1) 밑줄 친 '그'에 해당하는 인물을 쓰시오.

(2) 밑줄 친 ㉠이 갖고 있던 한계점을 서술하시오.

주제 14 러시아 혁명과 아시아·아프리카의 민족 운동

1 러시아 혁명

(1) 혁명 전 러시아
① 19세기 상황　차르(황제)의 전제 정치 유지, 사회주의 사상 확산, 노동자·농민의 불만 고조
② 피의 일요일 사건(1905)　노동자·농민들이 수도 상트페테르부르크에서 개혁을 요구하는 시위 전개 → 정부가 무력으로 진압 → 상황 진정을 위해 차르가 개혁 약속 → 전제 정치 강화

(2) 러시아 혁명
└ 니콜라이 2세는 언론과 집회의 자유, 입법권을 가진 의회(두마) 설립 등을 약속하였으나 지켜지지 않았어.

| 3월 혁명
(1917) | • 배경: 제1차 세계 대전에서의 잇따른 패전, 경제 위기
• 전개: 대규모 봉기 발생 → 노동자·병사 대표들이 소비에트 구성 → 차르 축출, 임시 정부 수립 러시아어로 평의회 또는 대표자 회의라는 의미에요. |
| 11월 혁명
(1917) | • 배경: 임시 정부의 전쟁 지속, 개혁 부진과 사회 혼란
• 전개: 레닌 주도로 *볼셰비키가 무장봉기 자료1 → 임시 정부 타도, 소비에트 정부 수립 |

(3) 소련의 수립
└ 사회주의 개혁이 추진되었으나 여전히 사회 혼란과 경제난이 계속되었기 때문이야.
① 레닌의 정책　사회주의 개혁 추진(토지 몰수, 산업 국유화) → 시장 경제를 일부 인정한 신경제 정책(NEP) 실시(1921)
② 소비에트 사회주의 공화국 연방(소련) 수립(1922)　러시아를 비롯한 15개의 소비에트 공화국으로 구성
③ 스탈린의 정책　경제 개발 5개년 계획 추진, 독재 체제 강화
└ 주로 중공업과 군수 산업을 육성하였어.

2 전후 아시아·아프리카의 민족 운동

(1) 중국의 반제국주의 운동
① 5·4 운동(1919) 자료2 　일본의 *21개조 요구를 열강이 승인 → 베이징 학생들의 주도로 반제국주의·반봉건 시위 전개
② 제1차 국·공 합작(1924)　쑨원의 중국 국민당과 중국 공산당이 군벌과 제국주의 타도를 위해 연대 → 장제스의 북벌로 중국 통일(1928), 중국 공산당 탄압으로 국·공 합작 결렬
③ 제2차 국·공 합작(1937)　중·일 전쟁 발발 → 중국 국민당과 중국 공산당이 대일 항전을 위해 연합
└ 인도는 자치권을 약속받고 제1차 세계 대전 당시 영국을 지원하였으나, 전후 영국은 약속을 어기고 자치권을 허용하지 않았어.

(2) 인도의 민족 운동
영국의 자치권 불허, 식민 통치 강화 → 간디의 비폭력·불복종 운동 전개 → 각 주의 자치권 허용(1935) 자료3
└ 간디는 영국 상품 불매 운동과 납세 거부 운동 등을 주도하였어.

(3) 동남아시아의 민족 운동

베트남	프랑스에 맞서 호찌민이 인도차이나 공산당 조직
인도네시아	수카르노가 인도네시아 국민당 결성
필리핀	독립 운동을 통해 미국으로부터 독립을 약속 받음.

(4) 아프리카, 서아시아의 민족 운동
└ 정치와 종교 분리, 여성 참정권 부여, 문자 개혁 등을 시행하였어.

오스만 제국	무스타파 케말의 독립 전쟁 → 술탄 제도 폐지, 터키 공화국 수립(1923), 근대화 정책 실시
아랍 지역	민족 운동 전개 → 이라크 독립, 사우디아라비아 왕국 수립
이집트	반영 운동으로 독립(1922), 수에즈 운하는 영국이 관리
사하라 이남	범아프리카 운동 전개(아프리카의 통일 추구)

└ 영국은 수에즈 운하에 군대를 주둔하는 조건으로 이집트의 독립을 인정하였어.

자료1 러시아 혁명을 이끈 레닌

사랑하는 동지 여러분, 그리고 병사와 노동자 여러분! 이제 빵과 토지, 평화와 자유를 위해 일어섭시다. 전쟁을 계속하는 임시 정부를 타도하고 모든 권력을 소비에트가 가져야 합니다.

▲ 연설하는 레닌

◎ 레닌은 볼셰비키를 이끌고 11월 혁명을 주도하여 세계 최초의 사회주의 국가를 건설하였다. 이후 레닌은 1919년에 국제 공산당 연합 조직인 코민테른을 만들어 사회주의 혁명을 전 세계에 퍼뜨리려고 하였다.

자료2 5·4 운동

베르사유 평화 회담이 열렸을 때 우리가 희망하고 경축한 것은 세계에 정의가 있고 어진 길이 있으며 공리가 있다는 것이 아니겠습니까? 칭다오를 돌려주고 중국과 일본 사이의 밀약 …… 불평등 조약까지 취소하는 것이 바로 공리이고 정의입니다. …… 산둥이 망하면 중국도 망합니다. …… 국민 대회를 열어 가두연설을 하고 전보로 견고한 의지를 알리는 것이 현재 가장 중요한 일입니다.
－ 베이징 학생계 선언 －

◎ 파리 강화 회의에서 일본의 권익이 인정되자, 베이징의 학생들은 톈안먼 광장에서 21개조 요구 철폐, 매국노 파면 등을 요구하는 대규모 시위를 벌였다. 베이징 군벌 정부의 탄압에도 시위는 전국으로 퍼져 나갔다. 결국 베이징 군벌 정부는 파리 강화 회의의 결정을 거부하였다.

자료3 간디의 비폭력·불복종 운동

◎ 비폭력·불복종 운동은 영국의 관리나 경찰이 위협을 가하더라도 폭력을 쓰지 않는 대신 영국의 법률이나 명령을 따르지 않는 운동이다. 간디는 고의로 법 어기기, 영국 제품의 불매, 영국 학교의 자퇴, 납세 거부, 소금 행진 등의 방법으로 반영 운동을 전개하였다.

🔖 용어 사전

* **볼셰비키**　사회주의 혁명을 목표로 조직된 사회 민주 노동당에서 주도권을 가진 다수파
* **21개조 요구**　제1차 세계 대전 중 일본이 독일이 갖고 있던 산둥반도의 이권 등 21개 조항의 승인을 요구한 것.

개념 문제

01 다음 설명이 맞으면 ○표, 틀리면 ×표를 하시오.

(1) 피의 일요일 사건을 계기로 소비에트 정부가 수립되었다. ·····················( )

(2) 레닌은 시장 경제를 일부 인정한 신경제 정책(NEP)을 시행하였다. ·····················( )

(3) 중국 국민당과 중국 공산당은 군벌과 제국주의 타도를 위해 제1차 국·공 합작을 이루었다. ( )

(4) 무스타파 케말은 독립 전쟁을 일으켜 터키 공화국을 세웠다. ·····················( )

02 다음 국가와 관련 있는 인물을 옳게 연결하시오.

(1) 인도 •　　　　　　• ㉠ 간디

(2) 베트남 •　　　　　　• ㉡ 호찌민

(3) 인도네시아 •　　　　　• ㉢ 수카르노

03 다음 빈칸에 들어갈 알맞은 말을 쓰시오.

(1) 러시아에서는 (　　　)으로 제정이 붕괴되고 임시 정부가 수립되었다.

(2) 파리 강화 회의에서 일본의 21개조 요구를 승인하자 베이징의 학생들을 중심으로 (　　　)이/가 일어났다.

(3) 영국은 수에즈 운하에 군대 주둔을 유지하는 조건으로 (　　　)의 독립을 인정하였다.

실력 문제

04 19세기 후반 러시아의 상황에 대한 설명으로 옳은 것을 〈보기〉에서 고른 것은?

보기
ㄱ. 차르 체제를 비판하는 목소리가 커졌다.
ㄴ. 지식인들 사이에 사회주의 사상이 확산되었다.
ㄷ. 노동자와 병사 대표들이 소비에트를 구성하였다.
ㄹ. 토지를 몰수하고 산업을 국유화하는 사회주의 개혁이 추진되었다.

① ㄱ, ㄴ　　② ㄱ, ㄷ　　③ ㄴ, ㄷ
④ ㄴ, ㄹ　　⑤ ㄷ, ㄹ

05 다음 사건에 대한 설명으로 옳은 것은?

노동자와 농민들이 수도 상트페테르부르크에서 개혁을 요구하는 대규모 시위를 벌였다. 이에 정부는 시위대를 무력으로 진압하여 많은 희생자가 발생하였다.

① 볼셰비키가 주도하였다.
② 미국의 참전을 가져왔다.
③ 임시 정부 붕괴의 계기가 되었다.
④ 제1차 세계 대전 중에 발생하였다.
⑤ 차르의 의회 설립 약속으로 이어졌다.

06 (가)에 들어갈 내용으로 옳은 것은?

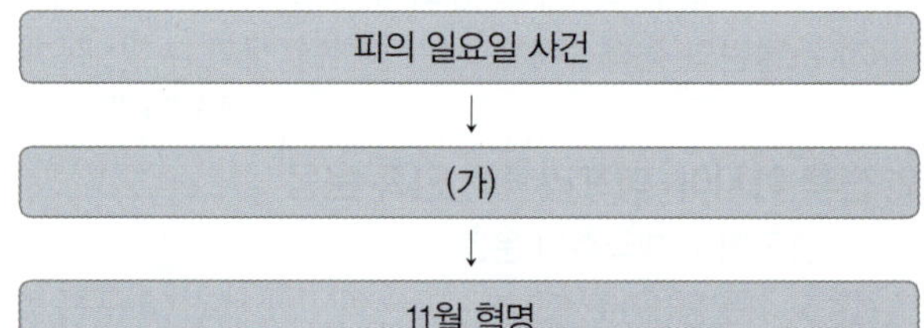

① 3월 혁명　　　　② 7월 혁명
③ 철혈 정책　　　　④ 차티스트 운동
⑤ 3국 동맹 성립

07 밑줄 친 '그'에 대한 설명으로 옳은 것은? 고난도

3월 혁명으로 세워진 임시 정부가 전쟁을 계속하자, 그가 이끄는 볼셰비키가 무장봉기를 일으켜 임시 정부를 무너뜨리고 소비에트 정부를 수립하였다.

① 소금 행진을 벌였다.
② 농노 해방령을 발표하였다.
③ 옌안까지 대장정을 단행하였다.
④ 신경제 정책(NEP)을 시행하였다.
⑤ 경제 개발 5개년 계획을 추진하였다.

08 러시아의 11월 혁명에 대한 설명으로 옳은 것은?

① 볼셰비키가 혁명을 주도하였다.
② 혁명 결과 니콜라이 2세가 퇴위하였다.
③ 차르의 의회(두마) 설립 약속을 이끌어냈다.
④ 노동자와 병사들이 최초로 소비에트를 구성하였다.
⑤ 스탈린이 독재 체제를 강화하는 과정에서 일어났다.

중요
09 다음 자료를 이용한 수업 주제로 가장 적절한 것은?

> 베르사유 평화 회담이 열렸을 때 우리가 희망하고 경축한 것은 세계에 정의가 있고 어진 길이 있으며 공리가 있다는 것이 아니겠습니까? 칭다오를 돌려주고 중국과 일본 사이의 밀약 …… 불평등 조약까지 취소하는 것이 바로 공리이고 정의입니다.

① 양무운동
② 5·4 운동
③ 의화단 운동
④ 변법자강 운동
⑤ 피의 일요일 사건

10 (가) 인물에 대한 설명으로 옳은 것은?

① 터키 공화국을 수립하였다.
② 인도의 민족 운동을 이끌었다.
③ 인도차이나 공산당을 조직하였다.
④ 인도네시아 국민당을 창설하였다.
⑤ 북벌을 단행해 군벌을 제압하였다.

중요

11 밑줄 친 '우리'가 추진한 개혁으로 옳지 <u>않은</u> 것은?

> <u>우리</u>는 서유럽의 여러 제도를 아시아의 흙에 심게 될 것입니다. <u>우리</u>는 학교를 서유럽을 모델로 새롭게 바꾸어 놓을 것입니다. 이제는 범이슬람주의가 아니라 민족주의가 아시아의 새로운 구호가 되고 있습니다.

① 문자 개혁
② 술탄제 폐지
③ 정치와 종교 분리
④ 수에즈 운하 관리
⑤ 여성에게 참정권 부여

고난도
12 (가), (나) 사이 시기에 있었던 사실로 옳은 것은?

> (가) 쑨원이 이끄는 중국 국민당과 중국 공산당이 군벌과 제국주의 타도를 위해 제1차 국·공 합작을 이루었다.
> (나) 일본이 중·일 전쟁을 일으켜 대륙 침략을 본격화하자, 중국 국민당과 중국 공산당은 대일 항전을 위해 제2차 국·공 합작을 이루었다.

① 무스타파 케말이 터키 공화국을 세웠다.
② 이집트가 영국으로부터 독립을 인정받았다.
③ 베이징 학생들을 중심으로 5·4 운동이 일어났다.
④ 장제스가 북벌 과정에서 중국 공산당을 탄압하였다.
⑤ 러시아에서 혁명이 일어나 소비에트 정부가 수립되었다.

서술형
13 (가)의 주장이 제기된 이유를 두 가지 서술하시오.

전체주의의 등장과 제2차 세계 대전

1 대공황과 전체주의의 등장

(1) 대공황의 발생과 대응

① 대공황의 발생

배경	제1차 세계 대전 이후 미국의 경제 호황 → 과잉 생산, 주식 투자 과열 → 소비가 생산을 따라가지 못해 상품 재고 증가
전개	뉴욕 증권 시장에서 주가 폭락(1929) → 기업과 은행의 파산, 실업자 증가 등 미국 경제 마비 → 전 세계로 경제 위기 확대(대공황)

② 대공황의 극복 노력   미국의 뉴딜 정책, 영국과 프랑스는 블록 경제 강화 자료1
└ 국가가 경제에 적극 개입하고 조정하여 경제 침체를 극복하고자 하였어.

(2) *파시즘과 *군국주의 등장   대공황으로 인한 경제 위기 및 사회 혼란 → 경제 기반이 약한 국가에서 등장
└ '로마 진군'이라는 쿠데타로 정권을 장악하였어.

이탈리아	무솔리니의 파시스트당이 정권 장악(1922) → 독재 체제 수립
독일	히틀러의 나치당이 국민의 지지를 받아 정권 차지(1933) → 인종주의 정책(독일 민족의 우수성 강조, 유대인 탄압) 자료2
에스파냐	독일과 이탈리아의 지원을 받은 프랑코 세력이 독재 정권 수립
일본	군부가 정권 장악 → 군국주의 강화, 대륙 침략 본격화

2 제2차 세계 대전

(1) 전체주의 국가의 대외 침략

독일	히틀러 집권 후 국제 연맹 탈퇴, 재무장 선언 → 오스트리아 병합, 체코슬로바키아의 일부 점령
일본	만주사변(1931)을 일으켜 만주국 수립(1932) → 국제 연맹 탈퇴 → 중·일 전쟁 도발(1937) ┌ 국제 연맹이 일본의 만주 침략과 만주국 수립을 비판하자, 일본이 국제 연맹을 탈퇴하였어.
이탈리아	에티오피아 점령 → 국제 연맹 탈퇴

(2) 추축국의 형성   독일-이탈리아-일본이 3국 방공 협정 체결(1937)

(3) 제2차 세계 대전 발발   영국과 프랑스가 반파시즘 연합을 결성하고 폴란드와 상호 원조 조약 체결 → 독일이 소련과 불가침 조약 체결 후 폴란드 침공(1939) → 영국과 프랑스가 독일에 선전 포고

(4) 제2차 세계 대전의 전개 자료3

① 유럽   독일이 벨기에, 네덜란드, 프랑스 파리 등 점령, 영국에 대대적인 폭격 → 프랑스의 드골이 영국에서 임시 정부를 세워 항전, 영국도 저항 → 독일의 소련 침략(식량과 석유 확보 목적, 1941)
└ 불가침 조약을 깨고 침공하였어.

② 아시아   일본의 동남아시아 침략 → 미국의 경제 봉쇄 → 일본군이 하와이 진주만 공격(태평양 전쟁 발발, 1941)

(5) 제2차 세계 대전의 종결

유럽	소련이 스탈린그라드 전투에서 승리(1942~1943) → 이탈리아 항복(1943) → 노르망디 상륙 작전 → 프랑스 해방 → 독일의 항복(1945. 5.)
태평양	미국이 미드웨이 해전에서 승리(1942) → 미국의 원자 폭탄 투하 → 소련의 대일전 참전 → 일본의 무조건 항복 └ 히로시마와 나가사키에 투하되었어.

꼭 나오는 자료

자료1 뉴딜 정책과 블록 경제

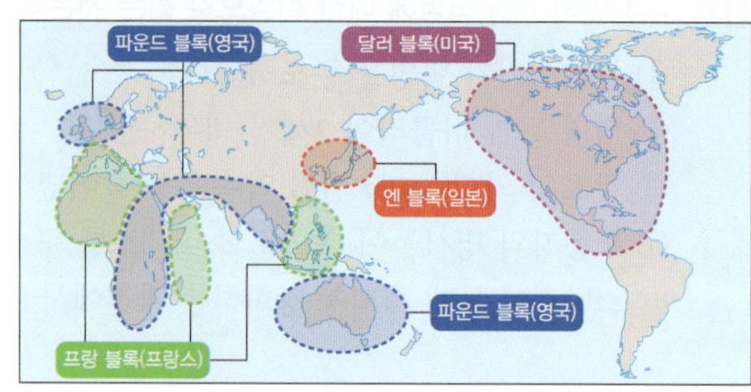

△ 미국은 대공황을 극복하기 위해 국가가 경제에 적극 개입하는 뉴딜 정책을 폈다. 이에 따라 농업과 산업 생산량을 조절하고, 국토 개발 등의 공공사업을 통한 대규모 일자리 창출, 복지 확대 등이 시행되었다. 한편 선진 자본주의 국가들은 본국과 식민지를 경제적으로 묶는 블록 경제를 만들어 과잉 생산된 물건을 식민지에 판매하고 외국 상품에 높은 관세를 부과하는 보호 무역 정책을 폈다.

자료2 히틀러의 인종주의

민족주의 국가는 인종을 모든 생활의 중심에 두어야 한다. 국가는 인종의 순수한 유지를 추구해야 한다. …… 자기가 병약하고 결함이 있는데도 아이를 낳는 것은 치욕일 뿐이며, …… 독일 민족에 상응하는 영토를 이 지상에서 확보해야 할 것이다.   - 히틀러, 『나의 투쟁』 -

△ 추축국은 국가와 민족의 이익을 앞세워 개인의 자유를 억압하는 전체주의를 내세우고 침략 전쟁을 통해 경제 위기를 극복하려고 하였다. 독일의 나치당은 민족주의를 강화하면서 인종주의를 내세웠고, 제2차 세계 대전을 일으켰다.

자료3 제2차 세계 대전

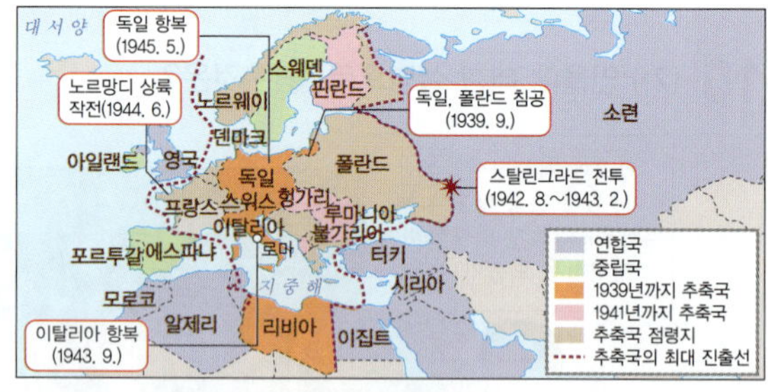

△ 독일의 폴란드 침공을 계기로 발발한 전쟁은 유럽 대부분의 나라가 참전하면서 확대되었다. 독일은 유럽 지역 대부분을 점령하는 등 초반에 우세한 모습을 보였다. 그러나 전쟁이 장기화되면서 결국 연합국에 항복하였다.

🔵 용어 사전

* **파시즘**   개인의 자유와 권리보다 국가 전체의 이익을 강조하는 체제
* **군국주의(軍 군사 國 나라 主 主義 사상)**   군사력에 의한 대외 팽창을 가장 중요시하며 정치, 경제, 사회, 문화 등 모든 측면을 이에 종속시키려한 사상

문제로 실력 다지기

★ 바른답·알찬풀이 16쪽

01 다음 설명이 맞으면 ○표, 틀리면 ×표를 하시오.

(1) 미국은 대공황을 극복하기 위해 뉴딜 정책을 추진하였다. ·····················( )

(2) 독일, 이탈리아, 일본이 군사 동맹을 맺고 추축국을 형성하였다. ·····················( )

(3) 일본이 하와이 진주만을 공격하면서 제2차 세계 대전이 발발하였다. ·····················( )

(4) 미국이 원자 폭탄을 투하하고 소련이 참전하자 일본은 무조건 항복하였다. ·····················( )

02 괄호 안의 내용 중 옳은 것에 ○표 하시오.

(1) 대공황이 일어나자 (독일, 영국)은 다른 나라를 침략하여 경제 위기를 극복하려고 하였다.

(2) 이탈리아에서는 (나치당, 파시스트당)이 로마 진군을 통해 정권을 장악하였다.

(3) 독일은 석유를 확보하기 위해 불가침 조약을 깨고 (소련, 미국)을 침공하였다.

03 다음 빈칸에 들어갈 알맞은 말을 쓰시오.

(1) 1929년에 미국에서 발생한 경제 위기인 ( ) 은/는 전 세계로 확산되었다.

(2) 독일은 자원 확보를 위해 소련을 침공하였으나 ( ) 전투에서 크게 패배하였다.

(3) 미국은 제2차 세계 대전 당시 일본의 히로시마와 나가사키에 ( )을/를 투하하였다.

04 다음 상황이 나타나게 된 원인으로 가장 적절한 것은?

> 1929년 10월 24일, 뉴욕 증권 시장에서 지나치게 부풀어 있던 주가가 갑자기 폭락하는 사태가 일어났다. 투자금을 잃은 많은 기업과 은행이 문을 닫았고, 수많은 사람이 일자리를 잃어 미국 경제가 마비되기에 이르렀다.

① 전체주의의 대두
② 블록 경제의 강화
③ 뉴딜 정책의 추진
④ 사회주의 사상의 확산
⑤ 과잉 생산에 따른 불황

중요
05 (가)에 들어갈 내용으로 적절한 것을 〈보기〉에서 고른 것은?

> 미국에서 시작된 공황은 전 세계로 확산되었고, 전후에 서서히 회복되던 세계 경제가 침체되었다. 이에 세계 각국은 대공황을 극복하기 위해 다양한 노력을 전개하였다. 예를 들어, [(가)]

보기
ㄱ. 미국이 뉴딜 정책을 추진하였다.
ㄴ. 영국이 블록 경제를 강화하였다.
ㄷ. 일본이 메이지 유신을 단행하였다.
ㄹ. 러시아가 소비에트 정부를 수립하였다.

① ㄱ, ㄴ   ② ㄱ, ㄷ   ③ ㄴ, ㄷ
④ ㄴ, ㄹ   ⑤ ㄷ, ㄹ

고난도
06 (가) 블록을 형성한 국가에 대한 설명으로 옳은 것은?

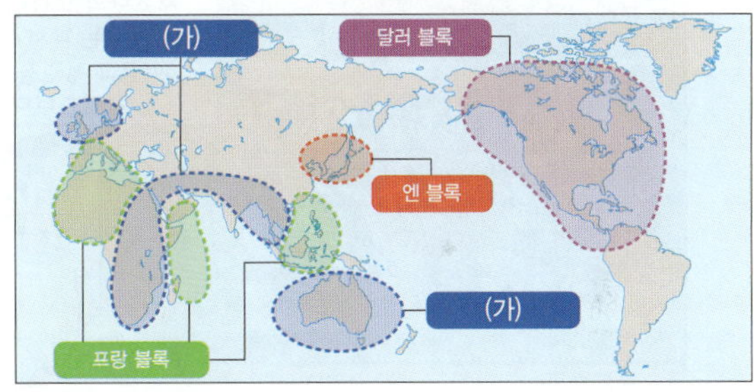

① 만주국을 수립하였다.
② 군국주의를 강화하였다.
③ 파시스트당이 정권을 장악하였다.
④ 소련과 불가침 조약을 체결하였다.
⑤ 폴란드와 상호 원조 조약을 체결하였다.

07 (가)에 해당하는 국가로 옳은 것은?

> [(가)] 에서는 군부 세력이 공화국을 무너뜨리고 파시즘의 지원을 받은 프랑코 세력이 독재 정권을 수립하였다.

① 독일   ② 영국
③ 러시아   ④ 이탈리아
⑤ 에스파냐

08 다음 주장을 폈던 인물에 대한 설명으로 옳은 것은?

> 민족주의 국가는 인종을 모든 생활의 중심에 두어야 한다. 국가는 인종의 순수한 유지를 추구해야 한다. …… 자기가 병약하고 결함이 있는데도 아이를 낳는 것은 치욕일 뿐이며, …… 우리 민족에 상응하는 영토를 이 지상에서 확보해야 할 것이다.

① 영국에 저항하며 소금 행진을 벌였다.
② 로마 진군을 통해 정권을 장악하였다.
③ 국민의 지지를 받아 정권을 차지하였다.
④ 대공황을 극복하기 위해 뉴딜 정책을 폈다.
⑤ 파리 강화 회의에 14개조의 원칙을 제안하였다.

09 (가)에 해당하는 인물로 옳은 것은?

① 레닌
② 쑨원
③ 스탈린
④ 히틀러
⑤ 무솔리니

10 (가) 시기의 사실로 옳은 것은?

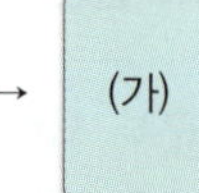

① 독일이 국제 연맹을 탈퇴하였다.
② 이탈리아가 연합국에 항복하였다.
③ 일본이 태평양 전쟁을 도발하였다.
④ 독일과 소련이 불가침 조약을 체결하였다.
⑤ 영국과 프랑스가 독일에 선전 포고하였다.

11 (가)에 들어갈 내용으로 적절한 것은?

> 일본과 방공 협정을 체결하여 파시즘 국가 간의 결속을 강화한 독일은 1938년에 오스트리아를 병합하였다. 이에 영국은 ___(가)___

① 해상 봉쇄를 단행하였다.
② 블록 경제를 강화하였다.
③ 프랑스와 반파시즘 연합을 결성하였다.
④ 국제 연맹을 탈퇴하고 재무장을 선언하였다.
⑤ 독일을 견제하기 위해 3국 협상을 체결하였다.

12 다음 사건들을 일어난 순서대로 옳게 나열한 것은?

> (가) 독일이 폴란드를 침공하였다.
> (나) 독일이 소련과 불가침 조약을 체결하였다.
> (다) 독일이 벨기에와 네덜란드를 거쳐 파리를 함락하였다.

① (가) – (나) – (다)
② (가) – (다) – (나)
③ (나) – (가) – (다)
④ (나) – (다) – (가)
⑤ (다) – (가) – (나)

13 (가), (나) 사이 시기에 있었던 사실로 옳은 것을 〈보기〉에서 고른 것은?

> (가) 일본이 중·일 전쟁을 일으켜 대륙 침략을 본격화하였다.
> (나) 일본이 하와이 진주만의 미군 기지를 공격하여 태평양 전쟁을 일으켰다.

ㅡ 보기 ㅡ
ㄱ. 일본이 국제 연맹을 탈퇴하였다.
ㄴ. 소련이 일본과의 전쟁에 참전하였다.
ㄷ. 미국이 일본에 대한 경제 봉쇄를 단행하였다.
ㄹ. 일본이 자원 확보를 위해 동남아시아를 침략하였다.

① ㄱ, ㄴ
② ㄱ, ㄷ
③ ㄴ, ㄷ
④ ㄴ, ㄹ
⑤ ㄷ, ㄹ

14 다음 중 제2차 세계 대전에 대한 설명으로 옳은 것은?

① 사라예보 사건을 계기로 시작되었다.
② 독일이 무제한 잠수함 작전을 전개하였다.
③ 프랑스가 영국에 망명 정부를 수립하였다.
④ 전쟁이 시작되자 이탈리아가 연합국에 가담하였다.
⑤ 전쟁 중 러시아와 독일이 강화 조약을 체결하였다.

15 (가), (나)에 들어갈 사건으로 옳은 것을 〈보기〉에서 고른 것은?

〈제2차 세계 대전 중의 주요 사건〉	
사건	의미
독일, 폴란드 침략	제2차 세계 대전 시작
(가)	연합국이 유럽 전선에서 승기를 잡은 계기
(나)	연합국이 태평양 전쟁에서 전세를 역전시킴.
일본, 무조건 항복	제2차 세계 대전의 종전

보기
ㄱ. (가) – 이탈리아, 에티오피아 침략
ㄴ. (가) – 독일, 스탈린그라드 전투 패배
ㄷ. (나) – 소련, 태평양 전쟁에 참전
ㄹ. (나) – 미국, 미드웨이 해전 승리

① ㄱ, ㄴ   ② ㄱ, ㄷ   ③ ㄴ, ㄷ
④ ㄴ, ㄹ   ⑤ ㄷ, ㄹ

중요
16 다음 사건들을 일어난 순서대로 옳게 나열한 것은?

(가) 독일이 소련을 침공하였다.
(나) 이탈리아가 연합국에 항복하였다.
(다) 연합국이 노르망디 상륙 작전에 성공하였다.
(라) 미국이 미드웨이에서 일본 함대를 격파하였다.

① (가) – (나) – (다) – (라)
② (가) – (라) – (나) – (다)
③ (나) – (가) – (라) – (다)
④ (다) – (라) – (가) – (나)
⑤ (라) – (가) – (다) – (나)

17 (가) 국가에 대한 설명으로 옳은 것은?

〈대공황을 극복하기 위한 ___(가)___ 의 노력〉
– 국가가 기업의 생산 활동에 개입하여 생산을 조절하였다.
– 테네시 계곡 개발 공사 등 대규모 공공사업을 통해 실업자를 구제하였다.
– 사회 보장 제도를 실시하면서 구매력을 향상하고자 노력하였다.

① 독일과 불가침 조약을 체결하였다.
② 에스파냐 군부 세력의 반란을 지원하였다.
③ 스탈린그라드 전투에서 독일에 승리하였다.
④ 일본의 히로시마에 원자 폭탄을 투하하였다.
⑤ 독일의 침략으로 영국에 임시 정부를 세웠다.

18 (가)~(마)의 내용 중 옳지 <u>않은</u> 것은?

〈제2차 세계 대전〉
• 배경: 전체주의의 등장 ················ (가)
• 원인: 독일의 폴란드 침공 ············ (나)
• 미국 참전: 독일의 무제한 잠수함 작전 ········· (다)
• 전쟁 확대: 일본의 하와이 진주만 공격 ·········· (라)
• 패전국: 독일, 이탈리아, 일본 ············· (마)

① (가)   ② (나)   ③ (다)   ④ (라)   ⑤ (마)

서술형
19 다음을 읽고 물음에 답하시오.

제1차 세계 대전을 거치면서 경제적 이익을 얻은 미국은 세계의 경제를 주도해 나갔다. 그러나 호황을 누리던 미국 경제는 과잉 생산으로 인해 점차 불황에 빠져들었다. 이러한 가운데 1929년 10월 24일, 뉴욕 증권 시장에서 지나치게 부풀어 있던 주가가 갑자기 폭락하는 <u>사태</u>가 일어났다.

(1) 밑줄 친 '사태'를 가리키는 용어를 쓰시오.

(2) 밑줄 친 '사태'에 대한 미국, 영국, 독일의 대응을 서술하시오.

제1차 세계 대전과 제2차 세계 대전

제1차 세계 대전과 제2차 세계 대전은 시험에 자주 출제되는 주제이고, 선택지가 서로 뒤섞여 출제되는 경우가 많기 때문에 관련 내용을 꼼꼼히 정리해 두어야 한다. 특히 시험에 효과적으로 대비하기 위해 제1차 세계 대전과 제2차 세계 대전의 차이점을 잘 구분하여 알아두도록 하자.

주제 탐구하기

탐구 1 제1차 세계 대전

▲ 제1차 세계 대전의 전개

- 3국 동맹과 3국 협상, 범슬라브주의와 범게르만주의 등 제국주의 열강의 대립을 배경으로 제1차 세계 대전이 일어났다.
- 제1차 세계 대전은 세르비아계 청년이 오스트리아·헝가리 제국의 황태자 부부를 암살한 사라예보 사건이 직접적 원인이 되었다.
- 제1차 세계 대전은 이전의 전쟁과 달리 총력전 형태로 전개되었고, 참호전과 신무기 등이 등장하였다.
- 제1차 세계 대전 중 독일이 무제한 잠수함 작전을 펼치자 미국이 연합국에 참전하였다.
- 제1차 세계 대전의 전후 처리를 위해 파리 강화 회의가 개최되었고, 베르사유 조약이 체결되었다.

▲ 기관총

▲ 탱크

▲ 참호전

탐구 2 제2차 세계 대전

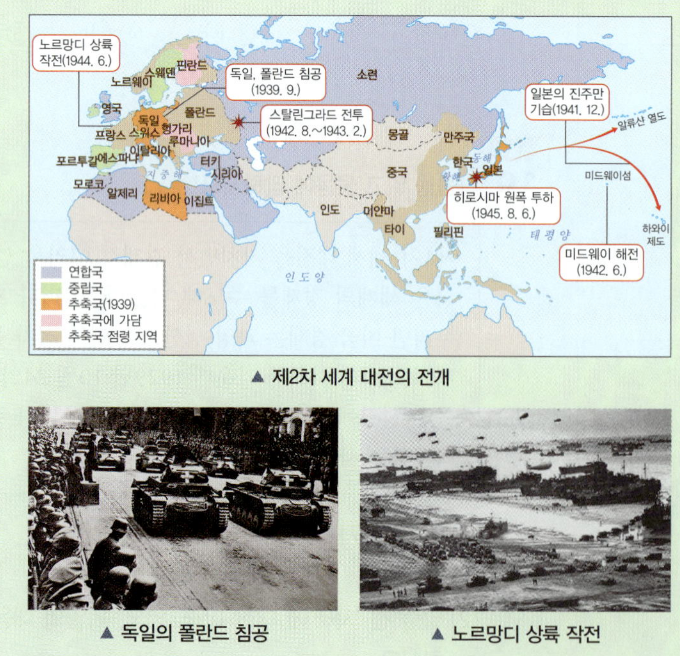

▲ 제2차 세계 대전의 전개

- 대공황으로 인한 경제 위기 속에 독일, 이탈리아, 일본에는 전체주의가 등장하였다. 제2차 세계 대전은 전체주의 국가의 대외 침략에서 비롯되었다.
- 독일이 소련과 불가침 조약을 맺고 폴란드를 침략하자, 영국과 프랑스가 독일에 선전 포고를 하면서 제2차 세계 대전이 발발하였다.
- 독일이 소련과의 불가침 조약을 파기하고 소련을 침략하면서 전쟁이 장기화되었고, 일본은 하와이 진주만을 공격하면서 미국이 본격적으로 참전하였다.
- 제2차 세계 대전 중 미국은 일본의 히로시마와 나가사키에 원자 폭탄을 투하하였다.
- 제2차 세계 대전 이후 국제 연합이 창설되었으며, 뉘른베르크와 도쿄에서 전범에 대한 재판이 진행되었다.

▲ 독일의 폴란드 침공

▲ 노르망디 상륙 작전

문제 연습하기

유형 1 제1차 세계 대전의 원인을 파악하는 문제

밑줄 친 '전쟁'이 발발하게 된 원인으로 가장 적절한 것은?

> 전쟁이 계속되는 가운데 이탈리아는 협상국(연합국) 편에 섰고, 오스만 제국과 불가리아는 동맹국 편에 가담하였다. 또 전후에 자치와 독립을 약속받은 유럽 열강의 식민지 주민들도 참전하면서 전쟁은 전 세계로 확대되었다.

① 일본이 하와이 진주만의 미국 군함을 공격하였다.
② 독일이 대공황의 영향으로 경제적 어려움을 겪었다.
③ 이탈이아의 무솔리니가 로마 진군을 통해 정권을 잡았다.
④ 독일이 무제한 잠수함 작전으로 미국 상선을 공격하였다.
⑤ 세르비아계 청년이 오스트리아·헝가리 제국의 황태자를 암살하였다.

유형 2 제1차 세계 대전의 특징을 묻는 문제

밑줄 친 '전쟁'에서 처음 볼 수 있었던 모습으로 옳지 <u>않은</u> 것은?

> 전쟁이 끝나고 전승국의 정상들은 전후 문제를 처리하기 위해 파리에서 회의를 개최하였다. 이 회의에서는 미국의 윌슨 대통령이 제안한 민족 자결주의, 비밀 외교 종식, 군비 축소 등의 내용을 담은 14개조를 기본 원칙으로 삼았다.

① 상선을 공격하는 잠수함
② 간호병으로 참전하는 여성
③ 원자 폭탄을 투하하는 항공기
④ 독일군의 참호를 돌파하는 탱크
⑤ 독가스 살포에 대비해 방독면을 착용한 군인

유형 3 제2차 세계 대전의 전개 과정을 묻는 문제

(가), (나) 사이 시기에 있었던 사실로 옳지 <u>않은</u> 것은?

▲ 파리를 점령하는 독일군

▲ 노르망디에 상륙하는 연합군

① 이탈리아가 연합국에 항복하였다.
② 일본이 하와이 진주만을 공격하였다.
③ 미국이 미드웨이 해전에서 승리하였다.
④ 독일이 스탈린그라드 전투에서 패배하였다.
⑤ 러시아가 독일과 강화 조약을 맺고 전쟁에서 이탈하였다.

유형 4 제1, 2차 세계 대전을 비교하는 문제

(가), (나) 전쟁에 대한 설명으로 옳은 것을 〈보기〉에서 고른 것은?

> - [(가)]은/는 사라예보 사건으로 오스트리아·헝가리 제국이 세르비아에 선전 포고를 하고, 3국 동맹과 3국 협상의 국가들이 잇따라 전쟁에 뛰어들면서 시작되었다.
> - [(나)]은/는 독일이 소련과 불가침 조약을 체결한 후 폴란드를 침공하자, 영국과 프랑스가 독일에 선전 포고를 하면서 시작되었다.

― 보기 ―

ㄱ. (가) - 총력전의 양상을 보였다.
ㄴ. (가) - 국제 연합이 창설되는 계기가 되었다.
ㄷ. (나) - 원자 폭탄이 처음 사용되었다.
ㄹ. (나) - 이탈리아와 일본이 연합국에 가담하였다.

① ㄱ, ㄴ 　② ㄱ, ㄷ 　③ ㄴ, ㄷ
④ ㄴ, ㄹ 　⑤ ㄷ, ㄹ

주제 16 민주주의의 확산과 평화를 유지하기 위한 노력

1 민주주의의 확산

파리 강화 회의에서 제시된 민족 자결주의 원칙에 따른 결과야.

(1) 식민지의 독립 제1차 세계 대전 후 많은 패전국 식민지가 독립

(2) 보통 선거의 확대 영국과 프랑스, 유럽에서 새롭게 수립된 여러 공화국이 재산에 따른 선거권 제한 폐지 → 민주주의 확산

(3) 여성의 참정권 획득 19세기 전반부터 지속적으로 참정권 요구, 제1차 세계 대전을 거치면서 여성의 사회 참여 확대 **자료 1**

(4) 노동자 권리의 보호 산업 혁명 이후 노동자 계급 형성 → 노동자의 권리 보장 방안 필요 → 사회 보장 제도 실시

노동자의 권리 보장	• 독일: 바이마르 헌법에서 노동자의 권리 보장 **자료 2** • 미국: 와그너법 제정(노동자의 *단결권과 단체 교섭권 인정), 최저 임금제와 주 40시간 근로제 도입, 토요 휴무제 정착 → 유럽 노동자의 권리 확대에 영향
정당 등장	노동자의 이익을 대변하는 정당 등장(독일의 사회 민주당, 영국의 노동당 등)

제1차 세계 대전 중 군수품을 만드는 노동자의 역할이 중요해졌기 때문이야.

2 전체주의 극복 노력

(1) 전체주의의 등장 시민의 자유 제한, 일당 독재 강화

(2) 전체주의에 대한 저항

① 프랑스 사회주의·민주주의 세력 연합 → 인민 전선 수립 (1936)

② 에스파냐 파시즘에 반대 → 인민 전선 정부 수립·저항

③ 독일 일반 국민들의 저항 활동 전개

나치당은 비밀 경찰과 친위대를 동원하여 저항 세력을 탄압했어.

3 인권 회복과 평화 확산을 위한 노력

(1) 대량 학살과 인권 유린

① 독일 *홀로코스트(민간인과 전쟁 포로 학살) → 유대인, 슬라브인, 집시 등 소수 민족과 장애인 등 희생

② 일본 난징 대학살(포로와 민간인 등 학살), 일본군 '위안부'(여러 나라의 여성을 일본군 '위안부'로 끌고 가 인권 유린)

(2) 평화를 위한 노력

일본은 현재까지도 난징 대학살을 부정하고 있어.

① 전후 처리 논의

미국의 루스벨트와 영국의 처칠이 회담 후 발표한 공동 선언으로 국제 연합 탄생의 계기를 마련하였어.

대서양 헌장(1941)	전쟁 이후의 평화 원칙 발표, 국제 평화 기구 설립 합의
카이로 회담(1943)	일본 패전 후 영토 처리 논의, 한국 독립 약속
얄타 회담(1945)	전후 독일 영토 분할 점령 논의, 국제 연합 창설, 소련의 대일전 참전 논의
포츠담 선언(1945)	일본에 무조건 항복 권유, 카이로 선언 재확인

② 전후 처리 결과 독일(미·영·프·소에 의한 분할 통치), 일본(연합국 최고 사령부의 통치), 전범 처벌(뉘른베르크 재판, 극동 국제 군사 재판)

독일 전범 처벌 / 일본 전범 처벌

③ 국제 연합 창설 **자료 3**
  • 창설: 샌프란시스코 회의에서 국제 연합 헌장 제정 → 국제 연합 창설(1945)
  • 특징: 미국·소련 등 강대국 참여, 안전 보장 이사회 설치, 군사적인 수단 동원 가능

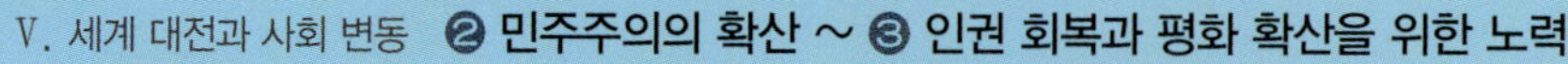

꼭 나오는 자료

자료 1 각국의 여성 참정권 보장 시기

1893	뉴질랜드
1906	핀란드
1917	러시아(소련)
1918	독일, 영국(30세 이상)
1920	미국, 캐나다
1928	영국(21세 이상)
1944	프랑스
1945	일본
1948	대한민국

▲ 당시 여성들은 시위와 단식 투쟁, 사회주의자와의 연대 등 다양한 방법으로 참정권 운동을 전개하였다. 특히 영국에서는 무력시위를 하는 서프러제트 여성들이 등장하기도 하였다.

자료 2 바이마르 헌법

제1조 독일은 공화국이다. 국가 권력은 국민으로부터 나온다.

제22조 국회 의원은 비례 대표제의 원칙에 따라 20세 이상의 남녀 보통·평등·직접·비밀 선거로 선출된다.

제159조 노동 조건 및 경제 조건을 보호하고 개선하기 위한 단결의 자유가 보장된다.

▲ 제1차 세계 대전 패배 이후 독일에서는 왕정이 폐지되고 바이마르 공화국이 수립되었다. 바이마르 공화국은 헌법을 통해 보통 선거 및 노동자의 권리와 여성의 참정권을 보장하였다.

자료 3 국제 연합 헌장

제1조 국제 연합은 국제 평화와 안전을 유지한다. 이를 위하여 평화에 대한 위협을 없애고 침략 행위 및 기타 평화를 파괴하는 행위를 진압하기 위한 집단적 조치를 취하며, 평화를 깨뜨리는 국제적 분쟁을 평화적 수단과 정의, 국제법의 원칙에 따라 해결한다.

제42조 안전 보장 이사회는 …… 국제 평화와 안전의 유지 또는 회복에 필요한 육·해·공군에 의한 조치를 취할 수 있다.

▲ 국제 평화를 위해 창설된 국제 연합은 국제 연맹과 달리 군사적 제재 수단을 갖추고, 세계 평화를 위해 활동하고 있다.

🔵 용어 사전

* **단결권(團 모이다, 結 맺다, 權 권한)** 노동자가 노동조합을 결성·운영하고 활동할 수 있는 권리

* **홀로코스트** 독일 나치스가 자행한 유대인 대학살

개념 문제

01 다음 설명이 맞으면 ○표, 틀리면 ×표를 하시오.

(1) 독일의 바이마르 공화국 헌법은 20세 이상 남녀 모두에게 선거권을 부여하였다. ·················(   )

(2) 미국은 세계에서 가장 먼저 여성 참정권을 인정하였다. ··(   )

(3) 영국과 미국은 대서양 헌장을 발표하고 새로운 국제 평화 기구 설립에 합의하였다. ·············(   )

(4) 국제 연합은 국제 분쟁을 억제할 군사적 능력을 갖추었다. ·····································(   )

02 다음 국가와 관련 있는 내용을 옳게 연결하시오.

(1) 독일 •   • ㉠ 와그너법

(2) 미국 •   • ㉡ 홀로코스트

(3) 일본 •   • ㉢ 난징 대학살

03 다음 빈칸에 들어갈 알맞은 말을 쓰시오.

(1) 제1차 세계 대전 직후 제정된 독일의 (   ) 헌법은 노동자의 권리를 보장하였다.

(2) 제2차 세계 대전 이후 독일의 전범들을 처벌하기 위한 (   )이/가 열렸다.

(3) 주요 연합국 대표들은 1943년 (   ) 회담에서 일본의 패전 후 영토 처리 문제를 논의하고 한국의 독립을 약속하였다.

실력 문제

04 (가)에 들어갈 내용으로 옳은 것은?

> 제1차 세계 대전 후 패전국인 독일과 오스트리아·헝가리 제국, 오스만 제국이 붕괴되어 그 지배를 받던 식민지 국가들이 (가) 원칙에 따라 독립하였다.

① 제국주의   ② 군국주의

③ 자본주의   ④ 사회주의

⑤ 민족 자결주의

중요

05 제1차 세계 대전 이후 민주주의 발전을 보여 주는 사례를 〈보기〉에서 고른 것은?

> **─ 보기 ─**
> ㄱ. 재산에 따라 선거권에 제한을 두었다.
> ㄴ. 인간과 시민의 권리 선언이 발표되었다.
> ㄷ. 여성 참정권을 인정하는 나라가 늘어났다.
> ㄹ. 식민지에서 독립한 나라의 대부분이 공화정을 채택하였다.

① ㄱ, ㄴ   ② ㄱ, ㄷ   ③ ㄴ, ㄷ

④ ㄴ, ㄹ   ⑤ ㄷ, ㄹ

고난도

06 다음 헌법이 제정된 시기를 연표에서 옳게 고른 것은?

> 제1조   독일은 공화국이다. 국가 권력은 국민으로부터 나온다.
> 제22조   국회 의원은 비례 내표세의 원칙에 따라 20세 이상의 남녀 보통·평등·직접·비밀 선거로 선출된다.

	(가)		(나)		(다)		(라)		(마)	
제1차 세계 대전 발발		소비에트 정부 수립		대공황 발생		중·일 전쟁 발발		제2차 세계 대전 발발		국제 연합 창설

① (가)   ② (나)   ③ (다)   ④ (라)   ⑤ (마)

중요

07 다음 변화가 나타난 원인으로 옳은 것을 〈보기〉에서 고른 것은?

> • 독일의 바이마르 헌법에서는 20세 이상의 여성에게 선거권을 부여하였다.
> • 영국은 1918년에 30세 이상의 여성, 1928년에는 21세 이상 여성의 참정권을 인정하였다.

> **─ 보기 ─**
> ㄱ. 전체주의가 등장하였다.
> ㄴ. 대공황이 세계로 확산되었다.
> ㄷ. 여성들이 지속적으로 참정권을 요구하였다.
> ㄹ. 제1차 세계 대전 이후 여성의 사회 참여가 확대되었다.

① ㄱ, ㄴ   ② ㄱ, ㄷ   ③ ㄴ, ㄷ

④ ㄴ, ㄹ   ⑤ ㄷ, ㄹ

08 (가)에 해당하는 법률로 옳은 것은?

> 대공황 이후 미국 노동자의 권리는 더욱 강화되었다. 미국은 뉴딜 정책을 시행하면서 노동자의 단결권과 단체 교섭권을 인정한 ___(가)___ 을/를 제정하였다

① 항해법
② 와그너법
③ 탄지마트
④ 농노 해방령
⑤ 바이마르 공화국 헌법

09 (가)에 들어갈 내용으로 옳지 <u>않은</u> 것은?

① 괴벨스 등이 주도하였어요.
② 독일의 나치스가 자행한 범죄예요.
③ 많은 유대인과 집시 등이 학살되었어요.
④ 제1차 세계 대전 때 독일이 자행한 인권 유린 행위에요.
⑤ 독일에서는 최근까지도 가담한 사람들을 처벌하고 있어요.

10 다음 사건을 일으킨 국가에 대한 설명으로 옳은 것은?

> 중화민국의 수도 난징을 점령한 군인들은 6주에 걸쳐 도시 전체를 파괴하고 민가를 약탈하였다. 중국군 포로뿐만 아니라 부녀자, 아이까지 포함한 민간인을 잔인하게 살육하고 유린하였다.

① 세계 최초로 사회주의 정부를 수립하였다.
② 히로시마와 나가사키에 원자 폭탄을 투하하였다.
③ 인종주의를 내세워 유대인과 집시를 학살하였다.
④ 제2차 세계 대전에서 패한 후 연합국이 분할 통치하였다.
⑤ 여러 나라의 여성을 일본군 '위안부'로 강제 동원하였다.

11 (가)에 들어갈 내용으로 옳은 것은?

> 제2차 세계 대전이 진행되는 동안 연합국 대표들은 전후 처리와 새로운 질서에 관해 논의하였다. 1941년에 발표된 ___(가)___ 에서 국제 연합 창설의 기초가 마련되었다.

① 얄타 회담
② 대서양 헌장
③ 포츠담 선언
④ 카이로 선언
⑤ 로카르노 조약

12 다음 사실들을 일어난 순서대로 옳게 나열한 것은?

> (가) 미국과 영국 대표가 대서양 헌장을 발표하였다.
> (나) 미국, 영국, 중국 대표가 카이로 회담을 개최하였다.
> (다) 연합국은 얄타 회담에서 소련의 대일전 참전을 논의하였다.
> (라) 연합국은 포츠담 선언을 통해 일본의 무조건 항복을 권유하였다.

① (가) – (나) – (다) – (라)
② (가) – (다) – (나) – (라)
③ (나) – (가) – (라) – (다)
④ (다) – (라) – (나) – (가)
⑤ (라) – (가) – (나) – (다)

13 지도의 상황이 나타나게 된 근거로 옳은 것은?

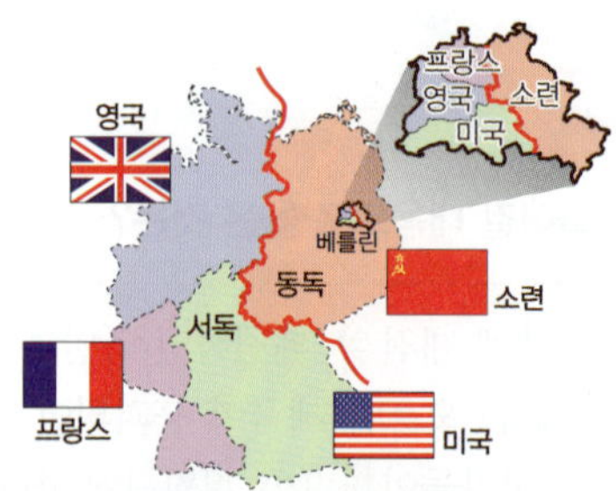

▲ 분할 통치된 독일의 모습

① 얄타 회담
② 카이로 회담
③ 포츠담 선언
④ 대서양 헌장
⑤ 파리 강화 회의

14 (가)에 들어갈 내용으로 옳은 것은?

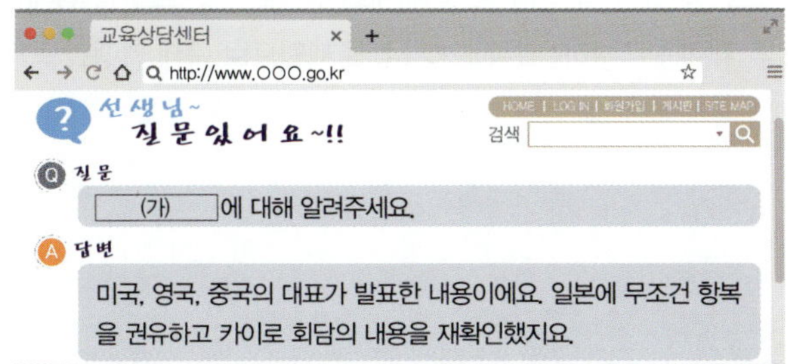

① 얄타 회담　　　　② 먼로 선언
③ 포츠담 선언　　　　④ 대서양 헌장
⑤ 파리 강화 회의

15 (가)에 들어갈 내용으로 가장 적절한 것은?

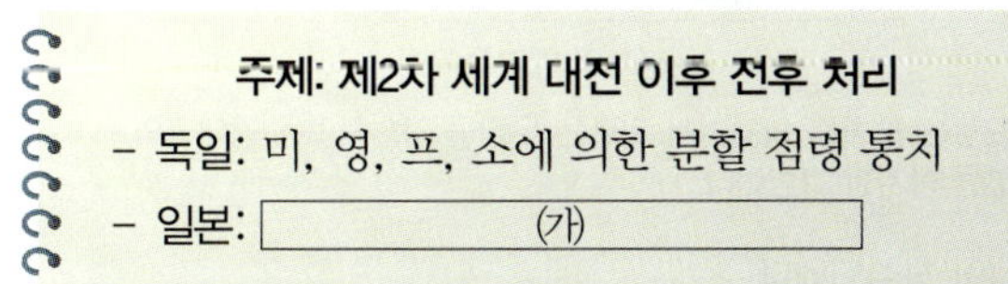

① 베르사유 조약의 체결
② 승전국에 의한 분할 점령
③ 샌프란시스코 회의의 개최
④ 소련과 불가침 조약을 체결
⑤ 연합국 최고 사령부의 통치

16 밑줄 친 '이 재판'에 대한 학생들의 발표로 가장 적절한 것은?

독일의 도시 뉘른베르크에서는 1945년 11월부터 약 1년 동안 연합국의 주도로 국제 군사 재판이 진행되었다. 이 재판에서 24명의 피고 중에 22명이 판결을 받았으며, 그중 19명은 유죄 판결을 받았다.

① 국제 연합 창설을 결의하였어요.
② 전쟁 범죄자 처벌을 위해 열렸어요.
③ 한국의 독립을 처음으로 약속하였어요.
④ 태평양 전쟁을 일으킨 전범에게 유죄 판결을 내렸어요.
⑤ 연합국이 독일의 영토를 분할 점령할 것을 결정하였어요.

중요
17 (가) 기구에 대한 설명으로 옳은 것은?

(가) 은/는 국제 평화와 안전을 유지한다. 이를 위하여 평화에 대한 위협을 없애고 침략 행위 및 기타 평화를 파괴하는 행위를 진압하기 위한 집단적 조치를 취하며, 평화를 깨뜨리는 국제적 분쟁을 평화적 수단과 정의, 국제법의 원칙에 따라 해결한다.

① 미국과 소련 등은 참여하지 않았다.
② 제1차 세계 대전 직후에 창설되었다.
③ 일본, 독일, 이탈리아 등이 잇따라 탈퇴하였다.
④ 군사력을 이용한 제재 수단을 갖고 있지 않았다.
⑤ 국제 분쟁 조정을 위해 안전 보장 이사회를 두었다.

고난도
18 다음 선언문을 발표한 국제 회의에 대한 설명으로 옳은 것은?

미국, 영국, 중국의 세 연합국의 목적은 1914년 제1차 세계 대전이 발발한 이래 일본이 강탈하였거나 점령한 태평양의 모든 섬을 몰수하는 것이며, 일본이 중국에서 탈취한 모든 영토, 즉 만주, 타이완, 펑후 열도 등을 중국에 반환하는 것이다.

① 국제 연합 창설을 결정하였다.
② 독일의 패전 이후 개최되었다.
③ 독일의 분할 점령을 결정하였다.
④ 소련의 대일전 참전을 결정하였다.
⑤ 한국의 독립을 처음으로 약속하였다.

서술형
19 다음을 읽고 물음에 답하시오.

제2차 세계 대전은 인류 역사상 가장 큰 피해를 가져왔을 뿐만 아니라, 대량 학살이나 강제 동원 등에서 인간의 잔혹함을 극명하게 드러낸 전쟁이었다. 이에 따라 세계 평화에 대한 염원이 높아져 국제 평화와 안전 보장, 국제 우호 증진 등을 목표로 하는 새로운 국제 기구가 결성되었다

(1) 밑줄 친 '국제 기구'의 명칭을 쓰시오.

(2) 밑줄 친 '국제 기구'와 국제 연맹과의 차이점을 두 가지 서술하시오.

국제 연맹과 국제 연합

두 차례의 세계 대전이 끝날 때마다 많은 사람은 세계 평화가 유지되기를 염원하였다. 세계의 주요 지도자들도 국제 평화와 안전 보장을 위해 국제 기구 결성을 추진하여 제1차 세계 대전 이후 국제 연맹을, 제2차 세계 대전 이후 국제 연합을 각각 결성하였다. 두 기구 모두 세계의 평화와 안전 보장을 위해 설치되었지만 큰 차이점이 있다. 시험에도 두 기구를 구분하는 문제가 자주 출제되므로 국제 연맹과 국제 연합을 비교해 정리해 두자.

탐구 1 국제 연맹

▲ 국제 분쟁에 대한 방관

국제 연맹이 한 쪽에 떨어져 있는 미국에게 분쟁 해결을 요구하는 모습을 풍자한 그림이다.

▲ 평화의 양면성

겉으로는 평화를 외치면서 뒤로는 무장을 강화하려는 강대국의 속셈을 풍자한 그림이다.

- 제1차 세계 대전 이후 세계 평화를 유지하기 위한 국제 기구로 국제 연맹이 창설되었다.
- 국제 연맹이 창설되었으나 창설을 제안한 미국은 의회의 반대로 참여하지 못하였고, 독일과 소련의 가입을 허용하지 않아 주요 강대국이 제외되었다.
- 국제 연맹은 세계 평화를 위협하는 침략국을 제재할 수 있는 군사력을 동원할 수 없었다.

탐구 2 국제 연합

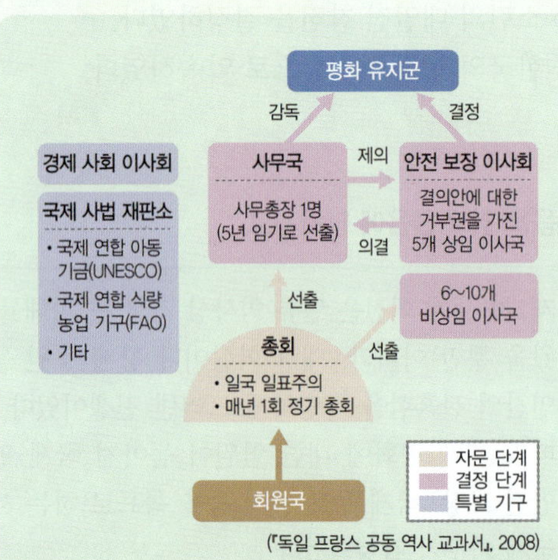

(『독일 프랑스 공동 역사 교과서』, 2008)

▲ 국제 연합 본부

▲ 안전 보장 이사회

- 1941년 미국과 영국이 대서양 헌장을 발표해 새로운 국제 평화 기구 설립에 합의하였고, 1945년 샌프란시스코 회의에서 국제 연합 창설이 결정되었다.
- 제2차 세계 대전 이후 국제 평화와 안전 보장, 국제 우호 증진을 목표로 국제 연합(UN)이 창설되었다.
- 국제 연합에는 미국과 소련 등 주요 강대국이 모두 참여하였으며, 국제 연합군이나 평화 유지군을 두어 국제 분쟁을 억제할 수 있는 군사적 능력을 갖추었다.

유형 1 국제 연맹의 창설을 묻는 문제

(가) 기구에 대한 설명으로 옳은 것은?

① 제2차 세계 대전을 계기로 창설되었다.
② 대서양 헌장에서 창설을 처음 제안하였다.
③ 샌프란시스코 회의에서 창설이 결정되었다.
④ 미국과 소련 등 주요 강대국이 모두 참여하였다.
⑤ 침략국을 군사적으로 제재할 수 있는 권한이 없었다.

유형 2 국제 연합의 창설 과정을 묻는 문제

(가) 회담에 대한 설명으로 옳은 것은?

〈국제 연합의 창설 과정〉
• 대서양 헌장(1941): 미국과 영국이 새로운 국제 평화 기구 설립에 합의
• (가) 회담(1945. 2.): 미국, 영국, 소련이 국제 연합 창설에 합의
• 샌프란시스코 회의(1945. 10.): 국제 연합 헌장 제정

① 소련의 대일전 참전을 논의하였다.
② 한국의 독립을 최초로 약속하였다.
③ 카이로 선언의 이행을 재확인하였다.
④ 만주와 타이완의 중국 반환을 결정하였다.
⑤ 일본 패전 후 영토 처리 문제를 논의하였다.

유형 3 국제 연합의 특징을 파악하는 문제

다음의 조직을 갖고 있는 국제 기구에 대한 설명으로 옳은 것은?

(『독일 프랑스 공동 역사 교과서』, 2008)

① 독일과 소련의 가입이 거부되었다.
② 제1차 세계 대전 직후 창설되었다.
③ 미국 등 주요 강대국이 참여하였다.
④ 베르사유 조약 체결을 계기로 창설되었다.
⑤ 제2차 세계 대전 후 전범 재판을 주도하였다.

유형 4 국제 연맹과 국제 연합을 비교하는 문제

(가), (나) 기구에 대한 설명으로 옳은 것을 〈보기〉에서 고른 것은?

• (가) 은/는 파리 강화 회의 이후 국제 평화를 위해 창설되었다. 이 기구는 군비 축소, 각국의 독립과 영토 보전, 국제 분쟁의 평화적 해결 등을 협의하였다.
• (나) 은/는 대서양 헌장에서 창설의 기초가 마련되었고, 샌프란시스코 회의에서 창설이 결정되었다.

┌ 보기 ┐
ㄱ. (가) - 제2차 세계 대전 이후 창설되었다.
ㄴ. (가) - 독일과 소련의 가입이 거부되었다.
ㄷ. (나) - 베르사유 조약을 계기로 창설되었다.
ㄹ. (나) - 국제 분쟁에 군사적으로 개입할 수 있다.

① ㄱ, ㄴ　　　　② ㄱ, ㄷ　　　　③ ㄴ, ㄷ
④ ㄴ, ㄹ　　　　⑤ ㄷ, ㄹ

표와 자료로 마무리하기

주제 13 제1차 세계 대전

19세기 정세		• 3국 동맹(독일, 오스트리아·헝가리 제국, 이탈리아)과 3국 협상(프랑스, 영국, 러시아)의 대립 • 범게르만주의(독일 중심)와 범슬라브주의(러시아 중심)의 대립
제1차 세계 대전	원인	사라예보 사건으로 오스트리아·헝가리 제국이 세르비아에 선전 포고
	전개	• 3국 동맹과 3국 협상의 국가들이 잇달아 참전 • 독일과 프랑스의 전투가 참호전으로 장기화 • 이탈리아, 일본이 연합국에 가담, 오스만 제국과 불가리아가 동맹국에 가담 • 독일이 무제한 잠수함 작전을 펼치자 미국 참전
	종결	• 러시아는 혁명으로 독일과 강화 조약 체결 후 전쟁 이탈 • 독일에서 혁명 발생 → 공화국 수립 후 항복
	특징	총력전, 참호전, 신무기 사용 자료1
국제 질서의 변화		• 파리 강화 회의: 윌슨의 14개조 평화 원칙 제시 • 베르사유 조약: 독일이 전승국과 맺은 조약(독일에 전쟁 책임을 묻는 보복적 성격) • 국제 연맹 창설: 미국·소련 등 불참, 침략국을 제재할 군사적 수단 미비

자료1 제1차 세계 대전의 특징

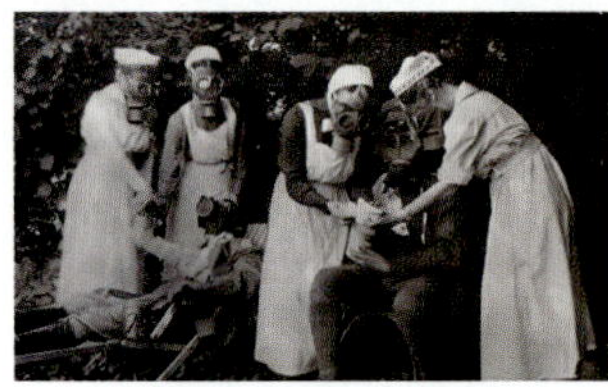

▲ 간호병으로 참전한 여성

❶ 제1차 세계 대전은 전선에서 군인들끼리 싸우는데 그치지 않고 나라의 모든 인적, 물적 자원을 총동원하는 (   )의 양상을 띠었다.

▲ 기관총

▲ 독가스 살포에 대비하기 위한 방독면

❷ 제1차 세계 대전은 전선에서 탱크, 기관총, 독가스 등의 (   )가 등장하였다.

▲ 탱크

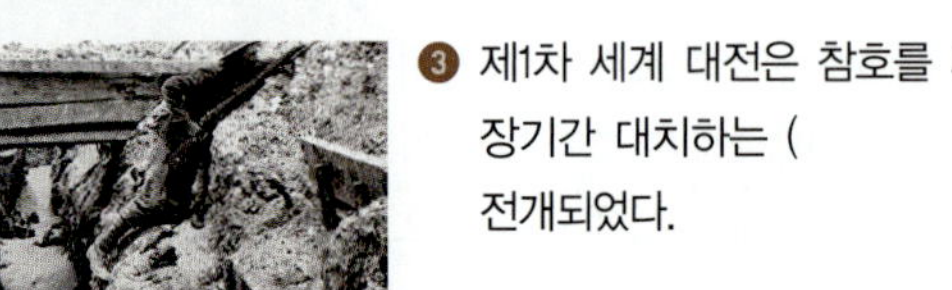

▲ 제1차 세계 대전의 서부 전선

❸ 제1차 세계 대전은 참호를 파고 장기간 대치하는 (   )이 전개되었다.

주제 14 러시아 혁명과 아시아·아프리카의 민족 운동

1. 러시아 혁명

혁명 전 러시아		• 차르의 전제 정치 • 피의 일요일 사건 자료2
3월 혁명	배경	제1차 세계 대전에서의 잇따른 패전과 경제 위기
	전개	대규모 봉기 발생(전쟁 중지·차르 타도 주장), 노동자·병사 대표들이 소비에트 구성
	결과	차르 축출, 임시 정부 수립
11월 혁명	배경	임시 정부의 전쟁 지속, 개혁 부진과 사회 혼란
	전개	레닌 주도로 볼셰비키가 무장 봉기
	결과	임시 정부 타도, 소비에트 정부 수립

2. 소련의 정책

레닌의 정책	• 사회주의 개혁 추진(토지 몰수, 산업 국유화) → 시장 경제를 일부 인정한 신경제 정책(NEP) 실시(1921) • 소비에트 사회주의 공화국 연방(소련) 수립(1922)
스탈린의 정책	경제 개발 5개년 계획 추진(중공업, 군수 산업 육성), 독재 체제 강화

3. 아시아·아프리카의 민족 운동

중국	5·4 운동, 제1차 국·공 합작, 장제스의 북벌, 제2차 국·공 합작
인도	간디를 중심으로 비폭력·불복종 운동
베트남	호찌민이 인도차이나 공산당 조직
인도네시아	수카르노가 인도네시아 국민당 결성
오스만 제국	무스타파 케말의 독립 전쟁 → 술탄 제도 폐지, 터키 공화국 수립(1923), 근대화 정책 실시
이집트	반영 운동으로 독립(1922), 수에즈 운하는 영국이 관리

자료2 피의 일요일 사건

저희는 가난하고, 핍박받고, 과도한 노동에 시달리고, 경멸당하고 있으며, 인간으로 인정받지 못하면서 묵묵히 그 운명을 참아 내기를 강요받으며, 노예와 같은 취급을 받고 있습니다. …… 이제는 빈곤과 무권리와 무지에 깊이 빠져서 전제 정치와 폭정에 의해 질식될 것 같습니다. …… 농민에게도, 노동자에게도 …… 대표를 선출하고 또 모든 사람이 평등하게 선거권을 갖고 자유롭게 선거할 수 있도록 배려하여 주십시오.

– 상트페테르부르크 노동자와 농민의 청원(1905) –

❶ 상트페테르부르크에서 노동자와 농민이 개혁을 요구하는 대규모 시위를 벌이자 정부가 무력으로 진압에 나서 많은 희생자가 발생하였는데, 이 사건을 (   )이라고 한다.

❷ 차르는 상황의 진정을 위해 언론과 집회의 자유의 보장, 입법권을 가진 (   ) 설립을 약속하였으나 지켜지지 않았다.

주제 15 전체주의의 등장과 제2차 세계 대전

대공황	발생	제1차 세계 대전 이후 과잉 생산 → 미국의 주가 폭락 → 전 세계로 경제 위기 확산
	극복 노력	• 미국: 뉴딜 정책 • 영국, 프랑스: 블록 경제 강화 • 독일, 이탈리아, 일본: 전체주의 확산, 대외 팽창 시도
전체 주의 등장	이탈리아	파시즘, 무솔리니의 파시스트당이 정권 장악
	독일	나치즘, 히틀러의 나치당이 국민의 지지를 받아 정권 차지 → 인종주의 정책(독일 민족의 우수성 강조, 유대인 탄압)
	일본	군부가 정권 장악 → 군국주의 강화, 대륙 침략 본격화
제2차 세계 대전 자료 3	전체주의 국가의 대외 침략	• 독일: 히틀러 집권 후 국제 연맹 탈퇴, 재무장 선언 → 오스트리아 병합, 체코슬로바키아의 일부 점령 • 일본: 만주사변(1931)을 일으켜 만주국 수립 (1932) → 국제 연맹 탈퇴 → 중·일 전쟁 도발 (1937) • 이탈리아: 에티오피아 점령 → 국제 연맹 탈퇴
	전개	• 독일이 소련과 불가침 조약 체결 후 폴란드 침공 → 유럽 대부분 장악 → 소련 침략(1941) • 일본의 동남아시아 침략 → 미국의 경제 봉쇄 → 일본이 하와이 진주만 공격 → 미국 참전
	종결	• 유럽: 독일이 스탈린그라드 전투에서 패배 → 이탈리아 항복 → 연합군의 노르망디 상륙 작전 → 독일 항복 • 일본: 미국이 원자 폭탄 투하 → 일본의 무조건 항복

자료 3 제2차 세계 대전의 전개 과정

▲ 독일의 폴란드 침공 (1939)

▲ 독일의 파리 점령 (1940)

▲ 일본, 진주만 습격 (1941)

▲ 미드웨이 해전(1942)

▲ 스탈린그라드 전투 (1942~1943)

▲ 노르망디 상륙 작전 (1944)

제2차 세계 대전 초기에는 독일과 일본이 우세했으나 태평양 전쟁에서는 (❶　　　　　)을 계기로 미국이 승세를 잡았으며, 유럽에서는 독일이 (❷　　　　　)에서 패배한 후 전세가 연합국 쪽으로 기울었다.

주제 16 민주주의의 확산과 평화를 유지하기 위한 노력

1. 민주주의의 확산

식민지 독립	독립한 식민지 대부분이 공화국 수립
보통 선거 확대	• 재산에 따른 선거권 제한 폐지 • 러시아, 독일 등에서 실시 → 점차 확산
여성 참정권 인정	제1차 세계 대전을 거치면서 여성의 사회 참여 확대, 여성 참정권 운동 확산 → 점차 여성 참정권 인정(1917년 러시아(소련), 1918년 독일·영국, 1920년 미국 등)
노동자 권리 보호	• 산업 혁명 이후 노동자 계급 형성 → 노동자의 권리 보장 방안 필요, 사회 보장 제도 확대 • 독일: 바이마르 헌법에서 노동자의 권리 보장 • 미국: 와그너법 제정(노동자의 단결권과 단체 교섭권 인정) 등

2. 전체주의 극복 노력

전체주의 등장	시민의 자유 제한, 일당 독재 강화
저항	프랑스(인민 전선 수립, 1936), 에스파냐(인민 전선 정부), 독일(일반 국민들의 저항 활동)

3. 대량 학살과 평화를 위한 노력

대량 학살 자료 4	독일	홀로코스트 → 유대인, 슬라브인, 집시 등 소수 민족과 장애인 등 희생
	일본	난징 대학살, 일본군 '위안부' 등
평화를 위한 노력	전후 처리	• 대서양 헌장(1941) → 카이로 회담(1943) → 얄타 회담(1945) → 포츠담 선언(1945) • 전범 재판: 뉘른베르크 재판, 극동 국제 군사 재판
	국제 연합 창설	• 샌프란시스코 회의에서 국제 연합 헌장 제정 → 국제 연합 창설(1945) • 미국·소련 등 강대국 참여, 군사적인 수단 동원 가능

자료 4 제2차 세계 대전 중 대량 학살

히틀러와 나치당은 독일과 점령지에서 유대인을 색출하여 강제 노동이나 생체 실험에 동원하고 다양한 방법으로 학살하였다.

◀ 학살된 유대인의 시신

중·일 전쟁 시기 일본은 난징을 점령한 후 도시 전체를 파괴하고 중국군 포로뿐만 아니라 부녀자, 아이까지 포함한 민간인을 잔인하게 학살하였다.

◀ 강가에 쌓인 희생자들의 시신

(❶　　　　　)는 제2차 세계 대전 중 독일이 유대인을 계획적으로 학살한 사건을 말한다. 한편 (❷　　　　)은 난징을 점령하면서 포로는 물론 민간인까지 학살하는 만행을 저질렀다.

01 (가) 국가에 대한 설명으로 옳은 것은?

> 19세기 후반 유럽 열강들은 제국주의 팽창을 계속하면서 아시아와 아프리카 등지에서 치열하게 경쟁, 대립하였다. 독일이 프랑스를 견제하기 위해 오스트리아·헝가리 제국, 이탈리아와 3국 동맹을 맺자, 이에 맞서 영국, 프랑스는 ___(가)___ 을/를 끌어들여 3국 협상을 체결하면서 갈등은 심화되었다.

① 범슬라브주의를 표방하였다.
② 일본과 방공 협정을 체결하였다.
③ 무스타파 케말이 근대화 정책을 추진하였다.
④ 대공황 극복을 위해 뉴딜 정책을 시행하였다.
⑤ 독일의 무제한 잠수함 작전을 계기로 제1차 세계 대전에 참전하였다.

02 밑줄 친 ㉠의 원인이 되었던 사건으로 옳은 것은?

> ㉠ <u>오스트리아·헝가리 제국이 세르비아에 선전 포고</u>를 하자, 러시아는 세르비아를 지원하였고 독일은 오스트리아·헝가리 편에 서면서 전쟁이 확대되었다. 3국 동맹과 3국 협상으로 얽힌 나라들이 잇달아 전쟁에 뛰어들면서, 제1차 세계 대전이 시작되었다.

① 대공황의 확산
② 사라예보 사건의 발생
③ 베르사유 체제의 성립
④ 일본의 국제 연맹 탈퇴
⑤ 독일의 무제한 잠수함 작전

03 다음은 제1차 세계 대전 중에 있었던 사실들이다. 일어난 순서대로 옳게 나열한 것은?

> (가) 영국이 해상 봉쇄를 단행하였다.
> (나) 독일이 무제한 잠수함 작전을 전개하였다.
> (다) 러시아가 단독으로 독일과 강화를 맺었다.
> (라) 미국이 연합국에 가담하면서 전세가 역전되었다.

① (가) – (나) – (다) – (라)
② (가) – (나) – (라) – (다)
③ (나) – (가) – (다) – (라)
④ (다) – (나) – (가) – (라)
⑤ (라) – (나) – (가) – (다)

04 (가)에 들어갈 내용으로 옳지 <u>않은</u> 것은?

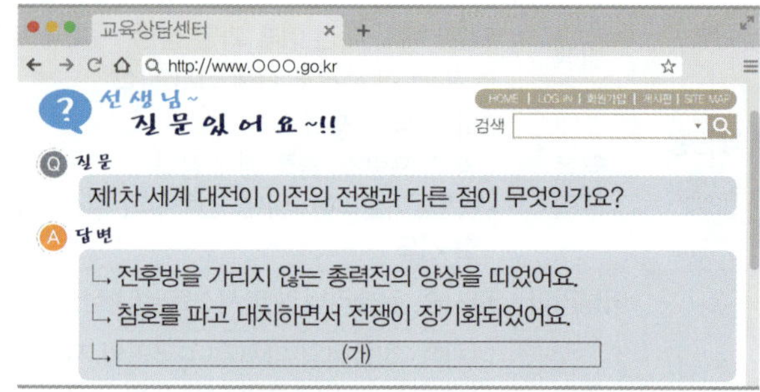

① 원자 폭탄이 처음 사용되었어요.
② 여성도 간호병으로 전쟁에 참여하였어요.
③ 독가스 등 생화학 무기가 사용되기 시작했어요.
④ 참호를 돌파하기 위해 탱크와 장갑차가 동원되었어요.
⑤ 신무기의 등장으로 사상자 숫자가 이전의 전쟁보다 컸어요.

05 (가)에 해당하는 조약으로 옳은 것은?

> 제1차 세계 대전의 전후 문제를 처리하기 위해 1919년에 파리 평화 회의가 열렸다. 회의 결과 연합국은 독일에 전쟁 책임을 묻는 보복적 성격의 ___(가)___ 조약을 체결하였다.

① 난징 조약
② 부전 조약
③ 베르사유 조약
④ 포츠머스 조약
⑤ 시모노세키 조약

06 밑줄 친 '국제 기구'에 대한 설명으로 옳은 것은?

> • 미국 대통령 윌슨은 14개조의 평화 원칙을 발표해 <u>국제 기구</u>의 창설을 제안하였다.
> • 1920년 전쟁 방지와 평화 유지를 위한 <u>국제 기구</u>가 창설되었다.

① 소련이 상임 이사국으로 활동하였다.
② 안전 보장 이사회를 설치해 운영하였다.
③ 미국은 의회의 반대로 참여하지 못하였다.
④ 대서양 헌장을 통해 창설의 기초가 마련되었다.
⑤ 침략 행위를 막기 위해 평화 유지군을 파견하였다.

07 밑줄 친 '봉기'의 결과를 〈보기〉에서 고른 것은?

> 제1차 세계 대전으로 러시아는 많은 인명 피해를 입었으며 심각한 경제난에 부딪혔다. 이에 1917년 러시아의 노동자와 병사가 중심이 되어 <u>봉기</u>를 일으켰다.

보기
ㄱ. 차르가 물러났다.
ㄴ. 임시 정부가 수립되었다.
ㄷ. 소비에트 정부가 수립되었다.
ㄹ. 독일과 강화를 맺고 전쟁을 끝냈다.

① ㄱ, ㄴ   ② ㄱ, ㄷ   ③ ㄴ, ㄷ
④ ㄴ, ㄹ   ⑤ ㄷ, ㄹ

08 밑줄 친 ㉠, ㉡ 정부에 대한 설명으로 옳은 것은?

> 1917년 3월, 노동자와 병사들이 소비에트를 조직하여 로마노프 왕조를 무너뜨리고 ㉠임시 정부를 세웠다. 그러나 국내 상황이 더욱 나빠지자, 레닌이 주도하는 볼셰비키가 봉기하여 ㉡소비에트 혁명 정부를 수립하였다.

① ㉠ – 브나로드 운동을 주도하였다.
② ㉠ – 피의 일요일 사건을 일으켰다.
③ ㉡ – 농노 해방령을 내렸다.
④ ㉡ – 주요 산업 시설과 토지를 국유화하였다.
⑤ ㉠, ㉡ – 국제 연맹에 가입하였다.

09 다음 연설을 했던 인물의 활동으로 옳은 것은?

> 친애하는 병사와 노동자 여러분!
> 저는 여러분을 러시아 혁명의 승리자, 세계 노동자 군대의 전위로 보고 경의를 표합니다. …… 여러분이 이루어 낸 러시아 혁명은 이미 새로운 시대를 열었습니다. 세계 사회주의 혁명 만세!

① 러시아의 3월 혁명을 이끌었다.
② 신경제 정책(NEP)을 실시하였다.
③ 14개조의 평화 원칙을 제안하였다.
④ 영국에 대항해 비폭력·불복종 운동을 전개하였다.
⑤ 중공업 중심의 경제 개발 5개년 계획을 추진하였다.

10 밑줄 친 '시위'에 해당하는 민족 운동으로 옳은 것은?

> 중국 정부는 제1차 세계 대전 중에 일본으로부터 '21개조 요구'를 강요받았다. 이에 파리 강화 회의에 대표단을 파견하여 산둥반도에 대한 독일의 이권 반환을 요구하였다. 그러나 회의 참가국들이 중국의 요구를 받아들이지 않고 일본의 요구를 인정하자 중국인들은 대규모 <u>시위</u>를 벌였다.

① 신해혁명   ② 5·4 운동
③ 의화단 운동   ④ 변법자강 운동
⑤ 자유 민권 운동

11 다음 인물이 민족 운동을 벌였던 지역을 지도에서 옳게 고른 것은?

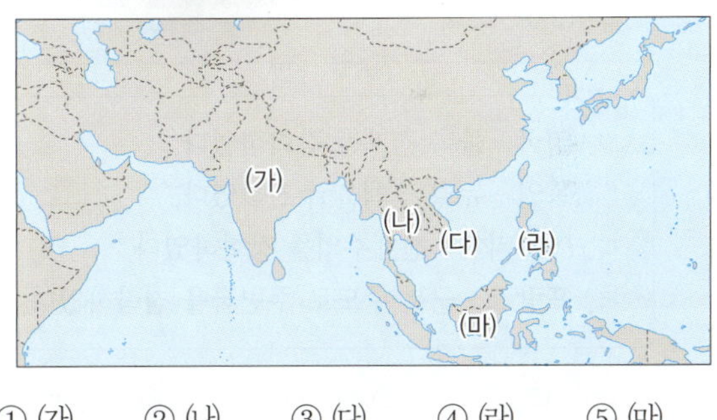

① (가)   ② (나)   ③ (다)   ④ (라)   ⑤ (마)

12 (가) 인물에 대한 설명으로 옳은 것은?

> 제1차 세계 대전 후 오스만 제국이 많은 영토를 잃고 연합국의 내정 간섭까지 받자, ____(가)____ 이/가 독립 전쟁을 일으켜 제정을 폐지하고 터키 공화국을 세웠다.

① 범아프리카 운동을 주도하였다.
② 인도차이나 공산당을 만들었다.
③ 미국으로부터 자치를 인정받았다.
④ 군벌을 몰아내기 위해 북벌을 단행하였다.
⑤ 정치와 종교의 분리 등 근대화를 추진하였다.

13 다음 학생이 생각하고 있는 정책으로 옳은 것은?

① 뉴딜 정책
② 전체주의 정책
③ 군국주의 정책
④ 블록 경제 정책
⑤ 중상주의 정책

14 다음 상황에 대한 각국의 대응으로 옳은 것을 〈보기〉에서 고른 것은?

제1차 세계 대전 이후 미국이 세계 경제를 주도하게 되었다. 그런데 1920년대 후반 급격히 늘어나는 생산에 비해 소비가 늘어나지 않자 팔리지 않는 상품의 재고가 쌓여 갔다. 이후 주가가 대폭락하고 미국 경제가 급격하게 나빠지는 대공황이 발생하였다. 이러한 경제 위기는 유럽을 비롯한 여러 나라로 퍼져 나갔다.

보기
ㄱ. 영국 – 블록 경제를 강화하였다.
ㄴ. 독일 – 뉴딜 정책을 추진하였다.
ㄷ. 이탈리아 – 전체주의를 강화하였다.
ㄹ. 프랑스 – 군부 주도로 주변국을 침략하였다.

① ㄱ, ㄴ
② ㄱ, ㄷ
③ ㄴ, ㄷ
④ ㄴ, ㄹ
⑤ ㄷ, ㄹ

15 다음 주장을 폈던 인물에 대한 설명으로 옳은 것은?

나치는 인종주의를 모든 생활의 중심에 두어야 한다. 국가는 게르만 민족의 혈통이 순수하게 유지되도록 힘써야 한다.

① 노예를 해방하였다.
② 빈 체제를 주도하였다.
③ 철혈 정책을 추진하였다.
④ 농노 해방령을 발표하였다.
⑤ 바이마르 공화국을 무너뜨렸다.

16 다음 설명에 해당하는 국가를 〈보기〉에서 고른 것은?

• 제1차 세계 대전의 승전국이었다.
• 식민지가 많지 않고 경제 기반이 약해 대공황을 극복하기 위한 뚜렷한 해결책을 찾지 못하였다.
• 경제 위기와 사회 불안을 이용하여 전체주의 정부가 들어서고 대외 침략에 나섰다.

보기
ㄱ. 독일
ㄴ. 일본
ㄷ. 러시아
ㄹ. 이탈리아

① ㄱ, ㄴ
② ㄱ, ㄷ
③ ㄴ, ㄷ
④ ㄴ, ㄹ
⑤ ㄷ, ㄹ

17 (가), (나)에 들어갈 내용으로 옳은 것을 〈보기〉에서 고른 것은?

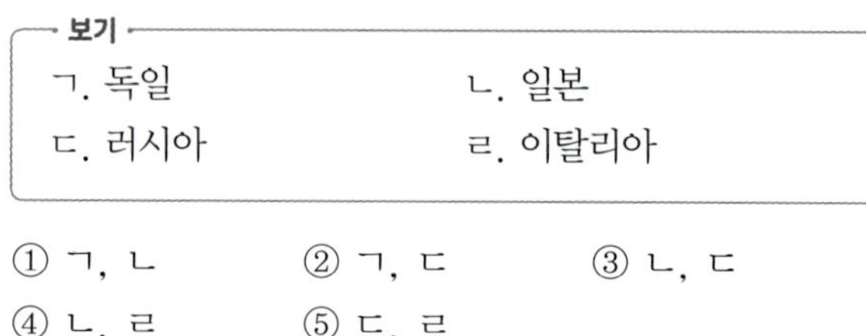

보기
ㄱ. (가) – 소련의 대일전 참전
ㄴ. (가) – 일본의 진주만 기습
ㄷ. (나) – 독일의 소련 침략
ㄹ. (나) – 연합군, 노르망디 상륙

① ㄱ, ㄴ
② ㄱ, ㄷ
③ ㄴ, ㄷ
④ ㄴ, ㄹ
⑤ ㄷ, ㄹ

18 밑줄 친 ㉠으로 발생한 전쟁 중에 있었던 사실로 옳은 것은?

일본은 중·일 전쟁이 장기화되면서 전쟁에 필요한 물자를 확보하기 위해 자원이 풍부한 동남아시아로 진출하였다. 이에 미국이 일본의 팽창을 견제하고 나서자, ㉠일본군은 하와이의 진주만을 기습 공격하여 전쟁을 일으켰다.

① 원자 폭탄이 처음 사용되었다.
② 이탈리아가 연합군에 가담하였다.
③ 참호전으로 전쟁이 장기화되었다.
④ 독일이 무제한 잠수함 작전을 폈다.
⑤ 전투기와 탱크, 독가스 등 신무기가 처음 등장하였다.

19 밑줄 친 '이 사건'으로 가장 적절한 것은?

① 대공황
② 양무운동
③ 프랑스 혁명
④ 와그너법 제정
⑤ 제1차 세계 대전

20 전후 처리 회담의 내용을 옳게 연결한 것을 〈보기〉에서 고른 것은?

보기
ㄱ. 얄타 회담 – 소련의 대일전 참전
ㄴ. 대서양 회담 – 국제 평화 기구 설립 합의
ㄷ. 포츠담 회담 – 만주와 타이완의 중국 반환
ㄹ. 카이로 회담 – 전후 독일 영토의 분할 점령

① ㄱ, ㄴ
② ㄱ, ㄷ
③ ㄴ, ㄷ
④ ㄴ, ㄹ
⑤ ㄷ, ㄹ

21 (가) 기구에 대한 설명으로 옳은 것은?

 (가) 은/는 국제 분쟁의 조정과 중재를 위해 안전 보장 이사회를 두고, 그 결정에 따라 군사력을 동원할 수 있다.

① 베르사유 조약을 계기로 창설되었다.
② 미국과 소련 등 강대국이 불참하였다.
③ 샌프란시스코 회의에서 창설이 결정되었다.
④ 침략국에 대한 경제적 제재만이 허용되었다.
⑤ 세계가 처음으로 설립한 국제 평화 기구이다.

✎ 서술형 문제

22 다음 대화를 보고 물음에 답하시오.

(1) (가)에 들어갈 사건을 쓰시오.

(2) 밑줄 친 ㉠에 해당하는 내용을 세 가지 서술하시오.

23 다음 자료를 보고 물음에 답하시오.

(1) (가), (나)에 해당하는 인물을 쓰시오.

(2) (가), (나)의 주장을 바탕으로 전체주의 국가의 특징을 서술하시오.

24 다음 글을 읽고 물음에 답하시오.

 제1차 세계 대전 후 국제 사회는 평화 유지를 위해 (가) 을/를 창설하였지만 그 역할은 유명무실하였다. 이후 제2차 세계 대전이 끝나고 (가) 을/를 대신하여 (나) 이/가 탄생하였다.

(1) (가), (나)에 해당하는 국제 기구를 쓰시오.

(2) (가)가 (나)와 달리 유명무실했던 이유를 두 가지 서술하시오.

무단 투기 안 돼

VI

현대 세계의 전개와 과제

주제 17 냉전 체제와 아시아·아프리카의 독립

1 냉전 체제의 전개

(1) *냉전 체제의 형성 미국이 주도하는 자본주의 진영과 소련이 주도하는 공산주의 진영으로 나뉘어 대립

구분	자본주의 진영	공산주의 진영
정치	트루먼 *독트린 발표(1947) [자료1]	코민포름(공산당 정보국) 결성 (1947)
경제 협력	마셜 계획(서유럽 경제 재건 정책) 추진	코메콘(경제 상호 원조 회의) 조직
군사 동맹	북대서양 조약 기구(NATO) 조직	바르샤바 조약 기구(WTO) 조직

(2) 냉전 체제의 전개

유럽	독일이 동서로 분단 → 1960년대 초 베를린 장벽 설치
동아시아	• 중국: 국·공 내전에서 공산당 승리, 중화 인민 공화국 수립 • 한반도: 6·25 전쟁 발생 ─ 소련의 지원을 받아 북한이 남침하였어. • 베트남: 남북 분단 이후 베트남 전쟁 발발
쿠바	쿠바 미사일 기지 설치를 놓고 미·소의 대립(쿠바 미사일 위기, 1962)

2 아시아·아프리카의 독립

(1) 서아시아와 아프리카의 독립

① 서아시아 시리아, 요르단 등의 독립, 팔레스타인 분쟁(유대인의 이스라엘 건국에 대한 아랍 민족의 반발)

└─ 네차에 걸쳐 중동 전쟁이 발생하였어.

└─ 제차 세계 대전 중 영국은 후세인·맥마흔 선언(아랍 민족의 독립을 약속하고 협력을 요청), 밸푸어 선언(전쟁 자금 조달 위해 유대인에게도 팔레스타인에서의 국가 수립을 약속)을 맺으며 분쟁을 초래하였어.

② 아프리카 이집트(나세르 주도로 왕정 폐지, 공화정 수립 → 수에즈 운하 국유화), 1951년 리비아 독립 시작으로 수많은 독립국 탄생, 1960년 17개 국가 독립(아프리카의 해) → 독립 이후에도 민족·부족 간 대립, 정치적 혼란·내전 등으로 어려움.

└─ 서구 열강이 기존 부족의 영역을 무시한 채 임의로 그은 국경선이 분쟁의 원인이 되었어.

(2) 인도와 동남아시아 국가들의 독립

① 인도 영국으로부터 독립(1947) → 종교적 대립으로 인도(힌두교), 파키스탄(이슬람교)로 분열

└─ 호찌민의 주도로 프랑스와 전쟁을 벌였고 제네바 협정으로 독립을 인정받았어.

② 동남아시아 베트남(프랑스로부터 독립, 베트남 전쟁 후 공산주의 정권 수립), 인도네시아(수카르노 주도, 네덜란드로부터 독립), 필리핀과 말레이시아(제2차 세계 대전 이후 독립)

3 냉전 체제의 완화

(1) 제3 세계의 등장 아시아·아프리카 신생 독립국들이 냉전에 가담하지 않고 비동맹 중립 노선 추구 → 평화 5원칙 합의(1954) → 아시아·아프리카 회의(반둥 회의)에서 평화 10원칙 결의 → 제1차 비동맹 회의(1961)에서 상호 협력 다짐 [자료2]

└─ 상호 불가침, 평화 공존 등의 내용을 담고 있어.

(2) 국제 질서의 변화 미국과 소련의 영향력 약화 → 동유럽 국가의 자유화 운동, 프랑스의 독자 노선, 중국과 소련의 대립

① 닉슨 독트린 아시아의 군사적 분쟁에 개입하지 않음을 선언 → 긴장 완화 분위기 조성 [자료3]

② 긴장 완화 미국의 베트남 철수와 중국과 국교 수립, 서독의 동방 정책, 미국과 소련의 군비 축소 협정

└─ 서독의 빌리 브란트 총리는 동독을 국가로 인정하면서 동독에 대한 대대적인 경제 지원을 하였어.

꼭 나오는 자료

[자료1] 트루먼 독트린

> 나는 미국의 정책이 소수 무장 세력이나 외부 압력에 굴복하지 않으려고 싸우는 자유민의 노력을 지원하는 것이어야 한다고 믿습니다. …… 우리가 그리스와 터키에 원조하지 못한다면, 그 영향은 동서양을 막론하고 매우 광범위할 것입니다.
>
> – 트루먼 대통령, 미국 상·하원 합동 연설(1947. 3.) –

⬥ 제2차 세계 대전이 끝난 후 소련이 세력을 확대하면서 동유럽 각국에 공산주의 정부가 들어섰고, 그리스와 터키에서도 공산주의 세력이 성장하였다. 이러한 상황에서 미국의 트루먼 대통령은 공산주의 세력의 확산을 막고자 그리스와 터키에 지원을 약속하였다.

[자료2] 평화 10원칙(일부)

> • 기본적 인권과 국제 연합 헌장 존중
> • 인류와 국가 간의 평등
> • 단독·집단의 자위권 존중
> • 강대국에 유리한 집단 방위 배제

⬥ 아시아·아프리카 회의(반둥 회의)에 참석한 29개국 대표들은 제국주의와 식민주의에 반대하고 분쟁의 평화적 해결 등을 강조하는 평화 10원칙을 결의하였다.

[자료3] 닉슨 독트린

> • 미국은 앞으로 베트남 전쟁과 같은 군사적 개입을 피한다.
> • 미국은 강대국의 핵 위협을 제외한, 내란이나 침략인 경우 아시아 각국이 스스로 협력하여 그에 대처하기를 바란다.
> • 미국은 '태평양 국가'로서 그 지역에서 중요한 역할을 계속하지만 직접적·군사적·정치적 과잉 개입은 하지 않는다.
>
> – 닉슨 대통령, 의회 연설(1969) –

⬥ 1960년대 중반 이후 냉전 체제에서 변화의 움직임이 나타났다. 미국의 닉슨 대통령은 아시아의 군사적 분쟁에 더 이상 개입하지 않겠다는 새로운 안보 전략(닉슨 독트린, 1969)을 발표하면서 긴장 완화의 분위기를 조성하였다. 이후 미국은 베트남에서 미군을 철수하였고, 중국과 국교를 수립하였으며, 소련과 군비 축소 협정을 체결하였다.

---

❶ 용어 사전

* **냉전(冷 차다 戰 전쟁)** 무력을 직접 사용하지 않고, 경제·외교·정보 따위를 수단으로 하는 국제적인 대립 상태

* **독트린** 교리(敎理)·교훈(敎訓)·주의(主義)·학설(學說) 따위의 뜻으로, 국제 사회에서 한 나라가 공식적으로 표방하는 정책상의 원칙

문제로 실력 다지기

개념 문제

01 다음 설명이 맞으면 ○표, 틀리면 ×표를 하시오.

(1) 미국의 트루먼 대통령은 공산주의 확산을 막기 위해 유럽을 지원하기로 선언하였다. ·············( )

(2) 중국은 남북으로 분단된 이후 전쟁이 발생하여 국민당이 승리를 거두었다. ·················( )

(3) 인도는 영국의 식민 지배에서 독립하였으나 인도와 파키스탄으로 분리되었다. ···········( )

02 다음 〈보기〉에서 자본주의 진영과 공산주의 진영으로 나누어 각각 기호를 쓰시오.

┌ 보기 ─────────────────────┐
ㄱ. 코메콘   ㄴ. 마셜 계획
ㄷ. 북대서양 조약 기구   ㄹ. 바르샤바 조약 기구
└──────────────────────────┘

(1) 자본주의 진영: ( )
(2) 공산주의 진영: ( )

03 다음 빈칸에 들어갈 알맞은 말을 쓰시오.

(1) 미국과 소련은 ( ) 미사일 기지 건설 문제를 두고 대립하였다.

(2) 아시아와 아프리카의 신생 독립국들은 비동맹 중립 노선을 추구하는 ( )을/를 형성하였다.

(3) 미국의 ( )은/는 아시아의 군사적 분쟁에 개입하지 않겠다고 선언하였다.

실력 문제

04 (가) 진영에 대한 설명으로 옳은 것은?

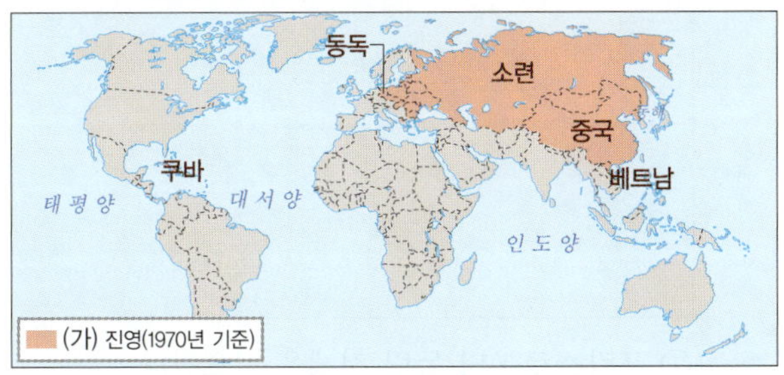

① 비동맹 중립 노선을 추구하였다.
② 독립 국가 연합(CIS)를 결성하였다.
③ 제2차 세계 대전 이후 독립을 이루었다.
④ 바르샤바 조약 기구(WTO)를 조직하였다.
⑤ 정치적·경제적 통합을 이루고자 연합을 만들었다.

중요 05 다음 자료와 관련된 국제 기구에 대한 설명으로 옳은 것을 〈보기〉에서 고른 것은?

┌─────────────────────────────────┐
| **역사 신문**   ○○○○년 ○○월 ○○일 |
| |
| 소련, 폴란드, 동독, 헝가리, 루마니아, 불가리아, 알 |
| 바니아, 체코슬로바키아 8개국은 폴란드 바르샤바에 |
| 모여 방위 동맹을 결성하였습니다. 만약 회원국 중 |
| 하나가 전쟁 상태에 돌입한다면 기타 가맹국들 역시 |
| 자동적으로 모든 군사적 지원을 실행한다는 것이 핵 |
| 심 내용이었습니다. |
└─────────────────────────────────┘

┌ 보기 ─────────────────────┐
ㄱ. 냉전 시기에 설립되었다.
ㄴ. 북대서양 조약 기구에 대항하고자 하였다.
ㄷ. 사회주의 확산을 위해 각국의 공산당 활동을 지원하였다.
ㄹ. 국제 분쟁의 조정과 중재를 위해 안전 보장 이사회를 두었다.
└──────────────────────────┘

① ㄱ, ㄴ   ② ㄱ, ㄷ   ③ ㄴ, ㄷ
④ ㄴ, ㄹ   ⑤ ㄷ, ㄹ

06 다음 질문에 대한 답변으로 옳은 것은?

공산주의 진영	자본주의 진영
바르샤바 조약 기구	북대서양 조약 기구
코메콘	마셜 계획

① 빈 체제가 형성되었다.
② 닉슨이 중국에 방문하였다.
③ 유럽 연합(EU)이 조직되었다.
④ 소련이 베를린 교통로를 봉쇄하였다.
⑤ 세계 무역 기구(WTO)가 만들어졌다.

07 (가)에 들어갈 내용으로 적절한 것을 〈보기〉에서 고른 것은?

보기

ㄱ. 4차례에 걸친 중동 전쟁
ㄴ. 고르바초프의 개혁 정책
ㄷ. 미국과 중국 등이 참전한 6·25 전쟁
ㄹ. 소련의 쿠바 핵미사일 기지 건설 시도

① ㄱ, ㄴ ② ㄱ, ㄷ ③ ㄱ, ㄹ
④ ㄴ, ㄹ ⑤ ㄷ, ㄹ

08 다음 사진과 관련된 탐구 주제로 가장 적절한 것은?

▲ 베를린 봉쇄

▲ 베를린 장벽 건설

① 제3 세계의 형성
② 베르사유 체제의 형성
③ 제2차 세계 대전의 발발
④ 동유럽 사회주의 국가의 붕괴
⑤ 자본주의와 공산주의 진영의 대립

중요
09 다음 발표가 이루어진 시기에 볼 수 있는 모습으로 적절하지 <u>않은</u> 것은?

① 베트남이 남북으로 분단되어 대립하였다.
② 미국이 터키에 미사일 기지를 건설하였다.
③ 소련이 쿠바에 핵미사일을 배치하고자 하였다.
④ 6·25 전쟁으로 한반도의 분단이 고착화되었다.
⑤ 중국이 국·공 합작을 통해 일본의 침략에 맞섰다.

고난도
10 다음 자료를 활용한 탐구 활동으로 적절한 것은?

> • 아덴과 시리아 서쪽 지역을 제외한 아랍 지역의 독립을 지지한다.
> — 후세인·맥마흔 선언(1915) —
> • 우리 정부는 팔레스타인에 유대 민족을 위한 민족의 본거지를 건설하는 일에 호의를 보인다.
> — 밸푸어 선언(1917) —

① 아프리카의 독립 과정을 알아본다.
② 중동 전쟁의 전개 과정을 살펴본다.
③ 프랑스의 식민 지배 역사를 분석한다.
④ 수에즈 운하를 둘러싼 갈등을 조사한다.
⑤ 냉전 속의 열전에 대한 내용을 찾아본다.

11 (가) 지역의 독립에 대한 설명으로 옳은 것은?

① 프랑스로부터 독립 전쟁을 일으켰다.
② 호찌민의 주도하에 독립 운동이 전개되었다.
③ 수카르노가 네덜란드로부터 독립을 선언하였다.
④ 힌두교와 이슬람교의 대립으로 국가가 분리되었다.
⑤ 나세르를 중심으로 한 청년 장교들이 독립을 이끌었다.

12 밑줄 친 '어려움'에 대한 설명으로 옳은 것을 〈보기〉에서 고른 것은?

> 아프리카에서는 1951년 리비아가 이탈리아로부터 독립한 것을 시작으로 수많은 독립국이 탄생하였고 1960년에는 무려 17개 국가가 독립하여 '아프리카의 해'로 불렸다. 그러나 아프리카 각국은 독립 이후에도 많은 어려움을 겪고 있다.

보기
> ㄱ. 이슬람교와 힌두교의 갈등이 자주 일어난다.
> ㄴ. 정치적 혼란과 내전이 지속적으로 발생하고 있다.
> ㄷ. 아랍 민족과 유대 민족의 영토 분쟁이 지속되고 있다.
> ㄹ. 서구 열강이 임의로 그은 국경선이 분쟁의 원인이 되었다.

① ㄱ, ㄴ   ② ㄱ, ㄷ   ③ ㄱ, ㄹ
④ ㄴ, ㄹ   ⑤ ㄷ, ㄹ

중요
13 다음 원칙을 결의한 세력에 대한 설명으로 옳은 것은?

> • 기본적 인권과 유엔 헌장의 존중
> • 주권과 영토 보전 존중
> • 내정 불간섭
> • 국제 분쟁의 평화적 해결
> • 상호 이익과 협력의 촉진

① 마셜 계획을 추진하였다.
② 개인보다 국가를 중시하였다.
③ 비동맹 중립 노선을 내세웠다.
④ 자유 무역 확대를 추진하였다.
⑤ 바르샤바 조약 기구를 결성하였다.

14 (가)에 들어갈 검색어로 적절한 것은?

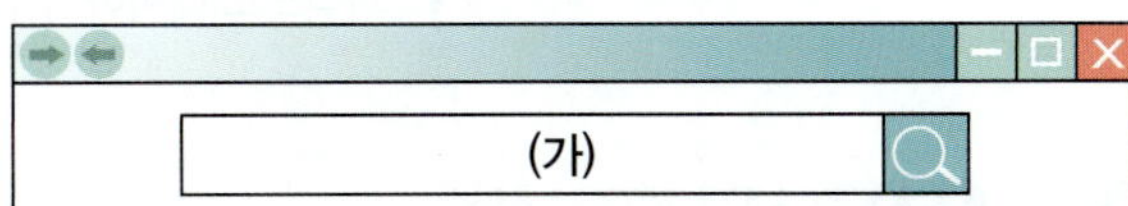

> 미국의 닉슨 대통령이 중국에 방문하는 등 미국과 중국이 정식으로 외교 관계를 맺었으며, 서독과 동독은 관계 개선을 통해 유엔에 동시 가입하였다.

① 제3 세계의 형성   ② 냉전 체제의 완화
③ 자본주의 세계의 확대   ④ 사회주의 체제의 붕괴
⑤ 21세기 인류 사회의 과제

고난도
15 (가)에 해당하는 모습으로 적절한 것은?

> [특집 다큐멘터리]
> **화해와 협력의 시대로 가다.**
> **1부** 전쟁의 종결과 국제 연합의 결성
> **2부** 냉전 체제의 완화 …… (가)
> **3부** 21세기 현대 사회의 갈등과 극복
> △월 △일(월) ~ △일(수) 밤 9시 50분

① 서독 총리가 동방 정책을 발표하는 모습
② 국가의 적극적인 경제 개입을 승인하는 모습
③ 쿠바 미사일 기지 건설 계획을 철회하는 모습
④ 미국과 영국 대표가 대서양 헌장을 선언하는 모습
⑤ 경제 상호 원조 회의(COMECON)를 창설하는 모습

서술형
16 다음을 읽고 물음에 답하시오.

> 나는 미국의 정책이 소수 무장 세력이나 외부 압력에 굴복하지 않으려고 싸우는 자유민의 노력을 지원하는 것이어야 한다고 믿습니다. …… 우리가 그리스와 터키에 원조하지 못한다면, 그 영향은 동서양을 막론하고 매우 광범위할 것입니다.

(1) 위 선언을 한 인물을 쓰시오.

(2) 위 선언이 발표된 배경을 서술하시오.

냉전과 제3 세계의 형성

제2차 세계 대전이 끝난 후 공산 정권의 등장으로 냉전 체제가 형성되었다. 냉전 체제하에서 자본주의 진영과 공산주의 진영의 대립 구도와 제3 세계의 특징을 묻는 문제가 자주 출제되기 때문에 시험에 효과적으로 대비하기 위해서는 냉전 체제의 대립 구도와 제3 세계 형성의 의미를 파악할 수 있어야 한다.

주제 탐구하기

탐구 1 냉전 체제의 형성

▲ 냉전 체제

나는 미국의 정책이 소수 무장 세력이나 외부 압력에 굴복하지 않으려고 싸우는 자유민의 노력을 지원하는 것이어야 한다고 믿습니다. …… 우리가 그리스와 터키에 원조하지 못한다면, 그 영향은 동서양을 막론하고 매우 광범위할 것입니다.
– 트루먼 대통령, 미국 상·하원 합동 연설(1947. 3.) –

▲ 트루먼 독트린

▲ 베를린 장벽 설치(1961)

▲ 쿠바 미사일 위기(1962) 풍자화

• 동유럽에서 공산 정권이 등장하고 그리스와 터키 등에서도 공산주의 세력이 확대되자 미국의 트루먼 대통령은 공산주의의 확산을 막기 위해 유럽 국가들을 지원하기로 선언하였다(트루먼 독트린).

자본주의 진영	공산주의 진영
마셜 계획 추진	코메콘(경제 상호 원조 회의)
북대서양 조약 기구(NATO)	바르샤바 조약 기구(WTO)

• 냉전에 따른 미국과 소련의 대립은 세계 각지에 영향을 끼쳤다. 이에 따라 6·25 전쟁, 베트남 전쟁, 쿠바 미사일 위기 등의 충돌이 일어났다.

탐구 2 제3 세계의 형성

• 영토, 주권의 상호 존중
• 상호 불가침
• 내정 불간섭
• 호혜 평등
• 평화적 공존
　　　　　　　　　　 – 평화 5원칙(1954) –

• 기본 인권과 국제 연합 헌장의 목적 및 원칙 존중
• 주권과 영토 보전의 존중
• 인종 및 국가 사이의 평등
• 내정 불간섭
• 국제 연합 헌장에 입각한 개별적, 집단적 자위권의 존중
• 강대국의 이익을 위한 집단적 군사 동맹에의 불참
• 상호 불가침
• 평화적 수단을 통한 국제 분쟁 해결
• 상호 이익과 협력의 촉진
• 정의와 국제 의무 존중
　　　　　　　　　　 – 평화 10원칙(1955) –

▲ 인도의 델리에서 만난 중국의 저우언라이와 네루(1954)

▲ 반둥 회의(1955)

• 인도의 네루와 중국의 저우언라이가 만나 상호 불가침, 평화 공존 등의 내용을 담은 평화 5원칙에 합의하였다.
• 평화 5원칙을 기초로 인도네시아의 반둥에서 개최된 아시아·아프리카 회의(반둥 회의)에 참석한 29개국 대표들은 제국주의와 식민주의에 반대하고 분쟁의 평화적 해결 등을 강조하는 평화 10원칙을 결의하였다.

문제 연습하기

유형 1 냉전 체제의 전개 과정을 묻는 문제

다음 발표 이후 전개된 상황으로 옳은 것을 〈보기〉에서 있는 대로 고른 것은?

> 그리스는 지금 공산주의자들의 조정을 받아 정부의 권위를 무시하는 수천 명의 무장한 폭력주의자의 활동에 국가의 존재 자체를 위협받고 있습니다. …… 그리스가 자급할 수 있고 또 자존심 있는 민주주의 국가가 되기 위해서는 반드시 원조가 필요합니다. 미국은 이러한 원조를 제공해야 합니다.
>
> – 트루먼 대통령의 연설 –

보기
ㄱ. 쿠바 미사일 위기가 발생하였다.
ㄴ. 영국과 미국이 대서양 헌장에 합의하였다.
ㄷ. 유럽 연합과 미국 사이의 갈등이 심화되었다.
ㄹ. 미국이 서유럽 경제 재건을 위해 자금을 투입하였다.

① ㄱ, ㄴ 　　② ㄱ, ㄹ 　　③ ㄴ, ㄷ
④ ㄱ, ㄴ, ㄹ 　　⑤ ㄴ, ㄷ, ㄹ

유형 2 냉전 체제의 형성을 묻는 문제

(가)~(다)에 대한 설명으로 옳지 않은 것은?

> **〈소련의 체제 강화를 위한 움직임〉**
> ㈎ 코민포름 창설
> ㈏ 경제 상호 원조 회의(COMECON) 조직
> ㈐ 바르샤바 조약 기구(WTO) 창설

① ㈎는 동유럽에 대한 미국의 영향력을 차단하기 위해 창설하였다.
② ㈏는 동유럽 국가들의 경제적 결속을 다지기 위하여 조직하였다.
③ 소련은 ㈏이외에도 마셜 계획을 통해 동유럽 경제를 지원하였다.
④ ㈐는 공산주의 진영의 집단 안전 보장을 위한 군사 동맹 기구이다.
⑤ ㈎~㈐는 미국과 소련의 대립이 심화되고 있음을 보여 주는 사례이다.

유형 3 제3 세계의 형성을 묻는 문제

밑줄 친 '회의'에 대한 설명으로 옳은 것은?

> 
> 인도네시아 반둥에서 아시아, 아프리카 29개국 대표들이 참가한 회의가 열렸다. 참가국들은 강대국 중심의 냉전 체제 질서에 반대하고 서로 협력하자는 내용이 담긴 평화 10원칙을 발표하였다.

① 베르사유 체제를 형성하였다.
② 비동맹주의를 바탕으로 하였다.
③ 트루먼 독트린에 영향을 주었다.
④ 냉전 체제가 강화되도록 이끌었다.
⑤ 세계 무역 기구(WTO) 창설을 지지하였다.

유형 4 제3 세계의 주장을 파악하는 문제

밑줄 친 '원칙'의 내용으로 옳은 것을 〈보기〉에서 고른 것은?

> 제2차 세계 대전 이후 독립을 이룬 아시아와 아프리카의 신생국들은 자본주의 진영과 공산주의 진영의 어느 한 편에도 가담하지 않겠다고 선언하였다. 이들은 자신들의 원칙을 결의하며 제3 세계 형성을 공식화하였다.

보기
ㄱ. 자유 무역 체제를 확대하자.
ㄴ. 상호 주권과 영토를 존중하자.
ㄷ. 다른 나라의 내정에 간섭하지 말자.
ㄹ. 독일 및 전범국에 대한 처벌을 강화하자.

① ㄱ, ㄴ 　　② ㄱ, ㄷ 　　③ ㄴ, ㄷ
④ ㄴ, ㄹ 　　⑤ ㄷ, ㄹ

주제 18 세계화와 신자유주의

1 탈냉전 시대의 전개

(1) 소련의 변화와 해체

① 고르바초프의 개혁·개방 정책 1970년대 이후 공산당 관료 체제와 사회주의 경제 체제의 강화 → 사회 경직과 경제 침체 → 시장 경제 원리 도입과 정치 민주화 추진 → 개혁(*페레스트로이카)·개방(*글라스노스트) 정책 **자료1** _각기 주권을 가진 독립 국가들의 느슨한 연합체의 성격을 가졌어._

② 소련의 해체 동유럽 국가들에 대한 소련의 불간섭 정책 발표 → 소련 내 여러 국가의 독립 선언 → 독립 국가 연합(CIS) 결성(1991), 소련 해체

(2) 동유럽 공산 정권의 붕괴와 독일 통일

① 배경 소련의 개혁·개방 정책 영향

② 동유럽 공산 정권 붕괴

동유럽	• 폴란드: 자유 노조 이끌던 바웬사의 대통령 선출 • 체코슬로바키아, 헝가리 등: 민주 정부 수립, 시장 경제 원리 도입
독일	동독에서 공산당의 독재와 경제 불황에 반발하는 시위 발생, 서독으로 탈출하는 주민 증가 → 통치 체제 붕괴 → 베를린 장벽 붕괴(1989) → 독일 통일(1990)

동독이 서독에 흡수되는 형태로 통일되었어.

(3) 중국의 정치 변화와 개혁·개방

대약진 운동이 대표적인데 무리한 계획과 자연재해 등으로 성과를 거두지 못하였어.

① 중국의 정치 변화 1950년대 공산주의 경제 정책의 실패 → 마오쩌둥의 문화 대혁명 전개

② 덩샤오핑의 개혁·개방 정책 _검은 고양이든 흰 고양이든 쥐(경제)만 잘 잡으면 된다는 주장이야._

내용	시장 경제 원리 도입(흑묘백묘론), 외국의 자본과 기술을 적극 도입하기 위해 경제 특구 설치, 산업의 현대화 추진
영향	중국의 급속한 경제 성장 → 빈부 격차와 관리들의 부정부패 심화 → 민주화 운동 전개하였으나 무력 진압(톈안먼 사건, 1989)

③ 중국의 성장 1990년대 말 홍콩과 마카오 돌려받음, 2008년 올림픽 유치 등 국력 성장

2 세계화와 경제 변화

(1) 세계화와 경제 통합 **자료2**

① 세계화 교통·통신 발달로 인해 국가 간 사람과 물자의 자유로운 이동 가능, 전 지구가 하나의 공간으로 통합

② 자유 무역의 확산 관세 및 무역에 관한 일반 협정(GATT, 1947) → 세계 무역 기구 설립(WTO, 1995), 자유 무역 협정(FTA) → 자유 무역 체제 강화 _1992년 네덜란드의 마스트리흐트에 모여 경제·화폐 동맹과 공동 외교·안보 정책에 합의하며 탄생하였어._

③ 지역 단위별 경제 협력체 등장 국제 경제 질서 변화에 대응, 유럽 연합(EU), 동남아시아 국가 연합(ASEAN) 등

(2) 신자유주의 경제 체제 **자료3**

동남아시아 국가 간의 상호 협력 증진을 위해 1967년에 창설되었어.

배경	1970년대 경제 불황(두 차례의 석유 파동, 장기간 경제 침체, 물가 상승)
특징	정부의 경제 활동 개입과 규제 축소, 민간과 시장에 최대한의 자유 보장, 복지 예산 감소 및 세금 감면, 기업의 자유로운 활동 보장
영향	세계화 진전, 각국의 시장 개방 확대, 자본·노동·기술 등의 활발한 이동, 다국적 기업의 성장

자료1 고르바초프의 개혁·개방 정책

> 페레스트로이카 정책은 소련과 사회주의 국가가 새로운 질적 상태로의 전환, 즉 권위주의적이고 관료주의적인 체제에서 인간적이고 민주적인 사회로 평화롭게 이행하는 유일한 길이라고 생각합니다. 나는 개혁의 모든 과정을 민주주의의 원칙에 근거하여 결단력 있게 추진할 것입니다.
> – 고르바초프 대통령 취임 연설(1990) –

◎ 고르바초프는 소련의 경제 침체를 극복하기 위해 정치·사회 면에서는 개방(글라스노스트), 경제면에서는 개혁(페레스트로이카) 정책을 실시하였다. 이에 따라 정치 민주화, 시장 경제의 도입, 언론 통제 완화 등 사회 전반적인 개혁이 진행되었으며 동유럽에 대한 불간섭이 선언되었다.

자료2 세계화와 경제 통합

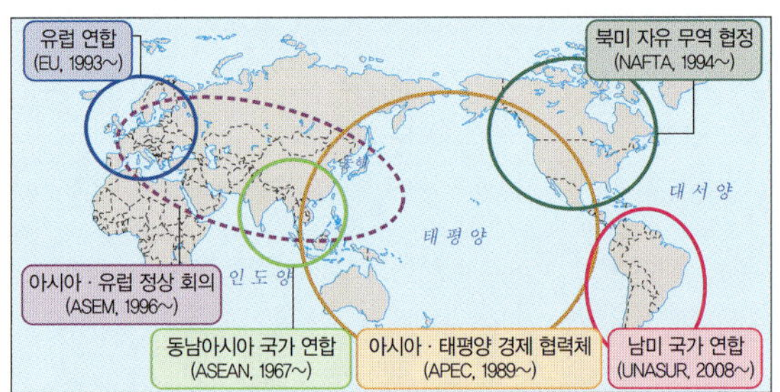

◎ 세계화가 진행되면서 세계 무역의 자유화가 확대되고 세계 경제도 한층 더 상호 의존적이고 협력적인 관계에 놓이게 되었다. 이러한 변화 속에서 지역 차원의 경제 협력체를 구성하려는 움직임으로 유럽 연합(EU, 1993), 동남아시아 국가 연합(ASEAN, 1967), 아시아·태평양 경제 협력체(APEC, 1989) 등이 결성되었고, 북미 자유 무역 협정(NAFTA, 1994) 등 각 국가들 간의 자유 무역 협정 체결도 활발해졌다.

자료3 신자유주의 경제 체제의 영향

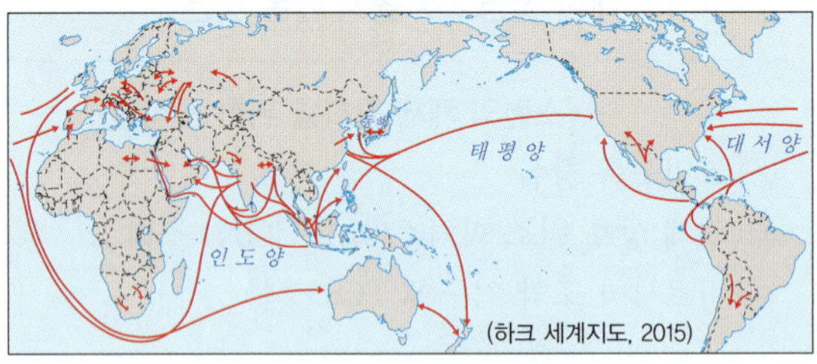

▲ 경제적 목적의 국제 이주

◎ 신자유주의 경제 체제는 시장이 확대·개방되고 자본, 노동, 기술 등이 활발하게 이동하는 효과를 가져왔으나 빈부격차의 심화, 공공 복지의 감소 등의 문제점도 발생하였다.

용어 사전

* **페레스트로이카** 재건, 재편의 뜻을 가진 러시아어로 공산주의 체제에서 탈피하여 시장 경제 체제를 도입하려는 경제 정책
* **글라스노스트** 열림, 개방의 뜻을 가진 러시아어로 고르바초프가 실시한 정치적 자유화 정책

개념 문제

01 다음 설명이 맞으면 ○표, 틀리면 ×표를 하시오.

(1) 소련의 고르바초프는 시장 경제 원리를 도입하고 정치 민주화를 추진하였다. ·························(   )

(2) 관세 및 무역에 관한 일반 협정(GATT)을 체결하면서 각국이 보호 무역을 확대하였다. ·······(   )

02 괄호 안의 내용 중 옳은 것에 ○표를 하시오.

(1) (유럽 연합 / 세계 무역 기구)은/는 세계 무역 자유화 확대를 위해 1995년 설립되었다.

(2) (폴란드 / 체코슬로바키아)에서는 자유 노조를 이끌던 바웬사가 대통령으로 선출되었다.

(3) 자유 무역이 확대되면서 정부의 활동 개입을 줄이고 기업의 자유로운 활동을 보장하는 (신자유주의 / 중상주의) 체제가 형성되었다.

03 다음 빈칸에 들어갈 알맞은 말을 쓰시오.

(1) 소련 내의 여러 국가들이 독립을 선언하면서 11개 국가로 구성된 (   )을/를 결성하였다.

(2) 중국의 (   )은/는 흑묘백묘론을 바탕으로 경제 특구를 설치하였다.

(3) 시장 개방이 이루어지면서 세계를 무대로 활동하는 (   )이/가 국제적 규모로 생산·판매 활동을 펼치고 있다.

실력 문제

04 다음 지도와 같은 상황이 나타났던 시기에 일어난 사실로 옳은 것은?

① 소련이 해체되었다.

② 냉전 체제가 심화되었다.

③ 쿠바 미사일 위기가 일어났다.

④ 신경제 정책(NEP)이 추진되었다.

⑤ 독일에 베를린 장벽이 건설되었다.

고난도

05 (가) 국가에 대한 설명으로 옳은 것은?

① 하벨 중심의 연립 내각을 수립하였다.

② 바웬사가 자유 노조 운동을 전개하였다.

③ 옐친이 쿠데타를 저지하고 실권을 장악하였다.

④ 다당제를 바탕으로 헝가리 공화국을 수립하였다.

⑤ 차우셰스쿠 독재 정권이 민주화 운동으로 붕괴되었다.

중요

06 (가)와 관련된 탐구 활동으로 적절한 것은?

청계천 광장에서 보게 된 [(가)]. 독일의 베를린 시에서 2005년에 우리의 평화 통일을 기원하기 위해 기증했다는 것을 처음 알게 되었다.

① 톈안먼 사건의 배경을 분석한다.

② 독일의 통일 과정에 대해 알아본다.

③ 유럽 연합의 결성 과정을 조사한다.

④ 프라하의 봄의 영향에 대해 살펴본다.

⑤ 국제 통화 기금(IMF)의 설립 목적을 찾아본다.

07 다음에 해당하는 시기를 연표에서 옳게 고른 것은?

> 동독은 서독으로 탈출하는 주민이 많아지자 베를린 장벽을 개방하여 자유로운 통행을 허락하였다. 결국 베를린 장벽이 붕괴되었다.

1946	1962	1972	1992	1995	2001
	(가)	(나)	(다)	(라)	(마)
뉘른베르크 재판	쿠바 미사일 위기	닉슨 중국 방문	소련 해체	세계 무역 기구 출범	미국 9·11 테러

① (가)　② (나)　③ (다)　④ (라)　⑤ (마)

---

08 다음 사건에 대한 설명으로 옳은 것을 〈보기〉에서 고른 것은?

역사 신문　　　　　　○○○○년 ○○월 ○○일

문화 대혁명의 전개

마오쩌둥은 문화 대혁명을 일으켜 권력을 더욱 강화하였다. 특히 학생들로 구성된 홍위병이 문화 대혁명의 주요 추진 세력으로 등장하면서 사회 혼란이 지속되었다.

> **보기**
> ㄱ. 중국의 전통 문화가 파괴되었다.
> ㄴ. 대약진 운동의 실패가 배경이 되었다.
> ㄷ. 적극적인 개혁·개방 정책을 추진하였다.
> ㄹ. 홍콩과 마카오를 반환받는 계기가 되었다.

① ㄱ, ㄴ　　② ㄱ, ㄷ　　③ ㄴ, ㄷ
④ ㄴ, ㄹ　　⑤ ㄷ, ㄹ

---

09 다음 자료를 바탕으로 한 탐구 주제로 적절한 것은?

> • 검은 고양이든 흰고양이든 쥐만 잘 잡으면 됩니다.
> • 민주주의의 원칙에 근거하여 개혁을 추진하겠습니다. 또한 동유럽 국가들에 대해 더 이상 간섭하지 않겠습니다.

① 제3 세계의 형성
② 마셜 계획의 전개
③ 국제 연합의 수립
④ 개혁·개방 정책의 추진
⑤ 사회주의 경제 정책의 확산

---

10 밑줄 친 '시위'의 배경으로 옳은 것은?

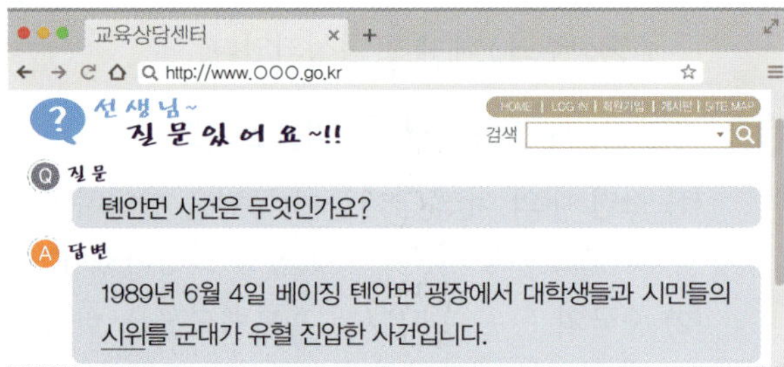

① 관료들의 부정부패가 심하였다.
② 마오쩌둥의 독재 체제가 지속되었다.
③ 문화 대혁명에 대한 불만이 심화되었다.
④ 정부가 민영 철도를 국유화하려고 하였다.
⑤ 개혁·개방 정책에 대한 거부감이 증대하였다.

---

11 밑줄 친 ㉠에 해당하는 사례로 적절한 것을 〈보기〉에서 고른 것은?

> 제2차 세계 대전 이후 미국 달러 중심의 ㉠자유 무역이 확산되면서 세계화가 촉진되었다.

> **보기**
> ㄱ. 바르샤바 조약 기구(WTO) 창설
> ㄴ. 북미 자유 무역 협정(NAFTA) 추진
> ㄷ. 경제 상호 원조 회의(COMECON) 조직
> ㄹ. 관세 및 무역에 관한 일반 협정(GATT) 체결

① ㄱ, ㄴ　　② ㄱ, ㄷ　　③ ㄴ, ㄷ
④ ㄴ, ㄹ　　⑤ ㄷ, ㄹ

12 (가), (나) 단체를 지도에서 옳게 연결한 것은?

> (가) 아시아 및 태평양 연합 국가들의 원활한 정책 추진과 협력 추진
> (나) 아시아와 유럽 국가 회원국 간의 정치, 안보, 경제, 사회, 문화 등에서 협력을 추진하는 정상 회의

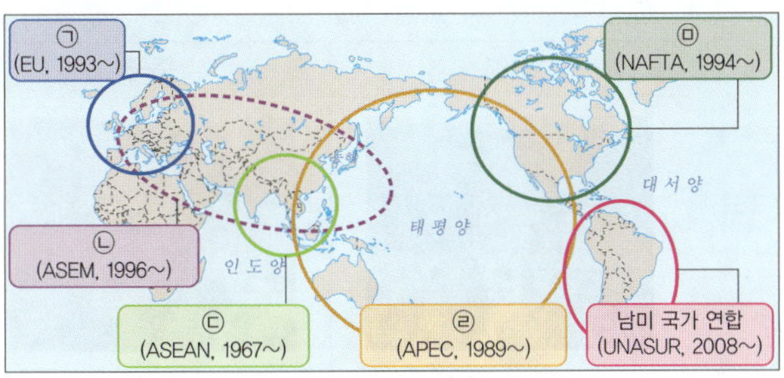

	(가)		(나)
①	㉠	–	㉡
②	㉡	–	㉠
③	㉢	–	㉠
④	㉣	–	㉡
⑤	㉣	–	㉤

13 밑줄 친 '이 기구'로 옳은 것은?

> 이 기구는 국제 무역 질서를 바로 세우기 위해 구성되었으며, 협정을 각 국가들이 잘 지키는지 분쟁이 없는지 등을 판결하고, 마찰과 분쟁을 조정하는 역할을 하는 곳입니다.

① 국제 무역 센터(ITC)
② 국제 통화 기금(IMF)
③ 세계 무역 기구(WTO)
④ 국제 부흥 개발 은행(IBRD)
⑤ 경제 협력 개발 기구(OECD)

14 (고난도) (가) 시기에 들어갈 사실로 적절한 것을 〈보기〉에서 고른 것은?

> 1952년 프랑스, 독일, 벨기에 등 6개국이 참가한 유럽 석탄 철강 공동체가 등장하였다.
> ↓
> (가)
> ↓
> 2016년 영국이 처음으로 탈퇴하였다.

보기
ㄱ. 대서양 헌장이 발표되었다.
ㄴ. 단일 통화인 유로를 도입하였다.
ㄷ. 공동 외교·공동 안보에 합의하였다.
ㄹ. 관세 및 무역에 관한 협정을 맺었다.

① ㄱ, ㄴ ② ㄱ, ㄷ ③ ㄴ, ㄷ
④ ㄴ, ㄹ ⑤ ㄷ, ㄹ

15 (중요) 밑줄 친 '경제 정책'에 대한 설명으로 옳은 것은?

> 1970년대에 발생한 석유 파동에 따른 경제 위기를 극복하기 위해 각국에서는 새로운 경제 정책을 추진하게 되었다.

① 노동자에 대한 복지 예산을 늘렸다.
② 공공 부문에 대한 투자를 증대하였다.
③ 국가가 경제에 적극적으로 개입하였다.
④ 민간과 시장의 자유를 최대한 보장하였다.
⑤ 지주의 토지를 몰수하고 산업을 국유화하였다.

16 (서술형) 다음 자료를 읽고 물음에 답하시오.

(1) 위 선언을 한 인물을 쓰시오.

(2) 위 글을 참고하여 (1)의 개혁 내용을 서술하시오.

탈냉전 시대와 신자유주의 경제 체제

소련 및 동유럽의 공산 정권이 붕괴되면서 냉전 체제가 무너졌고 세계화 시대가 열렸다. 특히 경제적으로 자유 무역이 확대되면서 신자유주의 경제 체제가 형성되었다. 냉전 체제의 붕괴 과정과 각국의 개혁 및 개방 정책, 경제 질서의 변화는 문제로 자주 출제되므로 구체적인 내용을 알아두어야 한다.

주제 탐구하기

탐구 1 냉전 체제의 붕괴

동유럽 공산 정권의 붕괴

- 독일: 동독 주민들의 개혁 요구, 베를린 장벽 붕괴, 독일 통일
- 폴란드: 바웬사가 이끄는 자유 노조의 총선거 승리
- 헝가리: 다당제와 의회 민주주의 도입
- 체코슬로바키아: 민주화 운동 전개, 시장 경제 도입 → 체코와 슬로바키아로 분리(1993)
- 유고슬라비아 연방의 해체: 크로아티아, 슬로베니아 독립(1991), 보스니아 헤르체고비나 독립(1992)

개혁·개방 정책의 전개

소련	중국
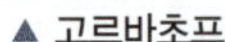 ▲ 고르바초프	 ▲ 덩샤오핑
• 개혁(페레스트로이카), 개방(글라스노스트) 정책 추진하여 사회주의 체제의 전면적인 개혁 • 정치 민주화 추진(언론의 자유와 비판 허용) • 시장 경제 원리 도입(중앙 정부의 통제 완화)	• 실용주의 노선 채택 (흑묘백묘론) • 시장 경제 요소 도입 기업가와 농민 이윤 보장 • 경제 특구 설치(광저우, 푸저우, 상하이 등 연안 지역)

탐구 2 신자유주의의 등장

- 1970년대 두 차례의 석유 파동으로 세계 경제가 위기를 겪자 위기를 극복하기 위한 방안으로 신자유주의가 등장하였다.
- 신자유주의가 확대되면서 세계가 하나의 시장을 형성하였고 다국적 기업이 성장하기도 하였다. 그러나 각국 정부가 복지 정책을 줄이거나 철폐하여 사회·경제적 불평등이 심화되는 문제가 발생하였다.

영국의 대처주의

- 대처주의(대처리즘, 1979~1990): 1979년 총선에서 승리하여 집권한 대처 수상이 각종 국유화와 복지 정책을 포기하고 자율적인 경제 활동을 중시하며 추진한 강력한 경제 개혁이다. 자유 무역을 원칙으로 국영기업 민영화, 금융 규제 완화, 노동 개혁을 실시하였으며, 복지를 위한 공공지출을 삭감하고 세금을 감면하였다.

영국의 정치인이자 영국 최초의 여자 수상으로 어려운 영국의 경제 상황을 극복하고 경제 부흥을 이루며 '철의 여인'이라고 불렸다.

▲ 마가렛 대처(1925~2013)

미국의 레이거노믹스

- 레이거노믹스(1981~1989): 레이건과 이코노믹스(경제)를 합쳐서 부른 용어로 1980년대 레이건 정부가 정부의 기능을 축소해야 경제가 발전할 수 있다며 추진한 신자유주의 정책이다. 규제를 완화하고 세금을 감면하였으며 재정 치출을 삭감하고 고용 창출, 국방력 증강 등의 정책을 펼쳤다.

미국의 제 40대 대통령으로 경제 회복을 위한 정책을 펼쳐 경제를 활성화시켰다.

▲ 로널드 레이건(1911~2004)

문제 연습하기

유형 1 탈냉전 시대 각국의 상황을 묻는 문제

다음 지도의 상황이 일어났던 시기의 동유럽에 대한 설명으로 옳은 것을 〈보기〉에서 고른 것은?

— 보기 —

ㄱ. 헝가리 – 독립 국가 연합(CIS)을 결성하였다.
ㄴ. 독일 – 베를린 장벽이 붕괴되고 통일을 이루었다.
ㄷ. 폴란드 – 자유 노조를 이끌던 바웬사가 대통령에 선출되었다.
ㄹ. 유고슬라비아 – 크로아티아, 슬로베니아 등이 연방을 수립하였다.

① ㄱ, ㄴ   ② ㄱ, ㄷ   ③ ㄴ, ㄷ
④ ㄴ, ㄹ   ⑤ ㄷ, ㄹ

유형 2 소련의 변화를 파악하는 문제

다음 자료의 인물이 전개한 정책으로 옳은 것은?

① 동남부 해안 지역에 경제 특구를 설치하였다.
② 동방 정책을 추진하여 동유럽과의 관계를 개선하였다.
③ 북대서양 조약 기구를 탈퇴하고 독자 노선을 택하였다.
④ 시장 경제 원리를 도입하고 정치 민주화를 추진하였다.
⑤ 아시아의 군사적 분쟁에 개입하지 않겠다고 선언하였다.

유형 3 신자유주의 경제 체제의 특징을 묻는 문제

(가) 시기 미국 경제 정책의 특징으로 옳은 것은?

① 국가가 경제에 적극적으로 개입하였다.
② 민간과 시장의 자유를 최대한 보장하였다.
③ 본국과 식민지를 하나로 묶는 블록 경제를 만들었다.
④ 서유럽의 경제 재건을 위해 마셜 계획을 추진하였다.
⑤ 흑묘백묘론을 주장하며 개혁·개방 정책을 실시하였다.

유형 4 신자유주의 경제 체제의 영향을 묻는 문제

밑줄 친 '이 경제 체제'의 영향으로 옳은 것을 〈보기〉에서 고른 것은?

▲ 경제적 목적의 국제 이주

이 경제 체제가 확산되면서 각국의 시장 개방이 이루어졌고, 노동력이 국경을 넘어 활발하게 이동하면서 경제적 목적으로 국제 이주를 하는 경우가 증가하였다.

— 보기 —

ㄱ. 산업 시설이 국유화되었다.
ㄴ. 다국적 기업이 등장하였다.
ㄷ. 사회 보장법이 제정되었다.
ㄹ. 사회·경제적 불평등이 심화되었다.

① ㄱ, ㄴ   ② ㄱ, ㄷ   ③ ㄴ, ㄷ
④ ㄴ, ㄹ   ⑤ ㄷ, ㄹ

주제 19 대중문화의 발전과 현대 세계의 과제

1 탈권위주의 운동의 전개

(1) **배경** 두 차례의 세계 대전으로 인한 인류의 희생, 산업화로 인한 물질 만능주의, 미·소 냉전 체제에서 세계 평화의 위협 → 인류의 올바른 가치를 고민·성찰하는 분위기 형성

(2) **발생** 젊은 학생들을 중심으로 탈권위주의 운동 전개 → 사회의 다양한 문제 비판

(3) **다양한 사회 운동**

학생 운동	• 전개: 대학 교육이 권위적·일방적으로 *기성세대의 가치관 강요하는 것에 불만, 비판 제기 → 1968년 전 세계적인 학생 운동 전개, 프랑스의 68 운동이 대표적 ┌'금지하는 모든 것을 금지한다'가 대표적인 구호였어. • 내용: 표현의 자유를 비롯하여 반전, 평화, 인종과 여성 차별 철폐 등 주장 → 세계 각지의 체제 저항 운동으로 전개
민권 운동	• 배경: 백인 중심의 사회 질서 유지 지속적인 흑인 차별 정책 • 남아프리카 공화국: 넬슨 만델라가 인종 분리 정책인 *아파르트헤이트에 저항 ┌공공 장소와 직장에서의 인종 차별을 금지하였어. • 미국: 짐 크로법(공공 장소에서 흑인과 백인 분리) 등의 흑인 차별 정책 → 마틴 루서 킹의 흑인 차별 반대 시위 주도(법 앞에서의 평등 주장) → 민권법(1964), 투표권법(1965) 발효에 기여 `자료1`
여성 운동	• 배경: 두 차례의 세계 대전 이후 참정권 획득, 고등 교육 기회 부여, 취업 활동 가능 → 여성에 대한 사회적·문화적 차별 지속 • 전개: 각종 단체 조직, 교육·임신과 출산·고용 등 여러 부문에서 권리의 보장 주장, 신체적 자기 결정권 주장 → 정치 분야 진출, 여성 인권 보호하는 법과 제도 마련 `자료2`

2 대중 사회와 대중 문화의 발전
┌불특정 다수의 사회적 영향력이 커졌어.

(1) **대중 사회의 형성과 대중 문화의 등장**

① **배경** 급속한 산업화와 도시화 → 대량 생산·대량 소비 체제하에서 비슷한 생활 양식과 생각을 공유하는 '대중'이 사회 주체로 성장

② **대중 문화의 등장** 대중 사회 형성, 라디오, 텔레비전 등과 같은 대중 매체의 보급 → 대중 문화 성장

(2) **대중 문화의 발달**

① **성격** 다수의 취향을 충족하는 대량 생산되는 상업화된 문화

② **변화** 1960년대 후반 젊은 세대가 소비의 주체로 성장 → 탈권위주의 운동에 영향을 받아 기존 사회 질서에 저항하는 성격을 갖게 됨. ┌기존의 사회에서 벗어나 개인의 행복과 자유를 추구하는 히피 문화, 기성세대의 불합리함에 대항하는 청년 문화 등이 발달하였어.

3 현대 세계의 문제 해결을 위한 노력
카슈미르 분쟁, 코소보 사태 등의 사례가 있어.

지역 분쟁과 국제 갈등	냉전 체제 해체 이후에도 종교·인종·부족 간 갈등과 분쟁, 테러의 지속으로 수많은 사상자 발생, 난민 증가, 대량 살상 무기의 위협 → 반전 평화 운동 전개, 난민 협약 체결 등
빈부 격차와 질병 문제	• 신자유주의 경제 체제의 확대, 활발한 국제 교역 → 국가 간의 경제적 차이 심화(남북문제) `자료3` • 빈곤으로 인한 영양 부족으로 질병 확산 → 세계 보건 기구(WHO) 및 비정부기구(NGO) 활동
환경 문제	산업화 진행, 무분별한 개발로 삼림 감소, 해양과 대기 오염, 생태계 파괴 → 리우 선언, 파리 기후 협정 등 체결

┌온실가스 감축을 강제화하였어.

꼭 나오는 자료

자료1 민권 운동

> 나에게는 꿈이 있습니다. 언젠가 이 나라가 '모든 인간은 평등하게 태어났다는 것을 자명한 진실로 받아들인다.'는 믿음의 참된 의미를 실천하는 …… 나에게는 꿈이 있습니다. 나의 네 아이들이 자신의 피부색이 아니라 인격에 따라 평가받는 그런 나라에 살게 될 날이 오리라는 꿈입니다.
> – 마틴 루서 킹 –

🔺 전쟁 이후에도 남아프리카 공화국, 미국 등에서는 백인 중심의 사회 질서가 유지되면서 흑인을 차별하는 인종 차별 정책이 유지되는 경우가 많았다. 이러한 상황에서 흑인의 인권을 보장받기 위한 민권 운동이 활발하게 일어났다.

자료2 여성 운동

> 여성들은 남편과 아이를 넘어서 자신의 목표를 성취하기를 원하는 것을 이기적이라고 느낄 필요가 없다. 여성은 성숙한 성인이나 진정한 인간이 되게 허락받지 않은 것이 아니라, 거짓되고 유아적인 형태의 여성성을 비판 없이 받아들인 결과 남편과 아이들을 위한 삶을 살게 되는 것이다
> – 베티 프리단 –

🔺 제2차 세계 대전 이후 여성들도 교육, 취업의 기회를 누리며 동등한 권리를 인정받았으나 임금, 지위 등 사회·문화적 차별은 지속되었다. 미국의 베티 프리단은 질적인 양성 평등을 이루어야 한다고 주장하였고 전미 여성 기구를 설립하여 여성 교육과 취업을 확대하기 위한 법률과 제도 개선을 이끌었다.

자료3 빈곤 문제

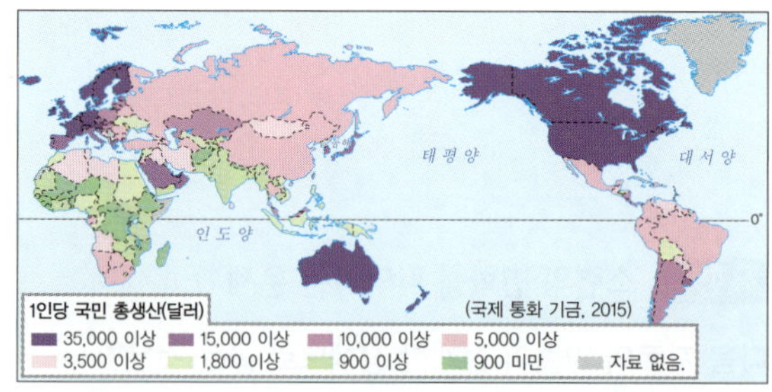

🔺 세계화로 국제 교역이 활성화되었지만, 국가 간의 경제적 차이는 점차 심해지고 있다. 특히 북반구의 선진 공업국과 남반구의 개발 도상국 사이의 경제적 차이로 빈부 격차가 벌어지고 있고(남북문제), 선진국 내에서도 계층 간의 빈부 격차가 커지고 있다.

🔵 용어 사전

* **기성세대(旣 이미 成 이루다 世 때 代 시대)** 이미 사회 활동을 하고 있는 나이가 든 세대

* **아파르트헤이트** 남아프리카공화국에서 격리 또는 분리를 의미하는 용어로 남아프리카공화국에서 실시된 백인 우월주의에 근거한 인종 차별 정책

문제로 실력다지기

개념 문제

01 다음 설명이 맞으면 ○표, 틀리면 ×표를 하시오.

(1) 젊은 학생들이 중심이 되어 기존의 가치와 권위에 저항하는 탈권위주의 운동이 전개되었다. (　　)

(2) 남아프리카 공화국에서는 넬슨 만델라가 인종 분리 정책인 아파르트헤이트에 저항하는 활동을 전개하였다. ·····················(　　)

(3) 여성은 참정권 획득 이후 남녀 간의 완전한 평등을 이루었다. ·····················(　　)

02 다음 현대 사회의 문제와 관련된 내용을 옳게 연결하시오.

(1) 질병 문제 •　　　　　• ㉠ 리우 선언

(2) 환경 문제 •　　　　　• ㉡ 카슈미르 분쟁

(3) 지역 갈등 •　　　　　• ㉢ 세계 보건 기구

03 다음 빈칸에 들어갈 알맞은 말을 쓰시오.

(1) 미국에서는 (　　　)이/가 법 앞에서의 평등을 외치며 흑인 해방 운동을 전개하였다.

(2) 교육 수준의 향상과 기술의 발달, 민주화의 진전 등으로 사회의 주체가 변화하면서 다수의 취향을 충족하는 (　　　)이/가 발달하였다.

(3) 북반구의 선진국과 적도 및 남반구의 저개발국의 경제적 차이로 발생하는 문제를 (　　　)라고/이라고 한다.

실력 문제

04 다음 자료를 바탕으로 한 탐구 주제로 적절한 것은?

- 인종 차별 저항 운동
- 여성 차별 반대 운동
- 베트남 전쟁 반대 운동

① 대중문화의 형성
② 세계화와 경제 통합
③ 인민 전선 정부의 수립
④ 탈권위주의 운동의 전개
⑤ 아시아·아프리카의 독립 운동

05 탈권위주의 운동이 발생한 배경으로 옳은 것을 〈보기〉에서 고른 것은?

　— 보기 —
ㄱ. 신자유주의 경제 체제가 확산되었다.
ㄴ. 냉전 체제의 전개로 이념 대립이 깊어졌다.
ㄷ. 산업화로 인해 물질 만능주의가 널리 퍼졌다.
ㄹ. 소련과 동유럽의 공산주의 정권이 붕괴되었다.

① ㄱ, ㄴ　　　② ㄱ, ㄷ　　　③ ㄴ, ㄷ
④ ㄴ, ㄹ　　　⑤ ㄷ, ㄹ

06 밑줄 친 '학생 운동'의 구호로 옳은 것은?

① 나치 침략을 규탄한다.
② 금지하는 것을 금지하라.
③ 보통 선거권을 부여하라.
④ 공산주의 독재 체제에 반대한다.
⑤ 국·공립 기관의 민영화를 멈춰라.

07 (가)에 들어갈 인물로 옳은 것은?

① 넬슨 만델라　　　② 로자 파크스
③ 베티 프리단　　　④ 마틴 루서 킹
⑤ 시몬 드 보부아르

08 (가)에 들어갈 내용으로 옳은 것은?

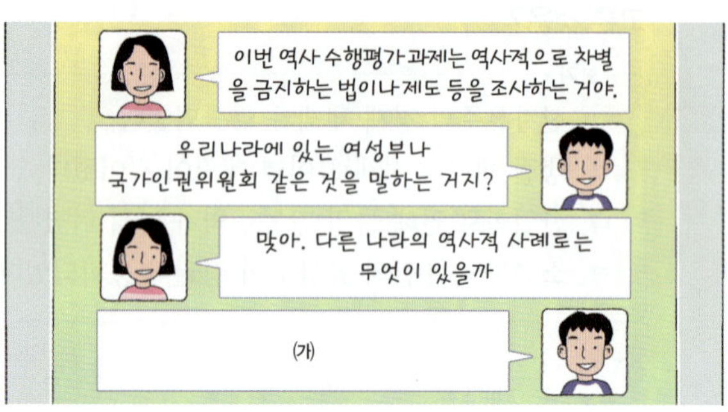

① 미국에서 제정한 민권법이 있지.
② 중국에서 톈안먼 사건이 일어났어.
③ 러시아에서는 코민테른을 결성하였지.
④ 국가 간에 자유 무역 협정이 체결되었어.
⑤ 세계 각국이 모여 교토 의정서를 발표하였어.

09 (가)에 들어갈 운동과 관련된 설명으로 옳은 것은?

> ___(가)___ 관련 도서 목록
> • 베티 프리단(미국), 『여성의 신비』
> • 게르드 브란텐베르그(노르웨이), 『이갈리아의 딸들』
> • 시몬 드 보부아르(프랑스), 『제2의 성』

① 테러와의 전쟁을 선포하였다.
② 핵 산업의 추방을 목표로 하였다.
③ 인종 차별의 부당함을 고발하였다.
④ 일상생활에서의 성 차별을 극복하고자 하였다.
⑤ 부패 정권 퇴진과 민주화 정부 수립을 요구하였다.

10 1960년대 이후 전개된 여성 운동의 배경으로 옳은 것을 〈보기〉에서 고르면?

> ─ 보기 ─
> ㄱ. 여성의 참정권이 보장되지 않았다.
> ㄴ. 사회적으로 여성의 피임과 낙태를 금지하였다.
> ㄷ. 여성들의 출산율이 높아지며 발언권이 커졌다.
> ㄹ. 직장에서 임금 차별, 승진 배제 등의 상황을 겪었다.

① ㄱ, ㄴ   ② ㄱ, ㄷ   ③ ㄴ, ㄷ
④ ㄴ, ㄹ   ⑤ ㄷ, ㄹ

11 (가)에 들어갈 내용으로 적절한 것을 〈보기〉에서 고른 것은?

> ○○○○년 ○○월호
>
> **문화 산책**
> [집중 조명] 대중문화에 대해
> • 형성 배경 ……………………………………… (가)
> • 대중문화의 모습
> • 긍정적인 면과 부정적인 면

> ─ 보기 ─
> ㄱ. 자유 무역의 확산
> ㄴ. 정보 전달 매체의 발달
> ㄷ. 고등 교육 기회의 확장
> ㄹ. 국가 주도의 성장 정책

① ㄱ, ㄴ   ② ㄱ, ㄷ   ③ ㄴ, ㄷ
④ ㄴ, ㄹ   ⑤ ㄷ, ㄹ

12 밑줄 친 '문제점'으로 가장 적절한 것은?

> 대중문화의 발달 과정에서 탈권위주의 운동과 결합되면서 기존의 권위적인 지배에 저항하는 문화가 널리 확산하였다. 그러나 여러 가지 <u>문제점</u>도 지적되고 있다.

① 빈부의 격차가 심화되었다.
② 소수의 엘리트가 독점하였다.
③ 획일화된 문화가 확산되었다.
④ 인종, 민족, 종교적 갈등을 야기시켰다.
⑤ 고급 문화의 형성으로 일부 계층이 차별받았다.

13 (가)에 들어갈 탐구 주제로 적절한 것은?

> ___(가)___
> • 코소보 사태
> • 카슈미르 분쟁
> • 팔레스타인 분쟁

① 냉전 체제의 전개
② 제3 세계 국가의 분열
③ 미국 중심의 세계 질서
④ 현대 사회의 종교·민족 갈등
⑤ 민주화 운동을 전개한 아랍의 봄

14 다음 시위와 같은 맥락의 정책으로 옳지 <u>않은</u> 것은?

▲ 베트남 전쟁 반대 시위

▲ 이라크 전쟁 반대 시위

① 유럽 군축 회의의 개최
② 바르샤바 조약 기구의 결성
③ 대량 살상 무기의 축소 노력
④ 국제 연합 평화 유지군 설치
⑤ 핵 확산 금지 조약(NPT)의 체결

15 다음 토론과 관련된 탐구 활동으로 가장 적절한 것은?

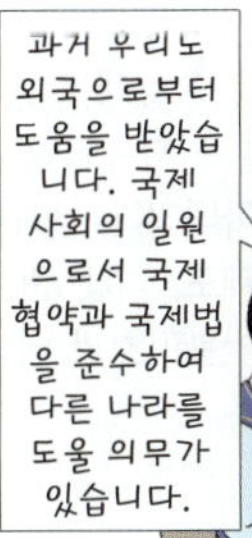

① 세계 기아 지수를 분석한다.
② 유엔 난민 기구의 활동을 알아본다.
③ 세계 자연 기금의 노력을 조사한다.
④ 탈권위주의 운동의 영향을 찾아본다.
⑤ 한국군의 해외 파병 과정을 살펴본다.

중요
16 다음 지도를 통해 추측할 수 있는 현대 세계의 문제로 옳은 것은?

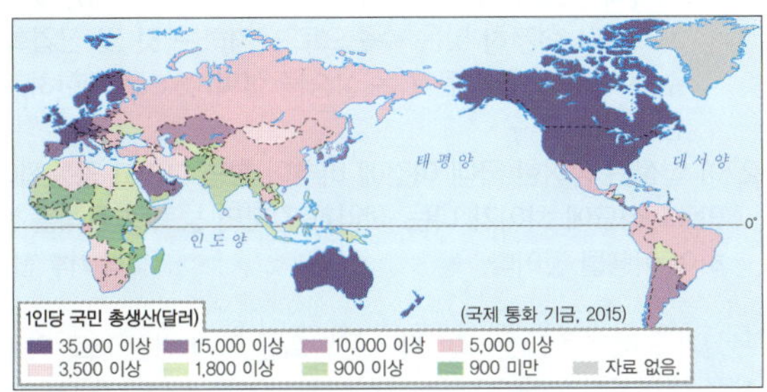

① 남북문제   ② 지역 분쟁
③ 자유 무역의 확산   ④ 지역별 경제 공동체
⑤ 신자유주의 경제 체제 확산

고난도
17 (가)에 들어갈 현대 사회의 문제에 대한 설명으로 옳은 것을 〈보기〉에서 고른 것은?

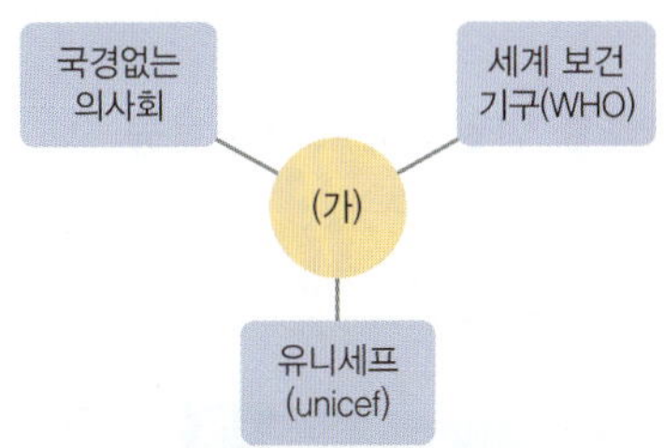

보기
ㄱ. 산업화의 확대에 따른 부작용이다.
ㄴ. 빈부 격차의 심화로 인해 발생한다.
ㄷ. 다문화, 다인종 사회에 대한 이해가 필요하다.
ㄹ. 아시아, 아프리카 국가가 상대적으로 문제가 많이 발생한다.

① ㄱ, ㄴ   ② ㄱ, ㄷ   ③ ㄴ, ㄷ
④ ㄴ, ㄹ   ⑤ ㄷ, ㄹ

18 다음 자료와 관련된 국제 사회의 대응으로 옳은 것은?

▲ 말라가는 아랄해

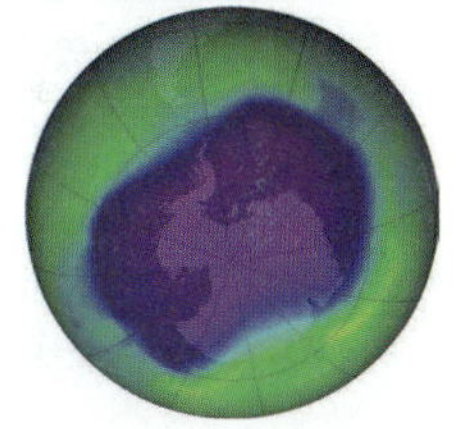
▲ 오존 홀 문제

① 난민 협약의 체결
② 리우 선언의 발표
③ 유니세프 모금 활동
④ 국제 통화 기금의 지원
⑤ 국제 사면 위원회의 결성

서술형
19 다음 인물이 전개한 활동을 서술하시오.

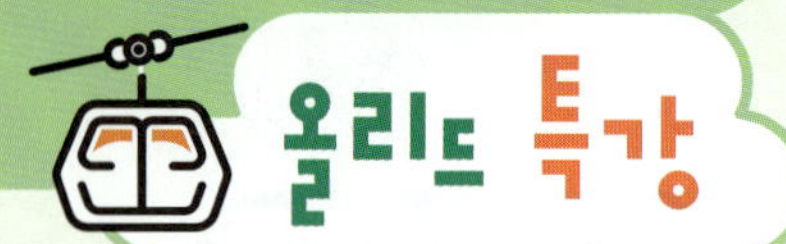

탈권위주의 운동과 현대 세계의 문제

제2차 세계 대전 이후 탈권위주의 운동이 전개되면서 여러 사회 운동이 전개되었으며, 냉전 체제 해체 이후에도 현대 사회의 여러 문제점도 나타났다. 그중에서도 민권 운동과 여성 운동, 빈곤 문제와 환경 문제의 내용을 묻는 문제가 자주 출제되므로 각각의 내용을 정확하게 파악할 필요가 있다.

주제 탐구하기

탐구 1 민권 운동과 여성 운동

민권 운동

- 마틴 루서 킹은 미국 내 인종 차별에 반대하는 인권 운동을 전개하였고 몽고메리 버스 보이콧 운동을 지도하며 민권법, 투표권법이 발효되는 데 기여하였다. 1964년 노벨 평화상을 수상하였으나 1968년 인종 차별주의자의 총에 맞아 암살되었다.

- 넬슨 만델라는 남아프리카 공화국의 인종 차별 정책인 아파르트헤이트 정책에 저항하였다. 이 과정에서 반역죄로 체포되어 종신형을 선고받았고 27년 만에 석방되었다. 이후 1991년 아프리카 민족 회의(ANC)의 지도자로 선출되어 아파르트헤이트를 폐지하며 1993년 노벨 평화상을 수상하였다. 그는 1994년 남아프리카 공화국 최초의 흑인 대통령으로 취임하여 화해를 강조하는 과거사 청산을 실시하였다.

여성 운동

- 여성은 남편과 아이를 넘어서 자신의 목표를 성취하기를 원하는 것을 이기적이라고 느낄 필요가 없다.
  – 베티 프리단 –
- 여성 해방은 남자의 특권만을 폐지하는 것에 더해, 성적 구분 자체를 없애는 것이다.
  – 슐라미스 파이어스톤 –
- 사람은 여자로 태어나지 않는다. 여자가 되는 것이다. 여자는 태어나는 것이 아니라 그렇게 만들어진다.
  – 시몬 드 보부아르 –

전후 여성은 참정권을 획득하고 고등 교육의 혜택을 받으며 취업의 기회를 누렸지만 여전히 여성 차별은 지속되었다. 이에 따라 여성들은 직장 내 남녀 차별뿐만 아니라 일상에서 경험하는 본질적인 문제인 가부장제, 이혼 제도, 낙태 관련 법률, 미혼모 지위, 성폭력, 신체적 자기 결정권(피임과 낙태 관련) 등을 공론화하였다.

탐구 2 빈곤 문제와 환경 문제

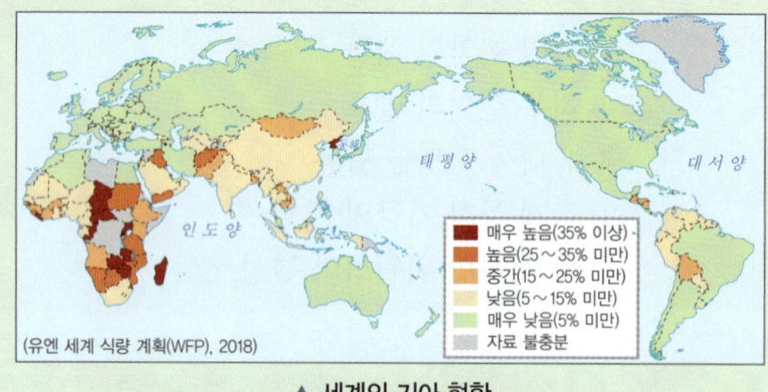

▲ 세계의 기아 현황

- 신자유주의와 세계화가 확대되면서 국가 간 경제 교류가 활발해졌다. 그 결과 이미 산업화된 선진국들은 더욱 부유해졌지만 개발 도상국 주민들의 삶은 더욱 빈곤해졌다. 빈부 격차가 심화되면서 주로 북반구에 위치한 선진 공업국과 적도 및 남반구에 위치한 저개발 국가 사이의 발전 및 소득 격차에서 생기는 국제 정치·경제의 구조적 문제를 남북문제라고 부르기도 한다.

1. 이 협정은, 협약의 목적을 포함하여 협약의 이행을 강화하는 데에, 지속가능한 발전과 빈곤 퇴치를 위한 노력의 맥락에서, 다음의 방법을 포함하여 기후 변화의 위협에 대한 전지구적 대응을 강화하는 것을 목표로 한다.
   가. 기후 변화의 위험 및 영향을 상당히 감소시킬 것이라는 인식하에, 산업화 전 수준 대비 지구 평균 기온 상승을 섭씨 2℃ 보다 현저히 낮은 수준으로 유지하는 것 및 산업화 전 수준 대비 지구 평균 기온 상승을 섭씨 1.5℃로 제한하기 위한 노력의 추구
2. 이 협정은 상이한 국내 여건에 비추어 형평 그리고 공통적이지만 그 정도에 차이가 나는 책임과 각자의 능력의 원칙을 반영하여 이행될 것이다.
   – 파리 기후 협정 –

- 온실가스 배출을 제한하여 지구 온난화를 막기 위한 교토 의정서 체제를 대체하기 위해 2015년 12월 12일, 195개국 대표가 모인 가운데 '파리 기후 협정'이 채택되었다. 지구 평균 기온이 산업화 이전보다 1.5℃ 이상 상승하지 않도록 합의한 것이지만 미국은 트럼프 정부의 성립 이후 자국의 이익에 부합되지 않는다며 협정에서 탈퇴하였다.

유형 1 민권 운동을 전개한 인물에 대해 묻는 문제

다음 자료의 인물에 대한 설명으로 옳은 것을 〈보기〉에서 고른 것은?

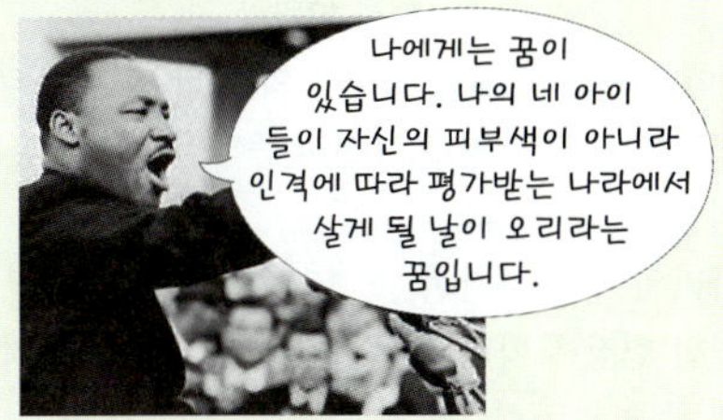

보기
ㄱ. 민권법이 제정되는데 공헌하였다.
ㄴ. 몽고메리 버스 보이콧 운동을 지도하였다.
ㄷ. 아파르트헤이트에 저항하는 활동을 전개하였다.
ㄹ. 남아프리카 공화국 최초의 흑인 대통령이 되었다.

① ㄱ, ㄴ   ② ㄱ, ㄷ   ③ ㄴ, ㄷ
④ ㄴ, ㄹ   ⑤ ㄷ, ㄹ

유형 2 여성 운동에 대한 설명을 연결하는 문제

다음 사회 운동을 전개하게 된 배경으로 옳은 것은?

① 출산율이 점차 증가하였다.
② 여성에게 참정권이 주어지지 않았다.
③ 여성은 고등 교육의 혜택을 받을 수 없었다.
④ 형식적 평등은 이루었으나 여전히 남녀 차별이 심하였다.
⑤ 버스의 좌석을 백인 좌석과 유색 인종 좌석으로 분리하였다.

유형 3 빈곤 문제를 파악하는 문제

다음 지도를 활용한 탐구 활동으로 옳은 것은?

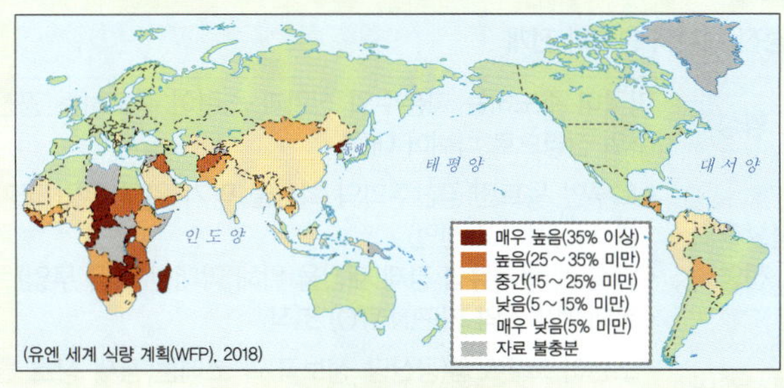

▲ 세계의 기아 현황

① 남북문제의 해결 방안을 살펴본다.
② 반전 평화 운동의 내용을 조사한다.
③ 난민 협약의 체결 과정을 분석한다.
④ IMF 구제 금융의 영향을 찾아본다.
⑤ 지구 온난화 현상의 결과를 파악한다.

유형 4 환경 문제의 해결 노력을 묻는 문제

(가)에 들어갈 협정에 대한 설명으로 옳은 것은?

역사 신문 　　　　　　　　　　　○○○○년 ○○월 ○○일

(가) 의 체결

1997년 체결된 교토 의정서가 2020년 종료됨에 따라 이를 대체하기 위해 파리에서 협약이 체결되었습니다. 이 협약에 따라 선진국, 개발 도상국의 구분 없이 의무 감축 대상을 195개국으로 확대하였습니다.

① 오존층 파괴 물질의 사용을 규제하였다.
② 온실가스를 줄이기 위한 노력을 담고 있다.
③ 잔류성 유기 오염 물질의 생산을 금지하였다.
④ 습지 자원의 보전에 대한 기본 방향을 제시하였다.
⑤ 비행기나 선박에서 나오는 쓰레기 투기를 규제하였다.

표와 자료로 마무리하기

주제 17 냉전 체제와 아시아 아프리카의 독립

1. 냉전 체제의 형성과 전개

형성	미국이 주도하는 자본주의 진영과 소련이 주도하는 공산주의 진영으로 나뉘어 대립
자본주의 진영	• 트루먼 독트린(공산주의의 확산을 막기 위해 유럽 국가를 지원하기로 선언) • 마셜 계획(서유럽 경제 재건을 위해 막대한 자금 투입) • 북대서양 조약 기구(NATO) 조직
공산주의 진영	• 소련이 코민포름(공산당 정보국)과 코메콘(경제 상호 원조 회의) 창설) • 바르샤바 조약 기구(WTO) 조직
전개	• 독일: 동서로 분단 → 1960년대 초 베를린 장벽 설치 • 중국: 국·공 내전에서 공산당 승리하여 중화 인민 공화국 수립 • 한반도: 6·25 전쟁 발생 • 베트남: 남북 분단 이후 베트남 전쟁 발발 • 쿠바: 쿠바 미사일 위기 발생

2. 아시아·아프리카의 독립

서아시아	• 시리아, 요르단 등의 독립 • 팔레스타인 분쟁(유대인의 이스라엘 건국에 대한 아랍 민족의 반발, 4차에 걸친 중동 전쟁)
아프리카	• 이집트: 나세르 주도로 공화정 수립, 수에즈 운하 국유화 • 1951년 리비아 독립 → 이후 수많은 독립 국가 탄생, 1960년 17개 국가 독립(아프리카의 해) • 독립 이후에도 민족·부족 간 대립, 정치적 혼란·내전 등으로 어려움.
인도	영국의 식민 지배 독립(1947) → 종교적 대립으로 인도(힌두교), 파키스탄(이슬람교)으로 분리
동남 아시아	• 베트남: 프랑스로부터 독립, 베트남 전쟁 이후 공산주의 정권 수립 • 인도네시아: 네덜란드로부터 독립 • 필리핀, 말레이시아: 제2차 세계 대전 이후 독립

3. 냉전 체제의 완화

제3 세계 등장	• 아시아, 아프리카 신생 독립국들이 자본주의, 공산주의 진영에 가담하지 않고 비동맹 중립 노선 추구하며 협력 강화 • 네루(인도)와 저우언라이(중국)가 평화 5원칙 합의(1954) → 반둥 회의에서 평화 10원칙 결의(1955) → 제1차 비동맹 회의 개최(1961)하며 상호 협력 다짐 자료1
냉전의 완화	• 국제 정세 변화: 미국과 소련의 영향력 약화 • 동유럽: 소련 주도의 공산 체제에 저항 → 동유럽 국가의 자유화 운동 • 중국: 소련과 이념·국경 문제로 대립 • 서유럽: 프랑스가 북대서양 조약 기구 탈퇴하며 독자 노선 선택 • 미국: 닉슨 독트린(아시아의 군사적 분쟁에 개입하지 않음을 선언) → 긴장 완화 분위기 조성 • 냉전 완화 정책: 미국의 베트남 철수와 중국과 국교 수립, 서독의 동방 정책, 미국과 소련의 군비 축소 협정 체결

자료1 제3 세계

평화 10원칙

1. 기본적인 인권과 국제 연합 헌장의 목적 및 원칙 존중
2. 모든 국가의 주권과 영토 보전 존중
3. 모든 인종 및 국가 사이의 평등
4. 다른 나라의 내정 불간섭
5. 국제 연합 헌장에 따라 단독 또는 집단적으로 자기 나라를 방위할 권리 존중
6. 강대국의 이익을 위한 집단적 방위 결정에의 불참가
7. 상호 불가침
8. 평화적 방법에 의한 국제 분쟁의 해결
9. 상호 협력의 촉진
10. 정의와 국제 의무의 존중

❶ 아시아와 아프리카의 신생 독립국 대부분은 비동맹 중립 노선을 추구하며 (　　　　)를 형성하였다.

주제 18 세계화와 신자유주의

1. 탈냉전 시대의 전개

소련	• 고르바초프의 개혁·개방 정책: 시장 경제 원리 도입과 정치 민주화 추진 • 소련의 해체: 동유럽 국가들에 대한 소련의 불간섭 정책 발표 → 소련 내 여러 국가들의 독립 선언 → 독립 국가 연합(CIS) 결성하며 소련 해체(1991)
동유럽	• 독일: 공산당의 독재와 경제 불황에 불만 → 동독 내 시위 전개, 서독으로 탈출하는 주민 증가 → 베를린 장벽 붕괴(1989) → 독일 통일(1990) • 폴란드: 자유 노조 운동 주도한 바웬사가 대통령 선출 • 체코슬로바키아, 헝가리 등: 민주 정부 수립, 시장 경제 도입
중국	• 정치 변화: 1950년대 공산주의 경제 정책의 실패(대약진 운동) → 마오쩌둥의 문화 대혁명 전개 • 개혁·개방 정책: 덩샤오핑의 흑묘백묘론(경제 성장을 위해 어떠한 체제라도 도입할 수 있다는 논리) → 시장 경제 원리 일부 도입, 경제 특구 설치(외국의 자본과 기술 적극 도입), 산업의 현대화 추진 • 중국의 변화: 급속한 경제 성장 → 빈부 격차와 관리들의 부정부패 → 민주화 운동 무력 진압(톈안먼 사건) → 홍콩과 마카오 돌려받음, 올림픽 유치 등 국력 성장

2. 세계화와 경제 통합

세계화	교통 및 통신의 발달로 국가 간 사람과 물자의 자유로운 이동 가능, 전 지구가 하나의 공간으로 통합
자유 무역 확대	• 관세 및 무역에 관한 일반 협정(GATT) • 세계 무역 기구(WTO) 설립 • 자유 무역 협정(FTA) 체결
경제 협력체 등장	국제 경제 질서 변화에 대응하여 지역별로 구성 **자료 2**

3. 신자유주의 경제 체제의 형성

배경	1970년대 경제 불황(두 차례의 석유 파동과 장기간의 경제 침체와 물가 상승)
특징	• 정부의 경제 활동 개입과 규제 축소 • 민간과 시장에 최대한의 자유 보장 • 복지 예산 감소 및 세금 감면
영향	• 세계화 진전, 각국의 시장 개방 확대 • 자본, 노동, 기술 등의 활발한 이동 • 다국적 기업의 성장

자료2 세계의 주요 경제 협력체

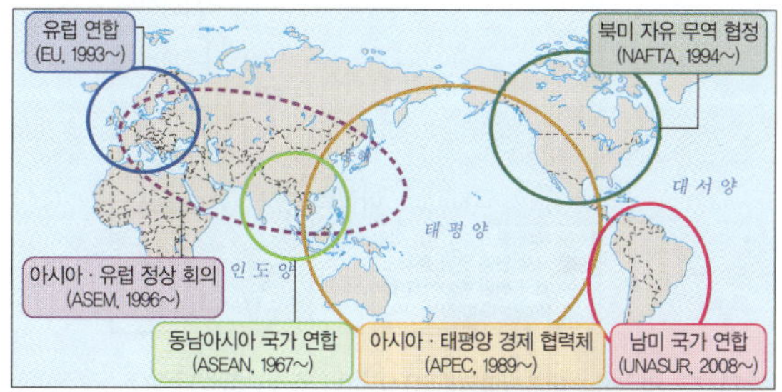

▲ 유럽 연합 본부

▲ 북미 자유 무역 협정 체결

▲ 동남아시아 국가 연합

▲ 아시아·태평양 경제 협력체

❶ 서유럽 6개국이 만든 석탄 철강 공동체에서 비롯된 (　　　　)은 정치적, 경제적 통합을 이룬 하나의 유럽을 지향하였다.

❷ (　　　　　　　)은 아시아 및 태평양 국가들의 정책 대화와 협력 증진을 목적으로 1989년에 설립되었다.

대중문화의 발전과 현대 사회의 과제

탈권위주의 운동의 전개	배경	두 차례의 세계 대전으로 인한 인류의 희생, 대공황과 같은 국제적 경제 위기로 인한 산업화의 문제, 미·소 냉전 체제에서 세계 평화의 위협 → 인류의 올바른 가치 고민·성찰하는 분위기 형성
	내용	기성세대가 만든 권위주의적 질서와 체제에 저항, 국가의 권위적이고 일방적인 정책 추진과 가부장적 가족 질서와 여성 차별 등 사회 문제 비판
	학생 운동	프랑스의 68 운동 전개 → 표현의 자유를 비롯하여 반전 평화, 인종과 여성 차별 철폐 등 주장 → 세계 각지의 체제 저항 운동에 영향
	민권 운동	• 넬슨 만델라: 남아프리카 공화국의 인종 분리 정책인 아파르트헤이트에 저항 • 마틴 루서 킹: 미국 내 흑인 차별 반대 시위 주도 → 민권법(1964), 투표권법(1965) 제정
	여성 운동	• 여성 참정권 획득, 고등 교육 기회 확대, 취업 활동 → 여성에 대한 사회적·문화적 차별 지속 • 각종 단체 조직하고 여러 부문에서 권리의 보장 주장(신체적 자기 결정권 등) → 여성 인권을 보호하는 법과 제도 마련
대중문화 형성	대중사회 등장	• 대량 생산·대량 소비 체제 하에서 정보 전달 매체와 기술의 발달로 대중이 사회 주체로 형성 • 대중 매체의 보급 영향
	대중문화 발달	• 많은 사람에게 소비되기 위해 대량 생산되는 상업화된 문화 • 1960년대 젊은 세대가 소비의 주체로 성장하면서 기존 사회 질서에 저항하는 성격으로 형성(히피 문화, 청년 문화)
현대 세계의 문제 해결을 위한 노력	갈등과 분쟁	냉전 해체 이후에도 종교·인종·부족 간 갈등과 분쟁, 테러의 지속 → 수많은 사상자 발생, 난민 증가 → 반전 평화 운동 전개, 난민 협약 체결 등
	빈부 격차와 질병 문제	• 신자유주의 경제 체제의 확대, 교역 확대 → 국가 간의 경제적 차이 심화(남북문제) **자료3** • 빈곤으로 인한 영양 부족으로 질병 확산 → 세계 보건 기구(WHO) 및 비정부기구(NGO) 활동
	환경 문제	산업화 진행, 환경 오염, 생태계 파괴 → 리우 선언, 파리 기후 협정 등 체결

자료3 빈부 격차 문제

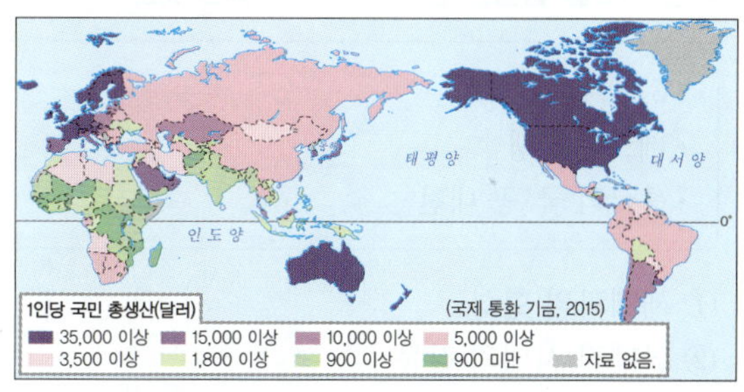

❶ 국제 교역이 활발해지면서 국가 간 경제적 차이도 심해지고 있다. 주로 북반구에 위치한 선진 공업국과 적도 및 남반국에 위치한 저개발국가의 빈부 격차를 (　　　)라고 부른다.

01 다음 자료와 관련된 탐구 활동으로 옳은 것을 〈보기〉에서 고른 것은?

> 미국은 유럽에 1974년 7월부터 4년간 총 130억 달러에 해당하는 경제적·기술적 지원을 하였다. 이를 현재 가치로 환산하면 약 1,300억 달러에 해당하는 금액으로 대부분의 서유럽 국가가 세계 대전 이전 수준으로 경제력을 회복하였다.

> **보기**
> ㄱ. 제3 세계의 주장을 살펴본다.
> ㄴ. 닉슨 독트린의 내용을 분석한다.
> ㄷ. 마셜 계획의 추진 배경을 파악한다.
> ㄹ. 냉전 체제의 형성 과정을 알아본다.

① ㄱ, ㄴ ② ㄱ, ㄷ ③ ㄱ, ㄹ
④ ㄴ, ㄹ ⑤ ㄷ, ㄹ

02 다음 연설로 추측할 수 있는 내용으로 옳은 것은?

> 지금 발트해의 슈체친에서 아드리아해의 트리에스테에 이르기까지 하나의 '철의 장막'이 유럽 대륙을 가로지르며 내려지고 있다.

① 제3 세계의 형성을 보여 준다.
② 국제 평화와 협력을 도모하고 있다.
③ 경제 대공황의 피해를 막고자 하였다.
④ 공산주의 진영의 폐쇄성을 비판하였다.
⑤ 신자유주의 경제 체제가 확산됨을 알 수 있다.

03 다음 자료를 활용한 탐구 주제로 적절한 것은?

> • 6·25 전쟁
> • 베트남 전쟁
> • 중국의 국·공 내전

① 세계화의 형성
② 탈냉전 시대의 갈등
③ 사회주의 체제의 변화
④ 제2차 세계 대전의 전개
⑤ 냉전 속의 군사적 충돌

04 밑줄 친 '이 도시'에 대한 설명으로 옳은 것은?

> 동부 독일 내 110마일 지역에 위치하고, 소련군이 둘러싸고 있는 이 도시는 공산 지역에서 자유의 섬이자 상징인 동시에 자유의 표본입니다. 나아가 피난민을 위한 피난처이자, 희망의 표지이며, 자유 세계와의 결속을 의미합니다.

① 국제 연합 본부가 위치해 있다.
② 독립 국가 연합 창설을 합의하였다.
③ 소련의 주도하에 장벽이 건설되었다.
④ 냉전 시대에 동유럽 군사 동맹을 체결하였다.
⑤ 아시아·아프리카 지도자들이 평화 10원칙을 결의하였다.

05 지도에 표시된 지역의 갈등에 대한 설명으로 옳은 것은?

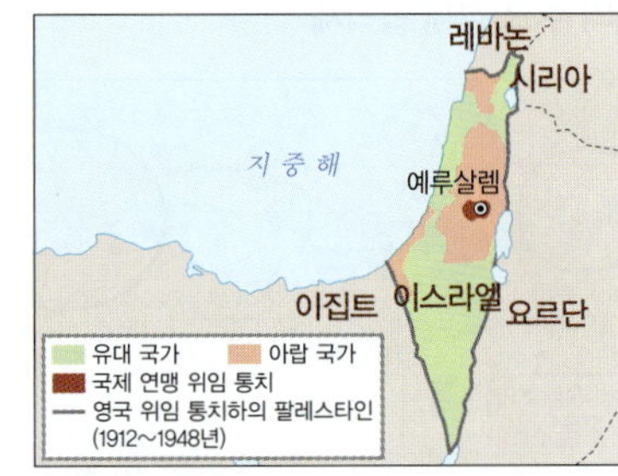

① 독재 정권에 대한 반발로 야기되었다.
② 범슬라브주의와 범게르만주의의 충돌이다.
③ 아랍 민족과 유대 민족의 대립을 보여 준다.
④ 힌두교와 이슬람교의 종교적 분쟁이 발생하였다.
⑤ 자본주의 진영과 공산주의 진영의 이념 경쟁이다.

06 (가), (나) 시기 사이의 사실로 옳은 것은?

> (가) 베트남이 제네바 회담에서 독립을 승인받고 북위 17도선을 경계로 남북으로 분단되었다.
> (나) 북베트남에 의해 베트남이 통일을 이룩하였다.

① 호찌민이 인도차이나 공산당을 조직하였다.
② 미군의 개입으로 베트남 전쟁이 전개되었다.
③ 독재 정권에 항의하는 민주화 시위가 일어났다.
④ 고르바초프의 개혁·개방 정책의 영향을 받아 독립하였다.
⑤ 비동맹국 회의에 참여하며 유엔에서 정식으로 독립 국가로 인정받았다.

07 다음 자료와 관련된 국가에 대한 설명으로 옳은 것은?

> 그들은 우리의 감정, 삶의 희망 혹은 권리에 대해 아무런 관심이 없다. 서양은 철저히 우리를 무시하였고, 아랍 국가들은 서양의 방침을 확인할 수 없었다. 그리고 1956년, 수에즈 전쟁이 일어났다. …… 형제들이여, 우리는 동료와 적, 동료와 위선자들을 구별해야 한다.

① 종교적 갈등으로 통일 후 분열되었다.
② 중국의 대표와 만나 평화 5원칙을 결의하였다.
③ 미국과의 전쟁에서 승리하며 통일을 이루었다.
④ 나세르가 왕정을 몰아내고 공화정을 수립하였다.
⑤ 수카르노의 주도 하에 네덜란드로부터 독립하였다.

08 밑줄 친 '이 나라'에 대한 탐구 활동으로 옳은 것은?

① 호찌민의 활동에 대해 파악한다.
② 중동 전쟁의 전개 과정을 조사한다.
③ 수에즈 운하를 둘러싼 갈등을 살펴본다.
④ 팔레스타인 지역의 대립 상황을 찾아본다.
⑤ 힌두교도와 이슬람교도의 종교 분쟁을 알아본다.

09 다음 사건과 관련된 설명으로 옳은 것은?

> 인도의 델리에서 만난 인도의 네루와 중국의 저우언라이는 상호 불가침, 평화 공존 등 평화 5원칙에 합의하였다(1954).

① 소련의 해체를 이끌었다.
② 트루먼 독트린을 지지하였다.
③ 마셜 계획의 추진 근거를 마련하였다.
④ 신경제 정책(NEP)을 추진하게 만들었다.
⑤ 아시아·아프리카 회의 결성에 영향을 끼쳤다.

10 다음 선언이 이루어진 시기를 연표에서 옳게 고른 것은?

> 1. 미국은 태평양 국가로서 아시아 지역 내에서 계속 중요한 역할을 한다.
> 3. 미국은 베트남 전쟁과 같은 아시아 지역의 전쟁에 개입하는 일을 반복하지 않을 것이다.

	(가)		(나)		(다)		(라)		(마)	
제2차 세계 대전 종결		마셜 계획 발표		반둥 회의 개최		베를린 장벽 설치		미·중 국교 수립		독일 통일

① (가) ② (나) ③ (다) ④ (라) ⑤ (마)

11 (가)에 들어갈 내용으로 옳은 것을 〈보기〉에서 고른 것은?

보기
ㄱ. 트루먼 독트린의 발표
ㄴ. 중화 인민 공화국의 수립
ㄷ. 폴란드의 자유 노조 운동 전개
ㄹ. 프랑스의 북대서양 조약 기구 탈퇴

① ㄱ, ㄴ   ② ㄱ, ㄷ   ③ ㄱ, ㄹ
④ ㄴ, ㄹ   ⑤ ㄷ, ㄹ

12 밑줄 친 '나'의 정책으로 옳은 것은?

> 페레스트로이카 정책은 소련과 같은 사회주의 국가가 새로운 질적 상태로의 전환, 즉 권위주의적이고 관료주의적인 체제에서 인간적이고 민주적인 사회로 평화롭게 이행하는 유일한 길이라고 생각합니다. 나는 개혁의 모든 과정을 민주주의의 원칙에 근거하여 결단력 있게 추진할 것입니다.

① 볼셰비키를 이끌고 11월 혁명을 이끌었다.
② 소비에트 사회주의 공화국 연방을 수립하였다.
③ 동유럽 국가들에 대해 간섭하지 않겠다고 선언하였다.
④ 시장 경제를 일부 인정한 신경제 정책(NEP)을 시행하였다.
⑤ 중공업 발전을 목표로 하는 경제 개발 5개년 계획을 추진하였다.

13 다음 자료를 본 학생들의 대화 내용으로 적절한 것은?

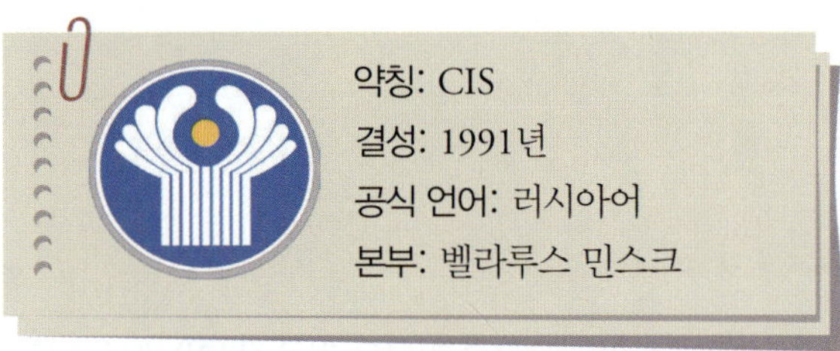

① 소련이 붕괴되었구나.
② 냉전 체제가 심화되었구나.
③ 지역별 경제 협력체를 구성하였구나.
④ 북대서양 조약 기구에 대항하려 하였구나.
⑤ 국제 분쟁의 조정과 중재를 위한 노력이야.

14 다음 자료를 활용한 탐구 주제로 적절한 것은?

> • 헝가리: 대통령제를 규정한 헌법 제정
> • 폴란드: 자유 노조를 이끌던 바웬사의 대통령 선출
> • 체코슬로바키아: 서방의 자본과 기술 유입

① 제3 세계의 형성
② 냉전 체제의 전개
③ 사회주의 정권의 붕괴
④ 공산주의 세력의 확산
⑤ 독립 국가 연합의 결성

15 밑줄 친 '대규모 시위'의 배경으로 옳은 것을 〈보기〉에서 고른 것은?

┌ 보기 ┐
ㄱ. 공산당 정권의 독재 정치가 지속되었다.
ㄴ. 소련의 개혁·개방 정책에 영향을 받았다.
ㄷ. 국제 연합(UN)의 가입이 허락되지 않았다.
ㄹ. 베르사유 조약으로 인해 경제 불황이 전개되었다.

① ㄱ, ㄴ ② ㄱ, ㄷ ③ ㄴ, ㄷ
④ ㄴ, ㄹ ⑤ ㄷ, ㄹ

16 (가) 기구에 대한 설명으로 옳은 것은?

> 1. ___(가)___ 은/는 이 협정 및 다자간 무역 협정의 이행, 관리 및 운영을 촉진하고 그 목적을 증진하며, 또한 복수 국가간 무역 협정의 이행, 관리 및 운영을 위한 틀을 제공한다.
> 4. ___(가)___ 은/는 무역 정책 검토를 시행한다.

① 집단 안보 체제를 형성하였다.
② 자유 무역의 확대를 추구하였다.
③ 유럽의 정치·경제적 협력을 목적으로 하였다.
④ 동남아시아 국가 간의 상호 협력을 증진하였다.
⑤ 아시아 및 태평양 연안 국가들의 원활한 정책 추진을 위해 창설하였다.

17 밑줄 친 '이 정책'에 대한 설명으로 옳지 <u>않은</u> 것은?

① 보호 무역을 확대하였다.
② 정부의 규제를 최소하였다.
③ 국·공영 기업이 민영화되었다.
④ 복지 예산이 축소, 폐지되었다.
⑤ 기업의 자유로운 활동을 보장하였다.

18 다음 사례에 대한 설명으로 옳은 것을 〈보기〉에서 고른 것은?

- 미국의 공공장소에서 백인과 흑인을 분리하도록 규정
- 남아프리카 공화국의 아파르트헤이트 정책

─ 보기 ─
ㄱ. 대표적인 인종 차별 정책이다.
ㄴ. 여성 인권을 보호하고자 하였다.
ㄷ. 마틴 루서 킹, 넬슨 만델라 등이 저항하였다.
ㄹ. 국가에 저항하는 시위를 탄압하고자 제정하였다.

① ㄱ, ㄴ ② ㄱ, ㄷ ③ ㄴ, ㄷ
④ ㄴ, ㄹ ⑤ ㄷ, ㄹ

19 다음 협약에 대한 학생들의 대화 내용으로 적절한 것은?

- 리우 선언
- 교토 의정서
- 몬트리올 의정서

① 비정부 기구의 활동이 활발하구나.
② 아직 여성 문제 해결의 길이 멀구나.
③ 난민 문제에 대한 국제적 관심이 크구나.
④ 국제 평화를 위한 노력이 지속되고 있구나.
⑤ 미래 세대를 위한 환경 보전 노력을 하고 있구나.

✎ 서술형 문제

20 다음 지도를 보고 물음에 답하시오.

(1) 지도에 표시된 국가들이 형성한 진영을 뜻하는 용어를 쓰시오

(2) (1)의 특징을 서술하시오.

21 다음 자료를 보고 물음에 답하시오.

(1) 위 주장을 한 인물을 쓰시오.

(2) (1) 인물의 정책 방향을 서술하시오.

22 다음을 읽고 물음에 답하시오.

대량 생산 체제, 교육 기회 수준의 확대, TV·라디오 등의 발달로 누구나 빠르고 손쉽게 접할 수 있는 <u>새로운 문화</u>가 형성되었다.

(1) 밑줄 친 '새로운 문화'를 가리키는 용어를 쓰시오.

(2) (1)의 부정적인 면을 서술하시오.

개념 잡고 성적 올리는 필수 개념서

올리드

시험대비편 중등 **역사 ①**-2

올리드 100점 전략

개념을 꽉 잡아라! + 문제를 싹 잡아라! + 시험을 확 잡아라! + 오답을 꼭 잡아라!

Mirae N 에듀

시험 대비편

중등 역사 ❶-2

① 유럽과 아메리카의 국민 국가 체제

주제 01 영국의 의회 정치 발전

1 청교도 혁명

(1) **배경** 17세기 시민 계급과 젠트리 성장 → 의회에 대거 진출(대부분 청교도)

① **도시** 상공업 발달로 시민 계급 성장

② **농촌** 새로운 중소 지주층인 ❶ ⬚⬚ 세력 등장

(2) **청교도 혁명**

원인	찰스 1세의 전제 정치(의회를 무시한 과세와 청교도 탄압) → 의회의 ❷ ⬚⬚ 제출과 승인 획득(의회의 승인 없는 과세 금지, 불법적 체포·구금 금지) → 찰스 1세의 의회 해산
전개	찰스 1세가 전쟁 비용이 필요하여 의회 소집 → 의회에서 국왕의 과세 요구 거부하며 실정 비판 → 국왕과 의회의 대립으로 내전 발생(청교도 혁명, 1642) → 크롬웰이 이끄는 의회파의 승리 → 찰스 1세 처형, 공화정 수립(1649)
크롬웰 집권	아일랜드 정복, ❸ ⬚⬚ 제정(영국과 교역하는 나라는 영국과 영국 식민지 배를 이용해야 한다고 규정), 청교도 윤리에 입각한 금욕적인 독재 정치 전개 → 국민 반발로 크롬웰 사망 후 왕정 부활 → 찰스 2세 즉위

2 명예혁명

배경	찰스 2세와 제임스 2세의 전제 정치 강화(의회 무시, 청도교 탄압)
전개	의회가 제임스 2세 폐위 → 제임스 2세의 딸 메리와 남편 윌리엄을 공동 왕으로 추대(명예혁명, 1688)
권리 장전 승인	의회의 입법 권한과 과세 승인 권한 등을 확인 → 의회가 왕의 권력을 제한
결과	영국에서 ❹ ⬚⬚ 의 토대 마련

3 영국의 발전

(1) **대외적 성장** 앤 여왕 때 스코틀랜드 병합(1707), 식민지 확대 → 대영 제국 수립

(2) **정치적 안정**

① **조지 1세** 독일의 하노버 공 조지 1세 즉위 → 영국 사정에 어두워 정치에 관여하지 못함.

② ❺ ⬚⬚ **실시** 의회의 다수당이 내각을 구성하여 정치 주도('왕은 군림하나 통치하지 않는다.' 전통 수립)

(3) **경제 발전** 정치적 안정 바탕으로 가장 먼저 18세기 산업 혁명 시작

---

❶ 젠트리 ❷ 권리 청원 ❸ 항해법 ❹ 입헌 군주제 ❺ 내각 책임제

---

01 (가) 계층에 대한 설명으로 옳은 것은?

> 17세기 영국에서는 장원제가 무너지면서 자영 농민층이 형성되고 새로운 중소 지주층인 ⬚(가)⬚ 이/가 형성되었다. 이들은 점차 성장하여 의회에까지 진출하게 되었다.

① 산업 혁명의 영향으로 등장하였다.

② 대표들이 모여 대륙 회의를 개최하였다.

③ 대부분 칼뱅파 신교도인 청교도들이었다.

④ 왕권신수설을 지지하며 국왕과 협조하였다.

⑤ 관직을 독점하고 방대한 토지를 차지하였다.

02 (가) 문서에 대한 설명으로 옳은 것을 〈보기〉에서 고른 것은?

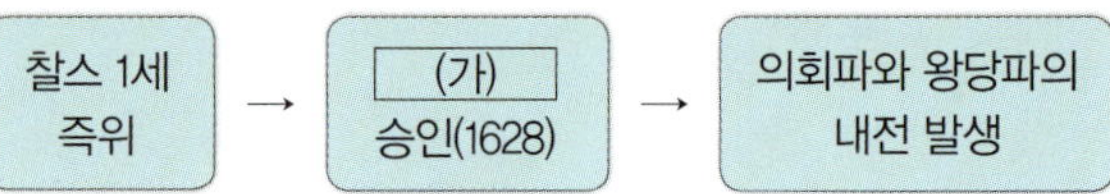

> **보기**
> ㄱ. 불법적인 체포 및 구금을 금지하였다.
> ㄴ. 의회의 동의 없이 세금을 부과할 수 없었다.
> ㄷ. 국왕의 권위를 신으로부터 주어진 것이라 인정하였다.
> ㄹ. 영국과 영국 식민지의 선박으로만 영국과 교역할 수 있게 하였다.

① ㄱ, ㄴ 　② ㄱ, ㄷ 　③ ㄱ, ㄹ
④ ㄴ, ㄹ 　⑤ ㄷ, ㄹ

03 (가) 인물에 대한 설명으로 옳은 것은?

① 권리 장전을 승인하였다.

② 스코틀랜드를 병합하였다.

③ 피를 흘리지 않고 정권 교체를 이루었다.

④ 항해법을 제정하여 대외 무역을 확대하였다.

⑤ 다수당이 내각을 구성하는 내각 책임제를 수립하였다.

04

(가) 시기에 들어갈 영국의 정치 상황으로 옳은 것을 〈보기〉에서 고른 것은?

1588	1628	1642	1649	(가)	1660	1688
무적함대 격파	권리 청원 승인	청교도 혁명	공화정 성립		왕정 부활	명예 혁명

― 보기 ―
ㄱ. 항해법이 제정되었다.
ㄴ. 입헌 군주정의 토대가 마련되었다.
ㄷ. 청교도 윤리를 앞세운 독재 정치가 실시되었다.
ㄹ. 메리와 그녀의 남편 윌리엄이 왕으로 추대되었다.

① ㄱ, ㄴ   ② ㄱ, ㄷ   ③ ㄱ, ㄹ
④ ㄴ, ㄹ   ⑤ ㄷ, ㄹ

05

다음 법에 대한 설명으로 옳은 것은?

> 영국과 영국의 식민지에 상품을 운반하는 선박은 영국이나 상품 생산국의 선박으로만 수송할 것.

① 의회와 국회와의 갈등을 초래하였다.
② 네덜란드의 중계 무역에 타격을 주었다.
③ 사회주의 사상이 등장하는 계기가 되었다.
④ 명예혁명으로 수립된 정권에서 제정하였다.
⑤ 찰스 1세가 전쟁 비용을 마련하기 위해 실시하였다.

06

(가)에 들어갈 제목으로 가장 적절한 것은?

역사 신문	○○○○년 ○○월 ○○일

(가)

찰스 2세와 그의 뒤를 이은 제임스 2세가 전제 정치를 강화하자 의회에서는 제임스 2세를 폐위시키고 공주인 메리와 남편 윌리엄을 공동 왕으로 추대하였다.

① 영국, 공화정을 수립하다.
② 의회의 다수당, 내각을 구성하다.
③ 인간과 시민의 권리 선언 발표하다.
④ 피를 흘리지 않은 명예혁명을 이루다.
⑤ 의회파와 왕당파의 대립, 청교도 혁명으로 이어지다.

07

(가)에 들어갈 영국 정치의 전개 모습으로 적절한 것을 〈보기〉에서 고른 것은?

 → 

▲ 권리 장전 승인 모습

― 보기 ―
ㄱ. 크롬웰이 찰스 1세를 처형하는 모습
ㄴ. 하노버 공 조지 1세가 즉위하는 모습
ㄷ. 의회파와 왕당파가 내전을 벌이는 모습
ㄹ. 스코틀랜드를 병합하고 대영 제국을 수립하는 모습

① ㄱ, ㄴ   ② ㄱ, ㄷ   ③ ㄱ, ㄹ
④ ㄴ, ㄹ   ⑤ ㄷ, ㄹ

08 서술형

다음을 읽고 물음에 답하시오.

(1) (가)에 들어갈 정치 체제를 쓰시오.

(2) (1)이 실시된 배경을 서술하시오.

09 서술형

다음을 읽고 물음에 답하시오.

> 제1조 국왕이 의회의 동의 없이 법의 효력을 정지하거나 법 집행을 정지하는 것은 위법이다.
> 제4조 국왕이 의회의 승인 없이 세금을 거두어들이는 행위는 위법이다.
> 제6조 의회의 동의 없이 평상시에 상비군을 징집, 유지하는 것은 위법이다.

(1) 위 문서가 무엇인지 쓰시오.

(2) (1)의 승인으로 인한 영국의 정치 변화를 서술하시오.

❶ 유럽과 아메리카의 국민 국가 체제

주제 02 미국 혁명

1 미국 혁명의 배경

영국의 식민지 건설	17세기 무렵 종교의 자유를 찾아 온 청교도와 경제적인 목적으로 이주한 상인들이 북아메리카 동부 해안에 13개의 식민지 건설
영국의 식민지 정책 변화	• 초기: 식민지에 대한 간섭 없음 → 13개 식민지의 자치 • 변화: 프랑스와의 ❶[ ]으로 재정이 악화된 영국 정부가 식민지에 과세 정책 강화(인제세, 차세 등) → 식민지 주민들의 반발('대표 없는 곳에 과세 없다.') → 차세 이외의 세금 폐지

2 미국 혁명의 전개

발단	❷[ ](1773) 발생 → 영국 정부의 보스턴 항 봉쇄, 탄압 → 식민지 대표들의 대륙 회의 개최(영국에 맞서기로 결의)
전개	렉싱턴에서 영국군과 식민지군의 무력 충돌 → 워싱턴을 총사령관으로 임명, 독립 선언문 발표(1776) → 프랑스 등 유럽 여러 나라의 지원 → 요크타운 전투 승리
결과	독립군의 승리 → ❸[ ] 체결(1783, 13개 식민지의 독립 인정)

3 아메리카 합중국의 탄생

(1) **헌법 제정** 연방제를 주요 내용으로 하는 헌법 제정(국민 주권, 삼권 분립의 원칙 규정), 초대 대통령 ❹[   ] 선출

(2) **아메리카 합중국의 성립**
① **의의** 세계 최초의 민주 공화국 탄생
② **영향** 프랑스 혁명과 라틴아메리카의 독립 운동에 영향

4 영토 확장과 서부 개척

(1) **영토 확장**
① 독립 이후 유럽 국가들이 지배하였던 지역을 매입하고 양도받음 → 서부 개척 진행
② ❺[   ]와 전쟁을 벌여 캘리포니아 등 서쪽 지역 확보하며 태평양 연안까지 영토 확장

(2) **문제점** 개척 과정에서 아메리카 원주민들이 보호 구역으로 강제 이주되거나 희생

(3) **인구 증가** 캘리포니아에 금광이 개발되어(골드러시) 많은 인구가 서부로 유입

❶ 7년 전쟁 ❷ 보스턴 차 사건 ❸ 파리 조약 ❹ 워싱턴 ❺ 멕시코

---

01 다음 자료를 활용한 탐구 활동으로 적절한 것은?

> … 우리의 배 안에는 종교적 자유를 찾아 떠난 청교도들이 많았다. 우리는 일찍이 뉴잉글랜드라고 명명한 신대륙 북쪽 해안가에 도착하여 담배 재배에 성공하는 등 스스로 살아나갈 운명을 개척하기 시작하였다.

① 나폴레옹의 일대기를 찾아본다.
② 남부와 북부의 차이를 분석한다.
③ 빈 체제에서 합의한 원칙을 조사한다.
④ 아메리카 합중국 탄생 과정을 살펴본다.
⑤ 청교도 혁명이 일어난 배경을 알아본다.

02 영국의 북아메리카 식민지 정책에 대한 설명으로 옳지 <u>않은</u> 것은?

① 영국 의회에 식민지 대표를 참여시켰다.
② 차, 종이 등 수입품에 무거운 세금을 부과하였다.
③ 신문, 서적, 증서 등에 인지를 사서 붙이게 하였다.
④ 초기에는 식민지 의회의 자치와 자유를 허용하였다.
⑤ 프랑스와의 전쟁 이후 식민지에 대한 간섭이 심화되었다.

03 밑줄 친 '혁명'과 연관된 구호로 가장 적절한 것은?

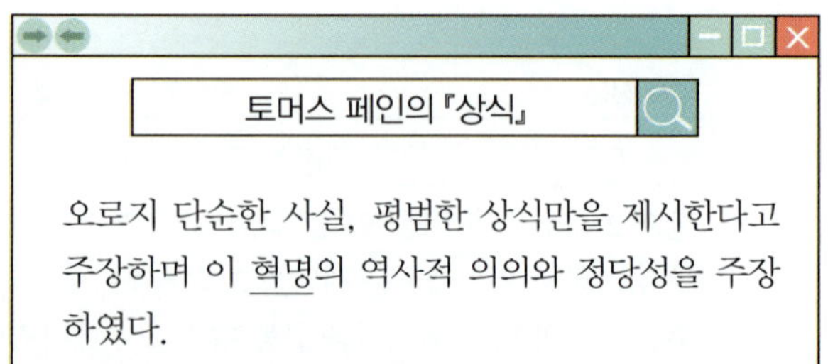

① 왕은 군림하나 통치하지 않는다.
② 대표 없는 곳에 과세할 수 없다.
③ 유럽과 아메리카는 서로 간섭하지 않는다.
④ 21세 이상 남자의 보통 선거권을 인정하라.
⑤ 지금의 문제는 철과 피에 의해서만 해결될 수 있다.

04 밑줄 친 '그'에 대한 설명으로 옳은 것은?

버지니아주의 하원 의원으로 활동하던 그는 영국 정부의 부당한 식민 통치에 반발하였다. 영국군에 입대하여 활동한 경험이 있던 그는 식민지 대표들이 개최한 대륙 회의에서 총사령관으로 임명되었다.

① 입헌 군주제의 토대를 마련하였다.
② 인간과 시민의 권리 선언을 발표하였다.
③ 아메리카 합중국의 초대 대통령으로 선출되었다.
④ 노예 해방 선언을 발표하며 남북 전쟁을 전개하였다.
⑤ 아메리카 대륙에 대한 유럽의 간섭을 허용하지 않겠다고 선언하였다.

05 다음 사건들을 일어난 순서대로 옳게 나열한 것은?

(가) 영국과 파리 조약을 체결하였다.
(나) 미국 독립 선언문을 발표하였다.
(다) 식민지인들이 보스턴 차 사건을 일으켰다.
(라) 식민지군이 버지니아 요크타운 전투에서 승리하였다.

① (가) – (나) – (다) – (라)
② (가) – (다) – (라) – (나)
③ (나) – (다) – (가) – (라)
④ (다) – (나) – (라) – (가)
⑤ (라) – (나) – (가) – (다)

06 다음 다큐멘터리에서 볼 수 있는 장면으로 적절한 것은?

특집 다큐멘터리
· 제1부 '미국 혁명과 아메리카 합중국의 탄생'
· 기획의도 – 대한민국의 민주주의를 되돌아보며 혁명과 민주주의 역사를 조명한다.

① 권리 장전을 승인하는 국왕
② 독립 운동을 주도하는 크리오요
③ 삼신분회에 소집된 제3 신분 대표
④ 항해법 제정에 반발하는 네덜란드
⑤ 식민지인을 지원하기 위해 출정한 프랑스 군대

07 다음 지도에 나타난 영토 확장 과정에 대한 설명으로 옳은 것을 〈보기〉에서 고른 것은?

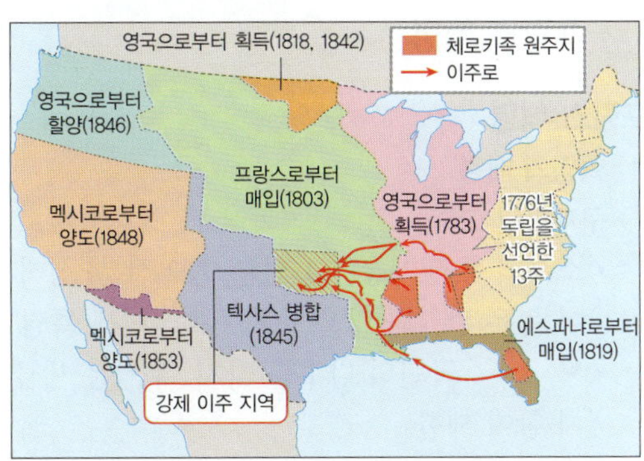

━ 보기 ━
ㄱ. 멕시코와 영토 전쟁을 벌였다.
ㄴ. 프랑스와의 7년 전쟁으로 재정이 악화되었다.
ㄷ. 활발한 서부 개척으로 영토를 태평양 연안까지 확대하였다.
ㄹ. 아메리카 원주민들과의 융합을 통해 다민족 국가를 형성하였다.

① ㄱ, ㄴ
② ㄱ, ㄷ
③ ㄱ, ㄹ
④ ㄴ, ㄹ
⑤ ㄷ, ㄹ

서술형

08 다음 선언과 연관된 사건의 의의를 서술하시오.

모든 인간은 평등하게 창조되었으며 그 누구에게도 넘겨 줄 수 없는 권리를 신으로부터 부여받았다. 그 중에는 생명, 자유 그리고 행복 추구의 권리가 있다. 이 권리를 확보하기 위해 인류는 정부를 조직하였으며, 이러한 정부의 정당한 권력은 국민의 동의에서 나오는 것이다. 어떠한 형태의 정부이든 이러한 목적을 파괴할 때에는 언제든지 그 정부를 바꾸거나 폐지하여 새로운 정부를 조직하는 것이 바로 국민의 권리이다.
– 미국 독립 선언문 –

서술형

09 다음 헌법을 통해 알 수 있는 미국 정치 운영의 특징을 서술하시오.

제1조 1절   본 헌법에서 부여되는 모든 입법권은 미국 연방 의회에 속하며, 미국 의회는 상원과 하원으로 구성한다.
제2조 1절   행정권은 미국 대통령에게 속한다.
제3조 1절   미국의 사법권은 대법원 한 곳과 연방 의회가 수시로 제정하고 설치하는 하급 법원들에 속한다.

❶ 유럽과 아메리카의 국민 국가 체제

주제 03 프랑스 혁명

1 프랑스 혁명

(1) 혁명의 배경

① 구제도의 모순
- 소수의 특권 계층(제1 신분, 제2 신분) 성직자와 귀족이 높은 관직과 많은 토지 독점, 면세 특권.
- ❶ : 국민의 다수를 차지, 무거운 세금 부담, 정치 참여 제한

② 시민 계급의 성장   상공업 활동으로 경제적 부 축적, 계몽사상과 미국 혁명의 영향, 구제도 비판

(2) 혁명의 전개

전개	• 발단: 루이 16세의 계속된 전쟁과 사치 → ❷ 소집 → 표결 방식을 두고 대립 • 전개: 신분별 표결 방식에 대한 제3 신분 반발 → 제3 신분이 독자적으로 국민 의회 결성, 새로운 헌법 제정 요구(테니스 코트의 서약) → 국왕의 탄압에 맞서 바스티유 감옥 습격 → 혁명이 전국으로 확산 • 국민 의회: 봉건제 폐지 선언, '인간과 시민의 권리 선언(인권 선언)' 발표, 교회 재산 몰수, 헌법 제정(입헌 군주제와 재산에 따른 제한 선거 등) • 입법 의회: 온건파 주도, 오스트리아, 프로이센 등의 위협으로 전쟁 선포
과격화	• ❸ : 공화정 선포(1792)하고 급진파 주도로 루이 16세 처형, 헌법 제정(공화제와 보통 선거 등), 공안 위원회와 혁명 재판소 설치, ❹ 의 공포 정치(혁명 반대 세력 처형) • 총재 정부: 공포 정치에 대한 불만으로 로베스피에르 처형하고 수립

2 나폴레옹의 집권

(1) 나폴레옹의 등장   국내외 혼란 지속 → 쿠데타로 총재 정부 무너뜨리고 권력 장악 → 통령 정부 수립

(2) 나폴레옹의 통치

① 개혁 정책   국립 은행 설립, 국민 교육 제도 도입, 『나폴레옹 법전』 편찬

② 제정 수립   국민 투표로 황제 즉위(1804)

③ 대외 전쟁   오스트리아, 프로이센 등을 격파하고 유럽 대륙 장악 → 영국에 ❺ 시행 → 대륙 봉쇄령을 어긴 러시아에 대한 원정 → 러시아 원정 실패

④ 몰락   유럽 국가들이 결성한 동맹에 패배하여 몰락

(3) 의의   프랑스 혁명의 정신이 유럽에 널리 전파되어 자유주의와 민족주의 확산

답 ❶ 제3 신분 ❷ 삼신분회(삼부회) ❸ 국민 공회 ❹ 로베스피에르 ❺ 대륙 봉쇄령

---

01 밑줄 친 ㉠의 배경으로 옳은 것을 〈보기〉에서 고른 것은?

> 18세기 프랑스에서는 절대 왕정의 통치 아래 신분제가 그대로 유지되고 있었다. 이러한 상황에서 ㉠ 시민 계급이 성장하면서 구제도의 모순을 비판하기 시작하였다.

보기
ㄱ. 신분별 표결 방식이 시행되었다.
ㄴ. 상공업 발달로 부를 축적하였다.
ㄷ. 계몽사상과 미국 혁명의 영향을 받았다.
ㄹ. 높은 관직에 진출하여 정치에 참여하였다.

① ㄱ, ㄴ   ② ㄱ, ㄷ   ③ ㄴ, ㄷ
④ ㄴ, ㄹ   ⑤ ㄷ, ㄹ

02 다음 사실이 나타난 시기를 연표에서 옳게 고른 것은?

> • 농민들이 영주의 성과 저택을 습격하고 토지를 빼앗았다.
> • 입헌 군주제와 재산에 따른 제한 선거 등을 내용으로 하는 헌법을 제정하였다.

(가)	(나)	(다)	(라)	(마)
국민 의회 결성	입법 의회 구성	국민 공회 구성	총재 정부 구성	통령 정부 구성	제정 수립

① (가)   ② (나)   ③ (다)   ④ (라)   ⑤ (마)

03 다음 자료와 관련된 전쟁에 대한 설명으로 옳은 것은?

① 국왕의 의회 탄압에 대한 반발이다.
② 오스만 제국의 지배를 벗어나고자 한 독립운동이다.
③ 신앙의 자유를 확립하고자 한 신교도들의 저항이다.
④ 왕위 계승 문제와 영토 분쟁으로 백여 년간 지속되었다.
⑤ 혁명이 번질 것을 두려워한 주변 국가들에 대항하고자 하였다.

04 (가) 인물에 대한 설명으로 옳은 것은?

> 국민 공회의 지도자였던 ___(가)___ 은/는 혁명 전쟁을 지속하고 혁명에 반대하는 사람을 처형하였다. 그러나 이에 대한 불만이 커지면서 쿠데타가 일어나 실각하고 재판을 거쳐 공개 처형되었다.

① 대륙 봉쇄령을 발표하였다.
② 베르사유 궁전을 건설하였다.
③ 국민 투표를 통해 황제에 즉위하였다.
④ 공포 정치를 실시하고 급진적 개혁을 전개하였다.
⑤ 청교도 윤리에 입각한 금욕적인 독재 정치를 하였다.

05 (가), (나) 사이 시기에 일어난 사실로 옳은 것은?

(가) 바스티유 감옥 습격

(나) 루이 16세 처형

① 쿠데타가 일어나 총재 정부가 무너졌다.
② 봉건제 폐지 선언과 인권 선언이 발표되었다.
③ 메테르니히가 주도하는 빈 회의가 개최되었다.
④ 재정 악화를 해결하기 위해 삼신분회가 소집되었다.
⑤ 혁명 반대 세력을 처형하는 공포 정치가 전개되었다.

06 다음 지도에 나타난 프랑스의 대외 전쟁 과정에서 볼 수 있는 모습으로 옳은 것은?

① 에스파냐의 무적함대와 대결하는 모습
② 러시아 원정에 나섰다가 실패하는 모습
③ 빈 회의에서 대프랑스 동맹군을 결성하는 모습
④ 루이 16세를 처형하고 공화정을 수립하는 모습
⑤ 루이 필리프를 왕으로 추대하여 입헌 군주정을 수립하는 모습

07 (가) 인물에 대한 설명으로 옳은 것을 〈보기〉에서 고른 것은?

> • ___(가)___ 은/는 프랑스 혁명의 정신을 현실 정치 속에 실현하고 유럽 전역에 근대적 질서를 확대하였다. 그는 살아있는 세계 정신이다.
> • ___(가)___ 은/는 자유를 명분으로 삼아 우리 독일을 침략한 정복자에 불과하다.

> **보기**
> ㄱ. 항해법을 발표하였다.
> ㄴ. 국민 은행을 설립하였다.
> ㄷ. 총재 정부를 수립하였다.
> ㄹ. 국민 교육 제도를 도입하였다.

① ㄱ, ㄴ   ② ㄱ, ㄷ   ③ ㄴ, ㄷ
④ ㄴ, ㄹ   ⑤ ㄷ, ㄹ

서술형

08 다음을 읽고 물음에 답하시오.

> 제1조 　인간은 자유롭게 그리고 평등한 권리를 가지고 태어났다.
> 제2조 　모든 정치적 결사의 목적은 인간의 자연적이고 소멸할 수 없는 권리를 보전함에 있다.
> 제3조 　모든 주권은 국민에게 있다.
> 제17조 소유권은 그 무엇도 침해할 수 없는 신성한 권리이다.

(1) 위 선언의 명칭을 쓰시오.

(2) 위 선언에 담긴 프랑스 혁명의 이념을 서술하시오.

서술형

09 다음 칙령을 발표한 이유를 서술하시오.

> 제1조 　영국의 여러 섬을 대륙으로부터 봉쇄할 것을 선언한다.
> 제2조 　영국과 행하는 모든 무역 활동과 통신을 금지한다.
> 제7조 　영국이나 그 식민지에서 온 모든 배는 대륙의 어떤 항구에도 들어올 수 없다.

① 유럽과 아메리카의 국민 국가 체제

주제 04 자유주의와 민족주의의 확산

1 빈 체제의 형성

(1) **빈 회의 개최**　오스트리아 외무 장관 ❶[＿＿＿] 주도

① **내용**　나폴레옹 몰락 이후 유럽 질서의 회복 → 유럽 각국의 영토와 정치 체제를 프랑스 혁명 이전 상태로 되돌리는 것에 합의

② **결과**　유럽 각 지역의 자유주의 운동과 민족주의 운동 탄압

(2) ❷[＿＿＿]**의 독립**　오스만 제국으로부터 독립, 영국과 러시아 및 유럽의 지식인들의 지원 → 독립

2 프랑스의 7월 혁명과 2월 혁명

7월 혁명 (1830)	• 배경: 샤를 10세의 전제 정치(의회 해산, 언론 탄압) • 전개: 자유주의 세력과 파리 시민들의 봉기로 샤를 10세 몰아내고 루이 필리프 추대(❸[＿＿＿] 수립)
2월 혁명 (1848)	• 배경: 소수 부유한 시민에게만 선거권 부여, 산업 혁명이 본격화되면서 노동자 수 증가 • 전개: 중소 시민층과 노동자들이 선거권 확대 요구하며 혁명 전개 → 공화정 수립 • 영향: 빈 체제 붕괴(메테르니히 추방), 독일과 이탈리아의 통일 국가 수립 운동에 영향

3 영국과 러시아의 개혁

영국의 자유 주의 개혁	• 가톨릭교도에 대한 차별 폐지, 공장법 제정 • 선거법 확대: 도시 상공업 계층에까지 선거권 확대(제1차 선거법 개정, 1832), ❹[＿＿＿] 운동 전개(노동자들의 선거권 요구, 인민헌장 발표) • 자유주의 경제 체제 확립: 곡물법과 항해법 폐지
러시아	• 니콜라이 1세: 자유주의 사상 영향 받은 청년 장교들의 봉기 진압하고 전제 정치 강화, 남하 정책 추진(오스만 제국과의 전쟁 패배) • 알렉산드르 2세: ❺[＿＿＿] 발표, 러시아 지식인들의 브나로드 운동 전개 → 알렉산드르 2세 암살 이후 전제 정치 강화

4 이탈리아와 독일의 통일

이탈 리아	• 사르데냐 왕국 주도: 재상 카보우르가 중북부 지역 통합(오스트리아와의 전쟁 승리) • 통일 완성: ❻[＿＿＿]가 이탈리아 남부(시칠리아와 나폴리) 점령하여 사르데냐 국왕에 바침 → 이탈리아 왕국 수립(1861) → 베네치아와 교황령까지 통합하여 통일 완성(1870)
독일	• 프로이센 주도: 관세 동맹으로 경제적 통합 달성 • 전개: ❼[＿＿＿]의 철혈 정책 → 오스트리아, 프랑스 격파하고 독일 제국 수립(1871)

정답 ❶ 메테르니히 ❷ 그리스 ❸ 입헌 군주정 ❹ 차티스트 ❺ 농노 해방령 ❻ 가리발디 ❼ 비스마르크

---

01 밑줄 친 '혁명'에 대한 설명으로 옳은 것은?

① 인민 헌장을 발표하였다.

② 혁명의 결과로 공화정을 수립하였다.

③ 샤를 10세의 전제 정치가 원인이었다.

④ 황제가 급진주의자들에게 암살당하였다.

⑤ 중소 시민층과 노동자들이 선거권 확대를 요구하였다.

02 (가)에 들어갈 내용으로 옳은 것을 〈보기〉에서 고른 것은?

> **2월 혁명**
> ① 배경: 소수 부유 계층에게만 선거권 부여, 산업 혁명이 본격화되어 노동자 수 증가
> ② 결과 및 영향: [(가)]

보기

ㄱ. 공화정을 수립하였다.

ㄴ. 빈 체제가 형성되었다.

ㄷ. 오스트리아에서 메테르니히가 추방되었다.

ㄹ. 그리스가 오스만 제국으로부터 독립하였다.

① ㄱ, ㄴ　　② ㄱ, ㄷ　　③ ㄴ, ㄷ
④ ㄴ, ㄹ　　⑤ ㄷ, ㄹ

03 다음 자료와 관련된 탐구 주제로 적절한 것은?

> 외국산 곡물의 수입을 막고 국내의 곡물 가격을 인위적으로 올리는 법률에 의해 주요 제조업이 큰 위기에 놓여 있음을 선언하는 바이다. …… 우리는 이러한 법률의 전면적이고 신속한 폐기를 목적으로 끊임없이 노력할 것을 굳게 맹세한다.

① 미국의 독립 전쟁　　② 선거법 개정의 전개

③ 명예혁명과 권리 장전　　④ 프랑스 혁명의 과격화

⑤ 자유주의 경제 체제의 확립

04 (가)에 들어갈 국가에 들어갈 설명으로 옳은 것은?

① 가톨릭교도에 대한 차별을 폐지하였다.
② 세계 최초의 민주 공화국을 수립하였다.
③ 지식인들이 브나로드 운동을 전개하였다.
④ 영국을 굴복시키기 위해 대륙 봉쇄령을 내렸다.
⑤ 프랑스의 도움을 받아 오스트리아와의 전쟁에서 승리하였다.

05 다음 지도에 나타난 통일 운동에 대한 설명으로 옳은 것을 〈보기〉에서 고른 것은?

─ 보기 ─
ㄱ. 권리 장전의 내용을 살펴본다.
ㄴ. 가리발디의 활약상을 조사한다.
ㄷ. 카보우르의 개혁 정책을 알아본다.
ㄹ. 관세 동맹을 체결한 영향을 분석한다.

① ㄱ, ㄴ   ② ㄱ, ㄷ   ③ ㄴ, ㄷ
④ ㄴ, ㄹ   ⑤ ㄷ, ㄹ

06 다음 인물에 대한 설명으로 옳은 것은?

① 내각 책임제의 전통을 마련하였다.
② 강력한 군비 확장 정책을 추진하였다.
③ 독일 제국의 첫 번째 황제로 즉위하였다.
④ 오스트리아에서 열린 빈 회의를 주도하였다.
⑤ 총재 정부를 무너뜨리고 통령 정부를 수립하였다.

서술형

07 밑줄 친 '회의'의 합의 내용을 서술하시오.

> 나폴레옹 전쟁이 끝난 후, 영국, 러시아, 오스트리아, 프로이센 등 유럽 각국의 대표들은 오스트리아의 수도 빈에 모여 <u>회의</u>를 열었다.

서술형

08 다음을 읽고 물음에 답하시오.

> • 성년 남자의 보통 선거권 보장
> • 무기명 비밀 투표
> • 의원의 재산 자격 제한 폐지
> • 인구 비례에 따른 평등 선거구 설정
> • 매년 선거 실시

(1) 위 요구 사항과 관련된 영국의 사회 운동을 쓰시오.

(2) (1) 운동이 발생하게 된 배경을 서술하시오.

1 유럽과 아메리카의 국민 국가 체제

05 미국의 발전과 라틴아메리카의 독립

1 미국의 남북 전쟁

(1) 남부와 북부의 갈등 남부와 북부의 경제적 차이로 인한 갈등 발생

구분	남부	북부
산업 구조	대농장 경영 발달 면화와 담배 재배	상공업 발달
무역 형태	❶ [ ] 주장	보호 무역 주장
노예 제도	노예제 찬성	노예제 확대 반대

(2) 전개 ❷ [   ] 대통령의 당선(노예제 확대 반대, 연방제 유지 주장) → 남부의 7개 주가 연방 탈퇴 → 남북 전쟁 시작(1861), 초기 남부 우세 → 링컨의 노예 해방 선언, 북부의 인구와 자원 우세, 국제 여론 북부에 유리 → 북부가 게티즈버그 전투 계기로 승리(1865)

2 최대 공업국으로 성장한 미국

(1) 배경 남북 전쟁 과정에서 미국의 산업 발전(중공업, 철도 공사), 서부 개척 가속화, 정부의 보호 무역 정책 전개, 적극적인 이민 정책으로 노동력 확보

(2) ❸ [   ] **건설** 대규모 시장 형성, 철강과 기계 산업 발달 촉진

3 라틴 아메리카의 독립

(1) 식민 지배 16세기 이후 에스파냐와 포르투갈의 지배

(2) 발단 미국 혁명, 프랑스 혁명, 계몽사상의 영향

(3) 주변 국가 지원 영국의 지원(상품 시장 확보), 미국의 ❹ [   ] 선언 발표(아메리카에 대한 유럽의 간섭 배제)

(4) 각국의 독립 운동

① 아이티 흑인 노예 주도, 프랑스로부터 독립하여 공화국 수립(1804, 라틴아메리카 최초의 독립)

② ❺ [   ] 의 활약 에스파냐에 맞서 라틴아메리카 독립 전쟁 주도 → 베네수엘라, 콜롬비아, 볼리비아 등 독립

③ 멕시코 이달고 신부 등이 독립 투쟁 전개 → 에스파냐로부터 독립하여 공화정 수립

④ 브라질 포르투갈의 지배로부터 독립

⑤ 아르헨티나 산 마르틴의 활약, 에스파냐로부터 독립

(5) 라틴 아메리카의 변화 열강의 간섭, 크리오요의 독재, 다양한 인종으로 인한 사회적 통합 어려움 → 정치 혼란

---

01 다음 대화가 이루어진 지역에 대한 설명으로 옳은 것을 〈보기〉에서 고른 것은?

┌─ 보기 ─
ㄱ. 보호 무역을 주장하였다.
ㄴ. 자유 무역을 옹호하였다.
ㄷ. 상공업이 주로 발달하였다.
ㄹ. 면화와 담배를 재배하였다.
└

① ㄱ, ㄴ　　② ㄱ, ㄷ　　③ ㄴ, ㄷ
④ ㄴ, ㄹ　　⑤ ㄷ, ㄹ

02 다음 인물의 활동으로 옳은 것은?

① 항해법을 제정하였다.
② 대륙 봉쇄령을 내렸다.
③ 노예 해방을 선언하였다.
④ 권리 장전을 승인하였다.
⑤ 독립 선언문을 발표하였다.

03 다음 자료를 활용한 탐구 활동으로 적절한 것은?

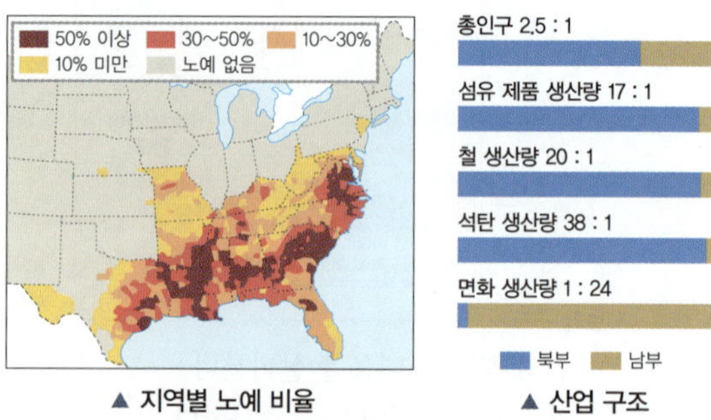

▲ 지역별 노예 비율　　　▲ 산업 구조

① 남북 전쟁의 원인을 알아본다.
② 빈 체제의 합의 내용을 살펴본다.
③ 파리 조약의 체결 과정을 조사한다.
④ 인간과 시민의 권리 선언 내용을 분석한다.
⑤ 농노 해방령 발표 이후의 상황을 찾아본다.

04 (가)에 들어갈 내용으로 적절한 것을 〈보기〉에서 고른 것은?

> **미국 공업 성장의 배경**
> • 남북 전쟁 과정에서 전쟁 물자 생산을 위한 중공업
>   발전
> • ______________(가)______________

> ┌ 보기 ──────────────────────
> ㄱ. 서부 개척이 가속화되었다.
> ㄴ. 자유주의 경제 체제가 확립되었다.
> ㄷ. 이민자의 증가로 노동력이 확보되었다.
> ㄹ. 국립 은행을 설립하고 국민 교육을 실시하였다.
> └──────────────────────────

① ㄱ, ㄴ 　　② ㄱ, ㄷ 　　③ ㄴ, ㄷ
④ ㄴ, ㄹ 　　⑤ ㄷ, ㄹ

05 다음에 해당하는 국가를 지도에서 고른 것은?

> 이달고 신부가 민중의 봉기를 이끌며 지속적인 저항
> 을 하였고 이러한 독립 혁명으로 독립을 이루고 공화
> 정을 수립하였다.

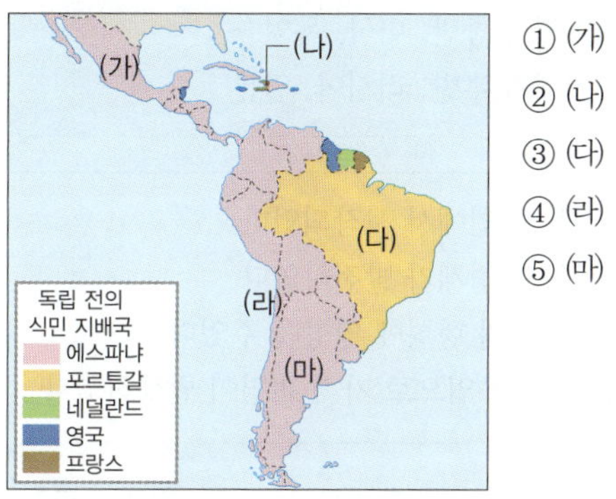

① (가)
② (나)
③ (다)
④ (라)
⑤ (마)

06 밑줄 친 '그'에 대한 설명으로 옳은 것은?

크리오요 출신이었던 그는 일찍 유럽으로 건너가 계몽사상을 접하고 본국으로 돌아와 혁명을 일으켜 대콜롬비아 공화국을 세웠다.

① 아이티의 독립을 이끌었다.
② 아르헨티나와 칠레를 독립시켰다.
③ 베네수엘라와 에콰도르를 해방하였다.
④ 스와라지, 스와데시 운동을 전개하였다.
⑤ 탄지마트라고 불리는 근대적 개혁을 실시하였다.

07 (가)에 들어갈 수 있는 내용으로 옳은 것을 〈보기〉에서 고른 것은?

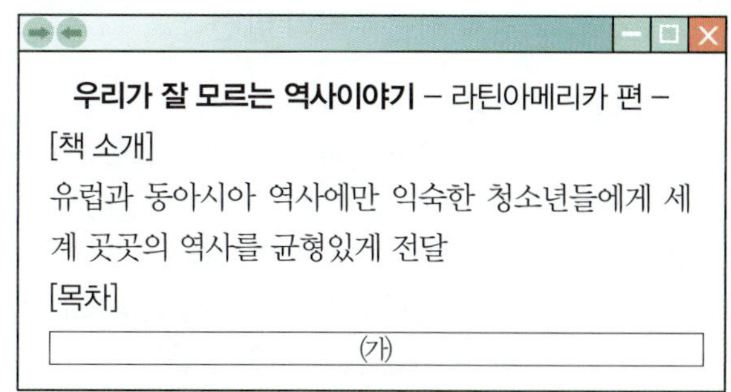

> ┌ 보기 ──────────────────────
> ㄱ. 해방자의 이름을 딴 볼리비아
> ㄴ. 최초의 독립을 이룬 콜롬비아
> ㄷ. 아르헨티나, 산 마르틴의 독립 투쟁
> ㄹ. 에스파냐로부터 독립을 선언한 브라질
> └──────────────────────────

① ㄱ, ㄴ 　　② ㄱ, ㄷ 　　③ ㄴ, ㄷ
④ ㄴ, ㄹ 　　⑤ ㄷ, ㄹ

서술형

08 다음 지도를 보고 물음에 답하시오.

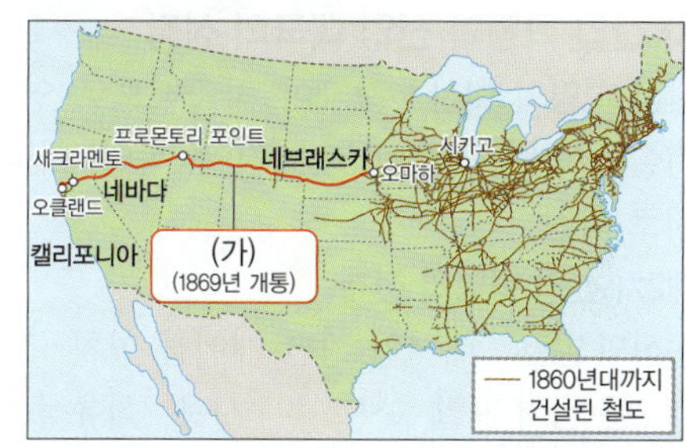

(1) (가) 시설의 명칭을 쓰시오.

(2) (1)이 미국에 끼친 영향을 서술하시오.

서술형

09 다음을 읽고 물음에 답하시오.

> 라틴아메리카 국가들은 19세기에 잇달아 독립을 선
> 포하였다. 미국 혁명과 프랑스 혁명의 영향, 그리고
> 영국의 지원과 미국의 외교 방침 등에 힘입어 가속화
> 된 면이 있다.

(1) 밑줄 친 '미국의 외교 방침'을 일컫는 용어를 쓰시오.

(2) (1)의 내용을 서술하시오.

❷ 유럽의 산업화와 제국주의

주제 06 산업 혁명과 자본주의의 발전

1 산업 혁명의 배경
(1) **❶**   기계의 발명과 기술의 혁신으로 생산력이 급증함에 따라 나타난 사회·경제적 대변혁

(2) **배경**   **❷** 에서 가장 먼저 시작
① 정치적 배경   명예혁명 이후 정치적 안정으로 경제 발전에 전념할 수 있는 사회 분위기 형성
② 경제적 배경   **❸** 으로 값싼 노동력 확보, 모직물 공업의 발달로 자본 축적, 철·석탄 등의 천연자원 풍부, 일찍부터 넓은 식민지 확보(원료 공급지와 상품 시장 확보)

2 기술과 교통 수단의 발전
(1) **면직물 공업에서 시작**   면직물 수요의 증가 → 방적기와 방직기 등의 개발
(2) **새로운 동력 개발**   제임스 와트의 **❹** 개량 → 공장제 기계 공업의 발전
(3) **교통 수단 발전**   스티븐슨(영국)의 증기 기관차 개발, 풀턴(미국)의 증기선 실용화

3 제2차 산업 혁명과 산업 대국의 성장
(1) **산업 혁명의 확산**   각국이 적극적으로 영국의 기계와 기술을 도입 → 프랑스, 벨기에, 독일, 미국, 러시아 등지로 확산
(2) **제2차 산업 혁명의 전개**
① 통신의 발달   대서양 횡단 케이블 설치, 전화 발명
② 새로운 동력 개발   **❺** 사용, 석유를 이용한 내연 기관 발전(자동차 발달)
③ 새로운 산업 분야 발달   철강, 기계, 석유 화학 등
④ 영향   미국과 독일이 새로운 공업 강국으로 성장, 자본주의 경제 발전

4 산업 혁명의 결과
(1) **사회 변화**   대량 생산으로 풍요로운 생활, 교통과 통신의 발전으로 지역 간 교류 활발, 기술의 발전으로 편리한 생활
(2) **산업 혁명의 문제점**
① 도시 문제   도시로 인구 집중 → 위생과 환경 문제
② 노동 문제   빈부 격차 확대, 저임금, 열악한 작업 환경 → 기계 파괴 운동(러다이트 운동), 노동조합 결성
(3) **❻** **사상 등장**   자본주의의 모순 비판, 사유 재산 제도 부정, 평등 사회 건설 주장

정답 ❶ 산업 혁명 ❷ 영국 ❸ 인클로저 운동 ❹ 증기 기관 ❺ 전기 ❻ 사회주의

---

01 (가)에 들어갈 답변으로 적절하지 <u>않은</u> 것은?

① 모직물 공업이 일찍부터 발전하였다.
② 명예혁명 이후 정치적으로 안정되었다.
③ 석탄, 철 등의 지하 자원이 풍부하였다.
④ 식민지가 없어 내부 발전에 집중하였다.
⑤ 인클로저 운동으로 노동력이 확보되었다.

02 (가)에 들어갈 주제에 대한 설명으로 옳은 것을 〈보기〉에서 고른 것은?

> (가)
> 1. 영국에서 시작
> 2. 확산
> • 19세기 전반: 프랑스, 벨기에
> • 19세기 중반: 미국, 독일
> • 19세기 후반: 러시아, 일본

┌ 보기 ┐
ㄱ. 면직물 공업에서 시작되었다.
ㄴ. 자본주의 경제가 발전하였다.
ㄷ. 계몽사상의 형성에 영향을 주었다.
ㄹ. 금, 은의 유입으로 가격 혁명이 발생하였다.

① ㄱ, ㄴ   ② ㄱ, ㄷ   ③ ㄴ, ㄷ
④ ㄴ, ㄹ   ⑤ ㄷ, ㄹ

03 다음 기술의 발달로 인한 변화로 옳은 것은?

▲ 제니 방적기   ▲ 증기 기관

① 젠트리 계층이 성장하였다.
② 인클로저 운동이 전개되었다.
③ 상공업자들이 길드를 형성하였다.
④ 자본가와 노동자 계급이 등장하였다.
⑤ 신항로가 개척되어 상업 혁명이 일어났다.

04 밑줄 친 ㉠과 관련된 전시 내용으로 옳은 것을 〈보기〉에서 고른 것은?

> ### 역사 사진전
> – 세계의 변화를 이끈 순간들 –
> ▶ 장소: 국립 △△미술관
> ▶ 내용
>   – 시민 등장과 민주주의 발전을 이룬 혁명의 순간들
>   – ㉠ 산업 혁명 이후에 일어난 변화의 순간들

> ─ 보기 ─
> ㄱ. 와트 타일러가 민중 봉기를 일으키는 모습
> ㄴ. 증기 기관차가 사람들을 싣고 운행하는 모습
> ㄷ. 공장에서 기계로 물건을 대량 생산하는 모습
> ㄹ. 재정 위기 해결을 위해 삼신분회가 소집되는 모습

① ㄱ, ㄴ ② ㄱ, ㄷ ③ ㄴ, ㄷ
④ ㄴ, ㄹ ⑤ ㄷ, ㄹ

05 다음 행사가 개최된 배경으로 옳은 것은?

> **역사 신문**　　　　　　　　○○○○년 ○○월 ○○일
>
> ### 만국 박람회 개최
>
> 1851년 5월 최초의 만국 박람회가 런던 수정궁 내부에서 열려 많은 최첨단 제품이 전시되었다.

① 시민 혁명을 기념하기 위해서 개최하였다.
② 식민지 쟁탈전의 승리를 드러내고자 하였다.
③ 신항로 개척으로 새로운 문물이 전래되었다.
④ 기술의 발전과 국력을 자랑하기 위해 개최하였다.
⑤ 자유주의와 민족주의 운동을 탄압하고자 하였다.

06 다음 주장과 관련된 사상에 대한 설명으로 옳은 것은?

> 자본주의는 내부의 모순으로 필연적으로 몰락할 것이며, 노동자 계급의 투쟁과 혁명을 통해서만 평등한 사회를 이룩할 수 있다.

① 사유 재산 제도를 부정하였다.
② 자유로운 경제 활동을 추구하였다.
③ 인간의 이성과 합리성을 강조하였다.
④ 국민의 기본권과 재산권을 중시하였다.
⑤ 군사력을 앞세워 팽창 정책을 추진하였다.

07 다음 상황을 극복하기 위한 대응 방안으로 옳은 것은?

> 나는 6살 때부터 공장에서 하루 14시간~16시간 일하는 삶을 계속 해왔다. 일을 게을리 하면 채찍질을 당하고 제대로 쉬는 시간도 갖지 못했다.

① 곡물법을 제정하였다.
② 노동조합을 결성하였다.
③ 노예 해방을 선언하였다.
④ 브나로드 운동을 전개하였다.
⑤ 중상주의 경제 정책을 펼쳤다.

[서술형] 08 다음 도표와 같이 공업 생산 비율의 변화가 일어난 이유를 서술하시오.

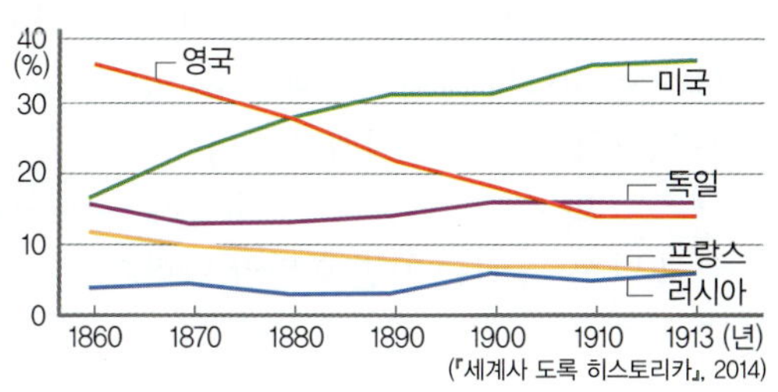

▲ 주요 국가의 공업 생산 비율

[서술형] 09 다음을 보고 물음에 답하시오.

(1) 위 그림이 묘사하는 운동을 쓰시오.

(2) (1)과 같은 운동이 전개된 이유를 서술하시오.

② 유럽의 산업화와 제국주의

주제 07 제국주의의 등장과 열강의 침탈

1 제국주의의 등장
(1) **정의** 강대국들이 군사력을 앞세워 약소국을 침략하여 식민지로 삼으려는 팽창 정책
(2) **배경** 19세기 후반 **❶** ______ 발전 → 소수의 거대 기업과 은행들이 산업 생산을 이끌며 자본 축적 → 새로운 상품 시장의 개척 필요
(3) **정책** 식민지에서 공장, 철도, 광산, 건설 사업에 투자 → 현지의 값싼 노동력과 원료를 이용하여 상품을 만들어 막대한 이익 획득

2 제국주의의 지배 논리
(1) **제국주의 정당화** 제국주의자들은 우월한 자신들이 열등한 지역을 지배하는 것이 전 세계를 문명화하는 길이라 주장
(2) **❷** ______ **의 등장** 적자생존의 원칙 적용, 더 발달된 사회가 덜 발달된 사회를 지배할 수 있다는 논리 합리화 → 강대국의 약소국 지배 정당화
(3) **❸** ______ **의 전개** 인종 간에 우열이 존대한다고 믿는 사고 방식 → 인종 차별과 탄압 합리화

3 제국주의 열강의 침탈

아프리카	• 배경: 리빙스턴, 스탠리 등의 탐험가와 선교사들에 의해 아프리카 내륙 지방의 사정 전달 • 영국: 아프리카 종단 정책(이집트-케이프타운), **❹** ______ (카이로, 케이프타운, 인도 콜카타 연결) • 프랑스: 아프리카 횡단 정책(알제리-마다가스카르섬), **❺** ______ 사건(1898, 영국과 충돌) • 독일: 3B 정책(베를린, 비잔티움, 바그다드 연결), 프랑스와 모로코를 둘러싸고 대립 • 결과: 라이베리아와 에티오피아를 제외한 아프리카 대부분의 지역이 식민지화
아시아 태평양 지역	• 영국: 인도 식민지화, 오스트레일리아, 뉴질랜드 차지, 남하하는 러시아 견제 • 프랑스: 인도차이나반도 점령 • 네덜란드: 인도네시아 차지 • 독일: 태평양의 여러 섬 차지(마셜 제도, 캐롤라인 제도) • **❻** ______ : 하와이 병합, 에스파냐와 전쟁을 통해 필리핀, 괌 등 차지 • 러시아: 남하 정책 → 연해주·중앙아시아 점령
동아시아 지역	• 중국: 아편 전쟁 이후 여러 강대국이 중국에 진출하여 특권을 요구 → 반식민지화 • 일본: 한국과 타이완 침략, 만주로의 침략 준비

---

01 다음 자료를 활용한 탐구 주제로 적절한 것은?

> 나의 포부는 사회 문제의 해결이다. 우리 식민지 정치가는 대영 제국의 4천만 인구를 피비린내 나는 내란으로부터 구하기 위해 새로운 영토를 개척해야 한다.

① 무적함대의 격파
② 제국주의의 전개
③ 절대 왕정의 성장
④ 백년 전쟁의 시작
⑤ 사회주의 사상의 등장

02 다음과 같은 상황이 나타난 시기 유럽에 대한 설명으로 옳은 것은?

〈열강에 의한 지역별 식민지화 비율 변화〉
(단위: %)

구분	1867년	1900년
아프리카	10.8	90.4
남태평양	56.8	98.9
아시아	51.5	56.5

① 비잔티움 제국이 멸망하였다.
② 아메리카 문명이 파괴되었다.
③ 교황과 황제의 대립이 심화되었다.
④ 종교 전쟁이 여러 지역에서 발생하였다.
⑤ 소수의 거대 기업과 은행들이 경제를 지배하였다.

03 (가)에 들어갈 내용으로 옳은 것은?

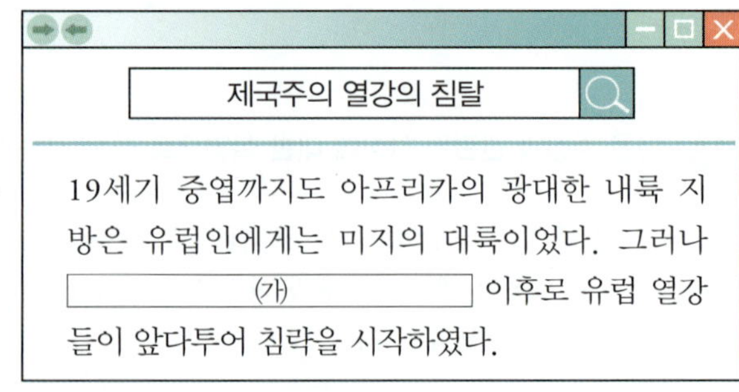

> 19세기 중엽까지도 아프리카의 광대한 내륙 지방은 유럽인에게는 미지의 대륙이었다. 그러나 ______(가)______ 이후로 유럽 열강들이 앞다투어 침략을 시작하였다.

① 신항로의 개척
② 동인도 회사의 설립
③ 오스만 제국의 쇠퇴
④ 대륙 횡단 철도의 건설
⑤ 리빙스턴과 스탠리의 탐험

04 다음 정책을 펼친 국가의 식민지 침략에 대한 설명으로 옳은 것을 〈보기〉에서 고른 것은?

> **보기**
> ㄱ. 모로코를 둘러싸고 프랑스와 대립하였다.
> ㄴ. 쿠바를 보호국으로 삼고 하와이를 차지하였다.
> ㄷ. 콩고에서 원주민을 동원해 무자비한 착취를 벌였다.
> ㄹ. 발칸반도, 서아시아, 아프리카로 세력을 확장하였다.

① ㄱ, ㄴ 　② ㄱ, ㄹ 　③ ㄴ, ㄷ
④ ㄴ, ㄹ 　⑤ ㄷ, ㄹ

05 밑줄 친 '이 국가'의 식민지 침략에 대한 설명으로 옳은 것은?

식민지가 많아 해가 지지 않는 나라라고 불리던 이 국가를 풍자한 그림이다.

① 아프리카의 에티오피아를 점령하였다.
② 인도네시아 대부분을 식민지로 삼았다.
③ 오스트레일리아와 뉴질랜드를 차지하였다.
④ 에스파냐와 전쟁을 벌여 필리핀을 차지하였다.
⑤ 인도차이나 반도의 베트남과 캄보디아를 지배하였다.

06 (가), (나) 국가에 대한 설명으로 옳은 것은?

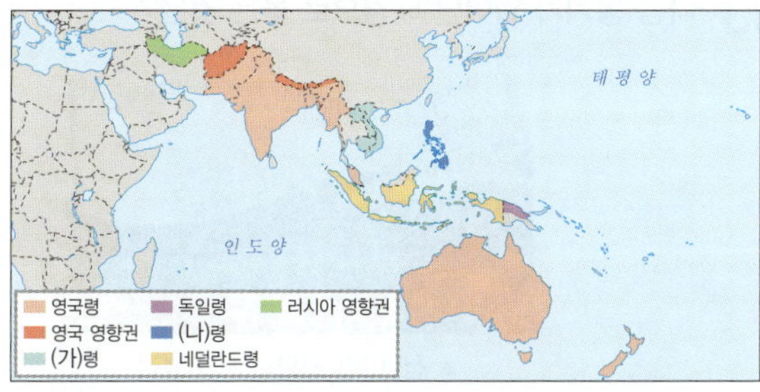

① (가) – 아프리카 횡단 정책을 추진하였다.
② (가) – 무력시위를 통해 일본을 개항시켰다.
③ (나) – 미국에 패배하여 필리핀을 상실하였다.
④ (나) – 카이로, 케이프타운, 콜카타를 연결하려 하였다.
⑤ (가), (나) – 인도의 지배를 둘러싸고 경쟁하였다.

07 (가) 지역에서 발생한 사건에 대한 설명으로 옳은 것은?

① 이주민 계열과 원주민들의 마찰로 발생하였다.
② 프랑스와 독일의 식민지 다툼에서 비롯되었다.
③ 횡단 정책과 종단 정책이 충돌하면서 일어났다.
④ 유럽 국가들이 3B 정책을 견제하기 위해 일으켰다.
⑤ 아프리카 식민지 주민들이 본국에 대항하여 봉기하였다.

08 다음을 보고 물음에 답하시오. 〔서술형〕

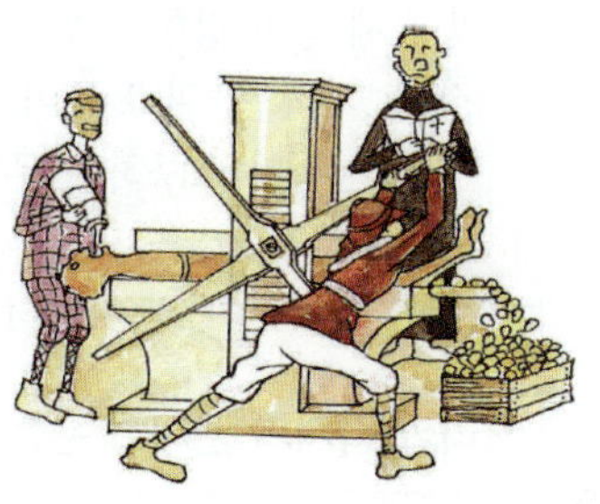

(1) 위 그림이 풍자하는 정책을 쓰시오.

(2) (1)과 같은 정책이 전개된 배경을 서술하시오.

09 다음 내용을 토대로 제국주의 열강이 침략을 정당화하는 논리를 서술하시오. 〔서술형〕

> 백인의 짐을 져라.
> 그대가 키운 최정예를 보내라.
> 그대의 아들들을 역경의 길로 보내라.
> 그대가 잡은 원주민들의 욕구를 달래주기 위해 허둥대고 거친 자들.
> 그대가 막 잡은 음울한 족속들.
> 절반은 악마 같고 절반은 어린이 같은 자들에게 아주 힘겹게 시중들기 위해
>
> – 키플링, 「백인의 짐」 –

❸ 서아시아와 인도의 국민 국가 건설 운동

주제 08 서아시아와 아프리카 각지의 근대화 운동

1 오스만 제국의 근대화 운동

(1) 오스만 제국의 쇠퇴

① 대내적 술탄을 중심으로 한 중앙 집권 체제 동요

② 대외적 제국 내의 여러 민족들의 독립 요구, 유럽 국가들이 크리스트교 보호 구실로 오스만 제국 내의 민족, 종교 문제에 개입 → 19세기 그리스의 독립, 이집트의 자치 허용, 유럽 지역에 있던 영토의 대부분 상실

(2) ❶   (1839~1876)

① 목적 대내외적 위기 극복 → 근대 국가로의 변화 추구

② 내용 중앙 집권적 행정 기구, 근대적 군대와 사법 제도 구축 추구, 헌법 제정(개인의 자유, 출판의 자유, 재산권 인정, 의회 설치)

③ 결과 보수 세력 반발, 개혁과 전쟁 비용 소모로 재정 파탄

(3) 청년 튀르크당의 개혁

① 배경 술탄의 전제 정치 강화(헌법 정지, 의회 해산)

② 전개 청년 장교, 지식인, 관료 등이 주축이 되어 조직한 ❷   이 입헌 정치 요구하며 무장봉기 → 헌법과 정치 체제 개편 등의 개혁 추진

③ 결과 극단적인 튀르크 민족주의로 다른 민족의 반발

2 서아시아·아프리카 각지의 근대화 운동

❸ 운동	• 내용: 이슬람 사회의 타락을 비판하고 이슬람교 초기의 순수성 회복 주장 • 전개: 18세기 중엽 아라비아반도의 압둘 와하브 주도 → 19세기 말부터 전개되는 아랍 민족 운동의 기반 역할
이란의 입헌 혁명	• ❹ : 1890년 영국이 담배에 관한 독점적 권리 획득에 대한 반발 → 아랍인의 민족 의식 고취 • 입헌 혁명(1905): 의회 개설과 헌법 제정 요구를 정부가 수용 → 영국, 러시아의 간섭으로 실패
이집트의 근대화 운동	• 무함마드 알리의 근대화 정책: 징병제 실시, 서양식 군대 창설, 근대적 공장 건설, 오스만 제국으로부터 자치권 획득 • ❺ 건설: 유럽 열강 간섭, 개혁과 전쟁 비용 소모로 재정 악화 → 영국에 헐값에 주식 매각 • 아라비 파샤의 민족 운동: 헌법 제정과 의회 설립, 외국인 지배로부터의 해방 요구 → 영국에 진압되고 보호국화
아프리카의 저항 운동	에티오피아(메넬리크 2세 개혁, 아도와 전투), 수단(마흐디(구세주) 운동), 나미비아(독일에 맞선 헤레로족의 봉기), 줄루 왕국(영국에 저항, 이산들와나 전투), 알제리(프랑스 침략에 저항)

정답 ❶ 탄지마트 ❷ 청년 튀르크당 ❸ 와하브 ❹ 담배 불매 운동 ❺ 수에즈 운하

---

01 (가) 국가의 영역이 축소된 이유로 옳은 것을 〈보기〉에서 고른 것은?

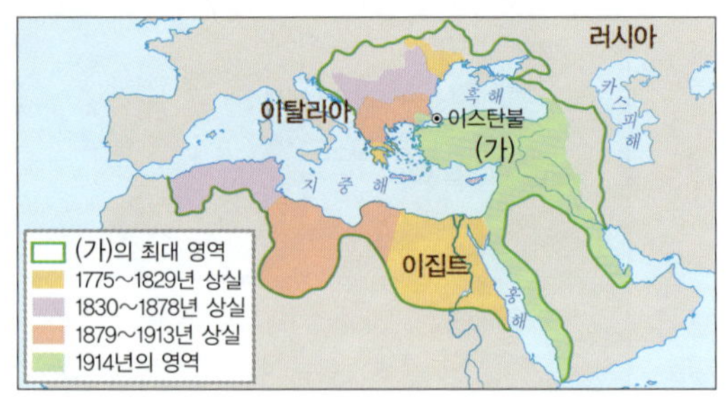

보기
ㄱ. 미국의 먼로 선언에 의해 타격을 받았다.
ㄴ. 술탄을 중심으로 한 중앙 집권 체제가 흔들렸다.
ㄷ. 영국과 러시아 등 유럽 국가들의 간섭이 심해졌다.
ㄹ. 크림반도에서 벌어진 러시아와의 전쟁에서 패배하였다.

① ㄱ, ㄴ   ② ㄱ, ㄷ   ③ ㄴ, ㄷ
④ ㄴ, ㄹ   ⑤ ㄷ, ㄹ

02 다음 헌법에 대한 설명으로 옳은 것은?

• 모든 오스만인은 개인의 자유를 누린다.
• 출판은 법률이 허용하는 범위 내에서 자유이다.
• 제국 의회는 원로원과 대의원의 양원제로 구성한다.

① 청년 튀르크당이 주도하였다.
② 입헌 정치의 추진을 이끌었다.
③ 아랍 민족 운동의 기반이 되었다.
④ 최초의 근대 시민법이라 평가받는다.
⑤ 아라비 파샤 등의 민족주의자들이 요구하였다.

03 다음 봉기가 일어난 배경으로 옳은 것은?

▲ 청년 튀르크당의 시가 행진

① 영국의 침략과 수탈에 시달렸다.
② 그리스가 오스만 제국으로부터 독립하였다.
③ 러시아와의 전쟁으로 전제 정치가 강화되었다.
④ 서구 열강이 동인도 회사를 앞세워 침략하였다.
⑤ 극단적 튀르크 민족주의로 다른 민족의 반발을 샀다.

04 (가)에 들어갈 민족 운동에 대한 설명으로 옳은 것은?

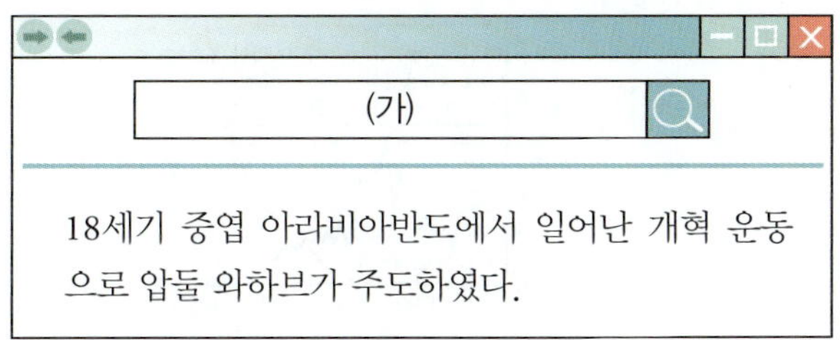

① 벵골 분할령을 계기로 확산되었다.
② 헌법 제정, 의회 설립을 주장하였다.
③ 중체서용의 논리를 바탕으로 하였다.
④ 사회 진화론과 인종주의를 내세웠다.
⑤ 이슬람교 초기의 순수성을 회복하고자 하였다.

05 이란의 근대화 운동에 대한 탐구 활동으로 적절한 것은?

① 담배 불매 운동에 대해 조사한다.
② 아라비 파샤의 민족 운동을 살펴본다.
③ 세포이 항쟁의 전개 과정을 알아본다.
④ 변법자강 운동의 추진 세력을 파악한다.
⑤ 무함마드 알리의 근대화 정책을 찾아본다.

06 (가)에 들어갈 내용으로 옳은 것은?

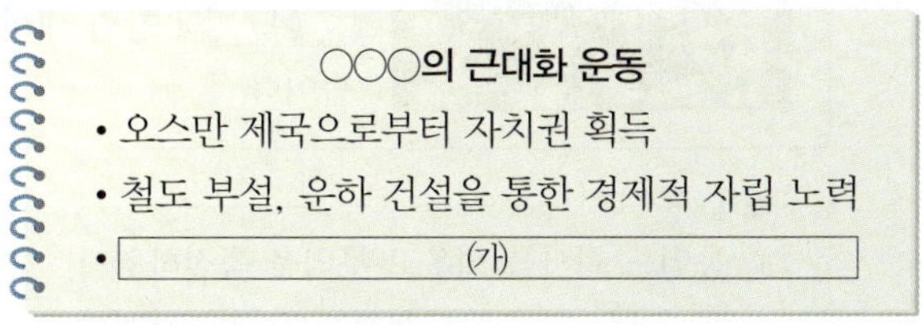

① 청년 튀르크당의 무장봉기
② 미드하트 파샤의 헌법 제정
③ 카자르 왕조에 저항한 입헌 혁명
④ 서양 문물을 적극 수용한 메이지 유신
⑤ 아라비 파샤를 중심으로 한 군부의 혁명

07 밑줄 친 '이 지역'의 저항 운동으로 옳은 것을 〈보기〉에서 고른 것은?

> 내륙 지역에 풍부한 자원이 매장되어 있다는 사실이 알려지면서 열강들은 이 지역을 차지하려는 경쟁에 나섰다. 그 결과 에티오피아와 라이베리아를 제외한 전 지역이 열강에 의해 분할되었다.

─ 보기 ─
ㄱ. 줄루 왕국 – 프랑스의 침략에 저항
ㄴ. 알제리 – 독일인의 착취에 맞서 봉기
ㄷ. 수단 – 무함마드 아흐마드가 마흐디 운동 주도
ㄹ. 에티오피아 – 메넬리크 2세가 아도와 전투에서 승리

① ㄱ, ㄴ ② ㄱ, ㄷ ③ ㄴ, ㄷ
④ ㄴ, ㄹ ⑤ ㄷ, ㄹ

08 서술형 다음을 읽고 물음에 답하시오.

> 종교에 상관없이 오스만 제국의 사람들의 생명과 재산을 보호할 것이며 공정하게 세금을 부과할 것입니다. 또한 징병 제도를 통해 공정하게 군대를 모으고, 유럽식 교육 제도를 실시하겠습니다.

(1) 위 개혁을 지칭하는 용어를 쓰시오.

(2) (1)이 추구한 목표를 서술하시오.

09 서술형 다음 지도를 보고 물음에 답하시오.

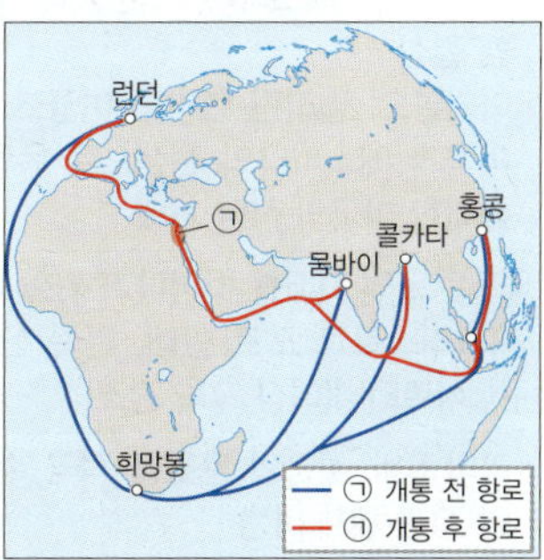

(1) ㉠ 시설의 명칭을 쓰시오.

(2) (1)의 건설로 인한 문제점을 서술하시오.

❸ 서아시아와 인도의 국민 국가 건설 운동

주제 09 인도와 동남아시아의 민족 운동

1 인도의 반영 운동

(1) **무굴 제국의 쇠퇴** 아우랑제브 사후 지방 세력의 대두와 재정 파탄

(2) **영국의 인도 침략**

① **❶** ⬜ 동인도 회사를 앞세운 영국과 프랑스의 대립 → 영국이 프랑스와 벵골 연합군 격파 → 벵골 지방 지배의 발판 마련 → 인도의 대부분 식민지화

② **영국의 인도 지배** 영국의 면화 공급지 및 면직물 시장으로 전락, 무거운 세금 부과, 전통적 촌락 공동체 붕괴

(3) **❷** ⬜ **의 항쟁(1857~1859)**

① **배경** 영국의 침략과 수탈에 대한 인도인의 분노와 반발

② **전개** 세포이의 봉기 → 각계각층 인도인의 참여 → 수도 델리 점령 → 북인도 장악 → 영국군에 진압

③ **결과** 무굴 제국 멸망, 영국령 인도 제국 수립

④ **의의** 최초의 대규모 반영 민족 운동

(4) **인도 국민 회의의 저항**

① **성립 배경** 영국이 인도 지식인을 회유하기 위해 결성 지원 → 영국에 협조하며 인도인 권익 확보에 노력

② **❸** ⬜ **(1905)** 영국이 벵골 지역을 종교에 따라 분할한다는 방침 발표 → 힌두교도와 이슬람교도의 분열 조장

③ **반영 운동 전개** 영국 상품 불매, 국산품 애용(스와데시), 자치 획득(스와라지), 민족 교육의 4대 강령 채택 → 영국의 식민 지배에 저항

④ **결과** 벵골 분할령 철회, 형식적으로 인도의 자치 인정

2 동남아시아의 근대화 운동

베트남	• **❹** ⬜ : 베트남 유신회 결성(입헌 군주제 수립 지향), 동유 운동(일본으로 유학 보내 새로운 문물 수용) • 판저우찐: 통킹 의숙 설립, 근대적 개혁 주장
필리핀	• **❺** ⬜ : 에스파냐 식민 지배 비판, 필리핀 민족 동맹 결성 • 아기날도: 필리핀 혁명군 이끌고 에스파냐와 전쟁 → 미국과 에스파냐의 전쟁으로 독립 선언 → 전쟁에서 승리한 미국의 식민 지배
인도네시아	네덜란드의 지배를 벗어나기 위한 저항 전개, 이슬람 동맹(크리스트교 포교 반대, 민족 산업 육성 및 자치 요구), 카르티니(여성 교육 강조)
타이	• 라마 5세: 서양의 문물을 적극 수용하여 근대적인 중앙 집권 체제 마련 • 독립 유지: 영국과 프랑스 세력의 완충 지대에 위치한 지리적 이점

정답 ❶ 플라시 전투 ❷ 세포이 ❸ 벵골 분할령 ❹ 판보이쩌우 ❺ 호세 리살

---

01 (가), (나) 국가에 대한 설명으로 옳은 것은?

① (가) - 최초로 산업 혁명이 시작되었다.

② (가) - 아프리카 종단 정책을 추진하였다.

③ (나) - (가)의 침략으로 생활이 궁핍해졌다.

④ (나) - 동인도 회사를 통해 무역을 전개하였다.

⑤ (가), (나) - 베트남의 지배권을 두고 경쟁하였다.

02 (가), (나) 사이 시기에 있었던 사실로 옳은 것은?

> (가) 영국이 무굴 제국의 황제로부터 벵골 지방의 통치권과 조세 징수권을 인정받았다.
>
> (나) 영국 왕이 인도를 통치하는 영국령 인도 제국이 수립되었다.

① 세포이의 항쟁이 일어났다.

② 벵골 분할령이 철회되었다.

③ 간디의 불복종 운동이 전개되었다.

④ 이슬람 세력이 인도에 진출하였다.

⑤ 아우랑제브 황제가 이슬람 제일주의 정책을 전개하였다.

03 (가) 단체에 대한 설명으로 옳은 것을 〈보기〉에서 고른 것은?

> 영국식 교육을 받은 지식인, 상인 등으로 구성된 (가) 의 창립 대회 모습이다.

보기

ㄱ. 동인도 회사를 세우고 무역을 독점하였다.

ㄴ. 초기에는 영국에 타협하는 자세를 보였다.

ㄷ. 델리를 점령하였으나 영국군에 진압되었다.

ㄹ. 벵골 분할령을 계기로 반영 운동에 앞장섰다.

① ㄱ, ㄴ ② ㄱ, ㄷ ③ ㄴ, ㄷ

④ ㄴ, ㄹ ⑤ ㄷ, ㄹ

04 다음 발표에 맞선 저항 운동으로 옳은 것은?

> 벵골은 인구가 많고 면적이 넓어 통치하는 데 어려움이 많다. 행정의 효율성을 높이기 위해 벵골 지방을 동서로 나누어 통치할 것이다. － 총독 커즌 －

① 플라시 전투가 발생하였다.
② 인도 국민 회의를 결성하였다.
③ 스와라지, 스와데시 운동이 전개되었다.
④ 인도 최초의 대규모 민족 운동이 발생하였다.
⑤ 지식인들을 중심으로 브나로드 운동을 추진하였다.

05 다음 민족 운동을 전개한 국가를 지도에서 고른 것은?

> • 이슬람 동맹의 민족 산업 육성 운동
> • 카르티니가 여성 교육 중시하며 여학교 설립

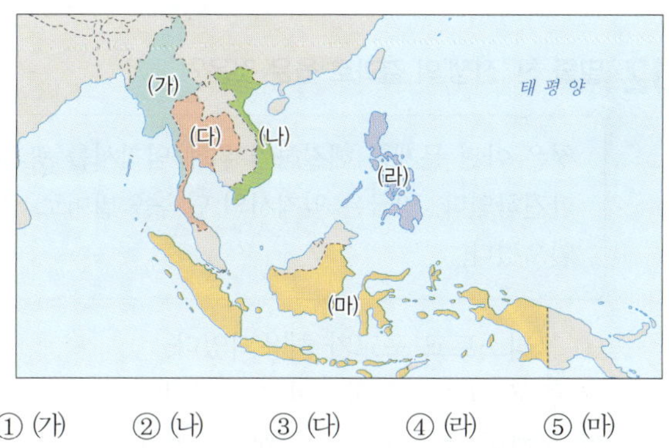

① (가)　　② (나)　　③ (다)　　④ (라)　　⑤ (마)

06 다음 인물의 활동으로 옳은 것은?

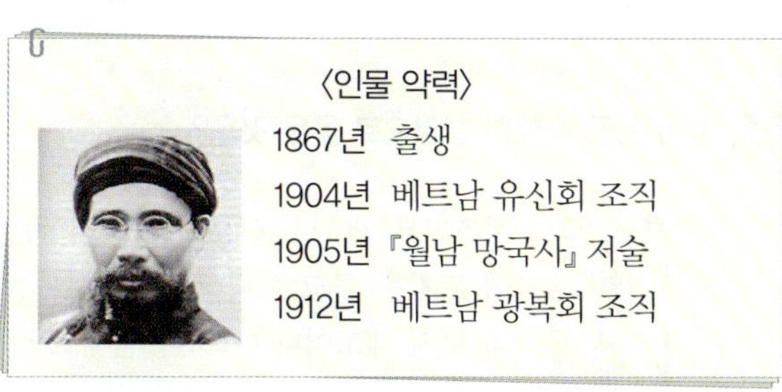

① 베트남 공산당을 결성하였다.
② 영국 상품 불매 운동을 전개하였다.
③ 혁명군을 이끌고 에스파냐와 전쟁을 벌였다.
④ 이슬람교 개혁을 위해 와하브 운동을 일으켰다.
⑤ 일본에 청년들을 유학 보내 근대 문물을 배우게 하였다.

07 (가)에 들어갈 국가의 민족 운동에 대한 탐구 활동으로 옳은 것은?

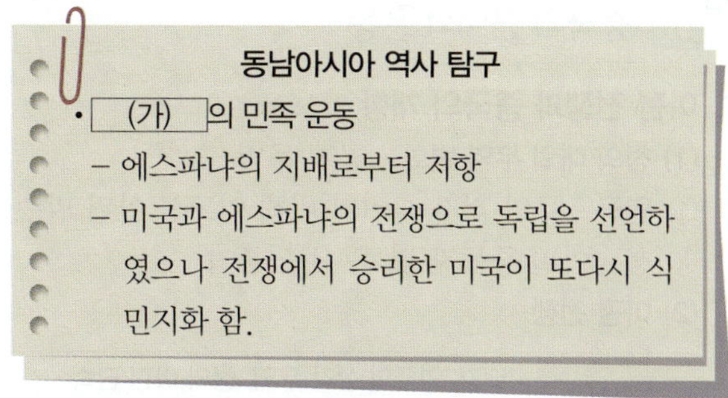

① 동유 운동에 대해 조사한다.
② 탄지마트의 내용을 파악한다.
③ 호세 리살의 활동을 살펴본다.
④ 짜끄리 왕조의 개혁 정책을 알아본다.
⑤ 태평천국 운동의 전개 과정을 찾아본다.

08 _{서술형} 다음 사건의 결과를 서술하시오.

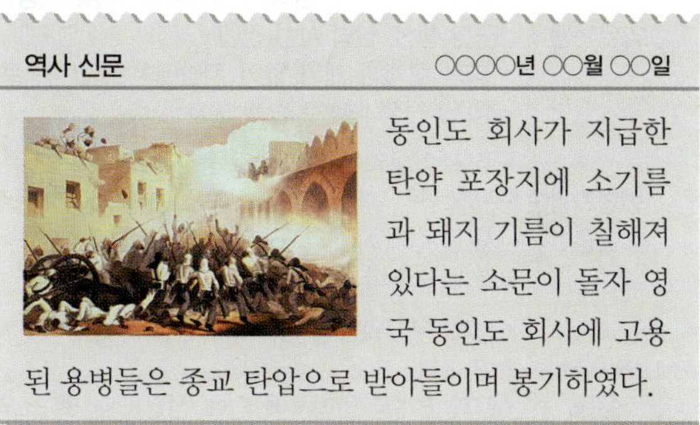

역사 신문　　　　　　　　○○○○년 ○○월 ○○일

동인도 회사가 지급한 탄약 포장지에 소기름과 돼지 기름이 칠해져 있다는 소문이 돌자 영국 동인도 회사에 고용된 용병들은 종교 탄압으로 받아들이며 봉기하였다.

09 _{서술형} 지도에 표시된 (가) 국가가 독립을 유지할 수 있었던 배경을 서술하시오.

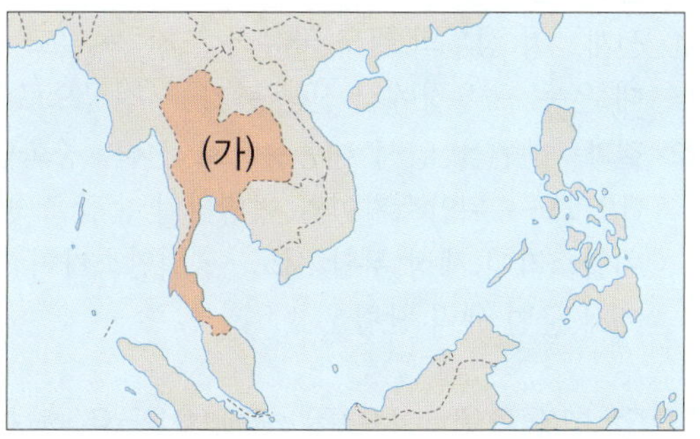

❹ 동아시아의 국민 국가 건설 운동

주제 10 중국의 근대화 운동

1 아편 전쟁과 중국의 개항

(1) 청의 대외 무역 변화 공행 무역 → ❶ 　　　　

① 영국 무역 적자 줄이기 위해 인도산 아편 밀수출

② 청 아편 중독자 및 은 유출 증가

(2) 아편 전쟁

제1차 아편 전쟁	• 배경: 영국의 삼각 무역, 청의 아편 단속 • 결과: ❷ 　　　 조약 체결(상하이 등 5개 항구 개항, 홍콩 할양, 공행 폐지, 전쟁 배상금 지불)
제2차 아편 전쟁	• 배경: 영국의 무역 확대 요구, 애로호 사건 • 결과: 영국, 프랑스와 연합하여 공격 → 톈진 조약, 베이징 조약 체결(외국 공사의 베이징 주둔, 톈진의 개항, 크리스트교 포교의 자유 등)

2 중국의 근대화 노력

❸	• 주도: 홍수전 주도(크리스트교 영향 받아 상제회 조직) • 전개: 청 왕조 타도와 한족 국가 수립 목표, 토지 균등 분배(천조전무 제도), 남녀 평등 주장
양무운동	• 주도: 증국번, 이홍장 등 한인 관료 주도 • 전개: ❹ 　　　 원칙, 군수 공업 육성, 서양 무기와 군함 생산, 산업 시설 건설 • 결과: 체계적 계획 없이 지방에서 개별적으로 추진, 청·일 전쟁 패배로 한계 노출
변법자강 운동	• 주도: 캉유웨이, 량치차오 등 지식인 주도 • 전개: ❺ 　　　 모방 → 의회 설립, 입헌 군주제 실시 등 정치 체제의 근본적 개혁 주장 • 결과: 보수파 반발로 100일 만에 중단
의화단 운동	• 전개: 부청멸양 주장, 교회와 철도, 전신 등 서양 시설 파괴 • 결과: 8개국 연합군에 의해 진압 → 신축 조약 체결(배상금 지불, 외국군의 베이징 주둔 인정)

3 신해혁명과 근대 국민 국가의 수립

(1) 배경 개혁 추진 무산, 열강의 침탈 지속 → 혁명 분위기 고조 → ❻ 　　　 의 혁명 운동 전개(중국 동맹회 결성, 공화 정부 수립 목표, 삼민주의 주장)

(2) 신해혁명

① 전개 청 정부의 철도 국유화 조치 → 철도 국유화 반대 운동 → 우창에서 신군 봉기 → 전국으로 확대

② 결과 쑨원을 임시 대총통으로 선출, 중화민국 수립(1912) → 위안스카이와 혁명파가 손잡고 청 멸망 → 위안스카이 제정 부활 시도 → 위안스카이 사후 각지에서 군벌 세력 난립

---

01 (가), (나) 무역에 대한 설명으로 옳은 것을 〈보기〉에서 고른 것은?

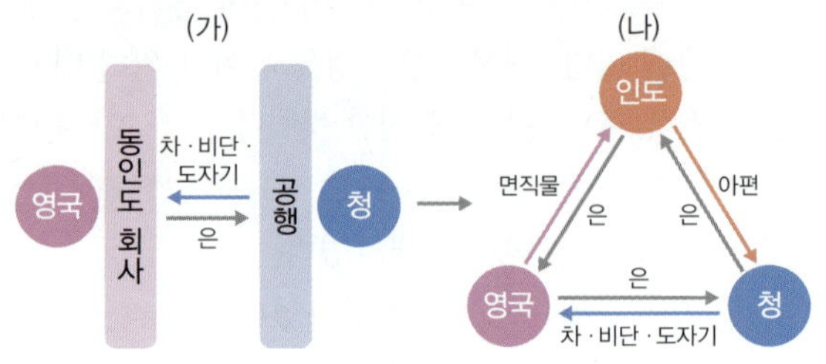

보기
ㄱ. (가) – 아편 전쟁의 원인이 되었다.
ㄴ. (가) – 영국의 무역 적자가 심하였다.
ㄷ. (나) – 난징 조약 체결의 결과이다.
ㄹ. (나) – 중국에 아편 중독자가 증가하게 되었다.

① ㄱ, ㄴ　　② ㄱ, ㄷ　　③ ㄴ, ㄷ
④ ㄴ, ㄹ　　⑤ ㄷ, ㄹ

02 밑줄 친 '전쟁'의 결과로 옳은 것은?

> 청은 아편 문제를 해결하기 위해 임칙서를 광저우에 파견하였다. 영국은 임칙서의 단속을 빌미로 전쟁을 일으켰다.

① 크리스트교 포교가 허용되었다.
② 중국 최초의 공화국이 수립되었다.
③ 상하이 등 5개 항구가 개항되었다.
④ 외국 군대의 베이징 주둔이 허용되었다.
⑤ 메이지 유신을 모방한 개혁이 추진되었다.

03 (가) 운동에 대한 설명으로 옳은 것은?

> 천조전무 제도는 신분이나 남녀 차별 없이 토지를 골고루 나누어 주는 　(가)　 의 토지 제도이다. 그러나 실제로 실행되지는 않았다.

① 삼민주의를 내세웠다.
② 부청멸양을 주장하였다.
③ 크리스트교의 영향을 받았다.
④ 입헌 군주제 실시를 추구하였다.
⑤ 이홍장, 증국번 등이 주도하였다.

04 (가), (나) 사이 시기에 있었던 일로 옳은 것은?

> (가) 만주족이 세운 청 왕조를 무너뜨리고 한족의 국가를 세워야 합니다. 그리고 토지를 모든 사람들이 나누어 함께 경작해야 합니다.
>
> (나) 일본은 메이지 유신을 통해 각국의 좋은 법을 도입하고 인재를 발탁하여 개혁하였습니다. 우리도 이를 '따를'만 합니다.

① 중화민국이 수립되었다.
② 청과 영국이 난징 조약을 체결하였다.
③ 위안스카이가 황제 체제 부활을 시도하였다.
④ 군수 공업이 육성되고 서양식 무기를 도입하였다.
⑤ 청 정부가 의화단을 지원하며 열강에 선전 포고하였다.

05 다음 대화에서 설명하는 사건이 일어난 시기를 연표에서 옳게 고른 것은?

1851	1860	1861	1894	1899	1911
(가)	(나)	(다)	(라)	(마)
태평천국 운동	베이징 조약	양무 운동	청·일 전쟁	의화단 운동	신해 혁명

① (가) ② (나) ③ (다) ④ (라) ⑤ (마)

06 밑줄 친 '그들'의 구호로 적절한 것은?

> 열강의 이권 침탈이 심해지자 그들은 교회와 철도, 전신 등 서양 시설을 파괴하고 서양 선교사와 외교관을 공격하였다.

① 공화 정부를 수립하자.
② 토지를 고르게 분배하라.
③ 청을 도와 서양 세력을 없애자.
④ 의회 도입 등 정치 체제를 개혁하자.
⑤ 만주족을 몰아내고 한족의 국가를 세우자.

07 다음 지도에 나타난 혁명에 대한 탐구 활동으로 옳은 것은?

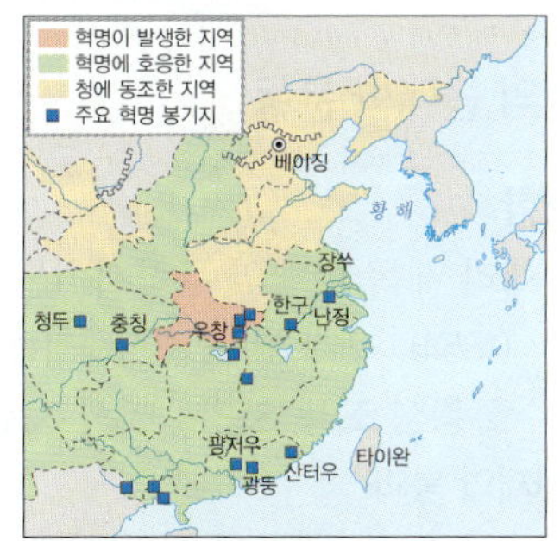

① 베이징 조약의 조항을 분석한다.
② 금릉 기기국의 설립 과정을 알아본다.
③ 의화단 운동이 전개된 배경을 살펴본다.
④ 천조전무 제도의 구체적 내용을 조사한다.
⑤ 우창에서 발생한 신군의 무장봉기를 찾아본다.

08 〔서술형〕 다음 자료를 읽고 물음에 답하시오.

태평천국 운동을 진압하는 과정에서 큰 공을 세운 한인 관료들의 주도로 개혁이 추진되었다.

(1) 밑줄 친 '개혁'의 명칭을 쓰시오.

(2) (1)의 기본 원칙을 서술하시오.

09 〔서술형〕 다음을 읽고 물음에 답하시오.

> 나는 유럽과 미국의 진화가 3대 주의와 밀접한 관련이 있다고 생각한다. 로마가 멸망하고 민족주의가 일어나 유럽 각국이 독립하였다. …… 제국들이 전제 정치를 행하자 백성이 그 고통을 견디지 못해 민권주의가 일어났다. …… 경제 문제가 정치 문제의 뒤를 이어 일어나 민생주의가 두드러지게 되었다.

(1) 위 주장을 한 인물을 쓰시오.

(2) 위 주장을 바탕으로 (1)인물이 추진한 목표를 서술하시오.

④ 동아시아의 국민 국가 건설 운동

주제 11 일본의 근대화 운동

1 일본의 개항

(1) 개항 페리 제독 함대의 무력시위를 계기로 개항

① **1** (1854) 2개 항구 개항, 최혜국 대우

② 미·일 수호 통상 조약(1858) 영사 재판권, 협정 관세

(2) 막부 체제의 붕괴

① 막부에 대한 불만 개항에 대한 비판, 외국 상품 수입으로 인한 국내 경제 타격

② **2** 막부 타도, 천황을 중심으로 한 외세 배격 운동 전개 → 에도 막부 붕괴 → 메이지 천왕을 중심으로 한 새로운 정부 수립

2 메이지 정부의 근대화 개혁

(1) 메이지 유신(1868) 부국강병을 목표로 서양 문물을 적극 수용하는 근대화 정책

정치 제도	에도를 **3** 로 개칭하고 수도로 삼음, 봉건제 폐지하여 천황 중심의 중앙 집권 체제 확립(폐번치현)
사회 제도	신분 차별 폐지, 서양식 교육 제도 실시, 유학생과 사절단을 서구에 파견(이와쿠라 사절단)
기타 제도	근대적 산업 육성, 철도 부설, 징병제 실시

(2) 천황제 국가의 수립

① **4** 헌법 제정, 서양의 의회 제도 도입 주장 → 메이지 정부의 탄압

② 일본 제국 헌법 제정(1889) 의회 개설 및 입헌 군주제 규정 → 정치, 외교, 군사 등 모든 방면에서 천황에게 절대적 권한 부여

3 일본의 제국주의화와 침략 전쟁

(1) 배경 국력 성장을 바탕으로 적극적인 대외 팽창 정책 추진 → 조선 개항(강화도 조약), 류큐 점령(1879)

(2) 침략 전쟁 전개

① 청·일 전쟁(1894~1895) 조선에 대한 지배권을 둘러싼 대립, 전쟁 승리 후 시모노세키 조약 체결(전쟁 배상금 획득, 랴오둥반도와 타이완 할양)

② **5** (1895) 러시아가 프랑스, 독일과 함께 일본에 압력 → 랴오둥반도를 청에 반환 → 일본과 러시아의 대립

③ 러·일 전쟁(1904~1905) 일본이 영국과 동맹을 맺고 선제 공격 → 포츠머스 조약 체결(만주와 한반도에 대한 일본의 이권 확보) → 대한 제국 강제 병합(1910)

정답 확인

정답 ① 미·일 화친 조약 ② 존왕양이 운동 ③ 도쿄 ④ 자유 민권 운동 ⑤ 삼국 간섭

---

01 (가)에 들어갈 내용으로 적절한 것은?

① 에도 막부를 붕괴시킨

② 포츠머스 조약을 체결하게 한

③ 무력시위를 통해 개항을 이끌어낸

④ 삼국 간섭을 통해 일본에 압력을 가한

⑤ 태평양 전쟁에서 일본을 패배하게 만든

02 다음 조약들의 공통점으로 옳은 것을 〈보기〉에서 고른 것은?

> • 난징 조약
> • 강화도 조약
> • 미·일 화친 조약

┌ 보기 ┐
ㄱ. 불평등한 내용을 담고 있다.
ㄴ. 최초로 문호를 개방하게 한 조약이다.
ㄷ. 새로운 공화 정부의 수립으로 이어졌다.
ㄹ. 서구 열강의 침략에 굴복하여 맺게 되었다.

① ㄱ, ㄴ   ② ㄱ, ㄷ   ③ ㄴ, ㄷ
④ ㄴ, ㄹ   ⑤ ㄷ, ㄹ

03 다음 조약에 대한 설명으로 옳은 것은?

> • 시모다, 하코다테 외에 4개 항구를 추가로 개항할 것.
> • 일본에 수출입하는 모든 상품은 별도로 정한 바에 따라 관세를 낼 것.
> • 일본인에게 죄를 지은 미국인은 미국 영사 재판소에서 조사하여 미국법에 따라 처벌받을 것.

① 최혜국 대우를 인정하였다.

② 메이지 정부가 체결하였다.

③ 미국의 계속된 통상 요구를 수용하였다.

④ 일본이 서구 열강과 최초로 맺은 조약이다.

⑤ 부국강병을 목표로 추진한 근대화 정책이다.

04 (가) 운동에 대한 설명으로 옳은 것은?

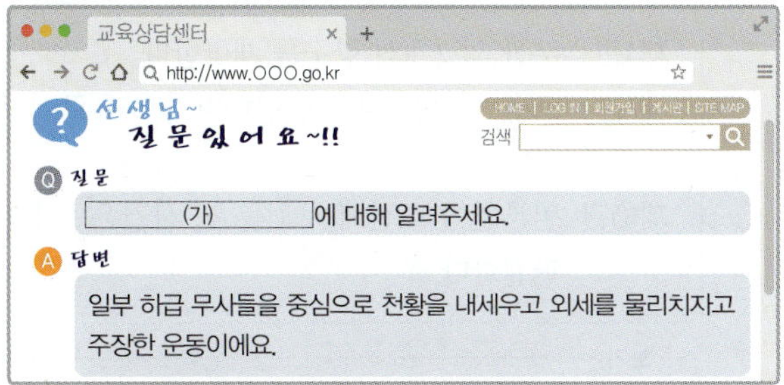

① 일본의 개항을 주도하였다.
② 메이지 정부의 탄압을 받았다.
③ 에도 막부의 붕괴로 이어졌다.
④ 적극적인 대외 팽창 정책을 요구하였다.
⑤ 서양의 의회 제도를 도입하자고 주장하였다.

05 밑줄 친 ㉠에 대한 설명으로 옳은 것은?

> • 중국의 개혁적 성향 지식인들은 위기를 극복하기 위해 ㉠ 새로 수립된 일본 정부의 개혁을 본떠 입헌 군주제를 도입하려고 하였다.
> • 베트남의 판보이쩌우는 ㉠ 새로 수립된 일본 정부의 근대화 정책을 본받고 인재를 육성하기 위해 베트남 청년들을 유학시키는 동유 운동을 전개하였다.

① 중앙 집권적 봉건제를 실시하였다.
② 쇼군을 수장으로 한 막부 정권이다.
③ 서양 문물을 적극적으로 수용하였다.
④ 미국과 조약을 맺고 문호를 개방하였다.
⑤ 산킨코타이 제도를 통해 지방을 통제하였다.

06 다음 헌법이 공포된 시기를 연표에서 옳게 고른 것은?

> 제1조 대일본 제국은 만세일계의 천황이 통치한다.
> 제4조 천황은 국가의 원수로서 통치권을 총괄하고 헌법의 조항에 따라 이를 행한다.
> 제5조 천황은 제국 의회의 동의를 얻어 입법권을 행사한다.

1854	1868	1871	1875	1894	1904
	(가)	(나)	(다)	(라)	(마)
미·일 화친 조약 체결	메이지 유신	이와쿠라 사절단 파견	운요호 사건	청·일 전쟁	러·일 전쟁

① (가)   ② (나)   ③ (다)   ④ (라)   ⑤ (마)

07 다음 지도에 표시된 전쟁에 대한 설명으로 옳은 것은?

① 동학 농민 운동이 계기가 되었다.
② 일본이 개항하는 데 영향을 주었다.
③ 전쟁 이후 난징 조약을 체결하였다.
④ 전쟁 결과 일본이 만주와 한반도에 대한 이권을 확보하였다.
⑤ 만주 사변 이후 중국을 본격적으로 침략하고자 한 전쟁이다.

서술형
08 밑줄 친 '새 정부'의 개혁 정책을 세 가지 이상 서술하시오.

> 새 정부는 서양 문물 시찰과 불평등 조약의 개정을 목적으로 유럽과 미국에 사절단을 파견하여 일본의 근대화에 이바지하였다.

서술형
09 다음을 읽고 물음에 답하시오.

> • 청은 조선이 완전한 자주국임을 인정할 것.
> • 청은 랴오둥반도와 타이완 전체, 그리고 그 부속 여러 섬을 일본에게 넘겨줄 것.
> • 청은 일본에 배상금으로 은 2억 냥을 이자와 함께 지급할 것.

(1) 위 조약 체결과 관련된 전쟁을 쓰시오.

(2) (1) 전쟁이 일어난 배경을 서술하시오.

❹ 동아시아의 국민 국가 건설 운동

주제 12 조선의 근대화 운동

1 조선의 개항과 개화 정책의 추진

(1) 조선의 개항

① 배경 　❶________ 사건(1875)을 계기로 일본의 수교 강요

② 강화도 조약 체결(조·일 수호 조규, 1876)　외국과 체결한 최초의 근대적 조약, 불평등 조약(부산 외 2개 항구 개항, 해안 측량권, 치외 법권 등)

(2) 개화 정책의 추진과 반발

① 추진　서양 문물 수용, 통리기무아문 설치, 청과 일본에 사절단 파견, 별기군 창설

② 반발　위정척사 운동(보수적 유생층), 임오군란(1882)

③ 개화파 형성　온건 개화파(서양의 기술만을 수용), 급진 개화파(서양의 정치 제도와 사상까지 수용)

2 근대 국민 국가 수립을 위한 활동

❷______	• 배경: 급진 개화파가 정부의 소극적 개화 정책에 반발 • 전개: 김옥균, 홍영식 등의 주도로 정변을 일으켜 정권 장악 → 청의 군사 개입으로 실패
동학 농민 운동	• 배경: 탐관오리의 횡포에 반발 • 전개: 전봉준 등이 농민들을 모아 지배층의 횡포와 외세에 저항, 각종 폐단의 철폐 요구 → 관군과 일본군에게 진압
갑오개혁	• 배경: 일본의 내정 간섭과 개혁 요구 • 내용: 과거제와 신분제 폐지, 근대 문물과 제도 도입, 왕실과 국가 재정 분리 • 전개: ❸______ (명성황후 시해, 1895) 이후 고종이 일본의 감시를 피해 러시아 공사관으로 거처를 옮기면서(아관파천, 1896) 개혁 중단
독립 협회	• 배경: 열강의 이권 침탈 심화, 근대 의식 보급 • 전개: 서재필의 ❹______ 창간 및 독립 협회 창설 → 만민 공동회 통해 국권, 민권 수호 운동 전개, 의회 설립 추진 → 고종 명령으로 해산
대한 제국	• 수립: 고종의 경운궁 환궁, 연호 '광무', 대한 제국 수립 선포(1897) • 개혁: 군사 제도 개혁 및 상공업 진흥 등 근대적 개혁 추진(광무개혁), 대한국 국제 반포(대한 제국이 전제 군주 국가임을 규정)

3 국권 침탈과 국권 수호 운동

(1) 을사늑약(1905)　대한 제국의 외교권 박탈, 통감 정치

(2) 국권 수호 운동

① 의병 운동　무력 투쟁을 통해 저항 → 독립군으로 계승

② 애국 계몽 운동　개화사상과 독립 협회 활동 계승, 민족의 실력을 길러 국권 회복 주장

---

❶ 운요호　❷ 갑신정변　❸ 을미사변　❹ 독립신문　❺ 『독립신문』

---

01 다음 조약에 대한 설명으로 옳은 것을 〈보기〉에서 고른 것은?

> 제4관　부산 외 2개의 항구를 개항한다.
>
> 제7관　조선 해안을 일본국 항해자가 자유로이 측량한다.
>
> 제10관　일본인이 조선에서 죄를 진 사건은 일본에서 판결한다.

〈보기〉
ㄱ. 치외 법권을 인정하였다.
ㄴ. 최혜국 대우를 규정하였다.
ㄷ. 운요호 사건이 계기가 되었다.
ㄹ. 외규장각에 보관중인 도서를 빼앗겼다.

① ㄱ, ㄴ　　② ㄱ, ㄷ　　③ ㄴ, ㄷ
④ ㄴ, ㄹ　　⑤ ㄷ, ㄹ

02 밑줄 친 ㉠에 대한 탐구 활동으로 적절한 것은?

> 18○○년 ○월 ○일
>
> 일본 군함이 우리나라의 연안에서 무력시위를 벌여서 항구가 열렸다는 얘기를 들은게 엊그제 같은데, 세상은 벌써 다른 나라가 된 것 같은 느낌이다. ㉠ 정부 주도로 외국에 관료들이 파견되고, 새로운 기구들을 설치하고 있다. ……

① 삼사의 기능에 대해 조사한다.
② 조선 통신사의 활동을 살펴본다.
③ 당백전을 발행한 목적을 분석한다.
④ 통리기무아문의 역할에 대해 알아본다.
⑤ 삼정이정청에서 추진한 개혁을 찾아본다.

03 다음 대화와 관련된 주제로 가장 적절한 것은?

① 동학 농민 운동　　② 갑오개혁의 추진
③ 독립 협회의 활동　　④ 위정척사 운동의 전개
⑤ 흥선 대원군의 개혁 정책

04 밑줄 친 '정변'에 대한 설명으로 옳은 것은?

이곳은 1884년 정변이 일어난 우정총국이다. 김옥균, 홍영식 등은 정변을 일으켜 정권을 장악하였지만, 청의 개입으로 3일 만에 실패하고 말았다.

① 급진 개화파가 주도하였다.
② 대한 제국의 외교권을 박탈하였다.
③ 신식 군대에 대한 불만이 배경이 되었다.
④ 흥선 대원군이 청에 끌려가는 결과를 가져왔다.
⑤ 공화정에 바탕을 둔 근대 국가를 수립하려 하였다.

05 자료와 관련된 근대화 운동에 대한 설명으로 옳은 것을 〈보기〉에서 고른 것은?

농민　장군께 녹두꽃이 만개한 세상을 보여드려야하는 데 자신이 없습니다. 하지만 최선을 다해 싸워보겠습니다.
전봉준　녹두꽃은 내 이미 숱하게 보았다.
농민　예?
전봉준　삼례에서 우금치에서, 그리고 지금 내 눈 앞에서.

──── 보기 ────
ㄱ. 『독립신문』을 창간하였다.
ㄴ. 탐관오리의 횡포에 반발하였다.
ㄷ. 일본군과 관군에 의하여 진압되었다.
ㄹ. 군국기무처를 통해 개혁을 전개하였다.

① ㄱ, ㄴ　　② ㄱ, ㄷ　　③ ㄴ, ㄷ
④ ㄴ, ㄹ　　⑤ ㄷ, ㄹ

06 다음 사건을 일어난 순서대로 옳게 나열한 것은?

(가) 고종이 러시아 공사관으로 거처를 옮겼다.
(나) 일본은 경복궁을 침범하여 명성 황후를 시해하는 만행을 저질렀다.
(다) 러시아가 프랑스와 독일을 끌어들여 랴오둥반도를 청에 돌려줄 것을 일본에 요구하였다.

① (가) – (나) – (다)　　② (가) – (다) – (나)
③ (나) – (가) – (다)　　④ (나) – (다) – (가)
⑤ (다) – (나) – (가)

07 (가)에 들어갈 내용으로 적절한 것은?

① 상공업을 진흥하겠소.
② 의회 설립을 추진하겠소.
③ 과거제와 신분제를 폐지하겠소.
④ 통상 수교 거부 정책을 펼치겠소.
⑤ 러시아 공사관으로 거처를 옮길 것이오.

서술형

08 다음을 읽고 물음에 답하시오.

다음은 서울 종로에서 개최된 대중 집회의 모습입니다. 누구나 참여할 수 있었으며 신분과 성별에 관계없이 자신의 생각을 연설할 기회를 가졌습니다.

(1) 밑줄 친 '대중 집회'의 명칭을 쓰시오.

(2) (1)을 주도한 단체의 활동을 서술하시오.

서술형

09 다음 자료를 통해 알 수 있는 대한 제국의 특징과 한계점을 서술하시오.

제1조　대한국은 세계 만국이 공인한 자주독립 제국이다.
제2조　대한 제국의 정치는 만세불변의 전제 정치이다.
제3조　대한국 대황제는 무한한 군권을 지니고 있다.
제6조　대한국 대황제는 법률을 제정하여 반포와 집행을 명령한다.

① 세계 대전과 국제 질서의 변화

주제 13 제1차 세계 대전

1 제1차 세계 대전의 발발

(1) **배경** 유럽 열강들의 제국주의 팽창 → 경쟁·대립

① 3국 동맹과 3국 협상의 대립

3국 동맹	독일, 오스트리아·헝가리 제국, 이탈리아 → 프랑스 견제
3국 협상	프랑스, 영국, 러시아 → 독일 팽창 견제

② 발칸반도에서 범게르만주의와 범슬라브주의의 대립

범게르만주의	독일과 오스트리아·헝가리 제국 중심
범슬라브주의	러시아와 세르비아 중심

(2) **발발** 1914년 6월 오스트리아·헝가리 제국의 황태자 부부가 세르비아 청년에게 암살(❶ 사건) → 오스트리아·헝가리 제국이 세르비아에 선전 포고, 3국 동맹과 3국 협상 국가들이 참전

2 제1차 세계 대전의 전개

(1) **초기** 독일 우세 → 동부 전선에서 러시아 공격, 서부 전선에서 영국, 프랑스와 전투

(2) **전쟁의 장기화** 영국, 프랑스 등이 독일에 저항하며 교착 상태 → 참호전 전개로 장기화

(3) **전쟁의 확대** 이탈리아의 협상국 가담, 오스만 제국과 불가리아의 동맹국 가담, 식민지 주민들의 참전

(4) **전쟁의 종결** 독일의 ❷ → 미국의 참전으로 연합국 유리 → 러시아가 혁명으로 독일과 강화 → 동맹국들 항복, 독일 혁명(제정 붕괴, 공화국 수립) → 독일 공화국 정부와 연합국이 휴전 조약 체결(1918)

(5) **제1차 세계 대전의 특성**

① **총력전** 국가의 모든 인적, 물적 자원 총동원

② **신무기 등장** 탱크, 잠수함, 기관총, 독가스 등 등장

③ **참호전** 참호를 파고 장기간 대치

3 파리 강화 회의와 베르사유 체제

(1) **파리 강화 회의(1919)** 제1차 세계 대전 종결 후 전후 문제 처리

① ❸ 대통령의 14개조 기본 원칙 민족 자결주의, 비밀 외교 종식, 군비 축소 등

② ❹ 체결 승전국의 이익 중시, 독일에 전쟁 책임을 물으며 막대한 배상금 징수

(2) ❺ 창설(1920) 국제 분쟁 해결 위해 창설 → 미국과 소련 불참, 침략국 제재 가능한 군사적 수단 미비

답 ❶ 사라예보 ❷ 무제한 잠수함 작전 ❸ 윌슨 ❹ 베르사유 조약 ❺ 국제 연맹

---

01 다음 지도에 표시된 전쟁의 배경으로 옳은 것을 〈보기〉에서 고른 것은?

━ 보기 ━
ㄱ. 대공황이 발생하였다.
ㄴ. 3국 동맹과 3국 협상이 체결되었다.
ㄷ. 범슬라브주의와 범게르만주의가 대립하였다.
ㄹ. 이탈리아의 무솔리니가 파시스트당을 결성하였다.

① ㄱ, ㄴ   ② ㄱ, ㄷ   ③ ㄴ, ㄷ
④ ㄴ, ㄹ   ⑤ ㄷ, ㄹ

02 다음 사건과 관련된 전쟁에 대한 설명으로 옳은 것은?

> 갑자기 길 오른편 3미터도 채 안 되는 곳으로부터 총소리 두 발이 울렸다. 그 순간 오스트리아·헝가리의 황태자비가 황태자의 가슴에 무너지듯 쓰러졌다. 이후 황태자도 허리를 구부리고 무너지듯 쓰러져 버렸다.

① 참호전의 전개로 전쟁이 장기화되었다.
② 대공황의 경제 혼란 속에서 발발하였다.
③ 일본의 진주만 공격으로 전쟁이 확대되었다.
④ 자본주의 국가와 사회주의 국가의 대립이었다.
⑤ 독일, 일본, 이탈리아의 방공 협정이 체결되었다.

03 (가)에 들어갈 내용으로 옳은 것은?

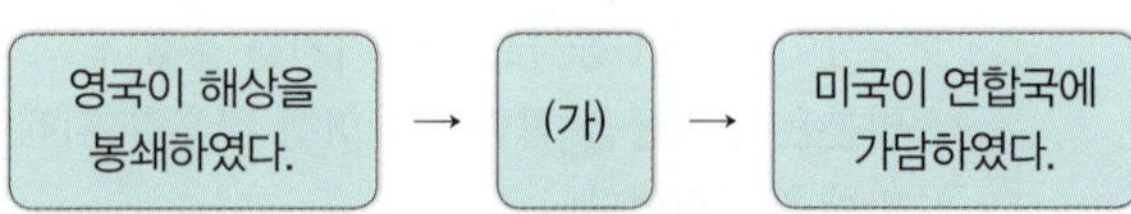

▲ 제1차 세계 대전의 전개

① 프랑스에서 대륙 봉쇄령을 내렸다.
② 독일이 무제한 잠수함 작전을 전개하였다.
③ 영국이 항해법을 통해 무역을 확대하였다.
④ 독일에서 혁명이 일어나 제정이 붕괴되었다.
⑤ 미국 대통령 윌슨이 14개조 원칙을 제시하였다.

04 밑줄 친 '전쟁' 중 있었던 사실로 옳은 것을 〈보기〉에서 고른 것은?

> 영국과 미국을 오가던 여객선 루시타니아호가 공격을 받아 침몰할지는 아무도 몰랐다. 많은 미국인이 희생당한 사건. 이것이 바로 지금 진행되고 있는 <u>전쟁</u>이었다.

─ 보기 ─
ㄱ. 대서양 헌장이 발표되었다.
ㄴ. 노르망디 상륙 작전이 전개되었다.
ㄷ. 독일에서 수병들이 반란을 일으켰다.
ㄹ. 러시아에서 사회주의 혁명이 발생하였다.

① ㄱ, ㄴ   ② ㄱ, ㄷ   ③ ㄴ, ㄷ
④ ㄴ, ㄹ   ⑤ ㄷ, ㄹ

05 교사의 질문에 대한 답변으로 옳은 것을 〈보기〉에서 고른 것은?

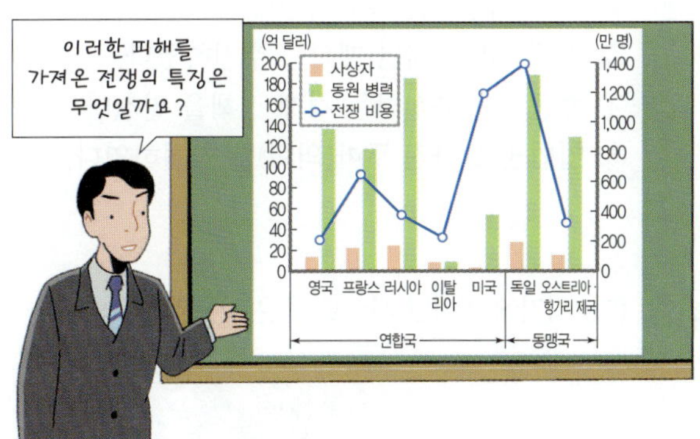

─ 보기 ─
ㄱ. 총력전이 전개되었다.
ㄴ. 원자 폭탄이 실제로 투하되었다.
ㄷ. 기관총, 탱크 등의 신무기가 등장하였다.
ㄹ. 전체주의에 따른 인종 학살이 전개되었다.

① ㄱ, ㄴ   ② ㄱ, ㄷ   ③ ㄴ, ㄷ
④ ㄴ, ㄹ   ⑤ ㄷ, ㄹ

06 다음 인물에 대한 설명으로 옳은 것은?

① 비동맹 중립 노선을 추구하였다.
② 공산주의의 확산을 저지하고자 하였다.
③ 비밀 외교의 종식, 군비의 축소를 주장하였다.
④ 아메리카 대륙에 대한 유럽의 간섭을 반대하였다.
⑤ 아시아의 군사적 분쟁에 개입하지 않겠다고 선언하였다.

07 다음을 읽고 물음에 답하시오.

> • 독일은 영토의 일부를 프랑스, 벨기에, 폴란드에 넘겨준다.
> • 독일은 해외의 식민지에 관한 모든 권리를 포기한다.
> • 독일은 연합국에 전쟁 배상금으로 1,320억 마르크를 지불해야 한다.

(1) 위 조약의 명칭을 쓰시오.

(2) (1)의 특징을 서술하시오.

08 밑줄 친 '한계'에 해당하는 내용을 서술하시오.

역사 신문	○○○○년 ○○월 ○○일

국제 연맹의 탄생

제 1차 세계 대전이라는 참혹한 상황을 겪은 세계 각국은 이러한 전쟁이 재발하지 않도록 협의하였다. 국제 연맹의 탄생은 국제 사회의 요구를 수용한 결과이다. 그러나 국제 연맹은 일정한 <u>한계</u>를 가졌다.

❶ 세계 대전과 국제 질서의 변화

주제 14 러시아 혁명과 아시아·아프리카의 민족 운동

1 혁명 전 러시아

(1) **19세기 상황** 산업화 진행으로 노동자 수 증가, 사회주의 사상 확산 → 차르(황제) 체제 비판하며 개혁 요구 → 전제 정치 유지, 생활고로 노동자와 농민 불만 고조

(2) ❶ [____] (1905)

① 러·일 전쟁으로 경제 상황이 악화되자 노동자, 농민들이 수도 상트페테르부르크에서 개혁 요구

② 정부의 시위 무력 진압 → 개혁 추진 약속(언론과 집회의 자유, 입법권 가진 의회 설립) → 차르가 약속 어기고 전제 정치 강화

2 러시아 혁명

3월 혁명	• 배경: 제1차 세계 대전에서 연이은 패전, 경제 위기 • 전개: 대규모 봉기 발생 → 노동자와 병사 대표들이 소비에트 구성 → 차르 퇴위, 임시 정부 수립
11월 혁명	• 배경: 임시 정부 전쟁 지속, 사회적 혼란 수습 미흡 • 전개: 레닌이 주도한 ❷ [____]의 무장 봉기 → 임시 정부 타도, 소비에트 정부 수립

3 소련의 수립

(1) **레닌** 독일과 단독으로 강화 조약 맺고 전쟁 중단, 코민테른 결성, 신경제 정책(NEP), 소련 수립(1922)

(2) ❸ [____] 경제 개발 5개년 계획 추진, 독재 체제 강화

4 아시아·아프리카의 민족 운동

중국	• ❹ [____]: 파리 강화 회의에서 일본의 21개조 승인 → 베이징 학생 주도로 반일 시위 전개(1919) • 국·공 합작: 군벌과 제국주의 타도 목표로 제1차 국·공 합작(1924) → 장제스의 중국 통일(1928), 공산당 탄압으로 공산당의 대장정 → 중·일 전쟁(1937) 이후 제2차 국·공 합작
인도	영국의 식민 통치 강화 → ❺ [____]의 비폭력·불복종 운동 → 영국이 각 주의 자치권 허용
동남 아시아	• 베트남: 호찌민, 인도차이나 공산당 조직 • 인도네시아: 수카르노, 인도네시아 국민당 결성 • 필리핀: 미국으로부터 독립 약속 받음.
아프리카	• 이집트: 반영 운동으로 독립(1922), 수에즈 운하는 영국 관리 • 사하라 이남: 범아프리카 운동 전개
서아시아	• 터키: ❻ [____]이 독립 전쟁을 일으키며 터키 공화국 수립(1923) → 정치와 종교 분리, 여성 참정권 부여, 문자 개혁 등 터키의 근대화 노력 • 아랍 민족: 이라크, 사우디아라비아 독립

정답 ❶ 피의 일요일 사건 ❷ 볼셰비키 ❸ 스탈린 ❹ 5·4 운동 ❺ 간디 ❻ 무스타파 케말

---

01 다음 청원이 제기된 배경으로 옳은 것을 〈보기〉에서 고른 것은?

> 저희는 이제 빈곤과 무권리와 무지에 깊이 빠져서 전제 정치와 폭정에 의해 질식될 것 같습니다. …… 농민에게도, 노동자에게도 …… 대표를 선출하고 또 모든 사람이 평등하게 선거권을 갖고 자유롭게 선거할 수 있도록 배려하여 주십시오.
>
> – 상트페테르부르크 노동자와 농민의 청원 –

─ 보기 ─

ㄱ. 노동자 계급이 성장하였다.

ㄴ. 러·일 전쟁에서 지속적인 패배를 당하였다.

ㄷ. 농노 해방령을 발표하였으나 효과가 없었다.

ㄹ. 제1차 세계 대전 참전으로 경제 상황이 악화되었다.

① ㄱ, ㄴ ② ㄱ, ㄷ ③ ㄴ, ㄷ
④ ㄴ, ㄹ ⑤ ㄷ, ㄹ

02 밑줄 친 '그'의 활동으로 옳은 것은?

> **역사 인물 수행평가 보고서**
> 로마노프 왕정이 무너지고 임시 정부가 수립되었다. 그러나 민중의 바람과 달리 임시 정부가 전쟁을 계속하자 그는 볼셰비키를 이끌고 무장봉기를 일으켜 임시 정부를 타도하고 소비에트 정부를 수립하였다.

① 코민테른을 결성하였다.

② 농노 해방령을 발표하였다.

③ 경제 개발 5개년 계획을 추진하였다.

④ 중공업을 육성하는 경제 정책을 펼쳤다.

⑤ 입법권을 가진 두마(의회)를 창설하였다.

03 (가) 시기에 일어난 사실로 옳은 것은?

1905	1914	(가)	1917	1922
피의 일요일 사건	제1차 세계 대전 참전		11월 혁명	소비에트 연방 수립

① 차르가 물러나면서 제정이 붕괴되었다.

② 독일과 강화를 맺고 전쟁을 중단하였다.

③ 크림 전쟁에서 오스만 제국에 패배하였다.

④ 러시아 지식인들이 브나로드 운동을 전개하였다.

⑤ 최초의 사회주의 정부인 소비에트 정부가 수립되었다.

04 다음 민족 운동의 배경으로 옳은 것은?

> 베르사유 평화 회담이 열렸을 때 우리가 희망하고 경축한 것은 세계에 정의가 있고 공리가 있다고 한 것이 아니었겠습니까? 칭다오를 돌려주고 중국과 일본 사이의 밀약 …… 불평등 조약까지 취소하는 것이 바로 공리이고 정의입니다.

① 일본이 청과 시모노세키 조약을 맺었다.
② 서태후를 비롯한 보수파가 개혁에 반발하였다.
③ 일본이 만주 사변을 일으켜 중국을 침략하였다.
④ 파리 강화 회의에서 일본의 요구를 수용하였다.
⑤ 아편 전쟁의 패배로 상하이, 광저우 등을 개항하였다.

05 (가) 시기에 들어갈 사실로 옳은 것을 〈보기〉에서 고른 것은?

5·4 운동 → (가) → 중국 공산당의 대장정

> **보기**
> ㄱ. 중화 인민 공화국이 수립되었다.
> ㄴ. 제1차 국·공 합작이 이루어졌다.
> ㄷ. 장제스가 군벌을 제압하고 중국을 통일하였다.
> ㄹ. 위안스카이가 혁명 세력과 타협하여 청을 멸망시켰다.

① ㄱ, ㄴ ② ㄱ, ㄷ ③ ㄴ, ㄷ
④ ㄴ, ㄹ ⑤ ㄷ, ㄹ

06 밑줄 친 '그'에 대한 설명으로 옳은 것은?

> **역사 신문** ○○○○년 ○○월 ○○일
>
> 그는 아랍 문자 대신 서양의 알파벳을 본떠 터키 문자를 만들었다. 그는 모든 국민이 성을 만들어야 한다는 규정을 발표하고 그해 11월 아타튀르크라는 성을 선택했다. 투르크인들의 아버지라는 뜻이었다.

① 튀르크 민족주의를 내세웠다.
② 탄지마트라는 개혁을 실시하였다.
③ 제정을 폐지하고 터키 공화국을 수립하였다.
④ 러시아와의 전쟁 패배로 전제 정치를 강화하였다.
⑤ 이슬람교의 개혁을 내세운 와하브 운동을 전개하였다.

07 (가) 인물에 대한 설명으로 옳은 것은?

> 영국이 소금의 생산과 판매를 통제하고 과도한 세금을 부여하자 　(가)　 이/가 이에 저항하여 소금을 얻기 위해 수백 km 떨어진 바닷가까지 행진하였다.

① 사회주의 확산을 위해 코민테른을 결성하였다.
② 일부다처제를 폐지하고 남녀평등을 주장하였다.
③ 삼민주의를 내세우며 여러 차례 무장 봉기하였다.
④ 납세 거부 등의 비폭력·불복종 운동을 전개하였다.
⑤ 인도네시아 국민당을 결성하고 독립 운동을 전개하였다.

08 밑줄 친 ㉠의 핵심 내용을 서술하시오.

09 다음을 읽고 물음에 답하시오.

> 한때 군벌과 제국주의 타도라는 공동 목표를 위해 손을 잡았던 중국 국민당과 공산당은 ㉠ 1937년 대일 항전을 위해 다시 한 번 연합하였다.

(1) 밑줄 친 ㉠에 해당하는 용어를 쓰시오.

(2) (1)이 성립된 배경을 서술하시오.

❶ 세계 대전과 국제 질서의 변화

주제 15 전체주의의 등장과 제2차 세계 대전

1 대공황의 발생과 대응
(1) **배경** 미국의 경제 호황으로 과잉 생산 → 구매력 감소로 상품 재고 증가
(2) **전개** 미국의 주가 폭락(1929) → 기업·은행 도산, 실업자 급증 → 경제 불황이 전 세계로 확산(대공황)
(3) **각국의 대응**
① 미국 ❶________(국가가 경제에 적극적으로 개입)
② 영국, 프랑스 본국과 식민지를 하나로 묶는 블록 경제 형성

2 파시즘과 군국주의의 등장
(1) **배경** 대공황으로 인한 경제 위기·사회 혼란, 경제 기반이 약하고 식민지가 없거나 적은 국가들에서 성립
(2) **특징** 국가와 민족을 개인보다 우선시, 군비 확장 및 대외 팽창 전개, 강력한 독재 체제 성립
(3) **전체주의 정권의 출현**
① 이탈리아 무솔리니가 ❷________이끌고 정권 장악(1922)
② 독일 ❸________의 나치당이 정권 장악(1933), 인종주의 정책 전개
③ 에스파냐 군부 세력이 공화국 무너뜨리고 파시즘 정권 수립
④ 일본 군부가 정권 장악, 군국주의 강화하며 대륙 침략 본격화

3 제2차 세계 대전의 발발
(1) **추축국 형성** 독일이 국제 연맹 탈퇴하고 재무장 선언 → 독일과 이탈리아가 베를린–로마 추축 형성, 일본과도 방공 협정 체결(1937) → 독일이 오스트리아 병합, 체코슬로바키아 일부 점령
(2) **제2차 세계 대전의 발발** 영국과 프랑스가 폴란드와 상호 원조 조약 체결 → 독일이 소련과 불가침 조약 체결(1939)하고 ❹________침공 → 영국과 프랑스가 독일에 선전 포고하며 제2차 세계 대전 시작
(3) **제2차 세계 대전의 확산과 종전**
① 전개 독일이 벨기에, 네덜란드, 프랑스 파리 함락, 소련 침공, 일본의 ❺________공격으로 태평양 전쟁 발발
② 연합군의 반격 미국의 미드웨이 해전 승리, 소련의 스탈린그라드 전투 승리, ❻________상륙 작전 성공(1944)
③ 종전 독일 항복(1945. 5.), 미국의 원자 폭탄 투하와 소련의 대일전 참전 → 일본의 항복(1945. 8.)

답 ❶ 뉴딜 정책 ❷ 파시스트당 ❸ 히틀러 ❹ 폴란드 ❺ 진주만 ❻ 노르망디

01 다음 상황이 발생하게 된 배경으로 옳은 것은?

> | 역사 신문 | 1929. 10. 24. |
> |---|---|
>
> **주식 가격의 폭락**
>
> 증권 시장의 붕괴 소식이 전해지면서 뉴욕 증권 거래소에 사람들이 자신의 주식을 팔기 위해 몰려들었다.

① 냉전 체제가 심화되었다.
② 신경제 정책(NEP)이 실패하였다.
③ 급진적인 사회주의 경제 체제가 도입되었다.
④ 개혁과 시장 개방 정책을 무리하게 추진하였다.
⑤ 경제 호황에 따른 과잉 생산에 소비가 따라가지 못하였다.

02 (가) 시기 경제 상황에 대한 미국 정부의 대응으로 옳은 것을 〈보기〉에서 고른 것은?

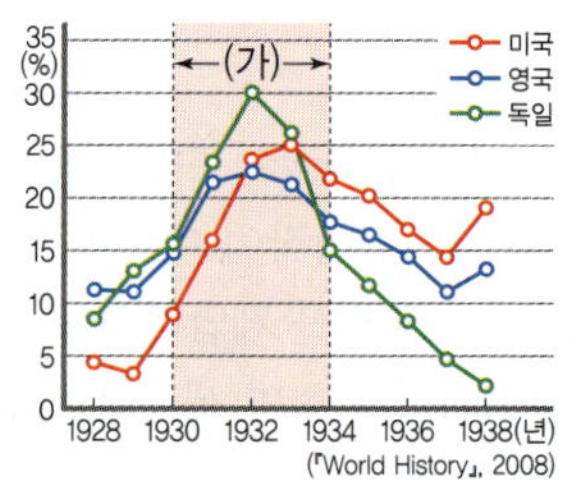

▲ 실업률 변화

보기
ㄱ. 마셜 계획을 수립하였다.
ㄴ. 농업과 산업 생산량을 조절하였다.
ㄷ. 북미 자유 무역 협정을 체결하였다.
ㄹ. 테네시 계곡 개발 공사를 실시하였다.

① ㄱ, ㄴ   ② ㄱ, ㄷ   ③ ㄴ, ㄷ
④ ㄴ, ㄹ   ⑤ ㄷ, ㄹ

03 다음 내용과 관련된 탐구 주제로 적절한 것은?

> • 뉴딜 정책   • 블록 경제   • 전체주의 정권

① 냉전 체제의 전개
② 제국주의 경제 정책
③ 대공황의 극복 방안
④ 자유 경제 무역의 확대
⑤ 신자유주의 경제 체제의 성립

04 (가), (나)를 주장한 인물에 대한 설명으로 옳은 것은?

> (가) 파시스트의 국가 개념은 모든 것을 포괄하며,
> …… 국민이 국가를 발생시키는 것이 아니라 국가
> 가 국민을 창조한다.
> (나) 민족주의 국가는 인종을 모든 생활의 중심에 두어
> 야 한다. …… 자기가 병약하고 결함이 있는데도
> 아이를 낳는 것은 치욕일 뿐이다.

① (가) – 욱일기를 상징으로 사용하였다.
② (가) – 바이마르 공화국을 무너뜨렸다.
③ (나) – 로마 진군을 통해 정권을 장악하였다.
④ (나) – 대중의 투표를 통해 일당 독재를 수립하였다.
⑤ (가), (나) – 유대인을 박해하는 인종주의 정책을 폈다.

05 다음 지도의 전쟁 중에 있었던 사실로 옳은 것을 〈보기〉에서 고른 것은?

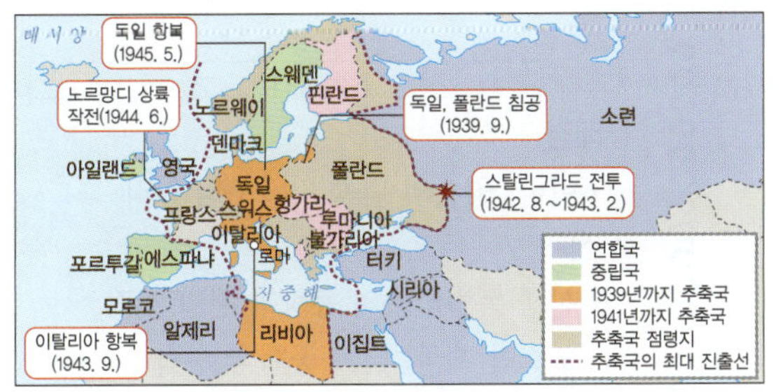

> **보기**
> ㄱ. 독일이 무제한 잠수함 작전을 전개하였다.
> ㄴ. 러시아는 혁명이 일어나 전쟁에서 이탈하였다.
> ㄷ. 미국이 일본의 진주만 기습으로 전쟁에 참전하였다.
> ㄹ. 프랑스의 드골이 영국에 임시 정부를 구성하였다.

① ㄱ, ㄴ ② ㄱ, ㄷ ③ ㄴ, ㄷ
④ ㄴ, ㄹ ⑤ ㄷ, ㄹ

06 (가) 시기에 들어갈 사실로 옳은 것은?

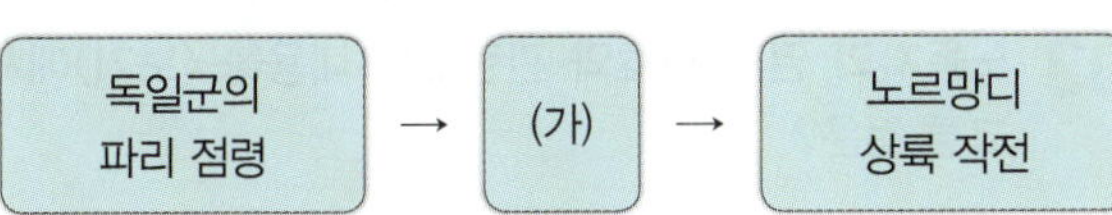

① 독일이 소련을 침공하였다.
② 연합군이 프랑스를 해방시켰다.
③ 일본이 무조건 항복을 선언하였다.
④ 독일이 국제 연맹에서 탈퇴하였다.
⑤ 이탈리아가 연합국 편에 합류하였다.

07 밑줄 친 ㉠~㉤ 중 옳지 않은 것은?

> 〈제2차 세계 대전 – 일본편 –〉
> …… 중·일 전쟁이 장기화되자 ㉠ 일본은 자원 확
> 보를 위해 동남아시아를 침략하였다. 이에 대해
> ㉡ 미국이 경제 봉쇄로 맞서자 일본은 하와이의 진
> 주만을 공격하였다. 그러나 ㉢ 미국이 스탈린그라
> 드 전투에서 승리하면서 전세가 역전되었다. ㉣
> 이탈리아와 독일의 항복으로 일본만 남은 상황에
> 서 ㉤ 소련이 일본에 선전 포고를 하고 미국이 원
> 자 폭탄을 투하하자 일본은 연합국에 무조건 항복
> 을 선언하였다.

① ㉠ ② ㉡ ③ ㉢ ④ ㉣ ⑤ ㉤

08 다음 교사의 질문에 대한 답변을 서술하시오.

09 다음 자료와 관련있는 체제의 특징을 서술하시오.

▲ 히틀러 친위대의 행진

▲ 무솔리니와 검은 셔츠단

❷ 민주주의의 확산 ～ ❸ 인권 회복과 평화 확산을 위한 노력

주제 16 민주주의의 확산과 평화를 유지하기 위한 노력

1 민주주의의 확산

(1) 민주주의의 확산
① 제1차 세계 대전 후 패전국의 식민지 국가들이 민족 자결주의 원칙에 따라 독립하며 민주주의 확산
② 재산에 따른 선거권 제한 폐지하며 [❶   ] 실시

(2) 여성 참정권 획득 19세기 전반부터 지속적인 여성 참정권 요구 → 제1차 세계 대전을 거치며 여성의 사회 참여 확대 → 여성 참정권 인정

(3) 노동자 권리의 보호
① 배경 제1차 세계 대전으로 군수품 생산 역할의 중요성 증대 → 노동자의 권리 보장, 처우 개선
② 전개 [❷] 실시(노인 연금, 무료 급식, 가족 수당, 국민 건강 보험, 최저 임금제 등), 복지 국가 개념 등장

2 전체주의 극복 노력

프랑스	[❸] 수립(사회주의·민주주의 세력 연합)
에스파냐	인민 전선 정부 수립하여 저항
독일	일반 국민들의 저항 활동 전개

3 인권 회복과 평화 확산을 위한 노력

(1) 대량 학살과 인권 유린 대량 학살(홀로코스트, 난징 대학살 등), 인권 유린(나치 독일의 유대인 탄압, 일본의 생체 실험, 일본의 강제 동원 및 위안부 등)

(2) 평화 유지를 위한 노력
① 전후 처리 논의

대서양 헌장 (1941)	전쟁 이후의 평화 원칙 발표, 국제 평화 기구 설립 합의
카이로 회담 (1943)	일본 패전 후 영토 처리 논의, 한국 독립 약속
얄타 회담 (1945)	전후 독일 영토 분할 점령 논의, 국제 연합 창설, 소련의 대일전 참전 논의
포츠담 선언 (1945)	일본에 무조건 항복 권유, 카이로 선언 재확인

② [❹]의 창설 국제 분쟁의 조정과 중재를 위한 안전 보장 이사회 설치, 국제 연합군 파견 가능
③ 국제 군사 재판의 개최 제2차 세계 대전 이후 전쟁 범죄를 반인도적 범죄 행위로 규정 → 뉘른베르크와 도쿄에서 개최하고 전범 처벌

---

01 다음 헌법에 대한 설명으로 옳은 것은?

> 제1조 독일은 공화국이다. 국가 권력은 국민으로부터 나온다.
> 제20조 제국 의회는 독일국민이 선출한 의원으로 구성된다.
> 제41조 ⑴ 제국 대통령은 전체 국민이 선거한다.

① 보통 선거를 도입하였다.
② 소유권의 절대성을 확립하였다.
③ 독일인의 우수성을 강조하였다.
④ 국가와 민족을 최우선으로 하였다.
⑤ 재산에 따라 선거권을 규정하였다.

02 (가)에 들어갈 탐구 주제로 적절한 것은?

> (가)
> 1. 배경
>   • 미국: 윌슨의 민족 자결주의 원칙
> 2. 전개
>   • 신생 독립국들의 등장과 헌법 제정
>   • 오스만 제국: 터키 공화국 수립
>   • 독일: 바이마르 공화국 수립

① 민족주의의 전개
② 민주주의의 발전
③ 절대 왕정의 수립
④ 세계화 시대의 도래
⑤ 평화 유지를 위한 노력

03 노동자의 권리 보호와 관련있는 내용을 〈보기〉에서 옳게 고른 것은?

> **보기**
> ㄱ. 노동조합의 결성 ㄴ. 여성 참정권 운동
> ㄷ. 사회 보장법 실시 ㄹ. 인민 전선의 형성

① ㄱ, ㄴ ② ㄱ, ㄷ ③ ㄴ, ㄷ
④ ㄴ, ㄹ ⑤ ㄷ, ㄹ

04 다음 상황을 극복하기 위한 노력으로 옳은 것은?

> • 이탈리아: 언론과 출판의 자유 박탈, 파시스트당 이외의 모든 정당 금지, 노동조합 해산
> • 독일: 언론, 집회, 결사의 자유 제한, 나치 이외의 정당 금지, 국가의 노동자 통제, 개인의 편지 검열

① 수권법을 제정하였다.
② 비밀경찰(게슈타포)을 동원하였다.
③ 비폭력·불복종 운동을 전개하였다.
④ 코민테른을 통해 각국을 지원하였다.
⑤ 다양한 세력이 연합하여 인민 전선을 수립하였다.

05 다음 자료를 바탕으로 한 탐구 활동으로 적절한 것은?

유대인은 우리가 비참하게 된 원인이자 수혜자이다. …… 유대인은 독일을 두 동강 내 왔다.

– 요제프 괴벨스 –

▲ 아우슈비츠 수용소

① 홀로코스트에 대해 알아본다.
② 베르사유 체제에 대해 찾아본다.
③ 냉전 체제의 대립 과정을 살펴본다.
④ 국·공 합작의 형성 배경을 찾아본다.
⑤ 바이마르 공화국의 헌법을 분석한다.

06 다음 대화와 관련된 역사적 사실로 가장 적절한 것은?

① 수만 명의 여성을 군 위안부로 끌고 갔다.
② 군인을 잡는다는 구실로 민간인을 학살하였다.
③ 폭격으로 유적지를 포함한 도시가 파괴되었다.
④ 일본이 점령 지역의 젊은이들을 강제 동원하였다.
⑤ 살아 있는 사람을 대상으로 생체 실험을 자행하였다.

07 밑줄 친 ㉠에 해당하는 모습으로 옳은 것을 〈보기〉에서 고른 것은?

> **보기**
> ㄱ. 붕괴된 베를린 장벽
> ㄴ. 베를린 홀로코스트 기념관
> ㄷ. 서독 빌리 브란트의 추모비 방문
> ㄹ. 아베 일본 총리의 야스쿠니 신사 참배

① ㄱ, ㄴ   ② ㄱ, ㄷ   ③ ㄴ, ㄷ
④ ㄴ, ㄹ   ⑤ ㄷ, ㄹ

서술형 08 다음과 같이 참정권이 확대된 까닭을 서술하시오.

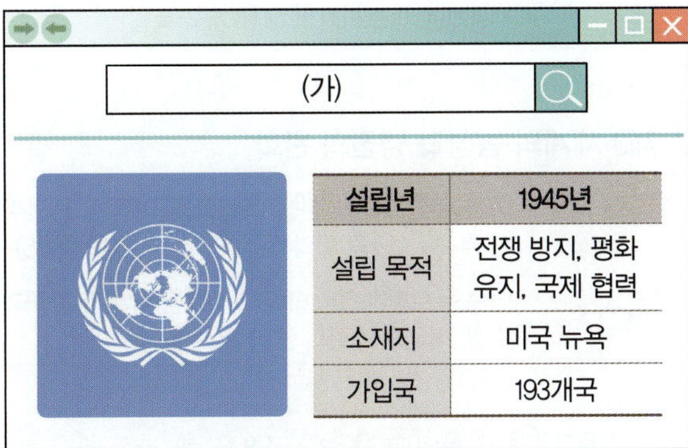

▲ 미국 여성들의 최초 선거

서술형 09 (가) 기구와 국제 연맹의 차이점을 서술하시오.

(가)	
설립년	1945년
설립 목적	전쟁 방지, 평화 유지, 국제 협력
소재지	미국 뉴욕
가입국	193개국

 ❶ 냉전 체제와 제3 세계의 형성

주제 17 냉전 체제와 아시아·아프리카의 독립

1 냉전 체제의 형성과 전개

(1) 냉전 체제의 형성

배경	미국 중심의 자본주의 진영과 소련 중심의 공산주의 진영의 대립
형성 과정	동유럽 지역에 공산주의 정부 수립, 서유럽 지역에서 공산주의 세력 확대 → 미국이 공산주의 확대를 막기 위해 트루먼 독트린 발표
자본주의 진영	• 미국과 서유럽 중심 • ❶ [ ](NATO, 군사 동맹 기구) 조직 • 마셜 계획 추진(경제 원조)
공산주의 진영	• 소련과 동유럽 중심 • 코민포름(국제 공산당 정보기관) 창설 • 코메콘(경제 상호 원조 회의) 조직 • 바르샤바 조약 기구(군사 동맹 기구) 조직

(2) 냉전 체제의 전개

미국과 소련의 대립	• 독일 분단: 소련이 서베를린으로 가는 통로 차단 → 베를린 봉쇄 해제(1949) → 베를린 장벽 건설(1961) • 쿠바 미사일 위기(1962): 소련이 쿠바에 미사일 기지 설치 시도 → 미국이 쿠바 해상 봉쇄 → 미국과 소련의 갈등 격화
아시아 지역의 전쟁	• 중국의 국·공 내전 → 중화 인민 공화국 수립 • 한국의 ❷ [ ] 전쟁 • 베트남 전쟁 → 미국 개입 → 베트남 공산화

2 아시아·아프리카의 독립

인도	인도(힌두교도 다수)와 ❸ [ ](이슬람교도 다수)으로 분리 독립(1947) → 동파키스탄이 독립 투쟁으로 방글라데시(1971)로 독립
동남 아시아	• 베트남: 프랑스와의 독립 전쟁에서 승리하여 독립 → 베트남 전쟁 → 통일 • 라오스, 캄보디아, 미얀마, 인도네시아 등 독립
서아시아	유대인이 팔레스타인 지역에 이스라엘 공화국 수립(1948) → 4차례의 중동 전쟁 발발
아프리카	• 이집트에선 나세르 주도로 왕정 폐지, 공화정 수립, 수에즈 운하 국유화 • 1960년 '아프리카의 해'(17개국 독립)

3 제3 세계의 형성과 냉전의 완화

제3 세계 형성	아시아·아프리카 신생 독립국의 비동맹 중립주의 노선 추구 → 반둥 회의에서 ❹ [ ] 결의(1955)
냉전 완화	닉슨 독트린(1969), 미국의 베트남 철수와 중국과 국교 수립, 미국과 소련의 군비 축소 협정

답 ❶ 북대서양 조약 기구 ❷ 6·25 전쟁 ❸ 파키스탄 ❹ 평화 10원칙

---

01 다음 주장에 따라 추진된 정책으로 옳은 것은?

> 나는 미국의 정책이 소수 무장 세력이나 외부 압력에 굴복하지 않으려고 싸우는 자유민의 노력을 지원하는 것이어야 한다고 믿습니다. …… 우리가 그리스와 터키에 원조하지 못한다면, 그 영향은 동서양을 막론하고 매우 광범위할 것입니다.

① 코민포름을 창설하였다.
② 문화 대혁명을 일으켰다.
③ 마셜 계획을 추진하였다.
④ 베를린 봉쇄를 단행하였다.
⑤ 바르샤바 조약 기구를 조직하였다.

02 (가)에 들어갈 내용으로 옳지 <u>않은</u> 것은?

① 독일이 동서로 분단되었습니다.
② 쿠바 미사일 위기가 발생하였습니다.
③ 소련이 태평양 전쟁에 참전하였습니다.
④ 동독이 베를린 장벽을 설치하였습니다.
⑤ 중국에서 공산당과 국민당의 내전이 벌어졌습니다.

03 밑줄 친 '군사적 충돌'에 해당하는 사실로 옳은 것을 〈보기〉에서 고른 것은?

> 미국이 주도하는 자본주의 진영과 소련이 주도하는 공산주의 진영으로 나뉘어 대립하는 냉전 체제는 세계 여러 곳에서 <u>군사적 충돌</u>로 나타났다.

보기	
ㄱ. 중동 전쟁	ㄴ. 중·일 전쟁
ㄷ. 6·25 전쟁	ㄹ. 베트남 전쟁

① ㄱ, ㄴ ② ㄱ, ㄷ ③ ㄴ, ㄷ
④ ㄴ, ㄹ ⑤ ㄷ, ㄹ

04 밑줄 친 '무력 충돌'의 결과로 가장 적절한 것은?

> 제2차 세계 대전 이후 중국에서는 국민당과 공산당 간에 정권 장악을 놓고 <u>무력 충돌</u>이 일어났다.

① 냉전이 완화되었다.
② 베를린이 봉쇄되었다.
③ 마셜 계획이 발표되었다.
④ 트루먼 독트린이 발표되었다.
⑤ 중화 인민 공화국이 수립되었다.

05 (가), (나)에 해당하는 국가로 옳은 것을 〈보기〉에서 고른 것은?

> ____(가)____는 독립 과정에서 힌두교도와 이슬람교도 사이에서 종교적 갈등이 발생하여 많은 사람이 죽고 다치는 일이 발생하였다. 이에 힌두교도가 다수인 ____(가)____와 이슬람교도가 다수인 ____(나)____로/으로 나누어 분리 독립하였다.

보기

ㄱ. (가) – 인도　　　　ㄴ. (가) – 스리랑카
ㄷ. (나) – 파키스탄　　ㄹ. (나) – 방글라데시

① ㄱ, ㄴ　　　② ㄱ, ㄷ　　　③ ㄴ, ㄷ
④ ㄴ, ㄹ　　　⑤ ㄷ, ㄹ

06 다음 원칙에 대한 설명으로 옳은 것은?

> • 기본적 인권과 국제 연합 헌장 존중
> • 인류와 국가 간의 평등
> • 단독·집단의 자위권 존중
> • 강대국에 유리한 집단 방위 배제

① 반둥 회의에서 결의되었다.
② 국제 연합 창설을 제안하였다.
③ 미국 대통령에 의해 제의되었다.
④ 냉전 체제가 심화되는 결과를 가져왔다.
⑤ 미군이 베트남에서 철수하는 계기가 되었다.

07 (가)에 해당하는 국가로 옳은 것은?

> 제2차 세계 대전 이후 서아시아에서는 시리아, 요르단 등이 독립하였다. 한편 팔레스타인 지역에서는 서방 국가의 도움으로 유대인이 ____(가)____을/를 세웠는데, 아랍 민족은 이에 반발하면서 4차례 중동 전쟁이 발발하였다.

① 시리아　　　　　② 요르단
③ 알제리　　　　　④ 이스라엘
⑤ 나이지리아

08 다음 외교 원칙의 영향으로 나타난 사실로 옳은 것은?

> • 미국은 강대국의 핵 위협을 제외한, 내란이나 침략인 경우 아시아 각국이 스스로 협력하여 그에 대처하기를 바란다.
> • 미국은 '태평양 국가'로서 그 지역에서 중요한 역할을 계속하지만 직접적·군사적·정치적 과잉 개입은 하지 않는다.

① 제1차 비동맹 회의가 개최되었다.
② 북대서양 조약 기구가 창설되었다.
③ 중국에서 국·공 내전이 발발하였다.
④ 미군이 베트남 전쟁에서 철수하였다.
⑤ 소련이 쿠바에 미사일 기지 건설을 시도하였다.

서술형
09 다음을 읽고 물음에 답하시오.

> 1954년에 인도의 네루와 중국의 저우언라이가 만나 상호 불가침, 평화 공존 등 평화 5원칙에 합의하였다. 이를 기초로 이듬해에 개최된 반둥 회의에서는 평화 10원칙을 결의하였다. 이후 동유럽 국가인 유고슬라비아의 티토와 인도의 네루, 이집트의 나세르 등의 주도로 제1차 비동맹 회의가 개최되어, ____(가)____ 국가들 간에 상호 협력을 다짐하기도 하였다.

(1) (가)에 들어갈 알맞은 용어를 쓰시오.

(2) (가)에 해당하는 국가들이 냉전 체제 속에서 추구한 대외 정책을 서술하시오.

❷ 세계화와 경제 통합

주제 18 세계화와 신자유주의

1 탈냉전 시대의 전개

(1) 소련의 변화와 해체

배경	사회주의 경제 체제의 비효율성 → 경기 침체
개혁·개방 정책	• 1980년대 중반 ❶ 가 주도 • 시장 경제 원리 도입, 정치 민주화 추진
소련의 해체	• 소련 내 여러 국가의 독립 → 소련 붕괴 • ❷ (CIS, 1991) 결성

(2) 동유럽 공산 정권의 붕괴와 독일 통일

동유럽 공산 정권 붕괴	• 소련이 추진한 개혁·개방 정책의 영향 → 폴란드, 체코슬로바키아 등에서 공산 정권 붕괴 • 동유럽 국가들이 시장 경제 원리를 도입하여 경제 성장 도모
독일의 통일	동독의 통치 체제 붕괴 → 베를린 장벽 붕괴 → 독일 통일(1990)

(3) 중국의 정치 변화와 개혁·개방

마오쩌둥	대약진 운동 실패 → 문화 대혁명으로 권력 강화
❸	• 마오쩌둥 사망 후 집권 • 흑묘백묘론 → 시장 경제 원리를 일부 도입한 개혁·개방 정책 추진 • 톈안먼 사건 발생

2 세계화와 경제 통합

세계화	• 교통·통신의 발달 → 사람과 물자의 이동의 자유, 전 지구가 하나의 공간으로 통합 • 제2차 세계 대전 이후 미국 달러 중심의 자유 무역 확산 → 세계화 촉진
경제 통합	• 관세 및 무역에 관한 일반 협정(GATT) 체결, 세계 무역 기구(WTO) 출범, 자유 무역 협정(FTA) 체결 → 자유 무역 체제 강화 • 유럽 통합: ❹ 출범 • 지역 간 경제 협력체: 동남아시아 국가 연합(ASEAN), 북미 자유 무역 협정(NAFTA) 등

3 신자유주의 경제 체제

형성	1970년대 이후 전 세계적인 경제 불황 극복 노력 → ❺ 등장(정부의 경제 활동 개입과 규제 축소, 민간과 시장에 자유 확대, 복지 예산 축소, 세금 감면, 기업의 자유로운 활동 보장)
영향	• 신자유주의 경제 체제의 확산 → 각국의 시장 개방 확대 • 복지 정책 축소에 따른 사회·경제적 불평등 심화 초래 • 다국적 기업 성장, 일자리를 찾아 노동자의 이주 활발

정답확인
❶ 고르바초프 ❷ 독립 국가 연합 ❸ 덩샤오핑 ❹ 유럽 연합 ❺ 신자유주의(EU)

---

01 다음 설명에 해당하는 인물로 옳은 것은?

> 1985년 소련의 지도자가 되어 개혁과 개방을 내세우며 정치를 민주화하고 시장 경제 원리를 도입하여 사회주의 체제를 극복하려고 하였다.

① 레닌
② 스탈린
③ 덩샤오핑
④ 마오쩌둥
⑤ 고르바초프

02 다음 상황이 나타나게 된 배경으로 가장 적절한 것은?

▲ 러시아와 그 주변의 독립 국가들

① 제3 세계가 등장하였다.
② 냉전 체제가 심화되었다.
③ 대약진 운동이 전개되었다.
④ 닉슨 독트린이 발표되었다.
⑤ 고르바초프가 개혁·개방 정책을 추진하였다.

03 다음 사건들을 일어난 순서대로 옳게 나열한 것은?

> (가) 독일 통일
> (나) 베를린 장벽 붕괴
> (다) 고르바초프의 집권
> (라) 독립 국가 연합 결성

① (가) - (나) - (다) - (라)
② (나) - (가) - (다) - (라)
③ (다) - (나) - (가) - (라)
④ (다) - (라) - (나) - (가)
⑤ (라) - (다) - (나) - (가)

04 밑줄 친 '그'에 해당하는 인물로 옳은 것은?

> 그는 '흑묘백묘론(경제 성장을 위해 어떠한 체제라도 도입할 수 있다는 논리)'을 바탕으로 개혁·개방 정책을 실시하였다. 이에 따라 외국의 자본과 기술을 적극 도입하기 위해 동남부 해안 지역에 경제 특구를 설치하고 산업의 현대화를 추진하였다.

① 옐친
② 스탈린
③ 덩샤오핑
④ 마오쩌둥
⑤ 고르바초프

05 (가) 운동에 대한 설명으로 옳은 것은?

> 마오쩌둥은 대약진 운동을 전개하였으나 무리한 계획과 자연재해 등으로 성과를 거두지 못하였다. 이로 인해 정치적 입지가 약화되자 마오쩌둥은 [　(가)　] 을/를 일으켜 권력을 강화하였다.

① 냉전 체제를 심화시켰다.
② 소련이 해체되는 계기가 되었다.
③ 민주화 요구 시위를 무력으로 진압하였다.
④ 홍위병을 앞세워 반대 세력을 제거하였다.
⑤ 자본주의적 시장 경제 요소를 일부 도입하였다.

06 밑줄 친 '이 기구'로 옳은 것은?

역사 퀴즈 대회	
1단계	1995년에 조직된 국제 기구
2단계	GATT를 이어받아 설립
3단계	국제 무역 분쟁 조정 역할

① 유럽 연합(EU)
② 세계 무역 기구(WTO)
③ 동아시아 국가 연합(ASEAN)
④ 북미 자유 무역 협정(NAFTA)
⑤ 아시아·태평양 경제 협력체(APEC)

07 (가)에 들어갈 검색어에 대한 설명으로 옳지 <u>않은</u> 것은?

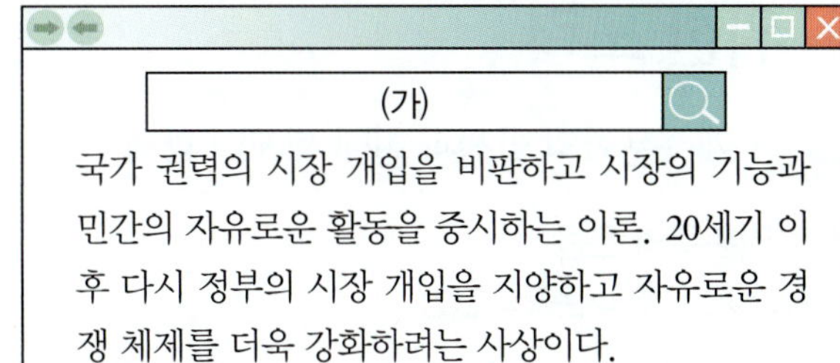

> 국가 권력의 시장 개입을 비판하고 시장의 기능과 민간의 자유로운 활동을 중시하는 이론. 20세기 이후 다시 정부의 시장 개입을 지양하고 자유로운 경쟁 체제를 더욱 강화하려는 사상이다.

① 세계화를 더욱 촉진하였다.
② 뉴딜 정책으로 구체화되었다.
③ 다국적 기업의 성장을 가져왔다.
④ 사회·경제적 불평등을 심화시켰다.
⑤ 정부의 경제 활동 개입과 규제를 축소하였다.

서술형
08 밑줄 친 ⑤ 정책이 추진된 결과를 소련의 변화와 연관지어 서술하시오.

> ⑤ 페레스트로이카 정책은 소련과 같은 국가가 새로운 질적 상태로의 전환, 즉 권위주의적이고 관료주의적인 체제에서 벗어나 인간적이고 민주적인 사회로 평화롭게 이행하는 유일한 길이라고 생각합니다.

서술형
09 다음을 읽고 물음에 답하시오.

> 1970년대에 들어 경제 불황이 나타나자 각국에서는 위기를 극복하고자 자유로운 시장 활동을 내세운 [　(가)　] 경제 정책을 펼쳤다.

(1) (가)에 들어갈 알맞은 말을 쓰시오.

(2) (가) 경제 정책의 구체적인 사례를 <u>세 가지</u> 제시하시오.

❸ 탈권위 운동과 대중문화 발달 ~ ❹ 현대 세계의 문제 해결을 위한 노력

주제 19 대중문화의 발전과 현대 세계의 과제

1 탈권위주의 운동

(1) 탈권위주의 운동의 등장

등장	1960년대 학생을 중심으로 기성세대의 권위주의적 질서와 체제에 저항하는 탈권위주의 운동 등장
학생 운동 활성화	• 학생들이 기성세대의 가치관 강요 비판 • 1968년 전 세계적인 학생 운동 확산(프랑스의 ❶ [ ]이 대표적) → 반전, 평화, 인종과 여성 차별 철폐 등 주장
영향	민권 운동, 여성 운동, 환경 운동 등 다양한 사회 운동 성장에 영향

(2) 민권 운동과 여성 운동

민권 운동	• 배경: 전후에도 백인 위주의 사회 질서 유지, 흑인 차별 지속 • 남아프리카 공화국: ❷ [ ] 등이 인종 분리 정책인 아파르트헤이트에 저항 • 미국: ❸ [ ] 목사의 흑인 차별 반대 시위
여성 운동	• 배경: 임금 차별 등 사회·문화적 차별 지속 • 각종 단체 조직, 여성 권리를 보장받기 위한 운동 전개

2 대중문화의 발전

배경	비슷한 생활 양식과 생각을 공유하는 대중이 사회 주체로 성장 → ❹ [ ] 형성
발전	• 대중 매체의 보급 → 대중문화 성장 • 탈권위주의 청년 문화, 히피 문화 → 대중문화에 영향

3 현대 사회의 과제와 대응

갈등과 분쟁	• 배경: 종교·인종·부족 간에 갈등과 분쟁 발생, 테러, 난민 문제 • 대응: 국제 연합의 평화 유지군 파견, 난민 협약 체결, 난민 기구의 난민 생계 지원 등
빈부 격차와 질병	• 배경: 신자유주의 경제 정책으로 국가 간, 계층 간 빈부 격차 심화, 빈곤 국가나 계층이 질병에 취약, 새로운 질병 확산(중증 급성 호흡기 증후군, 조류 인플루엔자 등) • 대응: 국제 통화 기금(IMF)에서 개발 도상국 지원, 세계 보건 기구(WHO)의 활동 등
환경 문제	• 배경: 산업화에 따른 지구 환경의 악화(해양과 대기 오염, 생태계 파괴) → 기상 이변 초래 • 대응: 환경과 개발에 관한 공동 선언(리우 선언, 1992), 교토 의정서(1997), ❺ [ ](2015, 온실가스 감축 강제화 노력)

답 ❶ 68 운동 ❷ 넬슨 만델라 ❸ 마틴 루서 킹 ❹ 대중 사회 ❺ 파리 기후 협약

---

01 밑줄 친 '이 운동'으로 옳은 것은?

> 1968년 프랑스에서는 정부의 실정과 사회 모순에 저항하는 체제 저항 운동이 일어났다. 학생들은 '금지하는 모든 것을 금지하라' 등의 구호를 외치며 거리 행진에 나섰으며, 인종 차별 반대와 반전 등을 요구하였다. <u>이 운동</u>은 독일, 미국, 일본 등으로 퍼져 나가 젊은이들의 탈권위주의 운동에 영향을 주었다.

① 68 운동
② 양무운동
③ 5·4 운동
④ 범아프리카 운동
⑤ 비폭력·불복종 운동

02 다음 상황을 극복하려는 노력을 알아보기 위한 탐구 활동으로 가장 적절한 것은?

> 남아프리카 공화국, 미국 등의 나라에서는 제2차 세계 대전 이후에도 여전히 백인 중심의 사회 질서가 유지되고 흑인 차별 정책을 지속하였다. 백인들은 법률에 규정된 흑인의 참정권 행사를 방해하였을 뿐 아니라 학교, 열차, 공공시설 등에서 흑백 분리 정책을 펼쳤다.

① 문화 대혁명의 내용을 알아본다.
② 제3 세계의 등장 배경을 살펴본다.
③ 냉전 체제가 심화되는 과정을 이해한다.
④ 고르바초프의 개혁·개방 정책을 분석한다.
⑤ 마틴 루서 킹 목사의 인권 운동을 조사한다.

03 다음 인물에 대한 설명으로 옳은 것은?

> 나는 백인이 지배하는 사회에 맞서 싸웠고, 또한 흑인이 지배하는 사회에도 반대해 싸웠다. 나는 모든 사람이 함께 조화를 이루고 동등한 기회를 누리는 민주적이고 자유로운 사회에 대한 이상을 간직하고 있다.

① 68 운동을 주도하였다.
② 짐 크로법을 제정하였다.
③ 아파르트헤이트에 저항하였다.
④ 탈권위주의 흐름에 반발하였다.
⑤ 미국에서 민권법이 발효되는 데 영향을 끼쳤다.

04 다음 중 대중문화에 대한 설명으로 옳은 것을 〈보기〉에서 고른 것은?

> **보기**
> ㄱ. 소수 특권 계층만이 누릴 수 있었다.
> ㄴ. 대중의 취향과 정서를 반영하고 있다.
> ㄷ. 기성세대의 가치관이 그대로 반영되었다.
> ㄹ. 대중 매체의 보급으로 발달이 촉진되었다.

① ㄱ, ㄴ ② ㄱ, ㄷ ③ ㄴ, ㄷ
④ ㄴ, ㄹ ⑤ ㄷ, ㄹ

05 다음 조약의 내용을 활용한 수업 주제로 가장 적절한 것은?

> • 핵 확산 금지 조약(NPT)
> • 생물 무기 금지 협약(BWC)
> • 화학 무기 금지 협약(CWC)

① 환경 문제의 극복 노력
② 교토 의정서의 체결 배경
③ 국제 통화 기금(IMF)의 활동
④ 난민 문제에 대한 국제 사회의 대응
⑤ 대량 살상 무기 문제 해결을 위한 노력

06 (가)에 해당하는 기구로 옳은 것은?

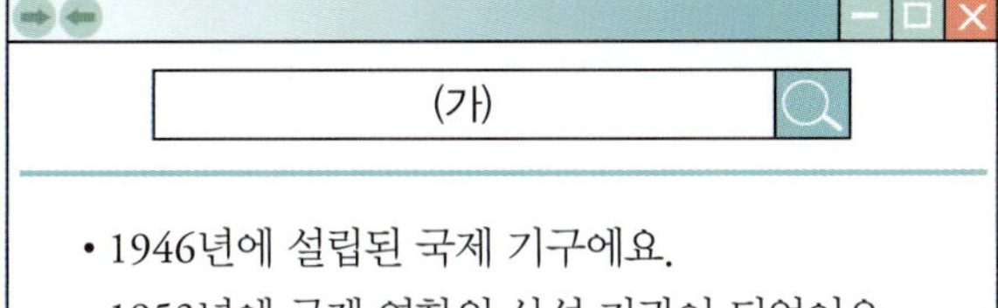

① 그린피스
② 유니세프
③ 국경 없는 의사회
④ 세계 무역 기구(WTO)
⑤ 세계 보건 기구(WHO)

07 다음 협약에 대한 설명으로 옳은 것은?

> 〈 ○○ ○○ 협약〉
> • 선진국이 개발 도상국의 기후 변화 대처 사업을 지원
> • 2023년 이후 5년마다 감축 목표를 높여 제출 및 검증
> • 한국도 37% 감축안 제시(2030년 전망치 대비)

① 온실가스 규제를 위해 마련되었다.
② 난민 문제 해결을 위한 노력의 하나이다.
③ 정부의 경제 활동 개입과 규제를 축소하였다.
④ 대량 살상 무기 확산을 막기 위해 체결되었다.
⑤ 개발 도상국 아동에 대한 지원 활동을 규정하였다.

서술형
08 다음 자료를 보고 물음에 답하시오.

(1) 밑줄 친 '나'의 이름을 쓰시오.

(2) (1)의 인물의 활동과 영향을 서술하시오.

서술형
09 다음을 읽고 물음에 답하시오.

> • 모든 나라는 합법적으로 자국 영역 내에 체류하는 난민에게 공적 구호와 공적 원조에 관하여 자국민에게 부여되는 것과 동일한 대우를 부여한다.
> • 모든 나라는 국가 안보 또는 공공질서를 이유로 하는 경우를 제외하고 합법적으로 자국 영역 내에 체류하고 있는 난민을 추방하여서는 안 된다.

(1) 위 협약의 명칭을 쓰시오.

(2) 난민의 개념을 제시하고 위 협약을 마련한 이유를 서술하시오.

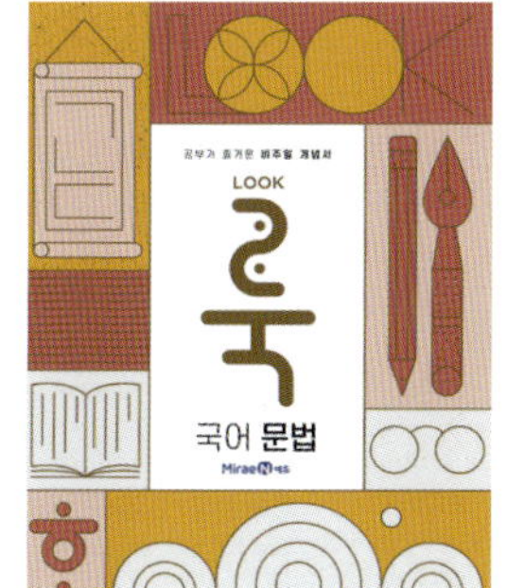
LOOK
룩
국어 문법
Mirae N

중등
도서목록

올리드

바른답·알찬풀이

개념학습편과 시험대비편의 **정답 및 풀이**를 제공합니다.

중등 역사 ①-2

올리드 100점 전략

Mirae N 에듀

올리드 100점 전략

바른답 · 알찬풀이

역사 ❶-2

IV. 제국주의 침략과 국민 국가 건설 운동

주제 01 영국 의회 정치의 발전

문제로 실력 다지기 11~12쪽

개념 문제 **01** (1) ○ (2) × (3) ○ **02** (1) 젠트리 (2) 크롬웰 (3) 내각 책임제 **03** (1) 공화정 (2) 권리 장전 (3) 입헌 군주정
실력 문제 **04** ④ **05** ① **06** ⑤ **07** ③ **08** ② **09** ④ **10** ②
11 ③ **12** ① **13** (1) 권리 장전 (2) **예시답안** 의회 중심의 정치가 이루어지고 입헌 군주정이 실시되었다.

04 17세기 성장한 영국의 시민 계층과 젠트리는 대부분 청교도였으며 의회에 대거 진출하였다. 그러나 제임스 1세와 찰스 1세가 의회를 무시하고 청교도를 탄압하자 청교도 혁명이 일어났다.

05 제임스 1세는 왕권신수설을 지지하였으며 의회를 무시하고 전제 정치를 실시하여 의회의 반발을 불러일으켰다. 당시 영국 의회는 시민 계층과 젠트리가 다수 진출해 있었으며 이들은 주로 청교도들이었다.

06 찰스 1세의 전제 정치에 반발하여 왕당파와 의회파 사이에 내전이 발생하였다. 결국 의회파를 이끈 크롬웰이 왕당파를 격파한 후 찰스 1세를 처형하고 공화정을 수립하였다.
바로잡기 ㄱ. 권리 청원을 승인한 것은 찰스 1세이다. ㄴ. 제임스 1세와 찰스 1세는 가톨릭교도로 청교도를 탄압하였다.

07 (가)의 인물은 크롬웰이다. 크롬웰은 청교도 혁명 당시 의회파를 이끌고 왕당파에 승리하였으며 찰스 1세가 처형된 이후 공화제를 실시하고 호국경의 지위에 올랐다.
바로잡기 ① 찰스 1세를 폐위하고 처형시켰다. ② 크롬웰 자신이 청교도이다. ④ 찰스 1세가 권리 청원을 승인하였다. ⑤ 공화정을 실시하였다.

08 제시문은 크롬웰 집권 시기에 제정된 항해법(항해 조례)의 내용이다. 이를 통해 영국의 해운업이 발달하면서 영국의 대외 무역이 확대되었다.
바로잡기 ① 해외 무역에 종사하는 시민 계층이 성장하는 계기가 되었다. ③ 중상주의 경제 정책이 강화되었다. ④ 크롬웰 집권 시기에 제정되었다. ⑤ 네덜란드의 중계 무역에 큰 타격을 주었다.

09 제시문은 1689년에 승인된 권리 장전으로 (가)에 들어갈 말은 '의회'이다. 영국의 의회는 젠트리와 시민 계층이 다수를 차지하고 있었으며 국왕의 전제 정치에 반대하였다.
바로잡기 ① 의회는 제임스 2세를 폐위시켰다. ② 청교도가 다수를 차지하였다. ③ 의회는 찰스 1세의 세금 부과에 반대하였다. ⑤ 청교도 혁명은 찰스 1세의 전제 정치에 대한 반발로 일어났다.

10 의회는 제임스 2세를 폐위시키고 왕녀 메리와 그녀의 남편 윌리엄을 공동 왕으로 추대하는 명예혁명을 일으켰다. 명예혁명 이듬해 의회는 의회의 권한을 강조한 권리 장전을 제출하여 왕의 승인을 받았다.

올리드 포인트 청교도 혁명과 명예혁명 비교

구분	청교도 혁명	명예혁명
원인	찰스 1세의 전제 정치	제임스 2세의 전제 정치
내용	권리 청원 승인	권리 장전 승인
결과	공화정 수립	입헌 군주정 수립

11 18세기 영국은 스코틀랜드를 병합하고 식민지를 확장하여 대영 제국을 수립하였다. 한편 영국 사정에 밝지 못한 하노버 공 조지 1세가 즉위하자 내각 책임제가 실시되어 영국의 정치 전통으로 자리잡았다.

12 청교도 혁명으로 찰스 1세가 처형되고 공화정이 수립되었다. 공화정을 수립한 크롬웰은 항해법을 실시하여 대외 무역을 확대하였다. 이후 왕정이 부활하여 찰스 2세와 제임스 2세가 다시 전제 정치를 강화하자 의회는 제임스 2세를 폐위하고 권리 장전을 승인받아 입헌 군주정의 토대를 확립하였다. 조지 1세 즉위 이후 의회의 다수당이 내각을 구성하는 내각 책임제가 실시되었다.

13 권리 장전의 승인으로 영국에서는 의회 중심의 정치가 발전하였고, 국왕이 의회의 협조를 받아 정책을 시행하는 입헌 군주정이 실시되었다.

구분	채점 기준
상	의회 중심의 정치와 입헌 군주정 실시를 모두 서술한 경우
하	의회 중심의 정치와 입헌 군주정 실시 중 한 가지만 서술한 경우

주제 02 미국 혁명

문제로 실력 다지기 14~15쪽

개념 문제 **01** (1) ○ (2) × (3) ○ **02** (1) 인지세법 (2) 보스턴 차 사건 (3) 민주 공화국 **03** (1) 요크타운 (2) 워싱턴 (3) 금광
실력 문제 **04** ③ **05** ④ **06** ④ **07** ③ **08** ③ **09** ② **10** ②
11 ② **12** ③ **13** (1) 미국 혁명 (2) **예시답안** 미국의 헌법은 주권이 국민에게 있고, 행정·입법·사법권을 나누는 삼권 분립의 원칙을 규정하였다. 또 각 주의 자치를 인정하는 연방제 내용을 담고 있다.

04 영국은 초기에는 식민지에 대해 간섭하지 않았으나 프랑스와의 7년 전쟁 이후 중상주의 정책을 강화하면서 식민지에 대한 간섭을 강화하였다.

바로잡기 ㄱ. 영국은 식민지 대표를 의회에 참여시키지 않았다. ㄹ. 17세기 이후 청교도들은 종교적 자유 또는 경제적 동기로 자발적으로 북아메리카로 이주하여 식민지를 건설하였다.

05 보스턴 차 사건은 영국의 중상주의 정책에 불만을 가진 식민지 주민들이 일으킨 사건이다.

바로잡기 ① 독립 전쟁에서 승리한 식민지인들이 영국과 맺은 조약이다. ② 13개 식민지의 대표자 회의이다. ③ 독립 전쟁에서 식민지군의 결정적인 승리를 가져온 전투이다. ⑤ 미국 혁명의 목표가 담긴 선언문이다.

06 제시된 자료는 1776년 제2차 대륙 회의에서 발표한 미국 독립 선언문이다. 계몽사상의 영향을 받았으며 기본권, 국민 주권, 혁명권 등 근대 민주주의 원리를 담고 있다.

바로잡기 ④ 요크타운 전투는 미국 독립 전쟁의 결말을 지은 결정적인 싸움이다.

올리드 키워드

☑ **대륙 회의**: 미국 혁명 기간에 13개 식민지가 통일된 행동을 하기 위하여 조직한 대표자 회의로 사실상의 연방 정부 역할을 하였다. 1차 대륙 회의에서는 영국에 맞서기로 결의하였으며, 2차 대륙 회의에서는 워싱턴을 총사령관으로 임명하고 미국 독립 선언문을 발표하였다.

07 미국 독립 선언문에는 국민의 혁명권, 저항권 등의 내용을 담고 있다. 이는 국민이 동의하지 않은 정부를 바꾸고 새로운 정부를 조직할 수 있는 권리이다.

08 영국군과 식민지군의 무력 충돌로 독립 전쟁이 시작되자 대륙 회의에서 워싱턴이 총사령관으로 임명되고, 미국 독립 선언문이 발표되었다. 이후 프랑스와 에스파냐의 지원을 받은 식민지군이 요크타운 전투에서 승리하면서 파리 조약을 맺고 영국으로부터 독립을 인정받게 되었다.

09 미국 헌법은 연방제를 바탕으로 양원제와 삼권 분립의 원칙을 규정하였다.

바로잡기 ㄴ. 연방제는 각 주의 자치를 인정하는 제도이다. ㄷ. 저항권의 원리를 명시한 것은 미국 독립 선언문이다.

10 ㈎ 인물은 워싱턴으로, 독립 이후 미국의 초대 대통령으로 선출되었다. 워싱턴은 식민지군의 총사령관이기도 하였다.

11 미국 혁명은 주변 국가들에 자극을 주어 프랑스 혁명, 라틴아메리카의 독립 운동에 큰 영향을 주었다.

바로잡기 ㄴ. 영국의 명예혁명은 미국 혁명 이전에 일어났다. ㄷ. 미국 혁명으로 세계 최초의 민주 공화국인 아메리카 합중국(미국)이 탄생하였다.

12 독립 이후 미국의 영토가 확장되면서 서부 개척이 이루어졌다. 이 과정에서 체로키족 등 아메리카 원주민이 거주지에서 쫓겨나거나 희생되었다.

13 독립 후 각 주 대표는 연방제를 주요 내용으로 하는 헌법을 제정하고 워싱턴을 초대 대통령으로 선출하였다.

구분	채점 기준
상	미국 헌법의 주요 내용을 세 가지 모두 서술한 경우
중	미국 헌법의 주요 내용을 두 가지만 서술한 경우
하	미국 헌법의 주요 내용을 한 가지만 서술한 경우

주제 **03** 프랑스 혁명

문제로 실력 다지기
17~18쪽

개념 문제 **01** (1) × (2) ○ (3) ○ (4) ○ **02** (1) 바스티유 (2) 로베스피에르 (3) 총재 (4) 대륙 봉쇄령 **03** (1) ㉡ (2) ㉠ (3) ㉢

실력 문제 **04** ② **05** ② **06** ② **07** ⑤ **08** ⑤ **09** ③ **10** ③ **11** ② **12** ⑤ **13** (1) 프랑스 혁명 (2) **예시답안** 그림은 프랑스 혁명 이전 구제도의 모순을 풍자하고 있다. 제1 신분과 제2 신분은 전체 인구의 2%에 불과하지만 토지와 재산, 정치 권력을 장악하고 면세의 혜택을 누렸다. 반면 인구의 대다수인 평민은 무거운 세금을 부담하면서도 정치 참여가 제한되어 있었다.

04 18세기 프랑스 사회는 절대 왕정의 통치 아래 불평등한 신분제가 그대로 유지되었는데 이를 구제도의 모순이라고 한다. 그러나 계몽사상의 영향으로 봉건 질서를 타파하고 자유롭고 평등한 사회를 건설하려는 움직임이 일어났다.

바로잡기 ㄴ. 18세기 프랑스에서는 절대 왕정의 통치가 이루어졌다. ㄹ. 시민 계급은 제3 신분에 속하였다.

05 ㈎는 제3 신분이다. 이들은 전 인구의 98%를 차지하며 농민, 상인, 수공업자, 전문직 종사자들이 포함되었다. 제3 신분은 무거운 세금을 부담하면서도 정치 참여는 제한되어 있었다.

06 시민 계급은 상공업 활동으로 부를 축적하였는데 제3 신분에 속하여 많은 세금을 부담하면서도 정치 참여가 제한되어 있어 구제도의 모순에 대한 불만이 많았다. 이들은 계

몽사상과 미국 혁명의 영향을 받아 개혁을 요구하였다.
바로잡기 ② 농민에 대한 설명이다.

07 삼부회가 소집되자 제3 신분은 독자적으로 국민 의회를 결성하고, 새로운 헌법 제정을 요구하였다(테니스 코트의 서약). 이에 국왕이 국민 의회를 탄압하자 분노한 파리 시민들이 바스티유 감옥을 습격하였다. 이후 혁명이 과격화되면서 루이 16세가 처형되었다.

08 제시된 자료는 국민 의회가 바스티유 감옥 습격 사건 이후 1789년 8월에 발표한 '인간과 시민의 권리 선언(인권 선언)'이다. 인권 선언은 프랑스 혁명의 기본 정신을 담은 문서이다.
바로잡기 ① 프랑스 최초의 헌법은 1791년 제정된 헌법이다. ② 명예혁명 이후 영국에서 내각 책임제가 실시되었다. ③ 총재 정부도 프랑스 혁명의 정신을 계승하였다. ④ 청교도는 청교도 혁명과 명예혁명을 주도하였다.

09 국민 의회는 봉건제 폐지를 선언하였으며 인권 선언을 발표하고 입헌 군주제와 재산에 따른 제한 선거를 규정한 헌법을 제정하였다.
바로잡기 ㄱ. 국민 공회의 활동이다. ㄹ. 입법 의회의 활동이다.

올리드 포인트 프랑스 혁명의 전개

국민 의회(1789)	바스티유 감독 습격 사건, 봉건제 폐지, 인권 선언 발표
입법 의회(1791)	헌법 제정(입헌 군주제, 재산에 따른 제한 선거), 혁명 전쟁 시작
국민 공회(1792)	공화정 수립, 급진적 개혁, 공포 정치

10 급진파가 장악한 국민 공회는 공화제와 보통 선거 등을 내용으로 하는 헌법을 제정하였다.

11 나폴레옹이 실시한 정책이다. 나폴레옹은 쿠데타로 통령 정부를 수립하고, 개혁에 대한 국민적 지지를 바탕으로 국민 투표를 통해 황제로 즉위하였다.

올리드 키워드

☑ **공포 정치**: 로베스피에르 등 급진파는 국민 공회를 주도하면서 공안 위원회와 혁명 재판소 등을 설치하고 혁명에 반대하는 세력을 처형하는 등 공포 정치를 실시하였다. 이에 대한 불만이 커지면서 쿠데타가 일어나 총재 정부가 구성되었다.

12 제시된 지도는 나폴레옹의 유럽 정복을 나타낸 것으로, (가)는 프랑스가 영국을 고립시키기 위해 실시한 대륙 봉쇄령이다. 나폴레옹의 정복 전쟁으로 프랑스 혁명의 정신이 유

럽에 널리 전파되어 자유주의와 민족주의가 확산되었다.

13 18세기 프랑스에서는 절대 왕정의 통치 아래 신분제가 그대로 유지되고 있었다. 소수의 제1 신분과 제2 신분이 특권을 독점하는 가운데 인구의 대다수인 제3 신분은 무거운 세금을 부담하면서도 정치 참여에 제한을 받았다.

구분	채점 기준
상	구제도의 모순과 문제점을 모두 옳게 서술한 경우
중	문제점만 옳게 서술한 경우
하	구제도의 모순만 옳게 서술한 경우

주제 04 자유주의와 민족주의의 확산

문제로 실력다지기
20~21쪽

개념 문제 **01** (1) ○ (2) × (3) × **02** (1) 메테르니히 (2) 차티스트 (3) 7월 혁명 (4) 가리발디 **03** (1) 공화정 (2) 철혈 정책 (3) 곡물법

실력 문제 **04** ④ **05** ⑤ **06** ③ **07** ② **08** ① **09** ② **10** ③ **11** ⑤ **12** ③ **13** (1) 2월 혁명 (2) **예시답안** 2월 혁명의 영향으로 유럽에서 자유주의와 민족주의 운동이 확산되었으며, 오스트리아에서 메테르니히가 추방되면서 빈 체제가 무너졌다.

04 오스트리아의 외무 장관 메테르니히가 주도한 빈 회의에서 유럽 각국은 프랑스 혁명 이전으로 유럽의 영토와 정치 체제를 되돌리기로 합의하였다. 그 결과 프랑스 혁명의 영향으로 유럽 각 지역에서 일어난 자유주의 운동과 민족주의 운동은 철저하게 탄압을 받았다.

05 (가) 인물은 오스트리아의 외무 장관이었던 메테르니히이다. 그는 보수주의 정치가로서 빈 체제를 성립시켜 유럽 각국의 자유주의와 민족주의 운동을 탄압하였다. 그는 2월 혁명 이후 오스트리아에서 혁명이 일어나 추방당하였다.

06 1830년 일어난 7월 혁명은 샤를 10세의 전제 정치에 항의한 파리 시민들이 일으켰으며 루이 필리프를 새로운 왕으로 추대하여 입헌 군주정을 수립하였다.
바로잡기 ㄱ. 2월 혁명은 1848년 일어났다. ㄹ. 7월 혁명으로 수립된 왕정은 소수 부유한 시민에게만 선거권을 부여하였다.

07 2월 혁명의 영향으로 유럽에 자유주의와 민족주의 운동이 더욱 확산되었다. 오스트리아에서는 혁명으로 메테르니히가 추방되어 빈 체제가 무너졌고 독일과 이탈리아에서는 통일 국가 수립 운동이 추진되었다.

08 영국 의회가 제1차 선거법 개정을 통해 선거권을 확대하였지만 선거법 개정으로도 선거권을 얻지 못한 노동자들은 인민헌장을 발표하고 차티스트 운동을 전개하였다. 이들의 요구는 선거법 개정에 영향을 끼쳤다.

09 제시된 자료는 1838년의 차티스트 운동 당시에 발표된 인민헌장이다. 제1차 선거법 개정에서 선거권을 얻지 못한 영국의 도시 노동자들은 선거권을 요구하며 차티스트 운동을 전개하였다.

바로잡기 ① 프랑스 제1 신분, 제2 신분에 대한 설명이다. ③ 젠트리에 대한 설명이다. ④ 도시의 상공업 계층에 대한 설명이다. ⑤ 곡물법은 지주 계층에 경제적인 이익을 주었다.

10 니콜라이 1세는 자유주의를 요구한 봉기를 진압하고 전제 정치를 강화하였다. 이후 알렉산드르 2세는 농노 해방령을 발표하였으나 큰 효과를 얻지 못하였다. 그가 암살당한 후 러시아는 전제 정치가 강화되고 자유주의 운동이 탄압을 받았다.

11 제시된 지도의 ㈎는 이탈리아 통일을 주도한 사르데냐 왕국이다. 사르데냐의 재상 가보우르는 오스트리아와의 전쟁에서 승리하여 중·북부 지역을 통합하였다. 이후 가리발디가 시칠리아와 나폴리를 점령하여 사르데냐 국왕에게 바쳤다.

올리드 키워드

✓ **카보우르**: 사르데냐 왕국의 재상으로 당시의 국제 정세를 이용하여 프랑스나 적대국이었던 프로이센과 연합하는 외교 정책을 펼쳐 이탈리아 중부와 북부 지역을 통합하였다.

✓ **가리발디**: 1860년 '붉은 셔츠단'을 이끌고 이탈리아 남부의 시칠리아와 나폴리를 점령하여 사르데냐 왕국에 바쳤다.

12 독일 통일을 주도한 프로이센은 관세 동맹을 통해 먼저 경제적 통합을 달성하였다. 프로이센의 재상 비스마르크는 군비와 군사력 확충을 강조한 철혈 정책을 추진하여 오스트리아와 프랑스와의 전쟁에 승리하고 독일 제국을 수립하였다.

13 2월 혁명으로 왕정이 폐지되고 공화정이 수립되었으며, 자유주의와 민족주의 운동이 유럽 전역으로 확산되면서 빈 체제도 무너졌다.

구분	채점 기준
상	자유주의와 민족주의 운동의 확산, 빈 제체가 무너졌다는 사실을 모두 쓴 경우
중	자유주의와 민족주의 운동의 확산만 쓴 경우
하	빈 체제가 무너졌다는 사실만 쓴 경우

주제 05 미국의 발전과 라틴아메리카의 독립

문제로 실력 다지기

23~24쪽

개념 문제 **01** (1) ○ (2) × (3) ○ **02** (1) 노예 해방 (2) 이민 (3) 먼로 선언 (4) 볼리바르 **03** (1) 게티즈버그 (2) 아이티 (3) 이달고

실력 문제 **04** ② **05** ④ **06** ① **07** ② **08** ① **09** ③ **10** ⑤ **11** ② **12** ③ **13** (1) 남북 전쟁 (2) **예시답안** 남북 전쟁은 남부와 북부의 경제적 차이로 인한 갈등에서 일어났다. 남부는 면화 재배와 수출이 큰 비중을 차지하여 자유 무역과 노예제를 옹호하였다. 북부는 상공업이 발달하여 보호 무역과 노예제 확대 반대를 주장하였다.

04 19세기 중반 미국은 산업 혁명이 전개되어 경제가 크게 발전하였고 서부 개척이 더욱 가속화되었다. 이 과정에서 북부와 남부의 경제적 차이로 인한 갈등이 빚어지기도 하였다.

바로잡기 ㄴ. 적극적인 이민 정책으로 급속한 산업 발전에 필요한 값싼 노동력이 유입되었다. ㄹ. 미국은 철과 석탄 등 지하자원이 풍부하였다.

05 19세기 중반 북부와 남부의 각 주는 중요 산업에 차이가 있었고 그에 따라 노예의 비율도 차이가 있었다. 흑인 노예의 필요성에 대한 갈등은 남북 전쟁이 발발하는 주요 원인 중 하나였다.

06 제시된 자료는 링컨이 선언한 노예 해방 선언의 일부이다. 노예제 확대 반대와 연방제 유지를 주장한 링컨이 대통령에 당선되어 남부 7개 주의 반발을 샀다.

07 남북 전쟁 과정에서 미국은 전쟁 물자 생산을 위해 중공업이 발전하였고 넓은 영토를 연결하는 철도 공사가 활발하게 진행되었다.

08 1869년 대륙 횡단 철도의 개통으로 동부와 서부를 잇는 교통망이 완성되면서 대규모 시장이 형성되는 효과를 가져왔다.

09 19세기 미국에 이주한 이민자들은 공장, 철도 건설 등에 값싼 노동력을 제공하여 미국의 산업 발달에 크게 기여하였다.

10 19세기 미국은 남북 전쟁 과정에서 중공업의 발달, 전쟁 물자 수송을 위한 철도망 확충, 정부의 적극적인 보호 무역 정책, 풍부한 지하자원 등을 바탕으로 세계 최대의 공업국으로 성장하였다.

바로잡기 ㄱ. 남북 전쟁 과정에서 노예 해방이 이루어졌다. ㄴ. 영국에 대한 설명이다.

배경	영토 확장, 이민 증가, 산업 발전
과정	남부와 북부의 대립 → 남북 전쟁 → 중공업 발전, 대륙 횡단 철도 완성
결과	철강 및 기계 산업 발전 → 19세기 말 세계 최대 공업국으로 성장

11 지도의 ㈎는 멕시코, ㈏는 아이티, ㈐는 브라질, ㈑는 칠레, ㈒는 아르헨티나이다. 라틴아메리카에서 가장 먼저 아이티가 프랑스로부터 독립하여 공화국을 세웠다.

12 제시된 자료는 라틴아메리카의 해방자로 불리는 볼리바르에 대한 설명이다. 그는 에스파냐로부터 베네수엘라 등을 차례로 독립시켜 대콜롬비아 공화국을 세웠다.

13 19세기 중반 미국은 산업 혁명이 전개되어 경제가 발전하였다. 그러나 이 과정에서 남부와 북부의 경제적 차이로 갈등이 나타났다.

구분	채점 기준
상	자료를 활용하여 남북 간의 차이를 옳게 서술한 경우
중	남북 간의 차이만 서술한 경우
하	자료의 내용만 서술한 경우

올리드 특강 26쪽

유형 1 ④ 유형 2 ③
유형 3 ⑤ 유형 4 ③

주제 06 산업 혁명과 자본주의의 발전

문제로 실력 다지기 28~29쪽

개념 문제 **01** (1) ○ (2) ○ (3) × **02** (1) 인클로저 (2) 공장제 기계 공업 (3) 자본가 (4) 사회주의 **03** (1) ㉡ (2) ㉠ (3) ㉢ (4) ㉣

실력 문제 **04** ③ **05** ③ **06** ④ **07** ② **08** ③ **09** ② **10** ②
11 ② **12** ⑤ **13** (1) 사회주의 (2) 예시답안 사회주의 사상은 공동 생산과 공동 분배를 바탕으로 빈부의 격차를 줄이려고 하였다. 이들은 계급 간 차별이 없는 평등 사회의 건설을 추구하였다.

04 인클로저 운동으로 농지에서 쫓겨난 농민들이 도시로 옮겨가 값싼 노동력을 제공하면서 산업 혁명이 촉진되었다.

1차(16세기)	양모 가격 급등 → 농경지를 목장으로
2차(18세기)	곡물 가격 상승 → 대농장 경영

05 18세기 영국에서는 식민지 확보를 통한 시장 확보, 명예혁명 이후 정치적 안정, 모직물 공업의 발달, 인클로저 운동으로 인한 값싼 노동력의 확보 등을 배경으로 산업 혁명이 가장 먼저 일어났다.
바로잡기 ㄹ. 산업 혁명이 전개되면서 증기 기관차가 등장하였고 각지에 철도가 부설되었다.

06 ㈎는 산업 혁명이다. 산업 혁명은 18세기 중엽 영국에서 시작되었으며 값싼 노동력, 정치적 안정, 원료 공급지와 넓은 시장 확보 등을 배경으로 면직물 공업에서 먼저 시작되었다.
바로잡기 ④ 산업 혁명은 자유 방임주의 경제 이론에 의해 이론적으로 뒷받침되었다. 중상주의 경제 정책은 절대 왕정 시기인 15세기에 처음 등장하였다.

07 제임스 와트는 수증기의 압력으로 기계를 움직이는 장치인 증기 기관을 개량하였다. 증기 기관이 개량되면서 이전보다 싼 비용으로 더 강력한 동력을 기계에 공급할 수 있었다.
바로잡기 ① 면직물 공업이 가내 수공업에서 공장제 기계 공업으로 발전하였다. ③ 통신 수단의 발전에 대한 설명이다. ④ 19세기 후반 전기가 새로운 동력으로 사용되기 시작하였다. ⑤ 하그리브스가 발명한 제니 방적기에 대한 설명이다.

08 19세기 전반에 영국에서 처음으로 승객용 기차를 개발한 이래 유럽 전역으로 철도 건설과 철도 운행이 확산되었다. 철도가 여러 도시와 국가를 연결하면서 원료와 제품의 대량 수송이 이루어지고 산업 혁명은 더욱 가속화되었다.

09 ㈎ 국가는 미국이다. 그래프는 제1차 산업 혁명을 주도하던 영국의 공업 생산량이 감소하고 제2차 산업 혁명을 거치며 미국과 독일의 공업 생산량이 증가하는 상황을 보여주고 있다. 미국은 남북 전쟁 이후 풍부한 천연자원과 노동력을 바탕으로 산업이 빠르게 발전하여 19세기 후반 최대 공업국으로 성장하였다.
바로잡기 ① 영국에 대한 설명이다. ③ 러시아에 대한 설명이다. ④ 일본에 대한 설명이다. ⑤ 독일에 대한 설명이다.

올리드 키워드

✓ **제2차 산업 혁명**: 19세기 후반 과학적 발명과 기술 혁신을 바탕으로 철강, 기계, 석유 화학 등 새로운 산업 분야를 중심으로 제2차 산업 혁명이 전개되었다. 이 과정에서 미국과 독일의 공업 생산액이 영국을 앞질렀다.

10 제시된 자료는 19세기 후반 전개된 제2차 산업 혁명의 전개 과정에 대한 내용이다. 영국에서 시작된 산업 혁명이 세계 각국으로 확산되면서 본격적인 산업화가 이루어지고 자본주의 경제가 한층 더 발전하였다.

11 산업 혁명이 확산되면서 도시 인구가 증가하고 농업 사회에서 산업 사회로 변화하면서 자본주의 경제 체제가 확립되었다. 이 과정에서 자본가와 노동자의 빈부 격차가 심화되었다.
바로잡기 ㄴ. 많은 농민이 일자리를 찾아 공장 지대와 대도시로 이주하였다. ㄹ. 자본주의 경제 체제는 개인의 이익을 추구하는 자유 경제 활동을 장려하였다.

12 19세기 초반 일자리를 빼앗기고 실업자가 된 노동자들은 실업의 이유가 기계 때문이라고 생각해서 기계를 파괴하는 러다이트 운동을 벌였다.

13 산업 혁명이 진행되면서 자본주의의 모순을 비판하면서 사유 재산 제도를 부정하고 평등 사회의 건설을 주장하는 사회주의 사상이 등장하였다.

구분	채점 기준
상	사회주의 사회상 두 가지를 옳게 서술한 경우
하	사회주의 사회상 한 가지를 옳게 서술한 경우

문제로 실력다지기

31~32쪽

개념 문제 **01** (1) × (2) ○ (3) ○ **02** (1) 제국주의 (2) 베를린 회의 (3) 이집트 (4) 파쇼다 사건 **03** (1) 인도 (2) 인도네시아 (3) 필리핀 (4) 러시아
실력 문제 **04** ③ **05** ④ **06** ② **07** ⑤ **08** ② **09** ② **10** ⑤ **11** ③ **12** ② **13** (1) 제국주의 (2) **예시답안** 제국주의는 자본주의 발전을 위해 열강이 군사력을 앞세워 약소국을 침략하는 팽창 정책을 의미한다. 제국주의는 사회 진화론, 인종주의 등으로 정당화되었다.

04 19세기 후반 자본주의 체제가 고도로 발전하면서 산업화한 국가들이 치열한 경쟁을 벌였다. 이러한 상황에서 약소국을 식민지로 삼아 원료 공급지와 상품 판매 시장으로 삼으려는 제국주의가 등장하였다.
바로잡기 ㄱ. 사회주의 사상은 자본주의의 모순을 비판하였다. ㄹ. 19

세기 라틴아메리카 국가들은 유럽으로부터 대부분 독립하였다.

05 제시된 자료는 19세기 후반 전개된 제국주의 정책을 풍자하고 있다. ㉠은 자본가, ㉡은 약소국을 침략한 군인, ㉢은 제국주의 국가의 선교사를 나타내고 있다.

06 제시된 자료는 키플링이 쓴 「백인의 짐」이라는 시의 일부이다. 이는 약소국에 대한 침략을 문명화의 사명으로 묘사하여 제국주의 침략을 정당화하려는 목적에서 쓰여졌다.

07 허버트 스펜서는 생물학적 진화론에서 가져온 적자생존의 원칙을 적용한 사회 진화론을 주장하여 제국주의 국가들의 식민 지배를 정당화하였다.

올리드 키워드

☑ **사회 진화론**: 사회 진화론은 더 발달된 사회가 덜 발달된 사회를 지배할 수 있다는 논리를 합리화하였으며, 강대국의 약소국 지배를 정당화하는 역할을 하였다.
☑ **인종주의**: 인종 간에 우열이 존재한다고 믿는 사고방식으로 인종 차별과 탄압을 합리화하였다.

08 제시된 자료는 영국이 추진한 팽창 정책에 대한 설명이다. 영국은 아프리카 종단 정책을 추진하고 이를 연결하여 인도에 대한 지배권까지 유지하는 3C 정책을 추진하였다.

09 지도에서 ㈎는 영국, ㈏는 프랑스이다. 영국의 종단 정책과 프랑스의 횡단 정책은 파쇼다에서 충돌하였다.
바로잡기 ㄴ. 독일의 3B 정책에 대한 설명이다. ㄷ. 프랑스는 모로코에서 독일과 충돌을 일으켰다.

올리드 포인트 제국주의 열강의 충돌

영국과 독일의 충돌	3C 정책 VS 3B 정책
파쇼다 사건	영국 종단 정책 VS 프랑스 횡단 정책
모로코 사건	프랑스 VS 독일

10 제국주의 열강이 앞다투어 아프리카로 진출하는 가운데 19세기 이후 아프리카는 라이베리아와 에티오피아를 제외하고 모두 열강의 식민지가 되었다.
바로잡기 ㄱ. 콩고는 벨기에의 식민지가 되었다. ㄴ. 알제리는 프랑스의 식민지가 되었다.

11 제시된 지도는 독일의 3B 정책을 나타내고 있다. 독일은 뒤늦게 식민지 경쟁에 나섰는데 아프리카에서는 프랑스와 충돌하여 모로코 사건이 일어났다. 태평양에서는 마셜 제도, 캐롤라인 제도를 차지하였다.
바로잡기 ① 미국에 대한 설명이다. ②, ④ 영국에 대한 설명이다. ⑤

프랑스에 대한 설명이다.

12 미국은 아시아, 태평양 지역에서 괌과 하와이를 병합하고 에스파냐와의 전쟁에서 승리하여 필리핀을 차지하였다.
바로잡기 ㄴ. 영국에 대한 설명이다. ㄷ. 독일에 대한 설명이다.

13 19세기 후반 자본주의가 고도로 발전하면서 서구 열강은 자본주의적 산업 생산을 계속 발전시키기 위해 경쟁적으로 팽창 정책을 펼쳤다.

구분	채점 기준
상	제국주의의 의미, 사회 진화론, 인종주의를 모두 옳게 쓴 경우
중	제국주의의 의미, 사회 진화론, 인종주의 중 두 가지만 옳게 쓴 경우
하	제국주의의 의미, 사회 진화론, 인종주의 중 한 가지만 옳게 쓴 경우

올리드 특강

34쪽

유형 1 ④   유형 2 ⑤
유형 3 ④   유형 4 ②

주제 08 서아시아와 아프리카 각지의 근대화 운동

문제로 실력다지기

36~37쪽

개념 문제 **01** (1) ○ (2) × (3) ○ **02** (1) 와하브 (2) 영국 (3) 수에즈 (4) 아도와 **03** (1) ㉠ (2) ㉣ (3) ㉡ (4) ㉢
실력 문제 **04** ③ **05** ① **06** ⑤ **07** ③ **08** ④ **09** ⑤ **10** ④ **11** ⑤ **12** ③ **13** (1) 수에즈 운하 (2) **예시답안** 수에즈 운하 건설로 이집트는 재정난을 겪게 되었다. 이집트 정부는 수에즈 운하의 주식을 영국에 싼값에 넘겼고 영국은 이를 구실로 이집트에 군대를 주둔시켜 이집트에 대한 간섭을 강화하였다.

04 (가)는 오스만 제국이다. 오스만 제국은 신항로 개척 이후 무역 중심지가 지중해에서 대서양으로 이동하면서 경제적 타격을 받았다. 또한 중앙 집권 체제가 흔들리면서 제국 내 여러 민족의 독립 요구, 유럽 열강의 간섭 등으로 세력이 크게 약화되었다.
바로잡기 ③ 오스만 제국은 이슬람교를 국교로 삼았다.

05 제시된 자료는 19세기 후반 오스만 제국이 실시한 탄지마트의 개혁 내용을 담은 헌법의 주요 내용이다. 오스만 제국은 대내외적인 위기를 극복하기 위해 탄지마트를 실시하여 서구식 입헌 정치를 도입하려고 하였다.

06 탄지마트는 입헌 정치의 실시, 근대적인 군대와 사법 제도 등을 갖추기 위한 서구식 근대화 정책이었다. 그러나 보수 세력의 반발로 성과를 얻지 못하고 다시 술탄이 전제 정치를 폈다. 이는 청년 튀르크당의 무장봉기의 원인이 되었다.
바로잡기 ㄱ. 청년 튀르크당의 혁명에 대한 설명이다. ㄴ. 탄지마트는 유럽 열강의 간섭과 보수 세력의 반발로 성과를 거두지 못하였다.

07 제시된 자료는 1908년 청년 튀르크당의 시가행진 장면이다. 청년 튀르크당은 무장봉기를 통해 정권을 장악한 뒤 헌법과 의회를 부활시켰다. 그러나 지나친 튀르크 민족주의를 내세워 제국 내 다른 민족의 반발을 불러왔다.

올리드 포인트   오스만 제국의 근대화 운동

탄지마트	민족적·종교적 차별 금지, 근대식 헌법 제정, 의회 설립, 서구식 행정·법률·군사·교육 제도 마련 → 보수 세력의 반발과 유럽 열강의 간섭 → 성과 미흡
청년 튀르크당의 개혁	헌법과 의회 부활, 근대적 산업 육성, 근대적 교육 실시, 외세 배척 운동 추진 → 제국 내 다른 민족의 반발

08 제시된 지도는 18세기 중엽 아라비아반도에서 일어난 와하브 운동의 세력권을 나타낸 것이다. 와하브 운동은 이슬람교 초기의 순수성을 회복하자고 주장하였다. 와하브 운동은 와하브 왕국 건설로 이어졌지만 오스만 제국이 보낸 이집트 군대에 의해서 진압되었다.

09 카자르 왕조의 전제 정치와 열강의 간섭에 대한 반발로 1905년 이란에서는 의회 개설과 헌법 제정을 요구하는 입헌 혁명이 일어났다. 그러나 러시아의 군사 개입으로 실패하였고 이후 이란은 영국과 러시아에 의해 분할 점령되었다.

10 19세기 이집트는 총독 무함마드 알리의 근대화 정책을 바탕으로 오스만 제국으로부터 자치권을 획득하였다. 이후 수에즈 운하 건설 과정에서 외국의 경제 지배를 받게 되자 아라비 파샤가 아라비 혁명을 일으켰다.
바로잡기 ㄱ. 오스만 제국으로부터 자치권을 획득하였다. ㄷ. 수에즈 운하의 건설 과정에서 이집트의 재정 상태는 극도로 악화되었다.

11 제시된 자료는 에티오피아에 대한 설명이다. 에티오피아는 메넬리크 2세의 주도 아래 근대적 개혁을 추진하여 이탈리아의 침략을 물리치고 다른 아프리카 국가들과 달리 독립을 유지할 수 있었다.

12 제시된 자료는 수단의 무함마드 아흐마드에 관한 내용이다. 그는 영국의 지배에 저항하여 반영 투쟁인 마흐디 운동

을 주도하였다. 마흐디는 이슬람교도가 믿는 구세주를 가리킨다.

13 이집트인의 희생 위에 건설된 수에즈 운하는 재정난을 겪던 이집트 정부가 주식을 영국에 헐값으로 넘기면서 영국 제국주의의 확대 도구로 이용되었다.

구분	채점 기준
상	수에즈 운하 건설 과정과 영국의 이집트 간섭 및 지배를 연결시켜 설명한 경우
하	영국의 이집트 간섭이나 지배만을 서술한 경우

문제로 실력다지기

39~40쪽

개념 문제 **01** (1) × (2) ○ (3) × **02** (1) 무굴 (2) 인도 국민 회의 (3) 이슬람교 **03** (1) 베트남 (2) 호세 리살 (3) 타이
실력 문제 **04** ② **05** ② **06** ① **07** ⑤ **08** ② **09** ④ **10** ③
11 ⑤ **12** ④ **13** (1) 벵골 분할령 (2) **예시답안** 영국이 벵골 분할령을 발표하자 인도 국민 회의는 이에 반대하여 영국 상품 배척, 국산품 애용(스와데시), 자치 획득(스와라지), 국민 교육 실시의 4대 강령을 발표하고 반영 투쟁을 전개하였다.

04 17세기 말 무굴 제국은 지방 세력의 독립과 재정 파탄 등으로 혼란이 지속되어 세력이 약화되었다. 동인도 회사를 앞세워 인도에 진출한 영국과 프랑스는 경쟁적으로 인도를 침략하였다.

05 인도 무역의 주도권을 놓고 경쟁하던 영국과 프랑스는 1757년 플라시 전투를 벌였다. 플라시 전투에서 승리한 영국은 면직물 산업이 발달한 벵골에 대한 통치권과 조세 징수권을 확보하였다.

06 영국에서 값싼 면직물이 인도에 대량으로 판매되자 수공업에 의존하던 인도의 면직물 산업이 몰락하였다. 이후 인도는 영국의 면화 공급지이자 면직물 판매 시장으로 전락하였다.

07 제시된 자료는 1857년에 일어난 세포이의 항쟁에 대한 내용이다. 세포이의 항쟁은 각계각층의 인도인이 참여한 최초의 반영 민족 운동이다. 영국은 이를 진압한 후 동인도

회사를 해체하고 영국령 인도 제국을 수립하여 인도를 직접 지배하였다.

바로잡기 ①, ③ 플라시 전투의 결과이다. ② 세포이의 항쟁 과정에서 무굴 제국 황제가 폐위되고 무굴 제국이 멸망하였다. ④ 플라시 전투 이후 영국은 인도의 대부분을 식민지화 하였다.

08 영국은 1885년 인도 지식인을 회유하기 위해 인도 국민 회의의 결성을 지원하였다.

바로잡기 ㄴ. 인도 국민 회의는 벵골 분할령을 계기로 반영 운동에 앞장섰다. ㄹ. 인도 국민 회의의 반영 운동은 계층과 종교의 차이를 넘는 민족 운동으로 발전하였다.

09 인도 국민 회의는 반영 운동을 전개하면서 4대 강령을 채택하였다. 4대 강령은 '영국 상품 배척, 국산품 애용(스와데시), 자치 획득(스와라지), 국민 교육 실시'이다.

10 ㈎는 1885년의 일이다. ㈏는 1857년의 일로 세포이 항쟁 과정에서 일어났다. ㈐는 1757년의 일로 영국과 프랑스 간 플라시 전투의 결과이다. ㈑는 1911년의 일로 영국은 벵골 분할령을 철회하고 형식적으로 인도의 자치를 인정하였다.

올리드 포인트 인도의 민족 운동

플라시 전투 (1757)	영국과 프랑스의 충돌 → 영국의 승리, 영국이 벵골 지방 통치권과 조세 징수권 확보
세포이의 항쟁 (1857~1858)	세포이들의 봉기 → 무굴 제국 황제 폐위 → 영국령 인도 제국 수립
벵골 분할령 (1905)	힌두교도와 이슬람교도를 분열시켜 반영 운동을 약화시키려는 의도
인도 국민 회의의 반영 운동	영국 상품 불매, 국산품 애용(스와데시), 자치 획득(스와라지), 민족 교육 실시 주장

11 베트남의 민족 운동을 이끌었던 판보이쩌우는 베트남 유신회를 조직하여 근대 문물을 수용하는 한편 동유 운동을 전개하여 일본에 베트남 젊은이들을 유학생으로 파견하였다.

바로잡기 ① 판쩌우찐은 통킹 의숙을 설립한 베트남 민족 운동가이다. ②, ④ 필리핀 민족 운동가이다. ③ 인도네시아 민족 운동가이다.

12 ㈎는 동남아시아 국가 중 유일하게 독립을 유지하였던 타이(시암)이다. 타이는 영국과 프랑스 사이에서 유연한 외교 정책을 추진하면서 왕실을 중심으로 근대적 개혁을 실시하였다.

13 영국이 힌두교도와 이슬람교도의 분열을 부추기기 위해 벵골 분할령을 발표하자 인도 국민 회의는 이에 반대하여 반영 투쟁을 전개하였다.

구분	채점 기준
상	단체 이름과 활동을 모두 옳게 서술한 경우
중	활동 내용만 옳게 서술한 경우
하	단체 이름만 옳게 서술한 경우

올리드 특강　　　　　　　　　　42쪽

유형 1 ⑤　　　　유형 2 ③
유형 3 ③　　　　유형 4 ②

주제 10 중국의 근대화 운동

문제로 실력다지기　　　　44~45쪽

개념 문제　**01** (1) ○　(2) ×　(3) ×　**02** (1) 양무운동　(2) 메이지 유신　(3) 의화단　**03** (1) 삼민주의　(2) 우창　(3) 중화민국
실력 문제　**04** ④　**05** ②　**06** ②　**07** ④　**08** ⑤　**09** ④　**10** ⑤　**11** ②　**12** ③　**13** (1) 삼각 무역　(2) 예시답안 (가)에 들어갈 내용은 아편이다. 영국이 아편을 청에 밀수출하면서 청에는 아편 중독자가 늘어나는 사회 문제가 일어났다. 또 대량의 은이 해외로 유출되었다.

04 (가)에 들어갈 단어는 '공행'이다. 공행은 청의 특허 상인으로 외국과의 거래를 전담하는 대신 무거운 세금을 내야 했으며 외국 상인을 감시하는 역할을 담당하였다.

05 임칙서의 아편 몰수는 제1차 아편 전쟁의 계기가 되었다. 제1차 아편 전쟁에서 패배한 청은 상하이, 광저우 등 5개 항구 개항, 공행 폐지, 배상금 지불 등을 약속한 난징 조약을 체결하였다.

06 제2차 아편 전쟁의 결과 톈진 조약과 베이징 조약이 체결되었다. 그 결과 외국 공사의 베이징 주둔, 톈진의 개항, 크리스트교 포교의 자유 등이 허용되었다.
바로잡기 ㄴ. 난징 조약의 내용이다. ㄹ. 변법자강 운동의 주장 내용이다.

올리드 포인트　**아편 전쟁과 중국의 개항**

제1차 아편 전쟁	영국의 청 공격 → 청의 패배 → 난징 조약(상하이 등 5개 항구 개항, 홍콩 할양)
제2차 아편 전쟁	영국·프랑스의 청 공격 → 청의 패배 → 톈진 조약·베이징 조약 체결(톈진 개항, 크리스트교 포교의 자유)

07 제시된 지도는 청 왕조 타도와 한족 국가 수립을 외치며 일어난 태평천국 운동의 전개를 나타낸 것이다. 태평천국 운동은 홍수전이 상제회를 기반으로 청 왕조에 반발하여 벌인 운동이다.
바로잡기 ①, ② 양무운동을 주도한 한인 관료들이다. ③ 변법자강 운동을 추진했던 청 황제이다. ⑤ 변법자강 운동을 추진한 지식인이다.

08 제시된 자료는 1861년부터 추진된 양무운동에 대한 내용이다. 양무운동은 중체서용(중국의 전통과 가치를 근본으로 하고 서양의 기술을 받아들인다.)의 논리를 바탕으로 부국강병을 추진한 정책이다.
바로잡기 ①, ④ 변법자강 운동의 주장 내용이다. ②, ③ 태평천국 운동의 주장 내용이다.

09 변법자강 운동은 양무운동의 실패와 청·일 전쟁의 패배 이후 중국인의 위기의식이 높아지면서 추진되었다. 캉유웨이와 량치차오 등 지식인들은 광서제의 지원 아래 입헌 군주제의 실시, 과거제 개혁, 서양식 교육 보급, 상공업 진흥 등을 추진하였다.
바로잡기 ㄴ. 변법자강 운동은 청·일 전쟁 이후의 일이다.

10 제시된 자료는 의화단 운동의 주요 주장이다. 의화단은 '부청멸양'을 내세워 서양 세력을 배격하였다. 청 정부는 의화단을 지원하여 열강에 선전 포고를 하였지만 영국 등 8개국 연합군에 의해 진압되었다.

11 제시된 자료는 쑨원이 쓴 글의 일부로 삼민주의가 드러나 있다. 쑨원은 중국 동맹회를 결성하고 삼민주의를 통해 봉건 제도를 타파하고 민주적인 공화국을 건설해야 한다고 주장하였다.

12 청 정부는 민간 철도를 국유화하여 이를 담보로 외국 자본을 빌리려고 하였다. 이에 반대하는 움직임이 확산되면서 우창에서 신군의 봉기가 일어나 신해혁명으로 이어졌다.

13 중국의 차, 비단, 도자기 구입에 많은 은을 지출한 영국은 무역 적자를 줄이기 위해 인도산 아편을 밀수출하였다.

구분	채점 기준
상	아편, 사회적 영향, 경제적 영향을 모두 옳게 서술한 경우
중	아편, 사회적 영향, 경제적 영향 가운데 두 가지만 옳게 서술한 경우
하	아편, 사회적 영향, 경제적 영향 가운데 한 가지만 옳게 서술한 경우

^{주제} 11 일본의 근대화 운동

문제로 실력다지기

47~48쪽

개념 문제 **01** (1) × (2) × (3) ○ **02** (1) 메이지 (2) 자유 민권 (3) 천황 **03** (1) 류큐 (2) 랴오둥 (3) 포츠머스
실력 문제 **04** ② **05** ④ **06** ② **07** ② **08** ① **09** ③ **10** ④ **11** ② **12** ⑤ **13** (1) 시모노세키 조약 (2) **예시답안** 시모노세키 조약은 청·일 전쟁의 결과로 체결되었다. 청·일 전쟁은 조선을 둘러싼 일본과 청의 대립이 배경이 되어 일어났다.

04 개항 이전 에도 막부는 200여 년 간 네덜란드 상인들에게만 제한된 거래를 허용하고 서양과의 통상 수교를 거부하였다. 이후 아편 전쟁이 일어나자 에도 막부는 서구 열강의 군사력을 경계하게 되었다.
바로잡기 ㄴ. 청에 대한 설명이다. ㄹ. 에도 막부는 나가사키에서 네덜란드 상인과 교역하였다.

05 지도는 일본이 미·일 화친 조약과 미·일 수호 통상 조약을 통해 개항한 항구를 표시하고 있다. 모두 미국과 맺은 통상 조약을 통해 개항되었다.

06 제시된 자료는 미·일 수호 통상 조약의 일부이다. 에도 막부가 미국에 개항한 이후 외국 상품 수입으로 인한 물가 상승 등으로 민중의 불만이 높아지고 막부의 외교 정책을 비판하는 하급 무사들이 존왕양이 운동을 일으켰다.
바로잡기 ① 외국 상품의 수입으로 국내 경제가 타격을 받았다. ③ 청·일 전쟁의 결과에 대한 설명이다. ④ 자유 민권 운동은 메이지 정부의 탄압을 받아 실패하였다. ⑤ 개항 이후 막부 타도 운동이 전개되었다.

07 제시된 자료는 메이지 유신에 대한 설명이다. 메이지 유신을 추진한 메이지 정부는 천황 중심의 중앙 집권 국가를 수립하였다.

08 제시된 자료는 메이지 정부와 관련된 것이다. 메이지 정부는 에도를 도쿄로 이름을 바꾸고 수도로 지정하였다. 또한 신분제를 폐지하였고 번을 없애고 현을 설치해 지방관을 파견하였다.
바로잡기 ② 신분제를 폐지하였다. ③ 자유 민권 운동을 탄압하였다. ④ 지배 세력의 봉건적 특권이 폐지되었다. ⑤ 징병제를 실시하여 근대적 군대를 육성하였다.

09 제시된 자료는 1889년 선포된 일본 제국 헌법의 일부이다. 일본 제국 헌법은 정치, 외교, 군사 등 모든 방면에서 천황에게 절대적 권한을 부여하였다.

10 일본은 메이지 유신 이후 제국주의 침략 정책을 적극적으로 전개하였다. 조선과 강화도 조약을 맺어 개항시키고, 류큐를 점령하였다. 또한 청과 조선 지배권을 둘러싸고 청·일 전쟁을 벌였다.
바로잡기 ㄷ. 운요호 사건은 강화도 조약 체결의 계기가 되었다.

11 (가)는 군비 확장비이다. 일본은 청·일 전쟁 이후 청으로부터 획득한 막대한 배상금의 대부분을 군사력 증대에 이용하여 대외 팽창에 더욱 적극적으로 나섰다. 이 과정에서 군수 산업이 크게 성장하였다.

12 제시된 지도는 러·일 전쟁의 전개 과정을 나타낸다. 러·일 전쟁에서 승리한 일본은 포츠머스 조약을 체결하여 만주와 한반도에서 일본의 이권을 확보하였다. 이후 일본은 대한 제국의 국권을 빼앗아 강제 병합하였다.

13 조선에 대한 지배권을 둘러싸고 청과 대립하던 일본은 청·일 전쟁에서 승리하여 시모노세키 조약을 맺었다.

구분	채점 기준
상	사건과 배경을 모두 옳게 쓴 경우
중	배경만 옳게 쓴 경우
하	사건의 명칭만 옳게 쓴 경우

^{주제} 12 조선의 근대화 운동

문제로 실력다지기

50~51쪽

개념 문제 **01** (1) × (2) ○ (3) ○ **02** (1) 갑신정변 (2) 동학 농민 운동 (3) 갑오개혁 (4) 을미사변 **03** (1) 광무 (2) 황제 (3) 을사늑약
실력 문제 **04** ② **05** ④ **06** ③ **07** ② **08** ⑤ **09** ② **10** ② **11** ③ **12** ② **13** (1) 애국 계몽 운동 (2) **예시답안** 의병 운동 세력은 일본에게 국권이 침탈되자 일본의 탄압을 피해 만주나 연해주 등지로 이주하여 독립군으로 활동하였다.

04 조선은 운요호 사건을 계기로 일본과 강화도 조약을 맺고 개항하였다. 청의 개항은 1842년, 일본의 개항은 1854년, 조선의 개항은 1876년이다.
바로잡기 ㄴ. 일본에 먼저 문호를 개방하였다. ㄹ. 강화도 조약은 일본과 조선 사이의 조약이다.

05 제시된 자료는 1876년 체결된 강화도 조약의 일부이다. 강화도 조약은 조선이 외국과 체결한 최초의 근대적 조약이

지만 치외 법권 등 불평등한 내용을 담고 있다.

06 제시된 자료는 갑신정변 당시의 주요 개혁 정강이다. 갑신 정변은 임오군란 이후 조선 정부의 소극적인 개화 정책에 대해 반발한 급진 개화파 세력이 추진하였다. 이들은 정변 을 일으켜 정권을 장악하였으나 청의 군사 개입으로 실패 하였다.

07 제시된 자료는 모두 1894년에 일어난 동학 농민 운동과 관 련된 것이다. 동학 농민군은 탐관오리의 횡포와 외세의 침 략에 반발하여 봉기하였다.

08 제시된 자료는 1894년의 갑오개혁에 대한 내용이다. 갑오 개혁은 조선 정부가 주도한 근대적인 개혁으로, 과거제와 신분제를 폐지하고 왕실과 국가 재정을 분리하는 등의 개 혁을 추진하였다.
바로잡기 ① 대한 제국 시기의 근대화 정책이다. ② 동학 농민군의 요 구이다. ③ 독립 협회가 입헌제 도입을 위한 의회 개설 운동을 벌였 다. ④ 강화도 조약을 통해 개항되었다.

09 일본이 명성 황후를 시해한 을미사변은 1895년의 일이다. 고종은 이에 위협을 느껴 1896년 러시아 공사관으로 거처 를 옮겼다(아관 파천). 이후 러시아 공사관에서 경운궁으 로 돌아온 고종은 1897년 대한 제국의 수립을 선포하였다.

10 고종은 대한 제국을 선포한 후 1899년 주권의 소재를 밝히 는 헌법의 성격을 가진 대한국 국제를 반포하였다. 대한국 국제는 대한 제국이 황제를 중심으로 한 전제 국가임을 규 정하였다.
바로잡기 ② 대한국 국제에는 국민의 기본권과 권력 분립에 관한 규정 이 없다.

11 제시된 자료의 단체는 독립 협회이다. 독립 협회는 서재필 등이 중심이 되어 국민을 계몽하는 한편 『독립신문』의 발 행, 독립문 건립, 만민 공동회 개최 등을 전개하였다.
바로잡기 ① 대한 제국 시기 건립된 환구단과 황궁우이다. ② 신식 군 대인 별기군이다. ④ 강화도 조약의 체결 풍자화이다. ⑤ 고종 황제 의 사진이다.

12 고종의 대한국 국제 반포는 1899년이다. 급진 개화파의 갑 신정변은 1884년이다. 청·일 전쟁은 1894년이다. 을사늑 약은 1905년이다.

13 일본의 침략에 맞서 국권 회복을 위한 의병 운동과 개화사상 과 독립 협회의 활동을 계승한 애국 계몽 운동이 일어났다.

구분	채점 기준
상	의병 운동 세력이 독립군으로 활동했음을 서술한 경우
하	의병 운동 세력의 활동에 대해서만 서술한 경우

올리드 포인트 국권 수호 운동

의병 운동	애국 계몽 운동
• 무력 투쟁 • 만주, 연해주로 이동하여 독립군으로 활동	• 교육, 계몽 운동 • 지식층과 관료층이 주도

올리드 특강 53쪽

유형 1 ①　　유형 2 ②
유형 3 ③　　유형 4 ⑤

Ⅳ 단원 표와 자료로 마무리하기 54~55쪽

자료 1 ❶ 구제도　❷ 국민 의회
자료 2 ❶ 제국주의　❷ 파쇼다
자료 3 ❶ 삼민주의　❷ 신해혁명

Ⅳ 단원 실전문제로 마무리하기 56~59쪽

01 ④　**02** ②　**03** ②　**04** ①　**05** ③　**06** ③　**07** ③　**08** ②
09 ⑤　**10** ②　**11** ④　**12** ⑤　**13** ③　**14** ④　**15** ①　**16** ②
17 ②　**18** ④　**19** ③　**20** ②　**21** ③

서술형 문제

22 (1) 인클로저　(2) **예시답안** 영국에서는 일찍부터 모직물 공업이 발 달하였고 식민지를 확보하여 넓은 해외 시장을 갖고 있었다. 또 철과 석탄 등 풍부한 지하자원을 갖고 있었으며 안정된 정치 체제를 바탕으 로 하여 가장 먼저 산업 혁명이 일어날 수 있었다.
23 **예시답안** (가)는 미국의 북부 지역이다. 북부는 자유롭고 값싼 노동 력이 필요하여 노예제 확대에 반대하였다. 또 상공업 발달을 위한 보 호 무역을 주장하였다.
24 (1) 청·일 전쟁　(2) **예시답안** 시모노세키 조약으로 청이 랴오둥반 도를 일본에 할양하자 일본을 견제하던 러시아는 프랑스, 독일과 함께 일본에 압력을 가하여 랴오둥반도를 반환하도록 하였다. 이에 일본은 군비를 확장하며 러시아와 대립하였다.

01 제시된 자료는 청교도 혁명에 대한 내용이다. 청교도 혁명 은 크롬웰이 이끄는 의회파의 승리로 끝났다. 그는 찰스 1 세를 처형하고 공화정을 수립하였으며 자신은 호국경의 지위에 올랐다.
바로잡기 ①, ⑤ 명예혁명에 대한 설명이다. ② 18세기 이후에 수립된 영국의 정치 전통이다. ③ 청교도 혁명 이후 공화정이 수립되었다.

02 제시된 자료는 명예혁명 때 승인된 권리 장전의 일부이다. 의회는 제임스 2세를 폐위시키고 메리와 그녀의 남편 윌리엄을 공동 왕으로 추대한 뒤 왕의 권력을 제한하는 권리 장전을 올려 왕의 승인을 받았다.

03 영국은 7년 전쟁 참전으로 재정이 악화되자 식민지에 대한 중상주의 정책을 강화하여 인지세법을 시행하였다. 이는 아메리카 식민지인들의 반발을 낳았고 미국 혁명의 계기가 되었다.

04 제시된 자료는 미국 헌법의 일부이며 ㈎는 미국이다. 미국은 독립 전쟁에서 승리하여 세계 최초의 민주 공화국을 수립하였다. 미국 헌법에는 양원제 의회 구성, 삼권의 분립, 국민의 기본권 보장 등의 조항을 담고 있다.
바로잡기 ②, ③ 프랑스 혁명과 빈 체제는 미국 혁명 이후이다. ④ 연방제 국가이다. ⑤ 워싱턴이 초대 대통령으로 선출되었다.

05 ㈎는 국민 의회가 활동한 시기이다. 삼부회의 신분별 표결에 불만을 가진 제3 신분은 국민 의회를 결성하였는데 루이 16세가 이를 탄압하였다. 그러자 분노한 파리 시민들이 바스디유 감옥을 습격하면서 혁병이 선국적으로 확산되었다.

06 ㈎ 인물은 나폴레옹이다. 나폴레옹은 쿠데타를 일으켜 통령 정부를 수립한 뒤 국립 은행 설치, 국민 교육 제도 도입, 『나폴레옹 법전』 편찬 등의 정책을 펼쳤다. 이후 나폴레옹은 국민 투표를 통해 황제의 지위에 올랐다.
바로잡기 ㄱ. 총재 정부를 무너뜨렸다. ㄹ. 로베스피에르에 대한 설명이다.

07 제시된 그림은 들라크루아가 7월 혁명 당시를 묘사한 「민중을 이끄는 자유의 여신」이다. 7월 혁명은 샤를 10세의 전제 정치에 반발하여 일어났으며, 루이 필리프를 왕으로 추대하여 입헌 군주정 수립의 계기가 되었다.

08 제시된 자료는 차티스트 운동 당시의 인민헌장의 요구 사항이다. 차티스트 운동은 노동자들이 선거권 확대를 요구한 영국의 자유주의 운동이다. 이들의 요구는 받아들여지지 않았지만 이후 선거법 개정에 영향을 끼쳤다.

09 13개 주의 독립은 1783년 파리 조약으로 승인되었다. 미국 대륙 횡단 철도의 개통은 1869년이다. ㄴ. 링컨의 대통령 선출은 1861년의 일이다. ㄷ. 노예 해방 선언은 1863년의 일이다. ㄹ. 1848년 멕시코로부터 캘리포니아를 양도받았다.
바로잡기 ㄱ. 보스턴 차 사건은 미국 독립 전쟁의 발단이 된 사건이다.

10 라틴아메리카 여러 나라 가운데 아이티 공화국은 흑인 노예들이 중심이 되어 독립하였다. 크리오요는 라틴 아메리

카에서 태어난 유럽 백인의 후손을 가리킨다.

11 제시된 자료는 면직물 공업의 기계화를 이끈 하그리브스의 제니 방적기에 대한 설명이다.
바로잡기 ① 전화기, ② 전구, ③ 자동차, ⑤ 제임스 와트의 증기 기관이다.

12 19세기 중반 철강, 기계, 석유 화학 등의 새로운 산업 분야를 중심으로 제2차 산업 혁명이 전개되었다. 이 과정에서 독일과 미국이 새로운 공업 강국으로 성장하였다.

13 제시된 자료는 제국주의 열강의 식민지 지배 방식을 풍자하는 것이다. 제국주의는 강대국이 군사력을 앞세운 대외 침략으로 식민지를 확대하려는 대외 침략 정책이다.

14 ㈎는 아프리카에서 종단 정책을 추진한 영국, ㈏는 횡단 정책을 추진한 프랑스이다. 두 나라의 제국주의 정책은 파쇼다에서 충돌하였다.
바로잡기 ① 미국에 대한 설명이다. ② 독일에 대한 설명이다. ③ 영국에 대한 설명이다. ⑤ 파쇼다 사건은 양측의 양보로 무력 충돌 없이 마무리되었다.

15 제시된 자료는 오스만 제국의 탄지마트에 대한 설명이다. 탄지마트는 오스만 제국이 대내외적 위기를 극복하기 위해 추진한 정책으로 민족적·종교적 차별 금지, 근대식 헌법 제정, 의회 설립, 서구식 행정 제도 도입 등을 추진하였다.

16 아프리카는 유럽 열강의 침략에 저항하여 다양한 민족 운동을 전개하였다. 수단에서는 마흐디 운동이 전개되었고, 줄루 왕국은 영국 침략에 저항하였다. 나미비아는 독일에 맞서 싸웠다.
바로잡기 ㄷ. 아라비 파샤는 이집트의 민족 운동을 이끌었다. ㄹ. 메넬리크 2세는 아도와 전투에서 이탈리아에 승리하였다.

17 제시된 지도는 1905년 영국이 발표한 벵골 분할령을 나타내고 있다. 벵골 분할령이 발표되자 인도 국민 회의는 4대 강령을 앞세워 반영 운동에 앞장섰다. 결국 영국은 벵골 분할령을 철회하고 형식적으로 인도의 자치를 인정하였다.
바로잡기 ①, ③ 세포이 항쟁, ④ 계층과 종교의 차이를 넘는 대규모 민족 운동이었다. ⑤ 플라시 전투에 대한 설명이다.

18 공행 무역에 대한 영국의 불만, 영국의 아편 밀수, 청 관리 임칙서의 아편 단속은 제1차 아편 전쟁이 일어나는 계기가 되었다.

19 중화민국 수립 당시 임시 대총통으로 추대된 인물은 쑨원이다. 쑨원은 중국 동맹회를 결성하고 삼민주의를 내세우며 청 왕조에 대항하는 무장봉기를 주도하였다.
바로잡기 ① 홍수전에 대한 설명이다. ② 양무운동을 추진한 한인 관

료들에 대한 설명이다. ④ 위안스카이에 대한 설명이다. ⑤ 서태후에 대한 설명이다.

20 제시된 자료는 일본의 메이지 유신 전후 메이지 천황의 복장 변화를 보여 주고 있다. 일본은 개항 이후 에도 막부에 불만을 가진 하급 무사들이 존왕양이 운동을 전개하여 막부를 몰아냈고 메이지 정부를 수립하여 근대화 정책을 추진하였다.

21 제시된 자료는 갑신정변 당시 정변 세력이 발표한 개혁 정강의 일부이다. 갑신정변을 일으킨 급진 개화파 세력은 임오군란 이후 조선 정부가 소극적인 개혁 정책을 펼치는데 반발하여 정변을 일으켰다.

22 영국은 안정된 정치적 체제와 풍부한 노동력, 넓은 식민지, 풍부한 지하자원을 바탕으로 가정 먼저 산업 혁명이 시작되었다.

구분	채점 기준
상	산업 혁명이 영국에서 가장 먼저 일어난 배경을 세 가지 이상 옳게 서술한 경우
중	산업 혁명이 영국에서 가장 먼저 일어난 배경을 두 가지만 옳게 서술한 경우
하	산업 혁명이 영국에서 가장 먼저 일어난 배경을 한 가지만 옳게 서술한 경우

23 19세기 중반 미국은 산업 혁명이 전개되어 경제가 발전하였다. 이 과정에서 남부와 북부의 경제적 차이로 갈등이 나타났다.

구분	채점 기준
상	노예 제도, 무역 형태를 모두 옳게 서술한 경우
중	노예 제도, 무역 형태 가운데 한 가지만 옳게 서술한 경우

24 삼국 간섭 이후 러시아가 만주와 한반도 일대에서 영향력을 확대하려 하자 일본은 영국과 동맹을 맺고 러·일 전쟁을 일으켰다.

구분	채점 기준
상	삼국 간섭, 러시아와 일본의 대립을 모두 옳게 서술한 경우
중	삼국 간섭의 내용만 옳게 서술한 경우
하	러시아와 일본의 대립 관계만을 옳게 서술한 경우

V. 세계 대전과 국제 질서의 변화

주제 13 제1차 세계 대전

문제로 실력 다지기
63~64쪽

개념 문제 **01** (1) ○ (2) × (3) ○ (4) × **02** (1) ㉡ (2) ㉢ (3) ㉠ **03** (1) 사라예보 (2) 무제한 잠수함 작전 (3) 파리 강화 회의
실력 문제 **04** ③ **05** ④ **06** ③ **07** ⑤ **08** ④ **09** ⑤ **10** ⑤ **11** ② **12** ② **13** (1) 윌슨 (2) **예시답안** 미국과 소련이 참여하지 않았고, 침략국을 제재할 수 있는 군사력을 동원할 수 없었다.

04 오스트리아·헝가리 제국, 이탈리아와 3국 동맹을 맺은 나라는 독일이다. 독일은 제1차 세계 대전 당시 영국이 해상을 봉쇄하자 무제한 잠수함 작전을 전개하였다.

05 오스트리아·헝가리 제국이 보스니아 헤르체고비나를 합병하여 범슬라브주의 국가와 대립하는 상황에서 세르비아계 청년이 오스트리아·헝가리 황태자 부부를 암살하는 사라예보 사건이 일어났다.

06 제시된 자료는 제1차 세계 대전의 발발 과정이다. 3국 동맹과 3국 협상의 대립 과정에서 발칸반도에서 사라예보 사건이 일어나자 오스트리아·헝가리 제국이 세르비아에 선전 포고를 하면서 제1차 세계 대전이 발발하였다.

07 제1차 세계 대전이 발발한 후, 전쟁이 장기화되고 유럽 전역으로 확대되자, 이탈리아는 동맹국을 이탈해 연합국에 가담하였고, 오스만 제국, 불가리아는 동맹국에 가담하였다.
바로잡기 ㄱ, ㄴ. 연합국에 가담하였다.

08 제1차 세계 대전 당시 영국이 해상을 봉쇄하자, 독일은 무제한 잠수함 작전을 전개해 민간 선박까지 공격하였다. 이를 계기로 미국이 연합국에 가담하면서 전쟁은 연합국에게 유리한 방향으로 전개되었다.

09 제1차 세계 대전에서는 산업 혁명에 따른 기술 진보를 바탕으로 탱크, 잠수함, 기관총, 독가스 등의 신무기가 등장하여 인명을 대량 살상하는 데 이용되었다.

올리드 포인트 제1차 세계 대전

배경	제국주의 국가들의 대립(3국 동맹과 3국 협상), 범슬라브주의와 범게르만주의의 대립
발단	사라예보 사건
특징	총력전, 참호전, 신무기의 등장

10 밑줄 친 '이 회의'는 파리 강화 회의이다. 파리 강화 회의는

미국의 월슨 대통령이 제안한 14개조를 기본 원칙으로 삼았다.

11 제시된 자료는 베르사유 조약의 주요 내용이다. 제1차 세계 대전의 전후 처리를 위해 개최된 파리 강화 회의에서 연합국과 독일은 베르사유 조약을 체결하여 독일에게 전쟁 책임을 물었다.

바로잡기 ② 파리 강화 회의에서 제창된 민족 자결주의 원칙은 패전국의 식민지 일부에만 적용되었다.

☑ **민족 자결주의**: 각 민족이 스스로 국가를 구성할 수 있어야 한다는 원칙으로, 식민 통치를 받던 민족들의 독립 운동이 활발해지는 계기가 되었으나 실제로는 패전국의 식민지에만 적용되었다.

12 제1차 세계 대전 이후 세계 여러 나라들은 세계 평화를 유지하기 위해 국제 기구인 국제 연맹을 창설하였다. 하지만 국제 연맹은 미국과 소련의 불참, 군사적 제재 수단 미비 등으로 유명무실해졌다.

13 제1차 세계 대전이 종결된 이후 국제 분쟁의 평화적 해결을 위한 국제 평화 기구로 국제 연맹이 창설되었다.

구분	채점 기준
상	미국, 소련의 불참, 군사력 동원 불가 등을 정확하게 서술한 경우
중	미국, 소련의 불참, 군사력 동원 불가 중 한 가지만을 서술한 경우
하	권한이 강하지 못하다고만 서술한 경우

주제 14 러시아 혁명과 아시아·아프리카의 민족 운동

문제로 실력다지기

66~67쪽

개념 문제 **01** (1) × (2) ○ (3) ○ (4) ○ **02** (1) ㉠ (2) ㉡ (3) ㉢ **03** (1) 3월 혁명 (2) 5·4 운동 (3) 이집트

실력 문제 **04** ① **05** ⑤ **06** ① **07** ④ **08** ① **09** ② **10** ② **11** ④ **12** ④ **13** 예시답안 임시 정부의 개혁이 미흡하고 제1차 세계 대전을 지속하여 국민의 불만이 높아졌기 때문이다.

04 19세기 후반 러시아에서는 사회주의 사상이 확산되고, 차르 체제를 비판하며 개혁을 요구하는 움직임이 활발하였으나, 여전히 차르 체제가 유지되고 있었다.

바로잡기 ㄷ, ㄹ. 20세기에 들어서면서 나타난 상황이다.

05 제시된 자료는 1905년 피의 일요일 사건에 대한 것이다. 많은 희생자의 발생으로 국민의 저항이 격화되자, 차르는 상황 진정을 위해 언론과 집회의 자유, 입법권을 가진 의회의 설립 등을 약속하였으나 이후 차르는 이를 지키지 않고 전제 정치를 강화하였다.

06 1905년 피의 일요일 사건 이후 차르가 전제 정치를 강화하고 제1차 세계 대전 참전으로 식량과 물자가 부족해지자 노동자와 병사들이 3월 혁명을 일으켜 제정을 무너뜨리고 임시 정부를 세웠다.

07 제시된 자료는 11월 혁명에 대한 것으로, 밑줄 친 '그'는 레닌이다. 레닌은 11월 혁명으로 소비에트 정부를 수립하고 사회주의 개혁을 추진하였다. 그러나 경제난이 계속되자 시장 경제를 일부 인정한 신경제 정책(NEP)을 시행하였다.

☑ **신경제 정책(NEP)**: 시장 경제를 일부 인정한 경제 정책이다. 소규모 기업 활동을 인정하고, 농민이 현물세로 바치고 남은 생산물을 자유롭게 판매할 수 있도록 하였다.

08 1917년에 일어난 11월 혁명은 레닌이 이끄는 볼셰비키가 임시 정부를 타도하고 소비에트 정부를 수립한 것이다. 그 결과 러시아에서는 세계 최초로 사회주의 정부가 수립되었다.

바로잡기 ②, ④ 3월 혁명에 대한 설명이다. ③ 피의 일요일 사건에 대한 설명이다. ⑤ 스탈린의 집권은 11월 혁명 이후이다.

3월 혁명	소비에트 주도, 차르 축출, 임시 정부 수립
11월 혁명	볼셰비키 주도, 소비에트 정부 수립

09 제시된 자료는 1919년에 베이징 학생들이 발표한 선언문의 일부이다. 파리 강화 회의에서 열강이 중국에 대한 일본의 권익을 인정하자, 베이징의 학생들을 중심으로 5·4 운동이 일어났다.

10 제시된 자료는 인도의 소금 행진에 대한 것으로, (가)에 해당하는 인물은 간디이다. 영국이 소금법을 만들어 인도인이 직접 소금을 만들지 못하게 하자, 간디는 소금을 얻기 위해 바닷가까지 행진하여 인도인의 지지를 받았다.

11 제시된 자료는 터키의 근대화를 추진한 무스타파 케말의 주장으로, 밑줄 친 '우리'는 터키에 해당한다. 무스타파 케말은 터키 공화국을 세우고 초대 대통령에 취임하여 근대

적 개혁을 추진하였다.

바로잡기 ④ 이집트에서 반영 운동이 확산되자 영국은 수에즈 운하에 군대 주둔을 요구하는 조건으로 이집트의 독립을 인정하였다.

12 ㈎는 1924년의 제1차 국·공 합작, ㈏는 1937년의 제2차 국·공 합작에 대한 것이다. 제1차 국·공 합작 이후 북벌에 나선 장제스가 중국 공산당을 탄압하여 제1차 국·공 합작이 결렬되었다.

바로잡기 ① 1923년, ② 1922년, ③ 1919년, ⑤ 1917년의 사실이다.

13 러시아에서는 3월 혁명으로 수립된 임시 정부가 개혁을 제대로 추진하지 못하고 제1차 세계 대전을 지속하자, 볼셰비키의 주도로 11월 혁명이 일어나 임시 정부를 타도하고 소비에트 정부를 수립하였다.

구분	채점 기준
상	개혁 미흡, 전쟁 지속 등을 정확하게 서술한 경우
중	개혁 미흡, 전쟁 지속 중 한 가지만 서술한 경우
하	단순히 국민의 불만이 높아졌다고만 서술한 경우

주제 **15** 전체주의의 등장과 제2차 세계 대전

문제로 실력다지기

69~71쪽

개념 문제 **01** (1) ○ (2) ○ (3) × (4) ○ **02** (1) 독일 (2) 파시스트당 (3) 소련 **03** (1) 대공황 (2) 스탈린그라드 (3) 원자 폭탄
실력 문제 **04** ⑤ **05** ① **06** ⑤ **07** ⑤ **08** ① **09** ⑤ **10** ①
11 ③ **12** ③ **13** ⑤ **14** ③ **15** ④ **16** ② **17** ④ **18** ③
19 (1) 대공황 (2) **예시답안** 미국은 뉴딜 정책을 시행하였고, 영국은 블록 경제를 강화하였다. 경제 기반이 약했던 독일은 대외 팽창을 통해 대공황을 극복하고자 하였다.

04 제시된 자료는 1929년에 발생한 대공황에 대한 것이다. 대공황은 과도한 투자로 생산이 크게 늘어났으나 소비가 이를 따라가지 못하는 과잉 생산으로 발생하였다.

05 대공황이 발생하자 미국은 국가가 경제에 적극적으로 개입하는 뉴딜 정책을 추진하였고, 영국과 프랑스는 본국과 식민지를 하나로 묶는 블록 경제를 강화하는 정책을 폈다.

바로잡기 ㄷ, ㄹ. 대공황 이전에 일어난 사건이다.

06 제시된 지도는 대공황 이후 형성된 주요 국가의 블록 경제를 나타낸 것으로, ㈎의 파운드 블록은 영국에 해당한다. 영국은 독일의 팽창을 견제하기 위해 폴란드와 상호 원조

조약을 체결하였다.

바로잡기 ①, ② 일본, ③ 이탈리아, ④ 독일에 대한 설명이다.

07 에스파냐에서는 독일과 이탈리아의 지원을 받은 군부 세력이 반란을 일으켜 파시스트 정권을 수립하였다.

08 제시된 자료는 인종주의를 담고 있는 히틀러의 연설문이다. 히틀러가 이끄는 나치당은 대공황을 계기로 국민의 지지를 받아 정권을 차지하였고, 이후 일당 독재 체제를 수립하였다.

바로잡기 ① 인도의 간디, ② 이탈리아의 무솔리니, ④ 미국의 루스벨트, ⑤ 미국의 윌슨에 대한 설명이다.

09 이탈리아의 파시스트당을 이끈 무솔리니는 정권을 잡고 독재 체제를 수립하였다.

올리드 포인트 대공황과 각국의 대응

전개	미국에서 발생 → 세계 각국으로 확산
대응	• 미국: 뉴딜 정책 • 영국·프랑스: 블록 경제 • 독일, 이탈리아, 에스파냐, 일본: 전체주의 등장

10 1922년 히틀러가 집권한 이후 독일은 국제 연맹을 탈퇴하고 재무장을 선언하였다. 또한 이탈리아, 일본과 방공 협정을 체결하고 1938년에 오스트리아를 병합하였다.

11 제시된 자료는 파시즘 국가 간의 결속을 강화한 독일이 대외 침략에 나섰음을 설명하고 있다. 이에 영국은 프랑스와 반파시즘 연합을 결성하고 폴란드와 상호 원조 조약을 체결하였다.

바로잡기 ① 제1차 세계 대전 때의 상황이다. ② 영국은 블록 경제를 통해 대공황을 극복하고자 하였다. ④ 독일에 대한 설명이다. ⑤ 제1차 세계 대전 발발 직전의 상황이다.

12 독일이 소련과 불가침 조약을 체결한 후 폴란드를 침공하자, 영국과 프랑스가 독일에 선전 포고를 하면서 제2차 세계 대전이 시작되었다. 전쟁 초반 독일은 프랑스 파리까지 단숨에 함락시켰다.

13 중·일 전쟁이 장기화되자, 일본은 자원을 확보하기 위해 동남아시아를 침략하였다. 이에 미국이 일본의 침략 행위를 규탄하면서 경제 봉쇄로 맞서자, 일본은 하와이 진주만을 공격해 태평양 전쟁을 일으켰다.

14 제2차 세계 대전 초기에 독일이 프랑스의 파리를 점령하자, 프랑스의 드골은 영국에 망명 정부(임시 정부)를 구성하고 항전을 이어갔다.

바로잡기 ①, ②, ④, ⑤ 제1차 세계 대전에 대한 설명이다.

15 제시된 자료는 제2차 세계 대전 중에 있었던 주요 사건과 그 의미를 정리한 것이다. 유럽 전선에서는 독일이 스탈린 그라드 전투에서 소련에 패하면서 연합국이 승기를 잡았고, 태평양 전쟁에서는 미드웨이 해전에서 미국이 승리하면서 전세가 역전되었다.

16 제시된 자료는 제2차 세계 대전 중에 있었던 사건이다. 독일은 1941년 소련을 침공하였고, 미국은 1942년 미드웨이 해전에서 일본에 대승을 거두었다. 1943년 이탈리아가 항복하였고, 1944년에 노르망디 상륙 작전이 이루어졌다.

올리드 포인트 제2차 세계 대전

발발	독일의 폴란드 침공
전개	독일의 프랑스 점령, 소련 공격 → 일본의 진주만 공격 → 미국 참전 → 스탈린그라드 전투 → 이탈리아 항복 → 노르망디 상륙 작전 → 독일 항복 → 일본에 원자 폭탄 투하 → 일본 항복

17 제시된 자료는 뉴딜 정책에 대한 내용으로, (가)에 해당하는 국가는 미국이다. 미국은 제2차 세계 대전 막바지에 일본의 히로시마와 나가사키에 원자 폭탄을 투하하였다.

18 제시된 자료는 제2차 세계 대전과 관련된 주요 내용을 정리한 것이다.

바로잡기 ③ 제1차 세계 대전 당시 독일이 무제한 잠수함 작전을 펼치자 미국이 참전하였다.

19 1929년 뉴욕 증권 시장의 주가 폭락으로 시작된 대공황은 전 세계로 확산되었고 전후 회복되던 세계 경제가 침체되었다.

구분	채점 기준
상	미국, 영국, 독일의 대응을 모두 정확하게 서술한 경우
중	미국, 영국, 독일의 대응 중 두 가지만 정확하게 서술한 경우
하	미국, 영국, 독일의 대응 중 한 가지만 정확하게 서술한 경우

올리드 특강

73쪽

유형 1 ⑤	유형 2 ③
유형 3 ⑤	유형 4 ②

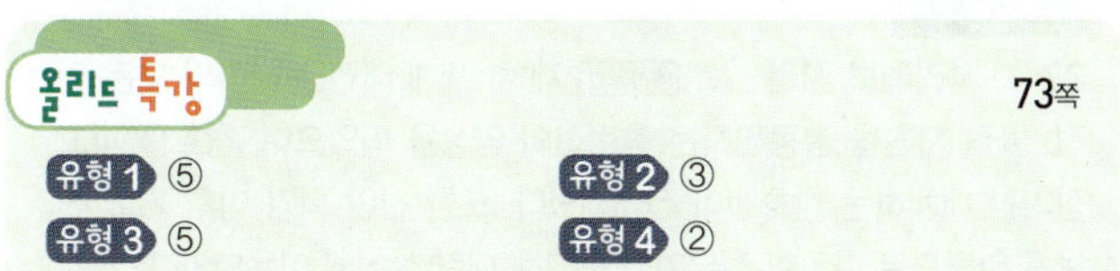

주제 16 민주주의의 확산과 평화를 유지하기 위한 노력

문제로 실력다지기

75~77쪽

개념 문제 **01** (1) ○ (2) × (3) ○ (4) ○ **02** (1) ⓛ (2) ㉠ (3) ⓒ **03** (1) 바이마르 (2) 뉘른베르크 재판 (3) 카이로

실력 문제 **04** ⑤ **05** ⑤ **06** ② **07** ⑤ **08** ② **09** ④ **10** ⑤ **11** ② **12** ① **13** ① **14** ③ **15** ⑤ **16** ② **17** ⑤ **18** ⑤ **19** (1) 국제 연합(UN) (2) **예시답안** 국제 연합은 미국과 소련 등 강대국이 모두 참여하였고, 국제 연합군이나 평화 유지군을 두어 국제 분쟁을 억제할 군사력을 동원할 수 있었다.

04 제1차 세계 대전 이후 전후 처리를 위해 개최된 파리 강화 회의에서 민족 자결주의가 제창되었고, 이에 따라 패전국의 여러 식민지가 독립하였다.

05 제1차 세계 대전 이후 여러 나라에서 제정이 붕괴되고 공화정이 수립된 점, 여성 참정권을 인정하는 나라가 증가한 것 등을 통해 민주주의가 발전하였음을 알 수 있다.

바로잡기 ㄱ. 제1차 세계 대전 이후 보통 선거가 확대되있다. ㄴ. 프랑스 혁명 때 일어난 사실이다.

06 제시된 자료는 1919년에 제정된 바이마르 공화국 헌법이다. 러시아에서는 1917년 11월 혁명을 통해 소비에트 정부를 수립하였고, 대공황은 1929년에 미국에서 시작되었다.

07 19세기 이후 여성들의 참정권 요구가 계속되는 상황에서 제1차 세계 대전 당시 여성이 전쟁에 기여한 점이 인정되면서 여성 참정권은 점차 여러 나라로 확대되었다.

바로잡기 ㄱ. ㄴ. 대공황이 발생하자 경제 기반이 약하고 식민지가 없거나 적은 독일, 이탈리아, 일본 등에서 전체주의가 확산되었다.

08 산업 혁명 이후 노동자의 권리가 확대되는 가운데, 미국에서 대공황 이후 뉴딜 정책이 시행되면서 노동자의 단결권과 단체 교섭권을 인정한 와그너법이 제정되었다.

09 홀로코스트는 제2차 세계 대전 중에 독일 나치스에 의해 자행된 대표적인 인권 유린 행위이다. 독일에서는 최근까지 홀로코스트에 가담한 사람들을 관련법에 따라 처벌하고 있다.

10 제시된 자료는 중·일 전쟁을 일으킨 일본이 중화민국 수도인 난징을 점령하면서 자행한 난징 대학살에 대한 설명이다. 또한 일본은 한국을 비롯한 여러 나라의 여성을 일본군 '위안부'로 강제 동원하여 인권을 유린하였다.

바로잡기 ① 소련, ② 미국, ③, ④ 독일에 대한 설명이다.

11 제시된 자료에서 1941년에 발표되었으며, 국제 연합 창설

의 기초가 마련되었다는 점을 통해 ⑺가 대서양 헌장임을 알 수 있다. 영국과 미국 대표는 1941년 대서양 헌장을 통해 제2차 세계 대전 이후의 평화 원칙을 발표하였다.

12 제시된 자료는 제2차 세계 대전 당시 연합국 대표들이 개최한 주요 회담에 대한 설명이다. 대서양 헌장(1941), 카이로 회담(1943), 얄타 회담(1945. 2.), 포츠담 선언(1945. 7.) 순으로 일어났다.

13 미국, 영국, 소련의 대표는 1945년 2월에 얄타 회담을 갖고 독일의 분할 점령, 국제 연합 창설, 소련의 대일전 참전 등을 논의하였다.

14 제시된 자료에서 일본의 무조건 항복 권유, 카이로 회담의 내용 재확인 등을 통해 ⑺가 1945년에 열린 포츠담 선언임을 알 수 있다.

15 제시된 자료는 제2차 세계 대전 이후 전후 처리에 대한 내용으로, ⑺에는 일본에 대한 내용이 들어가야 한다. 일본은 패망 이후 연합국 최고 사령부의 통치를 받았으며, 극동 국제 군사 재판에서 전범에 대한 처벌이 이루어졌다.

16 제시된 자료의 밑줄 친 '이 재판'은 뉘른베르크 재판이다. 뉘른베르크 재판에서는 독일의 주요 전쟁 범죄자를 재판하여 전범 12명에게 사형을 선고하였다.
바로잡기 ① 샌프란시스코 회의, ③ 카이로 회담, ④ 극동 국제 군사 재판, ⑤ 얄타 회담에 대한 설명이다.

올리드 키워드
☑ **국제 전범 재판**: 뉘른베르크 재판에서는 독일의 전쟁 범죄자와 유대인 학살 관련자들을 처벌하였으며 극동 국제 군사 재판에서는 일본 군부와 주요 전쟁 범죄자들을 처벌하였다.

17 제시된 자료는 국제 연합 헌장의 일부로, ⑺에 해당하는 기구는 국제 연합이다. 제2차 세계 대전 직후 창설된 국제 연합은 국제 분쟁의 조정과 중재를 위해 안전 보장 이사회를 두었다.
바로잡기 ①, ②, ③, ④ 국제 연맹에 대한 설명이다.

올리드 포인트 국제 연맹과 국제 연합

국제 연맹	제1차 세계 대전 이후 창설, 미국과 소련 불참, 군사적 제재 불가능
국제 연합	제2차 세계 대전 이후 창설, 미국, 소련 등 51개국 참가, 군사적 제재 가능

18 제시된 자료에서 전후 일본의 영토 처리 문제가 논의되고

있는 것을 통해 1943년 개최된 카이로 회담의 선언문임을 알 수 있다. 카이로 회담에서는 처음으로 한국의 독립이 약속되었다.

19 제2차 세계 대전 후 세계 51개국의 대표가 모여 국제 연합 헌장을 제정하고 새로운 국제 평화 기구인 국제 연합(UN)을 설립하였다.

구분	채점 기준
상	미국, 소련의 참가, 군사력 동원 등을 정확하게 서술한 경우
중	미국, 소련의 참가, 군사력 동원 중 한 가지만 서술한 경우
하	국제 연맹 보다 권한이 강하다고만 서술한 경우

올리드 특강 79쪽

유형 1 ⑤ 유형 2 ①
유형 3 ③ 유형 4 ④

V 단원 표와 자료로 마무리하기 80~81쪽

자료1 ❶ 총력전 ❷ 신무기 ❸ 참호전
자료2 ❶ 피의 일요일 사건 ❷ 의회(두마)
자료3 ❶ 미드웨이 해전 ❷ 스탈린그라드 전투
자료4 ❶ 홀로코스트 ❷ 일본

V 단원 실전문제로 마무리하기 82~85쪽

01 ①	02 ②	03 ②	04 ①	05 ③	06 ③	07 ①	08 ④
09 ②	10 ②	11 ①	12 ⑤	13 ①	14 ②	15 ⑤	16 ④
17 ④	18 ①	19 ⑤	20 ①	21 ③			

✎ 서술형 문제

22 (1) 사라예보 사건 (2) **예시답안** 제1차 세계 대전은 나라의 모든 인적, 물적 자원을 총동원하는 총력전의 양상을 띠었으며, 참호를 파고 장기간 대치하는 참호전이 전개되었다. 또한 산업 혁명 이후 기술 진보를 바탕으로 다양한 신무기가 등장해 대량 살상에 이용되었다.
23 (1) (가) 무솔리니, (나) 히틀러 (2) **예시답안** 개인의 자유보다 국가와 민족을 최우선으로 내세워 국민의 자유를 억압하는 독재 체제를 수립하였다. 또한 국가의 위기를 극복하기 위해 군비를 늘리고 다른 국가를 침략하는 경향을 보였다.
24 (1) (가) 국제 연맹, (나) 국제 연합 (2) **예시답안** 미국, 소련 등 강대국이 불참하였고, 침략 행위에 대한 군사적 제재 수단이 없었기 때문이다.

01 ㈎ 국가는 영국, 프랑스와 함께 3국 협상에 참여한 러시아이다. 러시아는 발칸반도에서 범슬라브주의를 표방하며 범게르만주의를 내세운 독일, 오스트리아·헝가리 제국과 대립하였다.
바로잡기 ② 독일, 이탈리아에 대한 설명이다. ③ 터키, ④, ⑤ 미국에 대한 설명이다.

02 세르비아계 청년이 오스트리아·헝가리 제국의 황태자 부부를 암살하는 사라예보 사건이 일어나자, 오스트리아·헝가리 제국은 세르비아에 선전 포고를 하였다.

03 제1차 세계 대전 중 영국이 해상 봉쇄를 단행하자 독일이 무제한 잠수함 작전을 전개하였고, 이를 계기로 미국이 참전하였다. 러시아는 사회주의 혁명이 일어나 1918년 단독으로 독일과 강화를 맺고 전선에서 이탈하였다.

04 제1차 세계 대전은 총력전, 참호전의 양상을 띠었으며, 과학 기술 발전의 성과로 다양한 신무기가 사용되었다. 탱크와 장갑차, 잠수함, 전투기, 기관총, 독가스 등이 전쟁에 이용되면서 사상자의 규모가 이전의 전쟁과 비교할 수 없을 만큼 컸다.
바로잡기 ① 제2차 세계 대전에서 사용되었다.

05 제1차 세계 대전의 전후 문제를 처리하기 위해 열린 파리 강화 회의의 결과, 승전국과 독일 사이에 베르사유 조약이 체결되었다. 베르사유 조약은 독일에 전쟁 책임을 묻고, 그 대가로 막대한 배상금을 지불하게 하였다.

06 제시된 자료의 밑줄 친 '국제 기구'는 국제 연맹이다. 국제 연맹은 미국이 의회의 반대로 참여하지 못하였고, 침략국을 제재할 수 있는 군사력을 동원할 수 없다는 한계를 갖고 있었다.
바로잡기 ①, ②, ④, ⑤ 국제 연합에 대한 설명이다.

07 제시된 자료는 1917년에 일어난 3월 혁명에 대한 것이다. 3월 혁명으로 차르가 물러나고 임시 정부가 수립되었다. 임시 정부는 민중의 뜻과는 달리 전쟁을 계속하여 국민의 불만을 샀다.
바로잡기 ㄷ, ㄹ. 11월 혁명에 대한 설명이다.

08 3월 혁명의 결과로 세워진 임시 정부는 전쟁 중지를 열망하던 국민들을 외면하고 독일과의 전쟁을 지속하였다. 이에 레닌이 이끄는 볼셰비키가 무장봉기를 일으켜 소비에트 혁명 정부를 수립하였다. 이후 레닌은 주요 산업 시설과 토지를 국유화하는 등 사회주의 개혁을 추진하였다.
바로잡기 ① 19세기 러시아 지식인들이 주도하였다. ② 19세기 후반 러시아 정부가 노동자와 농민들이 개혁을 요구하는 시위를 벌이자 이

를 무력으로 진압하여 많은 희생자가 발생하였다(피의 일요일 사건). ③ 알렉산드르 2세가 발표하였다. ⑤ 소련은 국제 연맹에 가입하지 못하였다.

09 제시된 자료는 레닌의 연설문이다. 레닌은 11월 혁명을 주도하여 소비에트 정부를 세웠다. 이후 사회주의 개혁을 추진하였는데, 경제난이 심각해지자 일부 자본주의적 요소를 허용하는 신경제 정책(NEP)을 실시하였다.
바로잡기 ① 레닌은 11월 혁명을 주도하였다. ③ 미국의 윌슨에 대한 설명이다. ④ 인도의 간디 ⑤ 스탈린에 대한 설명이다.

10 파리 강화 회의에서 독일이 산둥반도에서 갖고 있던 이권의 반환을 요구한 중국의 주장이 받아들여지지 않고 오히려 일본의 요구를 인정하였다는 사실이 알려지자, 중국에서는 베이징의 대학생을 중심으로 5·4 운동이 일어났다.

11 제시된 인물은 영국에 대항하기 위해 소금 행진을 벌였다는 것을 통해 간디임을 알 수 있다. 간디는 영국의 인도 지배에 맞서 비폭력·불복종 운동을 전개하였다.
바로잡기 ② (나) 타이, ③ (다) 베트남, ④ (라) 필리핀, ⑤ (마) 인도네시아이다.

12 ㈎는 오스만 제국을 무너뜨리고 터키 공화국을 세운 무스타파 케말이다. 그는 터키 공화국의 초대 대통령이 되어 정치와 종교의 분리 등 근대적 개혁을 추진하였다.

13 미국의 루스벨트 대통령은 대공황을 극복하기 위해 국가가 생산 활동에 개입하여 생산량을 조절하고 공공사업을 통해 실업자를 구제하는 등 국가가 경제에 적극적으로 개입하는 뉴딜 정책을 추진하였다.

14 대공황에 대응하는 과정에서 영국과 프랑스는 블록 경제를 강화하였으며, 독일, 이탈리아, 일본 등은 전체주의를 강화하고 대외 팽창을 통해 문제를 해결하고자 하였다.
바로잡기 ㄴ. 미국, ㄹ. 일본에 대한 설명이다.

15 제시된 자료에서 나치는 인종주의를 중시한다고 말한 것을 통해 제시된 인물이 히틀러임을 알 수 있다. 히틀러는 바이마르 공화국을 무너뜨리고 일당 독재 체제를 수립하였다.
바로잡기 ① 미국의 링컨, ② 오스트리아의 메테르니히 ③ 독일의 비스마르크, ④ 러시아의 알렉산드르 2세에 대한 설명이다.

16 일본과 이탈리아는 제1차 세계 대전 승전국이었지만, 경제 기반이 약해 대공황을 효과적으로 극복하지 못하였으며, 전체주의 정부가 들어서고 대외 침략에 나섰다.
바로잡기 ㄱ. 독일은 제1차 세계 대전의 패전국이었다. ㄷ. 러시아에서는 11월 혁명 이후 소비에트 정부가 수립되었다.

17 제시된 자료는 제2차 세계 대전의 전개 과정을 나타낸 것으로, 독일의 파리 점령은 1940년, 스탈린그라드 전투는 1942~1943년, 일본의 항복은 1945년의 사실이다. 일본은 1941년에 진주만을 공격하였고, 연합군은 1944년에 노르망디에 상륙하였다.

18 제시된 자료는 일본의 침략 전쟁 확대 과정을 서술한 것으로, 밑줄 친 ㉠은 태평양 전쟁에 해당한다. 태평양 전쟁 막바지에 미국은 일본의 히로시마와 나가사키에 원자 폭탄을 투하하였다.
[바로잡기] ②, ③, ④, ⑤ 제1차 세계 대전에 대한 설명이다.

19 제1차 세계 대전이 총력전의 양상으로 전개되면서 전쟁터로 떠난 남자들을 대신하여 여성들이 군수 물자 생산을 담당하는 등 그 역할이 커졌다. 여성의 사회 활동이 점차 확대되면서 여성의 참정권도 확대되었다.

20 1941년에 열린 대서양 회담에서 미국과 영국 대표는 새로운 국제 평화 기구 설립에 합의하였다. 1945년의 얄타 회담에서는 전후 독일의 영토 분할 점령 및 소련의 대일전 참전 등이 논의되었다.
[바로잡기] ㄷ. 카이로 회담, ㄹ. 얄타 회담의 내용이다.

21 ㈎는 국제 연합(UN)이다. 국제 연합은 대서양 헌장에서 창설의 기초를 마련하였고, 1945년 샌프란시스코 회의에서 창설이 결정되었다.
[바로잡기] ①, ②, ④, ⑤ 국제 연맹에 대한 설명이다.

22 오스트리아·헝가리 제국의 황태자가 세르비아계 청년에게 암살되는 사라예보 사건을 계기로 제1차 세계 대전이 발발하였다. 제1차 세계 대전은 총력전과 참호전이 전개되고 신무기가 등장하는 등 기존의 전쟁과 전혀 다른 양상을 보였다.

구분	채점 기준
상	총력전, 참호전, 신무기 등장 등을 정확하게 서술한 경우
중	총력전, 참호전, 신무기 등장 중에서 두 가지만 서술한 경우
하	총력전, 참호전, 신무기 등장 중에서 한 가지만 서술한 경우

23 경제 기반이 약하거나 식민지가 없거나 적은 이탈리아, 독일, 일본 등에서는 대공황 전후 전체주의가 확산되었다.

구분	채점 기준
상	국가와 민족 우선, 독재 체제, 침략적 성격 등을 연결하여 서술한 경우
중	국가와 민족 우선, 독재 체제, 침략적 성격 중에서 두 가지만 서술한 경우
하	국가와 민족 우선, 독재 체제, 침략적 성격 중에서 한 가지만 서술한 경우

24 ㈎는 국제 연맹, ㈏는 국제 연합이다. 국제 분쟁의 평화적 해결을 위한 국제 기구로 국제 연맹이 창설되었으나 미국, 소련 등 강대국의 불참과 침략국을 제재할 수 있는 군사적 수단을 갖추지 못하여 국제 연맹은 유명무실해졌다.

구분	채점 기준
상	미국과 소련의 불참, 군사적 제재 수단 미비를 모두 서술한 경우
하	미국과 소련의 불참, 군사적 제재 수단 미비 중 한 가지만 서술한 경우

VI. 현대 세계의 전개와 과제

문제로 실력 다지기
89~91쪽

개념 문제 **01** (1) ○ (2) × (3) ○ **02** (1) ㄴ, ㄷ (2) ㄱ, ㄹ **03** (1) 쿠바 (2) 제3 세계 (3) 닉슨

실력 문제 **04** ④ **05** ① **06** ④ **07** ⑤ **08** ⑤ **09** ⑤ **10** ② **11** ③ **12** ④ **13** ③ **14** ② **15** ① **16** (1) 트루먼 (2) **예시답안** 소련이 세력을 확대하면서 동유럽에서 공산 정권이 등장하였다.

04 제시된 지도의 ㈎는 냉전 체제 시기의 공산주의 진영이다. 공산주의 진영은 미국과 서유럽의 북대서양 조약 기구(NATO)에 맞서 군사 동맹을 강화한 바르샤바 조약 기구(WTO)를 조직하였다.

바로잡기 ① 제3 세계, ② 소련 붕괴 이후 소련 내의 국가, ③ 아시아, 아프리카의 여러 나라, ⑤ 유럽 연합(EU)에 대한 설명이다.

05 제시된 자료는 바르샤바 조약 기구에 대한 설명이다. 냉전 시기 소련은 북대서양 조약 기구에 맞서 군사 동맹인 바르샤바 조약 기구를 조직하였다.

바로잡기 ㄷ. 코민테른, ㄹ. 국제 연합에 대한 설명이다.

06 제시된 자료는 냉전 시기 공산주의 진영과 자본주의 진영이 대립하고 있음을 보여 준다. 냉전 체제가 전개되면서 소련은 독일의 서방 지역 점령지와 베를린 사이의 교통을 봉쇄하였다. 이는 베를린 장벽의 설치로 이어졌다.

07 냉전 체제의 성립에 따라 6.25 전쟁, 베트남 전쟁 등 세계 여러 곳에서 군사적 충돌이 발생하였으며 미국과 소련은 쿠바 미사일 기지 건설 문제로 대립하기도 하였다.

08 냉전 체제가 확대되면서 세계 각지에서 자본주의 진영과 공산주의 진영이 충돌하였다. 이 과정에서 독일의 분단, 베트남 전쟁, 쿠바 미사일 위기 등이 일어났다.

올리드 포인트 | 냉전 체제의 형성과 전개

자본주의 진영	미국 중심, 북대서양 조약 기구(NATO)
공산주의 진영	소련 중심, 바르샤바 조약 기구(WTO)
전개	6·25 전쟁, 베트남 전쟁, 동·서독 분단, 쿠바 미사일 위기 등 냉전 체제 전개

09 제시된 자료는 쿠바 미사일 위기와 관련된 내용이다. 이 시기는 냉전이 격화되는 시기로 베트남, 한국 등이 남북으로 나뉘어 대립하고 있었다.

10 제시된 자료는 영국이 아랍 민족과 유대 민족에게 각각 국가 건설을 약속하는 내용이다. 이에 따라 팔레스타인 분쟁이 전개되면서 아랍 민족과 이스라엘 간의 중동 전쟁이 4차례 전개되었다.

11 제시된 지도에 표시된 ㈎ 국가는 인도네시아이다. 네덜란드의 지배를 받고 있던 인도네시아는 수카르노의 주도하에 네덜란드와 전쟁을 벌여 독립을 이루었다.

바로잡기 ①, ② 베트남, ④ 인도, ⑤ 이집트에 대한 설명이다.

12 아프리카는 제국주의 시대 서구 열강이 부족의 영역을 무시한 채 그어 놓은 국경선으로 인해 독립 이후에도 영토 분쟁, 부족 갈등이 지속되었으며, 정치적, 혼란과 내전으로 만성적인 빈곤, 기아, 질병 등 어려움을 겪고 있다.

바로잡기 ㄱ. 인도, ㄷ. 서아시아의 팔레스타인 분쟁에 대한 내용이다.

13 제시된 자료는 제3 세계 국가들이 1955년 아시아·아프리카 회의에서 결의한 평화 10원칙이다. 제3 세계는 공산주의와 자본주의 중 어느 진영에도 가담하지 않고 비동맹 중립 노선을 내세우며 독자적인 세력을 구축하였다.

14 제시된 자료는 냉전 체제가 완화되고 있는 모습을 보여 준다. 제2차 세계 대전 이후 자본주의 진영과 공산주의 진영으로 나뉘어져 전개된 냉전 체제는 1970년대에 들면서 완화되기 시작하였다. 미국과 공산국가인 중국의 국교 수교, 동독과 서독의 유엔 동시 가입, 미국과 소련의 군비 축소 회담들이 대표적이다.

15 1960년대 이후 미국과 소련 중심의 양극 체제가 변화되는 모습을 보이면서 1969년 미국의 닉슨 독트린 발표, 미국과 중국의 국교 수립, 서독의 동방 정책, 미국과 소련의 군비 축소 협정 등이 전개되었다.

16 제2차 세계 대전이 끝난 후 동유럽에서 공산 정권이 등장하자 미국의 트루먼 대통령은 공산주의의 확산을 막기 위해 유럽 국가들을 지원하기로 선언하였다.

구분	채점 기준
상	소련의 세력 확대, 동유럽에 공산주의 정권 등장을 모두 서술한 경우
중	동유럽에 공산 정권이 등장(공산주의 세력 확산)하였음을 서술한 경우
하	소련이 세력을 확대하려고 하였다는 맥락으로 서술한 경우

올리드 특강　　　　　　　　　　93쪽

유형 1 ②　　　　유형 2 ③
유형 3 ②　　　　유형 4 ③

주제 **18** 세계화와 신자유주의

문제로 실력다지기　　　　　95~97쪽

개념 문제 **01** (1) ○ (2) × **02** (1) 세계 무역 기구 (2) 폴란드 (3) 신자유주의 **03** (1) 독립 국가 연합(CIS) (2) 덩샤오핑 (3) 다국적 기업

실력 문제 **04** ① **05** ② **06** ② **07** ③ **08** ① **09** ④ **10** ① **11** ④ **12** ④ **13** ③ **14** ③ **15** ④ **16** (1) 고르바초프 (2) 예시답안 시장 경제 원리를 도입하고 정치 민주화를 추진하였다.

04 제시된 지도는 소련 해체 이후 러시아와 그 주변의 국가들의 모습이다. 소련의 고르바초프가 개혁·개방 정책을 추진한 영향으로 소련을 구성하고 있던 여러 공화국에서 독립의 움직임이 일어나면서 결국 소련이 붕괴되었다. 이후 러시아를 포함한 11개국이 독립 국가 연합(CIS)을 결성하였다.

05 제시된 지도의 (가) 국가는 폴란드이다. 자유 노조 운동을 전개하던 바웬사는 이후 대통령에 당선되어 민주 정부를 수립하였다.
바로잡기 ① 체코슬로바키아, ③ 소련, ④ 헝가리, ⑤ 루마니아에 대한 설명이다.

06 (가)는 베를린 장벽이다. 공산당 독재와 경제 불황에 반발하는 시위가 전개되면서 동독의 통치 체제가 붕괴되었고 1989년 베를린 장벽이 무너졌다. 이듬해 독일은 통일을 이루게 되었다.

07 동독에서 서독으로 탈출하는 주민이 늘어나고 민주화 요구로 대규모 시위가 이어지면서 1989년 11월 베를린 장벽이 붕괴되었다.

08 제시된 자료는 문화 대혁명에 대한 내용이다. 마오쩌둥은 대약진 운동의 실패로 정치적 위기에 빠지자 문화 대혁명을 일으켰다. 마오쩌둥은 홍위병을 동원하여 반대 세력을 몰아내고 권력을 강화하였으며 이 기간 동안 중국의 전통 문화가 파괴되고 많은 지식인, 예술인이 탄압을 받았다.

09 제시된 자료는 덩샤오핑의 흑묘백묘론, 고르바초프의 개혁·개방 정책이다. 두 인물은 모두 시장 경제 요소를 도입하는 등 개혁·개방 정책을 추진하였다.

올리드 키워드

☑ **덩샤오핑**: 중국의 개혁·개방 정책을 이끈 인물로, '검은 고양이든 흰 고양이든 쥐만 잘 잡으면 된다.'라는 흑묘백묘론을 내세우며 시장 경제 체제를 일부 도입하여 침체된 중국 경제를 회복시키고자 하였다. 그는 중국 동남부 해안에 경제 특구를 설치하고, 외국의 자본과 기술을 도입하였다.

10 덩샤오핑의 집권 이후 개혁·개방 정책으로 중국의 경제가 급속하게 성장하였으나 빈부 격차의 심화와 관리들의 부정 부패가 심화되면서 정치 민주화를 요구하는 시위가 전개되었다.

11 자본주의 세계가 확대되고 세계화가 진행되면서 관세 및 무역에 관한 일반 협정(GATT, 1947), 북미 자유 무역 협정(NAFTA, 1994) 등이 성립되었다.

12 (가)는 아시아·태평양 경제 협력체, (나)는 아시아·유럽 정상 회의에 대한 설명이다. 지도에 표시된 경제 협력체는 ㉠ 유럽 연합, ㉡ 아시아·유럽 정상 회의, ㉢ 동남아시아 국가 연합, ㉣ 아시아·태평양 경제 협력체, ㉤ 북미 자유 무역 협정이다.

13 제시된 자료는 세계 무역 기구(WTO)에 대한 설명이다. 세계 무역 기구는 1995년에 설립되어 세계 무역 자유화의 확대와 국제 무역 분쟁 조정 등의 역할을 맡고 있다.

14 제시된 자료는 유럽 연합(EU)에 대한 설명이다. 유럽 연합은 1952년 유럽 석탄 철강 공동체(ECSC)에서 비롯되었으며 단일 통화(유로화) 사용, 공동 외교, 공동 안보 등 정치적·경제적 통합을 이룬 하나의 유럽을 지향하였다.
바로잡기 ㄱ. 1941년 대서양 헌장에서 새로운 국제 평화 기구의 설립에 합의하였다. ㄹ. 관세 및 무역에 관한 일반 협정(GATT, 1947)에 대한 설명이다.

올리드 포인트　　탈냉전과 세계화

탈냉전	소련의 해체, 동유럽 사회주의 정권 붕괴
자본주의의 확산과 세계화	자유 무역 체제의 확산, 지역별 경제 협력체 구성

15 제시된 자료는 신자유주의 경제 체제가 성립하게 된 배경을 보여 준다. 신자유주의에 따라 각국은 경제 활동 개입과 규제를 줄이고 민간과 시장의 자유를 최대한 보장하며

복지 예산을 줄이는 정책들을 실시하였다.

16 소련의 고르바초프는 경제 침체를 극복하기 위하여 개혁·개방 정책을 추진하였다.

구분	채점 기준
상	시장 경제 원리 도입, 정치 민주화를 모두 서술한 경우
중	시장 경제 원리 도입만 서술한 경우
하	정치적 자유화 정책 추진만 서술한 경우

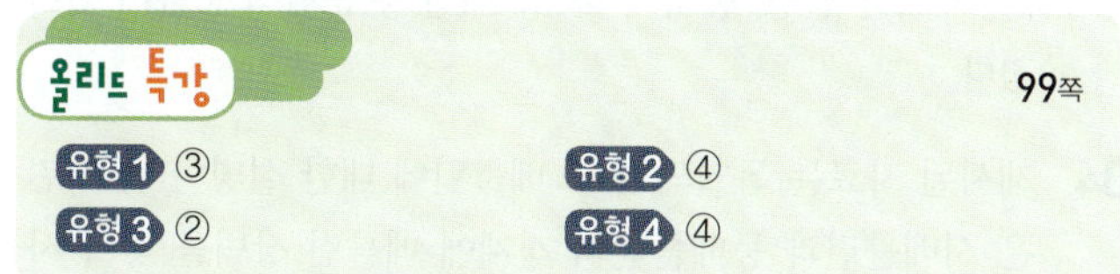

주제 19 대중문화의 발전과 현대 사회의 과제

문제로 실력다지기 101~103쪽

개념 문제 **01** (1) ○ (2) ○ (3) × **02** (1) © (2) ㉠ (3) ㉡ **03** (1) 마틴 루서 킹 (2) 대중문화 (3) 남북문제

실력 문제 **04** ④ **05** ③ **06** ② **07** ④ **08** ① **09** ④ **10** ④ **11** ③ **12** ③ **13** ④ **14** ② **15** ② **16** ① **17** ④ **18** ②

19 **예시답안** 남아프리카 공화국의 인종 분리 정책인 아파르트헤이트에 저항하는 활동을 전개하였다.

04 제시된 자료는 탈권위주의 운동에 대한 내용이다. 젊은 학생들을 중심으로 기성세대가 만든 권위주의적 질서와 체제에 저항하는 풍조가 생겨나며 인종, 계층, 성별 등에 따른 모든 차별을 거부하는 탈권위주의 운동이 발생하였다.

05 냉전 체제의 전개로 이념 대립이 깊어지고, 물질 만능주의 등 산업화로 인한 문제가 드러나면서 교육 기회 수준이 향상된 젊은 세대들의 주도로 기성 세대의 권위주의적 질서와 체제에 저항하는 움직임이 일어났다.

06 제시된 자료는 프랑스 68 운동에 대한 내용이다. 68운동은 학생의 자유를 제한하는 대학의 조치에 저항하며 인종 차별 반대와 반전 등 정치·사회적 요구를 하였다. 이는 세계 각지의 저항 운동에 영향을 주었다.

07 (가)에 들어갈 인물은 마틴 루서 킹이다. 그는 흑인 해방 운동을 전개하였으며 '나는 꿈이 있습니다.'라는 유명한 연설을 남겼다.

08 민권법은 공공장소 등에서의 인종 차별을 금지하는 법안으로 미국에서 흑인 차별을 금지하기 위해 1964년에 제정되었다.

09 제시된 도서는 여성 운동과 관련된 도서이다. 여성 운동은 여성들이 일상생활에서 겪는 성 차별을 인식하고 여성 평등과 신체적 자기 결정권 등을 주장하였다.

10 1960년대 이후 여성은 직장 내에서 정책 결정에서의 배제, 남성보다 낮은 임금 등의 차별의 부당성을 주장하고 가부장제, 이혼제도, 피임과 낙태 등 신체적 자기 결정권을 부정하는 기존의 보수적인 사회 구조에 저항하였다.

바로잡기 ㄱ. 여성들의 참정권은 제1차 세계 대전 이후 확대되면서 제2차 세계 대전 이후에는 대부분의 국가에서 여성에게 참정권이 주어졌다. ㄷ. 여성들의 출산율은 점점 낮아지고 육아에 대한 부담이 줄어들면서 사회 진출이 활발해졌다.

11 참정권이 보장되고 고등 교육 기회가 확대되면서 사회의 주체로 대중이 등장하였고 대중 매체의 발달로 대중문화가 형성되었다.

12 대중문화가 발달하면서 대중 매체로 전 세계에 동일한 문화가 퍼져 나가며 각 지역의 문화가 고유성을 잃고 사람들의 개성이 사라지며 획일화되는 문제점이 발생하였다.

13 제시된 자료는 세계 곳곳에서 종교, 인종, 부족 간에 갈등과 분쟁이 있음을 보여 주는 자료이다. 코소보 사태는 세르비아인과 이슬람계 알바니아인의 대립, 카슈미르 분쟁은 인도와 파키스탄, 팔레스타인 분쟁은 아랍권과 이스라엘의 충돌을 보여 준다.

14 제시된 자료는 전쟁을 반대하고 평화를 정착시키려는 반전 평화 운동의 모습이다.

바로잡기 ② 바르샤바 조약 기구는 냉전 시기에 소련 등 공산권이 체결한 군사 동맹 기구이다.

15 제시된 자료는 난민 수용에 대한 찬반 토론의 모습이다. 유엔 난민 기구는 난민을 보호하고 난민을 해결하기 위해 국제적인 조치를 주도하는 기구이다.

16 제시된 지도를 통해 주로 북반구에 위치한 선진 공업국, 적도 및 남반구에 위치한 저개발국가 사이의 발전 및 소득 격차에서 생기는 구조적 문제인 남북문제의 실상을 파악할 수 있다.

17 (가)에 들어갈 내용은 빈곤과 질병 문제이다. 경제적 빈부 격차의 심화로 빈곤 문제가 심각해지고 있으며 특히 아시아·아프리카의 여러 나라가 굶주림과 질병 문제에 시달리고 있다.

바로잡기 ㄱ. 환경 문제 ㄷ. 인종, 종교 갈등, 난민 문제에 대한 설명이다.

18 제시된 자료는 환경 문제가 발생하고 있음을 보여 준다. 환경 문제를 해결하기 위해 1992년 브라질에서 국제 연합 환경 개발 회의가 개최되어 환경과 개발에 관한 공동 선언(리우 선언)이 발표되었다.

19 남아프리카 공화국에서는 1950년대부터 넬슨 만델라 등이 인종 분리 정책인 아파르트헤이트에 저항하는 활동을 전개하였다.

구분	채점 기준
상	인종 분리 정책인 아파르트헤이트에 저항하는 활동을 전개하였다고 서술한 경우
중	흑인 차별 정책에 반대하였다고만 서술한 경우
하	민권 운동을 전개하였다고만 서술한 경우

올리드 특강 105쪽

유형 1 ①   유형 2 ④
유형 3 ①   유형 4 ②

VI 단원 표와 자료로 마무리하기 106~107쪽

자료1 ❶ 제3 세계
자료2 ❶ 유럽 연합(EU) ❷ 아시아·태평양 경제 협력체(APEC)
자료3 ❶ 남북문제

VI 단원 실전문제로 마무리하기 108~111쪽

01 ⑤ 02 ④ 03 ⑤ 04 ③ 05 ③ 06 ② 07 ④ 08 ⑤
09 ⑤ 10 ④ 11 ③ 12 ③ 13 ① 14 ③ 15 ① 16 ②
17 ① 18 ② 19 ⑤

서술형 문제

20 (1) 제3 세계 (2) **예시답안** 자본주의 진영과 공산주의 진영 중 어느 편에도 가담하지 않고 비동맹 중립 노선을 추구하였다.
21 (1) 덩샤오핑 (2) **예시답안** 시장 경제 원리를 도입하여 적극적인 개혁·개방 정책을 전개하였다.
22 (1) 대중문화 (2) **예시답안** 전 세계에 대중문화가 발달하면서 각 지역의 문화가 고유성을 잃고 획일화되기도 하며, 지나치게 흥미를 추구하여 상업성을 띠기도 한다.

01 제시된 자료는 마셜 계획에 대한 내용이다. 미국은 공산권의 확대를 막기 위해 마셜 계획을 추진하여 서유럽 경제를

부흥시키려 하였다.

02 제시된 자료는 영국 총리였던 처칠이 공산주의 진영과 자본주의 진영의 경계선을 표현한 연설이다. 처칠은 공산주의 진영의 폐쇄성을 비판하며 공산주의의 확산을 막고 서유럽의 단결이 필요하다고 주장하였다.

03 제2차 세계 대전 이후 자본주의와 공산주의 이념으로 나뉘어 대립하는 냉전 체제 속에서 아시아 지역에서는 6·25 전쟁, 베트남 전쟁, 중국의 국·공 내전 등 군사적 충돌이 이어졌다.

04 제시된 자료는 독일의 수도 베를린에 대한 설명이다. 소련은 서베를린과 동베를린의 경계에 베를린 장벽을 쌓아 사람들의 이동을 차단하였다.

05 제시된 지도는 팔레스타인 문제가 있는 지역을 보여 주고 있다. 팔레스타인 지역에서는 네 차례의 중동 전쟁이 전개되면서 여전히 아랍 민족과 유대 민족의 갈등이 지속되고 있다.

06 베트남은 제네바 회담에서 국제적으로 독립을 승인받았지만 베트남의 공산화를 우려한 미국의 전투 부대 파견으로 베트남 전쟁이 전개되었다. 오랜 전쟁 후에 미군이 철수하면서 통일을 이룩하였다.

07 제시된 자료는 이집트 대통령 나세르의 연설이다. 나세르는 청년 장교들을 중심으로 정권을 장악하고 공화정을 수립하였으며 수에즈 운하의 국유화를 선언하였다.

08 제시된 대화는 인도에 대한 설명이다. 인도는 독립 이후 힌두교도와 이슬람교도의 갈등으로 인도와 파키스탄으로 분열되었고, 동서로 나뉘어 있던 파키스탄도 인종과 언어 문제로 동파키스탄이 방글라데시로 독립하였다.

09 제시된 자료는 1954년 인도의 네루와 중국의 저우언라이가 합의한 평화 5원칙에 대한 내용이다. 이를 기초로 이듬해 인도네시아 반둥에서 아시아·아프리카 회의가 개최되었다.

10 제시된 자료는 미국의 닉슨 대통령이 아시아의 군사적 분쟁에 개입하지 않겠다고 선언한 닉슨 독트린이다. 이로 인해 긴장 완화의 분위기가 조성되었고 미국은 중국과 국교를 수립하였다.

11 1960년대 중반 이후 프랑스의 북대서양 조약 기구 탈퇴, 소련 주도의 공산 체제에 저항하는 동유럽 국가의 자유화 운동의 전개 등으로 미국과 소련의 영향력이 약화되면서 냉전 체제가 완화되었다.

바로잡기 ㄱ, ㄴ. 냉전 체제가 전개되면서 일어난 사건들이다.

12 밑줄 친 '나'는 고르바초프이다. 고르바초프는 개혁·개방 정책을 추진하며 동유럽 국가들에 대해 간섭하지 않겠다고 선언하였다.
바로잡기 ①, ②, ④ 레닌, ⑤ 스탈린에 대한 설명이다.

13 제시된 자료는 러시아를 포함한 여러 국가들이 모여 만든 독립 국가 연합(CIS)에 대한 내용으로, 독립 국가 연합은 소련 해체 이후 결성되었다.

14 소련의 개혁·개방 정책에 영향을 받은 동유럽 국가들이 민주화 운동을 전개하고 시장 경제 요소를 도입하면서 동유럽의 사회주의 정권이 붕괴되었다.

15 제시된 자료는 독일의 베를린 장벽 붕괴에 대한 설명이다. 소련의 개혁·개방 정책의 영향을 받은 동독에서는 경제 불황에 대한 불만과 공산당의 독재에 반발하여 시위가 이어졌다. 이후 베를린 장벽이 붕괴되고 독일이 통일을 이루었다.

16 (가)는 세계 무역 기구(WTO)이다. 세계 무역 기구는 세계 무역 자유화 확대 및 세계 무역 분쟁 조정 등의 역할을 맡고 있다.

17 제시된 자료는 신자유주의 경제 정책에 대한 내용이다. 신자유주의 경제 정책으로 각국의 시장 개방이 이루어지고, 자유 무역이 확대되는 등 세계화가 진전되었다.

18 1876년 미국에서 제정된 짐 크로법은 공공장소에서 백인과 흑인을 분리하도록 규정하였다. 또한 아파르트헤이트는 남아프리카 공화국의 인종 분리 정책이다. 마틴 루서 킹과 넬슨 만델라는 이러한 흑인 차별에 저항하며 민권 운동을 전개하였다.

19 제시된 자료는 지구 환경 문제 해결을 위한 국제 협약이다. 전 세계는 미래 세대를 위해 환경을 보전하며 지속 가능한 개발을 하기 위해 노력하고 있다.

20 1955년 인도네시아의 반둥에서 개최된 아시아·아프리카 회의(반둥 회의)에 참석한 29개국 대표들은 평화 10원칙을 결의하였다.

구분	채점 기준
상	비동맹 중립(주의, 노선)을 명확하게 서술한 경우
중	공산주의, 자본주의 진영에 가담하지 않았다고 서술한 경우
하	독자적인 세력을 구축하였다고만 서술한 경우

21 마오쩌둥의 사망 이후 집권한 덩샤오핑은 시장 경제 원리를 일부 도입하는 개혁·개방 정책을 추진하였다. 그에 따라 중국의 경제 성장이 빠르게 이루어졌고 그 과정에서 심화된 빈부 격차와 관료들의 부정부패를 비판하는 민주화 운동이 일어나기도 하였다.

구분	채점 기준
상	시장 경제를 도입한 개혁을 추진하였음을 서술한 경우
하	개혁, 개방 정책을 추진하였다고만 서술한 경우

22 산업화와 도시화가 진행되면서 비슷한 생활 양식과 생각을 공유하는 대중이 사회의 주체가 되는 대중 사회가 형성되었다. 대중 사회가 형성되면서 다수의 취향을 충족하는 대중문화도 성장하였다.

구분	채점 기준
상	획일화, 상업성을 모두 서술한 경우
중	문화의 획일화를 낳기도 한다고 서술한 경우
하	상업적이고 자극적인 문화를 양산한다고 서술한 경우

IV. 제국주의 침략과 국민 국가 건설 운동

❶ 영국의 의회 정치 발전
2~3쪽

01 ③ **02** ① **03** ④ **04** ④ **05** ② **06** ④ **07** ④
08 (1) 내각 책임제 (2) **예시답안** 독일에서 성장하여 영국 사정에 어두운 조지 1세가 즉위하면서 정치에 관여하지 못했기 때문이다.
09 (1) 권리 장전 (2) 입헌 군주정의 토대가 마련되었다.

01 (가)는 젠트리이다. 17세기 영국에서는 상공업과 도시가 발달하여 시민 계급이 성장하고, 농촌에서는 중소 지주층인 젠트리의 세력이 강해졌다. 이들은 대부분 청교도였으며 의회에서 다수를 차지하였다.

02 (가) 문서는 권리 청원으로, 의회의 동의 없이 과세를 할 수 없다는 것, 법에 의하지 않고는 누구도 체포, 구금되지 않는다는 것 등의 내용을 규정하였다.
바로잡기 ㄷ. 왕권신수설, ㄹ. 항해법에 대한 설명이다.

03 (가)는 크롬웰이다. 크롬웰은 청교도 혁명을 통해 공화정을 수립하고 항해법을 제정하였다.
바로잡기 ① 메리와 윌리엄, ② 앤 여왕, ③ 명예혁명, ⑤ 조지 1세 즉위 이후 하노버 왕조에 대한 설명이다.

04 (가) 시기는 크롬웰 집권기이다. 크롬웰은 항해법을 제정하여 대외 무역을 확대하였으나 의회를 해산하고 엄격한 청교도 윤리를 앞세운 독재 정치를 펼쳐 국민들의 반감을 샀다.
바로잡기 ㄴ. 권리 장전의 의의이다. ㄹ. 명예혁명의 결과이다.

05 제시된 자료는 크롬웰 집권기에 제정한 항해법으로 네덜란드의 중계 무역에 타격을 주고 영국의 대외 무역을 확대하기 위해 실시하였다.

06 찰스 2세와 제임스 2세가 전제 정치를 펴자 의회에서는 제임스 2세를 폐위하고 메리와 윌리엄을 추대하였다. 이 같은 정권 교체 과정이 피를 흘리지 않고 이루어졌다고 해서 명예혁명이라는 명칭이 붙여졌다.

07 명예혁명 이후 영국은 앤 여왕 때 스코틀랜드를 병합하고 식민지를 확대하여 대영 제국을 이루었으며 앤 여왕 사후에는 독일의 하노버 공 조지 1세가 즉위하였다.

08 앤 여왕 사후 독일의 하노버 공 조지 1세가 즉위한 이후 의회의 다수당이 내각을 구성하여 정치를 주도하는 내각 책임제가 실시되었다. 이를 바탕으로 '왕은 군림하나 통치하지 않는다.'라는 영국의 전통이 세워졌다.

구분	채점 기준
상	영국 사정에 어두운 조지 1세가 즉위하여 정치에 관여하지 못했음을 명확하게 서술한 경우
중	왕이 영국 사정에 어두웠다고만 서술한 경우
하	독일에서 성장한 인물이 왕으로 즉위하였다고만 서술한 경우

09 의회가 제정한 권리 장전이 승인되면서 영국에서는 입헌 군주정의 토대가 마련되었다.

구분	채점 기준
상	입헌 군주정을 명확하게 제시하여 서술한 경우
중	의회 정치가 발전하였다고만 서술한 경우
하	국왕의 전제 정치를 견제했다고만 서술한 경우

❷ 미국 혁명
4~5쪽

01 ④ **02** ① **03** ② **04** ③ **05** ④ **06** ⑤ **07** ②
08 **예시답안** 미국 혁명의 결과 세계 최초의 민주 공화국이 탄생하였다. 미국 혁명은 프랑스 혁명과 라틴아메리카의 독립 운동에 영향을 주었다.
09 **예시답안** 의회, 대통령, 법원이 입법, 행정, 사법권을 나눈 삼권 분립의 원칙에 따라 운영되었다.

01 제시된 자료는 영국인들이 북아메리카 동부 해안에 이주한 과정에 대한 내용이다. 17세기부터 종교적·경제적 이유로 이주한 영국인들은 13개의 식민지를 북아메리카에 건설하였다.

02 영국은 북아메리카에 식민지를 건설하고 자치를 허용하였으나 7년 전쟁 이후 전쟁 비용을 메우기 위해 인지세법, 수입품에 세금 부과 등 중상주의 정책을 통해 식민지에 대한 간섭을 강화하였다.

03 토머스 페인은 『상식』을 발간하여 미국 혁명의 의의를 강조하였다. 미국 혁명 당시 식민지인은 영국의 식민지 과세 정책에 대해 "대표 없는 곳에 과세할 수 없다."라며 강하게 반발하였다.
바로잡기 ① 영국의 명예혁명, ③ 미국의 먼로 선언, ④ 영국의 차티스트 운동, ⑤ 독일 비스마르크의 철혈 정책이다.

04 영국과의 전쟁이 시작되면서 대륙 회의는 워싱턴을 총사령관으로 선출하였다. 독립 후 워싱턴은 아메리카 합중국의 초대 대통령이 되었다.
바로잡기 ① 미국은 민주 공화국을 수립하였다. ② 프랑스 혁명, ④ 링컨, ⑤ 먼로에 대한 설명이다.

05 ㈎ 13개 식민지의 독립을 승인한 파리 조약 체결은 1783 년, ㈏ 미국 독립 선언문 발표는 1776년, ㈐ 보스턴 차 사 건은 1773년, ㈑ 요크타운 전투는 1781년에 발생하였다.

06 프랑스, 에스파냐 등은 영국을 견제하기 위해 미국의 독립 을 지원하였다.
바로잡기 ①, ④ 영국, ② 라틴아메리카, ③ 프랑스에 대한 내용이다.

07 미국은 프랑스와 에스파냐로부터 영토 매입, 멕시코와 전 쟁 등으로 영토를 획득하였고 활발한 서부 개척으로 태평 양 연안까지 영토를 확장하였다.
바로잡기 ㄴ. 영국에 대한 설명이다. ㄹ. 아메리카 원주민들은 거주지 에서 쫓겨나거나 희생되었다.

08 미국 혁명의 결과 세계 최초의 민주 공화국인 아메리카 합 중국이 탄생하였으며, 미국 혁명은 이후 프랑스 혁명과 라 틴아메리카의 독립 운동에 영향을 끼쳤다.

구분	채점 기준
상	세계 최초 민주 공화국 수립과 프랑스 혁명 등에 영향을 주었 음을 모두 서술한 경우
중	세계 최초의 민주 공화국 수립만 서술한 경우
하	프랑스 혁명, 라틴아메리카 독립 운동에 영향을 주었다는 사 실만 서술한 경우

09 미국 헌법은 행정, 입법, 사법권을 나누는 삼권 분립의 원 칙을 규정하였다.

구분	채점 기준
상	삼권 분립의 원칙을 명확하게 서술한 경우
하	민주적인 절차로 운영된다고만 서술한 경우

02 제시된 자료는 국민 의회 시기에 전개된 사실이다. 프랑스 혁명이 확산되면서 봉건적 억압에 시달리던 농민들이 귀 족들의 성과 저택을 습격하는 일들이 일어나자 국민 의회 는 봉건제 폐지를 선언하였다. 이후 국민 의회는 입헌 군 주제와 재산에 따른 제한 선거 등을 규정한 헌법을 제정하 였다.

03 제시된 자료는 프랑스 혁명군이 행군하며 불렀던 '라 마르 세예즈'이다. 프랑스는 혁명의 전파를 두려워한 오스트리 아, 프로이센 등에 맞서 전쟁을 시작하였다.

04 ㈎에 들어갈 인물은 로베스피에르이다. 로베스피에르는 혁명에 반대하는 세력을 처형하는 공포 정치를 펼치고 급 진적 개혁을 단행하였다.
바로잡기 ①, ③ 나폴레옹, ② 루이 14세, ⑤ 크롬웰에 대한 설명이다

05 제시된 자료는 프랑스 혁명 때 일어난 사건이다. ㈎는 국 민 의회, ㈏는 국민 공회 시기 때의 사실로 바스티유 감옥 습격 이후 국민 의회는 봉건제 폐지 선언과 인간과 시민의 권리 선언(인권 선언)을 발표하였다.
바로잡기 ①, ③, ⑤는 ㈏ 이후, ④는 ㈎ 이전의 사실이다.

06 제시된 지도는 나폴레옹 시기의 대외 전쟁 과정을 표시하 고 있다. 나폴레옹은 영국을 굴복시키기 위해 대륙 봉쇄령 을 내렸다. 그러나 러시아가 이를 어기자 러시아 원정에 나 섰지만 실패하였다.

07 ㈎에 들어갈 인물은 나폴레옹이다. 나폴레옹은 국립 은행 설립, 국민 교육 제도 도입, 『나폴레옹 법전』 편찬 등의 개 혁 정책을 전개하였다.
바로잡기 ㄱ. 영국의 크롬웰에 대한 설명이다. ㄷ. 나폴레옹은 쿠데타 를 일으켜 총재 정부를 무너뜨리고 통령 정부를 수립하였다.

08 국민 의회가 발표한 인간과 시민의 권리 선언(인권 선언)에 는 자유와 평등 등 프랑스 혁명의 기본 이념을 담고 있다.

구분	채점 기준
상	국민 주권, 천부 인권, 자유와 평등, 재산권 보호를 모두 서술 한 경우
하	프랑스 혁명의 이념을 담고 있다는 내용만 서술한 경우

09 나폴레옹은 영국을 굴복시키기 위해 대륙 봉쇄령을 내렸다.

구분	채점 기준
상	영국과의 해전 패배와 경제적으로 영국을 굴복시키려 하였음 을 모두 서술한 경우
중	영국을 굴복(고립)시키려하였다고 서술한 경우
하	유럽을 장악하고자 하였다는 맥락으로 서술한 경우

③ 프랑스 혁명　　　　　6~7쪽

01 ③　**02** ①　**03** ⑤　**04** ④　**05** ②　**06** ②　**07** ④
08 (1) 인간과 시민의 권리 선언(인권 선언)　(2) **예시답안** 국민 주권, 천부 인권, 자유와 평등, 재산권 보호 등의 이념을 담고 있다.
09 **예시답안** 해전에서 영국에 패배한 나폴레옹이 영국을 경제적으로 굴복시키고자 하였다.

01 혁명 이전의 프랑스 사회에서 제3 신분은 무거운 세금을 부담하면서 정치 참여에 제한을 받았다. 제3 신분 중 시민 계급은 상공업 활동으로 부를 축적하고 계몽사상과 미국 혁명의 영향으로 사회의식이 성장하며 혁명을 주도하였다.

④ 자유주의와 민족주의의 확산   8~9쪽

01 ③   **02** ②   **03** ⑤   **04** ③   **05** ③   **06** ②

07 예시답안 유럽의 영토와 정치 체제를 프랑스 혁명 이전 상태로 되돌리는 것에 합의하였다.

08 (1) 차티스트 운동   (2) 예시답안 선거법 개정으로도 노동자들에게는 선거권이 부여되지 않았다.

---

01 제시된 자료의 그림은 7월 혁명을 표현하고 있다. 샤를 10세의 전제 정치에 반발한 자유주의 세력과 파리 시민들의 봉기로 국왕을 몰아내고 루이 필리프의 입헌 군주정을 수립하였다(7월 혁명).

바로잡기 ① 차티스트 운동, ② 2월 혁명, 청도교 혁명, ④ 러시아의 알렉산드르 2세, ⑤ 2월 혁명에 대한 설명이다.

02 2월 혁명의 결과 프랑스에서는 공화정이 수립되었다. 또한 혁명의 영향으로 자유주의와 민족주의 운동이 확산되고 오스트리아에서는 혁명이 발생하여 메테르니히가 추방되었다.

바로잡기 ㄴ. 빈 체제가 붕괴되었다. ㄹ. 2월 혁명 이전의 사실이다.

03 제시된 자료는 수입 곡물에 관세를 부과하여 국내 지주를 보호한 법률인 곡물법을 폐지한다는 내용으로 19세기 중반 영국이 자유주의 경제 체제를 확립하였음을 보여 준다.

04 ㈎에 들어갈 국가는 러시아이다. 러시아에서는 니콜라이 1세가 청년 장교들의 봉기를 진압하고 전제 정치를 강화하였고, 이후 알렉산드르 2세가 농노 해방령을 발표하였으나 큰 효과가 없었다. 러시아의 현실에 절망한 지식인들은 브나로드 운동을 전개하였다.

바로잡기 ① 영국, ② 미국, ④ 프랑스, ⑤ 이탈리아에 대한 설명이다.

05 제시된 지도는 이탈리아의 통일 과정을 보여 준다. 사르데냐 왕국을 중심으로 전개된 이탈리아의 통일 운동은 재상 카보우르의 개혁 정책과 가리발디의 활약 등으로 완성되었다.

바로잡기 ㄱ. 영국, ㄹ. 독일에 대한 내용이다.

06 제시된 인물은 프로이센의 재상 비스마르크이다. 비스마르크는 철혈 정책을 통해서만 통일을 이룰 수 있다고 주장하며 강력한 군비 확장 정책을 추진하였다.

바로잡기 ① 영국, ③ 빌헬름 1세, ④ 메테르니히, ⑤ 나폴레옹에 대한 설명이다.

07

구분	채점 기준
상	유럽의 영토와 정치 체제를 프랑스 혁명 이전 상태로 되돌린다는 내용을 서술한 경우
중	유럽의 질서를 이전 상태로 돌린다고만 서술한 경우
하	자유주의 운동과 민족주의 운동을 탄압하였다고 서술한 경우

08

구분	채점 기준
상	선거법을 개정하였으나 노동자들은 선거권을 얻지 못했음을 서술한 경우
하	선거권을 개정(확대)하려 하였다고만 서술한 경우

---

⑤ 미국의 발전과 라틴아메리카의 독립   10~11쪽

01 ④   **02** ③   **03** ①   **04** ②   **05** ①   **06** ③   **07** ②

08 (1) 대륙 횡단 철도   (2) 예시답안 대규모 시장이 형성되고 화물과 승객을 빠르고 효율적으로 수송하였으며 철강과 기계 산업의 발달을 촉진하였다.

09 (1) 먼로 선언   (2) 예시답안 아메리카에 대한 유럽의 간섭이나 식민지 건설을 허용하지 않겠다.

---

01 제시된 대화는 남북 전쟁 직전 미국의 남부 지역에서 볼 수 있는 모습이다. 대농장 경영이 발달한 남부는 면화와 담배를 재배하여 자유 무역과 노예제를 옹호하였고 링컨이 대통령으로 선출되자 연방을 탈퇴하였다.

바로잡기 ㄱ, ㄷ. 북부에 대한 설명이다.

02 제시된 인물은 노예제 확대 반대와 연방제 유지를 내세운 링컨이다. 링컨의 당선으로 남부 7개 주가 탈퇴하자 남북 전쟁이 시작되었고 링컨은 노예 해방을 선언하였다.

바로잡기 ① 영국의 크롬웰, ② 프랑스의 나폴레옹, ④ 영국의 메리와 윌리엄, ⑤ 미국 혁명 당시 식민지 대표들에 대한 설명이다.

03 제시된 자료는 미국 남부와 북부의 경제적 차이를 분석한 내용으로 남북 전쟁이 발생한 배경을 보여 준다.

04 남북 전쟁 과정에서 산업이 발전한 미국은 서부 개척, 정부의 보호 무역 정책, 이민 정책으로 인한 노동력 확보, 대륙 횡단 철도의 개통 등으로 최대 공업국으로 성장하였다.

바로잡기 ㄴ. 영국, ㄹ. 프랑스에 대한 설명이다.

05 제시된 자료에서 설명하는 국가는 멕시코이다. 이달고 신부는 멕시코 독립의 아버지로 일컬어진다.

바로잡기 (나) 아이티, (다) 브라질, (라) 칠레, (마) 아르헨티나이다.

06 제시된 자료의 인물은 볼리바르이다. 볼리바르는 베네수엘라, 콜롬비아, 에콰도르, 볼리비아를 해방하였다.

바로잡기 ① 흑인 노예, ② 산 마르틴, ④ 인도, ⑤ 오스만 제국에 대한 설명이다.

07 라틴아메리카는 에스파냐와 포르투갈의 식민 지배에서 벗어나기 위해 독립 운동을 전개하였다. 볼리바르는 베네수

엘라, 콜롬비아, 볼리비아 등을 해방시켰고, 아르헨티나에서는 산 마르틴 등이 저항하여 에스파냐로부터 독립하였다. **바로잡기** ㄴ. 라틴아메리카에서 최초로 독립한 것은 아이티이다. ㄹ. 브라질은 포르투갈로부터 독립하였다.

08

구분	채점 기준
상	대규모 시장 형성, 효율적 수송, 산업 발달 등을 모두 서술한 경우
중	산업 발달에 대한 내용만 서술한 경우
하	효율적이고 빠른 수송만 서술한 경우

09 미국이 아메리카에 대한 유럽의 간섭을 배제한다는 먼로 선언은 라틴아메리카의 독립 운동이 가속화하는 데 영향을 주었다.

구분	채점 기준
상	아메리카에 대한 유럽의 간섭이나 식민지 건설을 허용하지 않겠다는 맥락으로 서술한 경우
하	아메리카 대륙에 대한 언급 없이 유럽의 간섭을 배제하겠다고만 서술한 경우

❻ 산업 혁명과 자본주의의 발전　12~13쪽

01 ④　**02** ①　**03** ④　**04** ③　**05** ④　**06** ①　**07** ②
08 예시답안 새로운 동력으로 전기가 사용되고 철강, 기계, 석유 화학 등 중화학 공업을 중심으로 한 제2차 산업 혁명이 전개되었다.
09 (1) 러다이트 운동(기계 파괴 운동)　(2) 예시답안 공장의 기계가 실업의 원인이라고 생각한 노동자들이 기계를 파괴하는 운동을 벌였다.

01 영국은 일찍부터 넓은 식민지를 확보하고 있었기 때문에 원료 공급과 상품 판매 면에서 유리하였다.

02 제시된 자료는 산업 혁명에 대한 내용이다. 면직물 공업에서 시작된 산업 혁명의 결과 이윤 추구를 목적으로 하는 자본주의 경제가 발전하였다.

03 제시된 자료는 산업 혁명 시기 기술의 발달을 보여 준다. 산업 혁명으로 인해 사람들의 생활이 편리해지고, 자본 및 기업을 소유한 자본가와 노동력을 제공하고 임금을 받는 노동자 계급이 등장하였다.

04 산업 혁명 시기 제임스 와트가 개량한 증기 기관이 새로운 동력으로 사용되면서 공장제 기계 공업이 발달하였고, 교통 수단에도 변화를 가져왔다. 특히 스티븐슨이 증기 기관

차를 개발하면서 각지에 철도가 부설되었다.
바로잡기 ㄱ. 14세기 영국, ㄹ. 프랑스 혁명 이전에 대한 설명이다.

05 영국은 산업 혁명을 통한 기계의 발명과 기술의 혁신으로 발달된 산업과 국력을 자랑하기 위해 만국 박람회를 개최하였고 이후 다른 국가들도 만국 박람회를 개최하며 산업 혁명의 성과를 선보였다.

06 제시된 자료는 자본주의의 모순을 비판하며 등장한 사회주의 사상이다. 사회주의 사상은 사유 재산 제도를 부정하고 평등 사회의 건설을 주장하였다.

07 제시된 자료는 산업 혁명의 부정적인 영향에 대한 내용이다. 산업 혁명 시기 저임금과 열악한 노동 환경, 아동 노동 등의 문제가 나타나며 빈부 격차가 확대되었다. 이에 대해 노동자들은 노동조합을 결성하여 노동 조건의 개선을 요구하였다.

08 제2차 산업 혁명이 전개되면서 독일과 미국이 영국을 앞서는 새로운 공업 강국으로 성장하였다.

구분	채점 기준
상	전기의 사용, 중화학 공업 발달 등을 모두 서술한 경우
중	위 내용 중 한 가지만 서술한 경우
하	제2차 산업 혁명이 전개되었다고만 서술한 경우

09

구분	채점 기준
상	기계들이 일자리를 빼앗는다고 여겼음을 서술한 경우
중	실업이 많이 발생하였다고만 서술한 경우
하	노동자들의 생활이 열악하였다고만 서술한 경우

❼ 제국주의의 등장과 열강의 침탈　14~15쪽

01 ②　**02** ⑤　**03** ⑤　**04** ②　**05** ③　**06** ①　**07** ③
08 (1) 제국주의　(2) 예시답안 자본주의가 고도로 발전하면서 값싼 원료 공급지와 상품 판매 시장 및 자본을 투자할 곳이 필요하였다.
09 예시답안 백인이 유색 인종보다 우월하다는 인종주의를 토대로 아프리카와 아시아의 주민들을 미개인으로 여기고, 약소국이 강대국의 지배를 받는 것이 당연하다는 사회 진화론을 주장하면서 제국주의 침략을 정당화하였다.

01 제시된 자료는 영국의 제국주의자인 세실 로즈의 풍자화이다. 세실 로즈는 인구 과잉, 실업 문제 등을 해결하기 위해 식민지를 확보해야 한다고 주장하였다.

02 19세기 후반 선진 자본주의 국가들은 값싼 원료 공급지와 제품 판매 및 국내 잉여 자본을 투자할 새로운 시장이 필요하여 각지에서 식민지를 정복하였다. 이 시기 유럽은 자본주의가 고도로 발전하면서 소수의 거대 기업과 은행들이 경제를 지배하였다.

03 19세기 중반 리빙스턴과 스탠리 등 탐험가들에 의해 아프리카 내륙 지방의 사정이 알려지면서 제국주의 열강들이 앞다투어 아프리카에 진출하였다.

04 제시된 자료는 독일의 3B정책에 대한 것이다. 독일은 3B 정책을 통해 발칸반도, 서아시아, 아프리카 지역으로 세력을 확장하였다. 또한 모로코에서 프랑스와 대립하였다.
바로잡기 ㄴ. 미국, ㄷ. 벨기에에 대한 설명이다.

05 밑줄 친 '이 국가'는 영국이다. 영국은 아프리카 횡단 정책을 추진하였고, 아시아에서는 인도를 식민지화하였으며 태평양 지역에서는 오스트레일리아, 뉴질랜드를 차지하였다.
바로잡기 ① 20세기 초 에티오피아와 라이베리아를 제외한 아프리카의 대부분 지역이 식민지화되었다. ② 네덜란드, ④ 미국, ⑤ 프랑스에 대한 설명이다.

06 ㈎는 프랑스, ㈏는 미국이다. 프랑스는 아프리카 횡단 정책을 추진하였고 아시아에서는 인도차이나반도를 점령하였다. 미국은 에스파냐와 전쟁을 벌여 필리핀, 괌 등을 차지하였다.
바로잡기 ② 미국, ③ 에스파냐, ④ 영국, ⑤ 영국과 프랑스에 대한 설명이다.

07 제시된 지도의 ㈎ 지역은 파쇼다로, 영국의 종단 정책과 프랑스의 횡단 정책이 충돌한 파쇼다 사건(1898)이 발생하였다.

08 열강은 자본주의적 산업 생산을 계속 발전시키기 위해 군사력을 앞세워 경쟁적으로 팽창 정책을 폈는데 이를 제국주의라고 한다.

구분	채점 기준
상	자본주의가 발전하면서 자본 투자, 원료 공급, 상품 판매 시장의 확보가 필요하였음을 서술한 경우
중	식민지를 확보하려 하였다고만 서술한 경우
하	자본주의가 고도로 발전하였다고만 서술한 경우

09 사회 진화론과 인종주의는 제국주의의 침략을 정당화하였다.

구분	채점 기준
상	사회 진화론, 인종주의를 모두 서술한 경우
하	사회 진화론, 인종주의 중 하나만 서술한 경우

❽ 서아시아와 아프리카 각지의 근대화 운동 16~17쪽

01 ③　**02** ②　**03** ③　**04** ⑤　**05** ①　**06** ⑤　**07** ⑤
08 (1) 탄지마트　(2) **예시답안** 유럽의 문물을 받아들여 중앙 집권 체제를 구축하고 부국강병을 이루는 등 근대 국가로의 변화를 통해 대내외적 위기를 극복하고자 하였다.
09 (1) 수에즈 운하　(2) **예시답안** 건설 비용으로 인해 이집트 정부가 막대한 빚을 지게 되었고 운영권을 영국에 넘기면서 영국 제국주의 확대의 도구로 이용되었다.

01 제시된 지도는 오스만 제국의 영토 변화를 보여 주고 있다. 오스만 제국은 술탄의 권위가 약화되고 유럽 국가들의 압력이 계속되면서 쇠퇴하기 시작하였다.
바로잡기 ㄱ. 먼로 선언과는 관계 없다. ㄹ. 오스만 제국은 크림 전쟁에서 러시아에 승리를 거두었다.

02 제시된 자료는 오스만 제국에서 1876년 제정된 헌법이다. 이듬해 의회를 설립하는 등 입헌 정치의 실시가 이루어졌으나 보수 세력의 반발로 성과를 거두지 못하였다.
바로잡기 ① 청년 튀르크당은 헌법 제정 이후에 조직되었다. ③ 와하브 운동, ④ 『나폴레옹 법전』, ⑤ 이집트에 대한 설명이다.

03 청년 장교와 지식인, 관료 등이 주축이 된 청년 튀르크당은 러시아와의 전쟁으로 헌법이 정지되고 의회가 해산되는 등 전제 정치가 강화되자 이에 반발하여 무장봉기하였다.

04 제시된 자료는 와하브 운동에 대한 설명이다. 와하브 운동은 압둘 와하브가 이슬람 사회의 타락을 비판하고 이슬람교 초기의 순수성을 회복하자고 주장한 개혁 운동으로 아랍 민족 운동의 기반이 되었다.

05 이란은 영국과 러시아의 대립 속에서 많은 영토와 이권을 빼앗겼는데 특히 영국에 넘어간 담배에 관한 독점적 권리를 되찾기 위해 담배 불매 운동을 전개하였다.
바로잡기 ②, ⑤ 이집트, ③ 인도, ④ 중국에 대한 설명이다.

06 제시된 자료는 이집트에 대한 내용이다. 아라비 파샤는 이집트 최초의 민족 운동을 이끌고 '이집트인을 위한 이집트'라는 구호를 내세웠다.
바로잡기 ①, ② 오스만 제국, ③ 이란, ④ 일본에 대한 설명이다.

07 제시된 자료는 아프리카에 대한 설명이다. 영국과 이집트의 지배를 받고 있던 수단에서는 무함마드 아흐마드의 주도로 마흐디 운동이 일어났고 에티오피아는 메넬리크 2세의 개혁 정책과 이탈리아의 침략에 맞선 아도와 전투의 승리로 독립을 유지하였다.
바로잡기 ㄱ. 줄루 왕국은 영국의 침략에 저항하였다. ㄴ. 알제리는 프랑스의 침략에 저항하였다.

08 오스만 제국은 대내외적인 위기를 극복하기 위해 탄지마트라고 불리는 개혁을 실시하였다.

구분	채점 기준
상	서구 문물 수용, 중앙 집권 체제, 부국강병을 통한 근대 국가 수립을 서술한 경우
중	근대 국가를 수립하고자 하였다고만 서술한 경우
하	유럽의 문물을 수용하고자 하였다고만 서술한 경우

09

구분	채점 기준
상	재정 악화, 영국의 간섭을 모두 서술한 경우
중	영국의 간섭을 받게되었다고만 서술한 경우
하	재정이 악화되었다고만 서술한 경우

❾ 인도와 동남아시아의 민족 운동 18~19쪽

01 ④ **02** ① **03** ④ **04** ③ **05** ⑤ **06** ⑤ **07** ③
08 예시답안 무굴 황제가 폐위되어 무굴 제국이 멸망하고 영국 왕이 인도를 직접 통치하는 영국령 인도 제국이 수립되었다.
09 예시답안 타이는 라마 5세의 근대적인 개혁과 영국과 프랑스 세력의 완충 지대에 위치하는 지리적 이점을 이용하여 동남아시아에서 유일하게 독립을 유지하였다.

01 제시된 자료의 (가)는 인도, (나)는 영국이다. 동인도 회사를 앞세워 인도에 진출한 영국은 산업 혁명을 계기로 값싼 면직물을 인도에 들여오면서 인도의 면직물 공업에 타격을 주었고 이에 인도는 실업과 빈곤으로 생활이 궁핍해졌다.
바로잡기 ①, ② 영국, ③ 인도, ⑤ 청과 프랑스에 대한 설명이다.

02 (가)는 플라시 전투(1757) 이후 영국이 벵골 지역의 통치권을 차지한 상황, (나)는 세포이의 항쟁을 계기로 무굴 황제를 폐위시키고 영국 왕이 인도 황제를 겸하게 되는 상황을 보여 준다.
바로잡기 ②, ③은 (나) 이후 ④, ⑤는 (가) 이전의 사실이다.

03 제시된 자료는 인도 국민 회의에 대한 내용이다. 서양식 교육을 받은 지식인, 지주, 자본가 등이 결성한 인도 국민 회의는 초기에 영국에 협조하며 인도인의 권익을 확보하려 하였으나 벵골 분할령을 계기로 반영 운동에 앞장서게 되었다.
바로잡기 ㄱ. 영국, ㄷ. 세포이의 항쟁에 대한 설명이다.

04 제시된 자료는 이슬람교도와 힌두교도의 분열을 부추긴 벵골 분할령이다. 이를 계기로 인도 국민 회의는 영국 상

품 불매, 국산품 애용(스와데시), 자치 획득(스와라지), 민족 교육의 4대 강령을 채택하고 영국에 저항하였다.
바로잡기 ① 영국과 프랑스의 전투, ② 벵골 분할령 이전, ④ 세포이의 항쟁, ⑤ 러시아에 대한 내용이다.

05 제시된 자료는 인도네시아의 민족 운동에 대한 내용이다. (가) 미얀마, (나) 베트남, (다) 타이, (라) 필리핀, (마) 인도네시아이다.

06 제시된 인물은 베트남의 판보이쩌우이다. 판보이쩌우는 청년들을 일본에 유학 보내 새로운 문물을 배우게 하는 동유 운동을 전개하였다.
바로잡기 ① 호찌민, ② 인도 국민 회의, ③ 베트남의 아기날도, ④ 압둘 와하브에 대한 내용이다.

07 제시된 자료는 필리핀에 대한 설명이다. 필리핀에서는 호세 리살이 에스파냐의 식민 지배를 비판하고 필리핀 민족 동맹을 결성하여 활동하였으나 1896년 에스파냐에 의해 처형되었다.
바로잡기 ① 베트남, ② 오스만 제국, ④ 타이, ⑤ 중국에 대한 내용이다.

08

구분	채점 기준
상	무굴 제국 멸망, 영국 왕이 인도를 직접 통치하였음을 모두 서술한 경우
중	영국령 인도 제국이 수립되었다고(영국 왕이 인도 직접 통치)만 서술한 경우
하	무굴 제국이 멸망하였다고만 서술한 경우

09

구분	채점 기준
상	라마 5세의 개혁, 영국과 프랑스의 세력 균형을 모두 서술한 경우
중	영국과 프랑스의 세력 균형만 서술한 경우
하	라마 5세의 개혁만 서술한 경우

❿ 중국의 근대화 운동 20~21쪽

01 ④ **02** ③ **03** ③ **04** ④ **05** ④ **06** ③ **07** ⑤
08 (1) 양무운동 (2) 예시답안 중국의 전통과 가치를 근본으로 하고 서양의 기술을 받아들인다.
09 (1) 쑨원 (2) 예시답안 청을 타도하고 한족의 국가 수립, 공화제 국가 수립, 토지 제도 개혁 등을 통한 국민 생활의 안정 등을 목표로 하였다.

01 제시된 표는 18세기 공행 무역과 19세기 삼각 무역에 대한 자료이다. 공행을 통해서만 무역을 하던 청에 많은 은을 지출한 영국은 무역 적자를 줄이기 위해 아편을 밀수출하는 삼각 무역을 전개하였고 이에 청은 아편 단속에 나섰다.

02 제시된 자료는 제1차 아편 전쟁에 대한 설명이다. 전쟁에서 패배한 청은 상하이 등 5개 항구 개항, 홍콩 할양, 공행 폐지 등을 내용으로 한 난징 조약을 체결하였다.
바로잡기 ① 제2차 아편 전쟁 이후의 톈진 조약, ② 신해혁명, ④ 의화단 운동 진압 후의 신축 조약, ⑤ 변법자강 운동에 대한 내용이다.

03 제시된 자료는 태평천국 운동의 토지 제도인 천조전무 제도이다. 크리스트교의 영향을 받은 홍수전은 청 왕조 타도, 남녀 평등을 주장하였다.
바로잡기 ① 신해혁명, ② 의화단 운동, ④ 변법자강 운동, ⑤ 양무운동에 대한 내용이다.

04 (개)는 태평천국 운동, (내)는 변법자강 운동에 대한 내용이다. 태평천국 운동을 진압하는 과정에서 서양 무기의 우수성을 확인한 한인 관료들이 서양 기술을 받아들이는 양무운동을 추진하였다.

05 제시된 자료는 변법자강 운동(1898)에 대한 설명이다. 캉유웨이, 량치차오 등은 입헌 군주제 실시, 의회 설립, 과거제 개혁 등의 개혁을 추진하였다.

06 제시된 자료는 의화단 운동에 대한 설명이다. 서양 열강의 침탈이 심화되자 의화단은 부청멸양(청을 도와 서양 세력을 없애자.)을 외치며 서양인들과 서양 시설을 공격하였다.
바로잡기 ① 신해혁명, ② 태평천국 운동, ④ 변법자강 운동, ⑤ 태평천국 운동, 신해혁명과 관련된 내용이다.

07 제시된 지도는 신해혁명에 대한 자료이다. 청 정부의 철도 국유화 조치에 반대하는 움직임이 거세지는 가운데 우창에서 발생한 신군의 무장봉기를 계기로 신해혁명이 발생하였다.
바로잡기 ① 제2차 아편 전쟁, ② 양무운동, ③ 의화단 운동, ④ 태평천국 운동과 관련된 내용이다.

08 양무운동은 중체서용의 논리를 앞세워 서양의 우수한 기계와 무기, 과학 기술을 도입하고자 하였다.

구분	채점 기준
상	중국의 전통을 근본으로 한다와 서양의 기술을 받아들인다를 모두 서술한 경우
하	서양의 기술을 받아들인다고만 서술한 경우

09 쑨원은 공화 정부 수립을 목표로 혁명 운동을 주도하였다.

구분	채점 기준
상	한족 국가 수립, 공화제, 토지 제도 개혁 등을 모두 서술한 경우
중	위 세가지 중 두 가지만 서술한 경우
하	위 세가지 중 한 가지만 서술한 경우

⑪ 일본의 근대화 운동   22~23쪽

01 ③   **02** ①   **03** ③   **04** ③   **05** ③   **06** ④   **07** ④
08 **예시답안** 에도를 도쿄로 고쳐 수도로 삼았고, 번을 없애고 현을 설치하며 중앙 집권 체제를 확립하였다. 또한 신분제 폐지, 징병제 실시, 서양식 교육 제도 실시 등을 추진하였다.
09 (1) 청·일 전쟁 **예시답안** 청과 일본이 조선에 대한 지배권을 둘러싸고 대립하였다.

01 제시된 자료는 미국의 페리 제독에 대한 내용이다. 미국의 페리 제독 함대는 일본에 접근하여 무력시위를 벌이며 일본의 개항을 이끌어냈다.

02 제시된 자료는 외국과 체결한 불평등 조약이자 문호를 개방하게 만든 조약들이다.
바로잡기 ㄷ. 공화 정부의 수립과는 관계 없다. ㄹ. 강화도 조약은 일본의 무력시위에 굴복하여 맺게 되었다.

03 제시된 자료는 1858년 체결한 미·일 수호 통상 조약이다. 미국은 개항 이후 통상 확대를 위한 요구 끝에 추가 항구 개항, 영사 재판권, 협정 관세 등을 내용으로 하는 미·일 수호 통상 조약을 체결하였다.

04 서구 열강에 굴복한 개항과 외국 상품 수입으로 인한 국내 경제의 타격 등으로 불만이 높아진 가운데 하급 무사들이 '천황을 중심으로 외세를 몰아내자.'라는 주장을 내세운 존왕양이 운동을 전개하였다. 이는 막부 타도로 이어져 결국 에도 막부가 붕괴되었다.

05 밑줄 친 ㉠은 메이지 정부이다. 천황을 중심으로 한 메이지 정부는 부국강병을 목표로 서양 문물을 적극적으로 수용하였다.
바로잡기 ①, ④, ⑤ 에도 막부, ② 막부 정권에 대한 내용이다.

06 제시된 자료는 일본 제국 헌법이다. 메이지 정부는 1889년 천황에게 절대적 권한을 부여한 헌법을 제정하였다.

07 제시된 지도는 러·일 전쟁에 대한 자료이다. 일본은 삼국 간섭 이후 러시아의 영향력 확대를 저지하고자 영국과 동맹을 맺고 러·일 전쟁을 일으켰다. 일본은 전쟁에서 승리

하여 포츠머스 조약을 맺고 만주와 한반도에 대한 이권을 확보하였다.

바로잡기 ① 청·일 전쟁, ② 페리 함대의 무력시위, ③ 아편 전쟁, ⑤ 중·일 전쟁에 대한 내용이다.

08 메이지 정부는 부국강병을 목표로 서양 문물을 적극적으로 수용하는 대대적인 근대화 정책을 추진하였다.

구분	채점 기준
상	개혁 정책 세 가지를 모두 구체적으로 서술한 경우
중	개혁 정책 세 가지 중 두 가지만 서술한 경우
하	개혁 정책 한 가지만 서술한 경우

09

구분	채점 기준
상	청과 일본의 조선에 대한 지배권 대립을 서술한 경우
하	일본이 대외 팽창 정책을 추진하였음을 서술한 경우

---

⑫ 조선의 근대화 운동   24~25쪽

01 ②　**02** ④　**03** ④　**04** ①　**05** ③　**06** ⑤　**07** ①
08 (1) 만민 공동회　(2) **예시답안** 열강의 이권 침탈에 맞서 자주 국권 운동을 전개하고 민중 계몽 활동과 의회 설립 운동을 추진하였다.
09 **예시답안** 황제가 절대적 권한을 가진 전제 군주 국가임을 확실히 하였으나 민권에 대한 언급이 없다.

01 제시된 자료는 강화도 조약이다. 조선은 운요호 사건을 계기로 최초의 근대적 조약인 강화도 조약을 맺었으나 강화도 조약은 치외 법권, 해안 측량권 등 불평등한 내용을 담고 있다.

02 제시된 자료는 개항 이후 조선의 개화 정책에 대한 내용이다. 조선은 개화 정책을 담당하는 관청인 통리기무아문을 설치하고 신식 군대인 별기군을 창설하였다.

바로잡기 ①, ②, ③, ⑤ 개항 이전의 조선에 대한 내용이다.

03 조선의 전통 질서를 지키려는 보수적 유생들은 정부의 개화 정책에 반대하며 위정척사 운동을 전개하였다.

04 제시된 자료는 갑신정변에 대한 내용이다. 김옥균, 홍영식 등 급진 개화파가 전개한 갑신정변은 청의 무력 개입으로 실패하였다.

바로잡기 ② 을사늑약, ③, ④ 임오군란에 대한 내용이다. ⑤ 갑신정변은 입헌 군주제를 추구하였다.

05 제시된 자료는 동학 농민 운동에 관련된 내용이다. 탐관오

리의 횡포에 반발하여 전개된 동학 농민 운동은 각종 폐단의 철폐를 요구하였으나 일본군과 관군에 의하여 진압되었다.

바로잡기 ㄱ. 서재필, ㄹ. 갑오개혁에 대한 내용이다.

06 (다) 삼국 간섭(1895) 이후 일본은 (나) 을미사변(1895)을 일으켰고, 위협을 느낀 고종은 (가) 러시아 공사관으로 거처를 옮겼다(아관파천, 1896).

07 제시된 자료는 대한 제국 수립에 대한 내용이다. 고종은 연호를 '광무'로 정하고 상공업 진흥, 근대적 교육 실시 등 근대적 개혁을 추진하였다.

바로잡기 ② 독립 협회, ③ 갑오개혁, ④ 흥선 대원군, ⑤ 아관 파천에 대한 내용이다.

08 독립 협회가 주도하여 종로 일대에서 개최된 만민 공동회는 우리나라 최초의 대중 집회였다.

구분	채점 기준
상	자주 국권, 민중 계몽, 의회 설립 운동 등을 서술한 경우
중	의회 설립을 추진하였음을 서술한 경우
하	열강의 이권 침탈에 저항하였음을 서술한 경우

09 고종은 대한국 국제를 반포하여 대한 제국이 전제 군주 국가임을 확실히 하였다.

구분	채점 기준
상	황제가 절대적 권한을 가짐과 민권에 대한 언급이 없음을 모두 서술한 경우
하	황제권을 강화하였다고만 서술한 경우

V. 세계 대전과 국제 질서의 변화

⑬ 제1차 세계 대전
26~27쪽

01 ③ **02** ① **03** ② **04** ⑤ **05** ② **06** ③
07 (1) 베르사유 조약 (2) **예시답안** 승전국의 이익을 중시하고 패전국인 독일에 대한 철저한 응징과 막대한 배상금 지불을 강요하였다.
08 **예시답안** 미국과 소련이 불참하고 침략국을 제재할 수 있는 군사적 수단을 갖추지 못하였다.

01 제시된 지도는 제1차 세계 대전의 전개 상황을 보여 주고 있다. 3국 동맹과 3국 협상, 범게르만주의와 범슬라브주의 등의 대립으로 제1차 세계 대전이 발발하였다.
바로잡기 ㄱ, ㄹ. 제2차 세계 대전의 배경이다.

02 제시된 자료는 제1차 세계 대전의 원인이 되었던 사라예보 사건에 대한 설명이다. 제1차 세계 대전은 참호전이 전개되며 전쟁이 장기화되었다.
바로잡기 ②, ③, ⑤ 제2차 세계 대전에 대한 설명이다. ④ 냉전에 대한 설명이다.

03 영국이 해상을 봉쇄하여 독일로 들어가는 물자를 통제하자 독일은 무제한 잠수함 작전을 전개하여 중립국 선박까지 공격하였다. 이후 미국이 참전을 결정하면서 전쟁이 연합국 측에 유리하게 전개되었다.
바로잡기 ① 프랑스 혁명 이후 나폴레옹, ③ 청교도 혁명 이후 크롬웰, ④ 미국 참전 이후, ⑤ 제1차 세계 대전 종결 이후에 대한 설명이다.

04 제시된 자료는 제1차 세계 대전 중 독일의 무제한 잠수함 작전과 관련된 내용이다. 제1차 세계 대전 중 러시아는 혁명이 일어나 독일과 강화를 맺었고 전쟁 막바지 독일에서는 킬 군항 수병들의 반란을 계기로 혁명이 일어나 공화국이 수립되었다.
바로잡기 ㄱ, ㄴ. 제2차 세계 대전 중에 있었던 사실이다.

05 제시된 자료는 제1차 세계 대전의 피해 상황과 관련된 내용이다. 제1차 세계 대전은 인적·물적 자원을 총동원하는 총력전, 전쟁의 장기화를 만든 참호전, 탱크, 기관총, 독가스 등의 신무기 등장 등을 특징으로 한다.
바로잡기 ㄴ, ㄹ. 제 2차 세계 대전에 대한 설명이다.

06 제시된 인물은 미국의 윌슨이다. 윌슨은 파리 강화 회의에서 민족 자결주의, 비밀 외교 종식, 군비 축소 등의 내용을 담은 14개조를 제안하였다.
바로잡기 ① 제3 세계, ② 트루먼, ④ 먼로, ⑤ 닉슨에 대한 설명이다.

07

구분	채점 기준
상	승전국의 이익 중시, 패전국 독일에 대한 응징과 배상을 서술한 경우
중	독일에 막대한 배상금을 지불하게 하였다고만 서술한 경우
하	승전국의 이익을 중시하였다고만 서술한 경우

08

구분	채점 기준
상	미·소의 불참과 군사적 수단이 없었음을 모두 서술한 경우
중	침략국을 제재할 수 있는 수단이 없었다고만 서술한 경우
하	미국과 소련이 불참하였다고만 서술한 경우

⑭ 러시아 혁명과 아시아·아프리카의 민족 운동
28~29쪽

01 ① **02** ① **03** ① **04** ④ **05** ③ **06** ③ **07** ④
08 **예시답안** 소규모 기업 활동을 인정하고, 농민이 현물세를 내고 남은 생산물을 자유롭게 판매할 수 있게 하는 등 시장 경제를 일부 인정하였다.
09 (1) 제2차 국·공 합작 (2) **예시답안** 일본이 중·일 전쟁을 일으켜 대륙 침략을 본격화하였다.

01 제시된 자료는 피의 일요일 사건과 관련된 내용이다. 노동자의 성장, 사회주의 사상의 확산, 러·일 전쟁으로 인한 생활고 등으로 노동자와 농민들이 개혁을 요구하는 대규모 시위를 벌였다.
바로잡기 ㄷ. 알렉산드르 2세의 개혁이다. ㄹ. 3월 혁명의 배경이다.

02 제시된 자료의 인물은 레닌이다. 레닌은 11월 혁명을 통해 소비에트 정부를 수립하고 사회주의 확산을 위해 코민테른을 결성하였다.
바로잡기 ② 알렉산드르 2세, ③, ④ 스탈린에 대한 설명이다. ⑤ 피의 일요일 사건이 일어나자 니콜라이 2세가 의회(두마)의 설립을 약속하였다.

03 제1차 세계 대전의 연이은 패전으로 경제 상황이 악화된 상황에서 노동자와 병사 대표들은 소비에트를 구성하여 차르를 몰아내고 임시 정부를 수립하였다.
바로잡기 ②, ⑤ 11월 혁명에 대한 설명이다. ③ 크림 전쟁은 1850년대에 발생하였다. ④ 브나로드 운동은 1870년대에 전개되었다.

04 제시된 자료는 5·4 운동과 관련된 선언문이다. 파리 강화 회의에서 중국인들은 일본의 21개조 요구 철폐를 기대했지만 일본이 산둥반도의 이권 등을 여전히 차지하자 이에 저항하는 민족 운동을 일으켰다.

05 5·4 운동 이후 중국 국민당과 중국 공산당은 군벌과 제국주의 타도라는 목표로 제1차 국·공 합작을 이루었으나 군벌을 제압하고 중국을 통일한 장제스의 탄압으로 중국 공산당은 대장정에 나서 옌안에 근거지를 마련하였다.
바로잡기 ㄱ. 중화 인민 공화국 수립(1949), ㄹ. 청 멸망(1912)이다.

06 밑줄 친 '그'는 무스타파 케말이다. 케말은 독립 전쟁을 일으켜 터키 공화국을 수립하였다. 대통령에 선출된 그는 정치와 종교의 분리, 여성 참정권 부여, 문자 개혁 등을 시행하였다.

07 제시된 자료는 인도 국민 회의를 이끌었던 간디에 대한 설명이다. 간디는 영국 상품 불매와 납세 거부 등의 비폭력·불복종 운동을 전개하였다.
바로잡기 ① 레닌, ② 무스타파 케말, ③ 쑨원, ⑤ 수카르노에 대한 설명이다.

08 레닌은 경제난을 해결하기 위해 시장 경제를 일부 인정한 신경제 정책(NEP)을 시행하였다.

구분	채점 기준
상	시장 경제를 일부 인정(자본주의적 요소 도입)하였음을 서술한 경우
하	시장 경제 요소 도입에 대한 언급 없이 구체적인 정책들만 나열하여 서술한 경우

09

구분	채점 기준
상	중·일 전쟁, 일본의 침략 본격화를 서술한 경우
중	대일 항전이 필요하였음을 서술한 경우
하	일본이 침략하였다고만 서술한 경우

⑮ 전체주의의 등장과 제2차 세계 대전 30~31쪽

01 ⑤　**02** ④　**03** ③　**04** ④　**05** ⑤　**06** ①　**07** ③
08 예시답안 경제 기반이 약하고 식민지가 없거나 적었다.
09 예시답안 강력한 독재 체제를 갖추고 국가와 민족을 개인보다 우선시하였으며 군비 확장 및 대외 팽창 정책을 전개하였다.

01 제시된 자료는 1929년 10월 24일 미국에서 일어난 주가 폭락 사태를 보여 준다. 경제 호황을 누리던 미국이 과잉 생산으로 점차 불황에 빠져들면서 공황이 전 세계로 확산되었다.

02 제시된 자료는 대공황 시기 실업률의 급증을 보여 준다. 미

국은 이를 극복하기 위해 뉴딜 정책을 추진하여 농업과 산업 생산량의 조절, 노동자와 농민의 생계 지원, 테네시 계곡 개발 공사 등의 대규모 건설 사업을 실시하였다.
바로잡기 ㄱ. 공산주의의 확대를 막기 위한 서유럽 국가에 대한 지원, ㄷ. 자유 무역 확대와 관련된 내용이다.

03 대공황을 극복하기 위해 미국은 국가가 경제에 적극적으로 개입하는 뉴딜 정책을 시행하였고, 영국과 프랑스 등은 본국과 식민지를 하나로 묶는 블록 경제를 만들었다. 경제적 기반이 약한 국가에서는 전체주의가 확산되었다.

04 제시된 자료는 (가) 무솔리니, (나) 히틀러의 주장이다. 무솔리니는 로마 진군을 통해 집권하여 파시스트당 일당 독재 체제를 확립하였고 히틀러의 나치당은 대중의 지지를 바탕으로 제1당이 되어 정권을 차지하고 일당 독재를 수립하였다.
바로잡기 ① 일본, ②, ⑤ 히틀러, ③ 무솔리니에 대한 설명이다.

05 제2차 세계 대전이 발발하면서 프랑스의 드골은 영국에서 임시 정부를 구성하고 독일에 맞서 항전하였으며 미국은 군사 기지가 있던 하와이 진주만을 일본에게 기습 공격당하면서 참전을 결의하였다.
바로잡기 ㄱ, ㄴ. 제1차 세계 대전과 관련된 사실이다.

06 독일은 소련과 불가침 조약을 체결하고 폴란드 침공을 시작으로 프랑스 파리까지 함락하였다. 이후 독일은 소련을 침공하였으나 소련이 스탈린그라드 전투에서 독일군을 물리치고 연합국이 노르망디 상륙 작전에 성공하면서 프랑스를 해방시켰다.
바로잡기 ②, ③ 노르망디 상륙 작전 이후, ④ 제2차 세계 대전 발발 이전, ⑤ 제1차 세계 대전의 사실이다.

07 일본은 미국의 경제 봉쇄에 맞서 하와이 진주만을 공격하여 태평양 전쟁을 일으켰다. 초반 기습에 성공하며 전세를 주도하던 일본은 미드웨이 해전에서 패배하면서 수세에 몰리게 되었다.
바로잡기 ③ 스탈린그라드 전투는 독일군과 소련군이 벌인 전투이다.

08

구분	채점 기준
상	경제 기반이 약하다는 내용과, 식민지 없음을 모두 서술한 경우
중	경제 기반이 약하다고만 서술한 경우
하	식민지가 없거나 적다고만 서술한 경우

09

구분	채점 기준
상	독재 체제, 국가와 민족을 우선시, 대외 팽창 정책 전개를 서술한 경우
중	국가와 민족을 우선시하였다고만 서술한 경우
하	강력한 독재 체제를 형성하였다고만 서술한 경우

⑯ 민주주의의 확산과 평화를 유지하기 위한 노력 32~33쪽

01 ① **02** ② **03** ② **04** ⑤ **05** ① **06** ④ **07** ③
08 [예시답안] 제1차 세계 대전 중 여성들의 사회 참여가 확대되었고 여성들이 지속적으로 참정권을 요구하였다.
09 [예시답안] 미국과 소련 등 강대국들이 참여하였고 국제 분쟁 조정을 위한 군사적 수단을 동원할 수 있었다.

01 제시된 자료는 1919년 독일 바이마르 공화국에서 제정된 바이마르 헌법이다. 바이마르 헌법은 남녀 보통 선거를 규정한 민주적인 헌법이었다.

02 제시된 자료는 제1차 세계 대전 후 신생 독립국들이 헌법과 의회를 갖춘 공화정을 채택하였음을 보여 준다. 이를 통해 민주주의가 확산·발전되었음을 알 수 있다.

03 노동자들의 권리 확대를 위해 노동조합의 결성권을 보장하였고, 노동자 및 실업자들을 보호하기 위한 사회 보장법이 시행되었다.
바로잡기 ㄴ. 여성 참정권 획득과 관련한 내용이다. ㄹ. 전체주의에 저항하여 수립되었다.

04 제시된 자료는 파시즘이 확대되면서 이탈리아와 독일에서 전체주의 정권이 등장하여 시민의 자유를 제한하는 모습이다. 각지에서는 민주주의를 지키기 위해 저항 운동이 전개되었으며 여러 정치 집단들이 연합하여 인민 전선을 수립하였다.

05 제시된 자료는 나치의 강제 수용소 중 가장 규모가 컸던 아우슈비츠 수용소의 사진과 독일의 반유대인 정서를 보여 주는 글이다. 독일은 제2차 세계 대전 중 약 600만 명의 유대인을 계획적으로 학살한 사건을 저질렀고 이를 홀로코스트라고 한다.

06 제시된 대화는 한국 법원에서 일본의 강제 동원에 대해 일본 기업이 배상하라는 판결과 그에 따른 무역 분쟁으로 인한 불매 운동을 다루고 있다. 일본은 침략 전쟁을 확대하면서 한국, 중국 등지의 젊은이들을 강제로 동원하여 위험하고 힘든 노동 현장에 투입하였고, 임금과 처우 등에서 제대로 된 대우를 하지 않았다.

07 전쟁 등 지난날의 끔찍한 잘못을 반복하지 않기 위해 과거사에 대한 반성이 각국에서 있었다. 1970년 서독의 빌리 브란트 총리는 홀로코스트 희생자 추모비에서 사죄하였으며, 독일은 홀로코스트 기념관 등을 통해 과거의 역사를 반성하고 있다.
바로잡기 ㄱ. 독일 통일, ㄹ. 과거사에 대한 갈등 사례이다.

08

구분	채점 기준
상	제1차 세계 대전 중 여성들의 사회 참여가 확대되었고 여성들이 지속적으로 참정권을 요구하였음을 서술한 경우
중	여성들의 사회 참여가 확대되었다고만 서술한 경우
하	여성들의 참정권 요구가 지속되었다고만 서술한 경우

09

구분	채점 기준
상	미국과 소련의 참여, 군사적 수단의 사용을 모두 서술한 경우
중	국제 연합군을 파견할 수 있었다고 서술한 경우
하	미국과 소련이 참여하였다고만 서술한 경우

VI. 현대 세계의 전개와 과제

⑰ 냉전 체제와 아시아·아프리카의 독립 34~35쪽

01 ③ **02** ③ **03** ⑤ **04** ⑤ **05** ② **06** ① **07** ④ **08** ④
09 (1) 제3 세계 (2) **예시답안** 냉전 체제 속에서 자본주의 진영과 공산주의 진영 어느 편에도 가담하지 않는 비동맹 중립 노선을 추구하였다.

01 제시된 자료는 미국 트루먼 대통령이 발표한 외교 정책이다. 트루먼 대통령은 공산주의의 확산을 막고 유럽 국가를 지원하기 위해 트루먼 독트린을 발표하고 서유럽 경제 재건을 위해 마셜 계획을 추진하였다.
바로잡기 ① 레닌, ② 마오쩌둥, ④, ⑤ 냉전 시기 소련에 대한 설명이다.

02 제시된 자료는 냉전 체제의 전개 과정에 대한 내용이다.
바로잡기 ③ 소련은 제2차 세계 대전 당시 연합국의 일원으로 참전하였다.

03 냉전은 세계 여러 곳에서 군사적 충돌로 나타났는데, 중국에서의 국·공 내전, 6·25 전쟁, 베트남 전쟁 등이 이에 해당한다.
바로잡기 ㄱ. 유대인이 팔레스타인 지역에 서방 국가의 도움으로 이스라엘을 세우자 아랍 민족이 이에 반발하여 4차례에 걸친 중동 전쟁이 일어났다. ㄴ. 1937년 일본은 중국을 본격적으로 침략하여 중·일 전쟁을 일으켰다.

04 제시된 자료는 냉전 체제가 형성된 후 일어난 중국의 국·공 내전에 대한 설명이다. 국·공 내전에서 승리한 중국 공산당은 중화 인민 공화국을 수립하였고, 패배한 중국 국민당은 타이완으로 이동하였다.

05 인도는 독립하는 과정에서 힌두교도가 다수인 인도와 이슬람교도가 다수인 파키스탄으로 분리 독립하였다.

06 제시된 자료는 인도네시아 반둥에서 개최된 아시아·아프리카 회의(반둥 회의)에 참석한 29개국 대표들이 제국주의와 식민주의에 반대하고 분쟁의 평화적 해결 등을 강조하는 내용을 담아 발표한 평화 10원칙의 일부이다.

07 제시된 자료에서 팔레스타인 지역에 세워졌으며, 서방 국가의 도움으로 유대인이 세웠다는 것을 통해 (가)가 이스라엘임을 알 수 있다.

08 제시된 자료는 1969년 미국의 닉슨 대통령이 발표한 외교 원칙이다. 닉슨 독트린 발표를 계기로 냉전 완화의 분위기가 조성되었고 미군이 베트남 전쟁에서 철수하였다.

09 냉전 시기 아시아와 아프리카의 신생 독립국 대부분은 비

동맹 중립 노선을 추구하였다. 이러한 국가들을 제3 세계라고 한다.

구분	채점 기준
상	비동맹 중립 노선에 대해 냉전 체제와 연결시켜 정확하게 서술한 경우
하	비동맹 중립 노선만 서술한 경우

⑱ 세계화와 신자유주의 36~37쪽

01 ⑤ **02** ⑤ **03** ③ **04** ③ **05** ④ **06** ② **07** ②
08 **예시답안** 소련이 해체되고 러시아를 중심으로 독립 국가 연합(CIS)이 결성되었으며, 사회주의 경제 체제를 포기하고 자본주의적인 시장 경제 체제를 받아들였다.
09 (1) 신자유주의 (2) **예시답안** 신자유주의 경제 정책에 따라 공공 지출과 복지비를 삭감하고 국영 기업을 민영화하였으며 기업의 경쟁력을 높이기 위해 각종 규제를 완화하였다.

01 제시된 자료에서 1985년에 소련의 지도자가 되었다는 점, 개혁, 개방 정책과 정치 민주화를 추진하였다는 점 등을 통해 고르바초프에 대한 설명임을 알 수 있다.

02 제시된 지도는 소련의 해체와 독립 국가 연합의 결성을 보여 주고 있다. 1985년 소련의 지도자가 된 고르바초프의 개혁·개방 정책으로 소련 내의 여러 국가들이 독립을 선언하였고 이후 11개국이 독립 국가 연합(CIS)을 결성함으로써 소련이 해체되었다.

03 고르바초프는 1985년에 집권하였고 베를린 장벽 붕괴는 1989년, 독일의 통일은 1990년, 소련 해체 이후 독립 국가 연합 결성은 1991년의 사실이다.

04 제시된 자료에서 흑묘백묘론을 바탕으로 개혁·개방 정책을 폈다는 점에서 밑줄 친 '그'가 덩샤오핑임을 알 수 있다. 중국의 경제는 덩샤오핑의 개혁·개방 정책에 힘입어 빠르게 성장하고 있다.

05 제시된 자료에서 대약진 운동을 전개하였다는 점, 대약진 운동 실패로 정치적 입장이 약화되자 권력 강화를 위해 일으켰다는 점 등을 통해 (가)가 마오쩌둥이 일으킨 문화 대혁명임을 알 수 있다. 마오쩌둥은 홍위병을 앞세워 반대 세력을 제거하고 권력을 강화하였다.

06 제시된 자료에서 1995년 관세 및 무역에 관현 일반 협정(GATT)을 이어받아 설립되었다는 점, 국제 무역 분쟁 조

정 등의 역할을 한다는 점 등을 통해 밑줄 친 '이 기구'가 세계 무역 기구(WTO)임을 알 수 있다.

07 제시된 자료의 ㉮는 신자유주이다.
바로잡기 ② 뉴딜 정책은 1929년 대공황을 극복하기 위해 실시된 정책으로, 정부가 경제 활동에 적극 개입하는 정책이다.

08 소련은 1970년대 이후 공산당 관료 체제와 사회주의 경제 체제를 강화하였으나 사회 경직과 경제 침체로 많은 어려움을 겪었다. 이에 1985년대 중반 고르바초프는 시장 경제 원리를 도입하고 정치 민주화를 추진하여 사회주의의 한계를 극복하려는 개혁·개방 정책을 추진하였다. 또한 동유럽 국가들에 대해 간섭 중단을 선언하였다. 이는 소련 내 여러 국가들이 독립을 선언하는 배경이 되었다.

구분	채점 기준
상	소련 해체와 독립 국가 연합 결성, 시장 경제 체제 수용 등을 정확하게 서술한 경우
중	소련 해체와 독립 국가 연합 결성만 서술한 경우
하	소련 해체만 서술한 경우

09 1970년대 경제 불황을 맞이한 세계 각국에서는 이를 극복하기 위해 정부의 개입과 규제를 축소하고 민간과 시장의 자유를 보장하는 정책이 실시되었다. 그 결과 신자유주의 경제 체제가 형성되었다.

구분	채점 기준
상	신자유주의 경제 정책의 사례 세 가지를 정확하게 서술한 경우
중	신자유주의 경제 정책의 사례 두 가지를 서술한 경우
하	신자유주의 경제 정책의 사례 한 가지를 서술한 경우

---

⑲ 대중문화의 발전과 현대 세계의 과제 38~39쪽

01 ① **02** ⑤ **03** ③ **04** ④ **05** ⑤ **06** ② **07** ①
08 (1) 마틴 루서 킹 (2) **예시답안** 마틴 루서 킹 목사는 '법 앞에서의 평등'을 외치며 흑인 차별에 반대하는 시위를 이끌었다. 이러한 활동의 영향으로 민권법이 제정되어 흑인과 백인 사이의 법적 차별이 없어졌다.
09 (1) 난민 협약(난민 지위에 관한 협약) (2) **예시답안** 난민은 전쟁이나 정치, 종교, 사상적 박해를 피해 다른 지역으로 이주한 사람들을 의미한다. 난민 협약은 난민의 지위와 권리를 보호하려는 목적에서 채택되었다.

01 제시된 자료에서 1968년 프랑스에서 시작되었다는 점, 학생들이 '금지하는 모든 것을 금지하라'는 구호를 외쳤다는

점 등을 통해 밑줄 친 '이 운동'이 68 운동임을 알 수 있다.

02 제시된 자료는 제2차 세계 대전 이후 흑인 차별 정책에 대한 내용이다. 흑인 차별 정책에 반발해 남아프리카 공화국에서는 넬슨 만델라가 아파르트헤이트 반대 운동을 전개하였고, 미국에서는 마틴 루서 킹 목사가 대규모 시위를 이끌었다.

03 제시된 자료의 인물은 남아프리카 공화국에서 인종 분리 정책인 아파르트헤이트에 맞서 흑인 인권 운동을 전개한 넬슨 만델라이다.

04 대중 사회가 형성되면서 대중문화가 성장하였다. 특히 라디오, 텔레비전과 같은 대중 매체가 보급되면서 다양한 장르의 대중문화가 빠르게 성장하였다.
바로잡기 ㄱ. 대중문화는 다수의 취향을 충족하는 문화이다. ㄷ. 대중문화는 젊은 세대의 공감을 얻었다.

05 자료에 제시된 조약들은 모두 대량 살상 무기 확산을 막기 위해 체결된 것이다. 핵폭탄이나 생화학 무기 등은 한 번에 많은 사람을 희생시킬 수 있는 대량 살상 무기로, 사용 이후에도 질병을 유발하거나 환경을 파괴하는 등 인류에게 지속적인 피해를 줄 수 있다. 이에 여러 국제 협약을 체결하여 대량 살상 무기의 사용과 개발을 금지하고 있다.

06 자료에서 국제 연합의 상설 기구가 되었다는 점, 개발 도상국 아동을 지원하는 활동을 전개하고 있다는 점 등을 통해 ㉮ 기구가 유니세프임을 알 수 있다. 유니세프는 질병과 빈곤 문제를 해결하기 위해 다양한 활동을 전개하고 있다.

07 제시된 협약은 선진국과 개발 도상국의 온실가스 감축 의무를 규정한 파리 기후 협약이다. 파리 기후 협약은 선진국에만 온실가스 감축 의무를 규정했던 1997년 교토 의정서를 대신하여 2015년에 마련되었다.

08 제2차 세계 대전 이후에도 남아프리카 공화국, 미국 등에서는 백인 중심의 사회가 유지되고 흑인 차별 정책을 유지하였다. 이러한 상황에서 흑인의 인권을 보장받기 위한 민권 운동이 활발하게 일어났다. 특히 미국에서는 마틴 루서 킹 목사가 흑인 차별에 반대하는 시위를 이끌었다.

구분	채점 기준
상	흑인 차별 반대 시위, 민권법 제정, 흑인과 백인 사이의 법적 차별 철폐 등을 포함하여 서술한 경우
하	흑인 차별 반대 시위와 민권법 제정 중 하나만 서술한 경우

09 냉전 체제가 해체된 이후에도 세계 곳곳에서는 갈등과 분쟁, 테러가 일어나고 있다. 분쟁 지역에서는 수많은 사상

자가 발생하고 난민이 증가하고 있는데 특히 난민 문제는 전 세계적으로 심각하게 일어나고 있으며 여러 나라가 해결 방안을 고심하고 있다.

구분	채점 기준
상	난민의 개념과 협약 마련 이유를 정확하게 서술한 경우
중	난민의 개념만을 정확하게 서술한 경우
하	협약 마련 이유만을 서술한 경우

www.mirae-n.com

학습하다가 이해되지 않는 부분이나 정오표 등의 궁금한 사항이 있나요?
미래엔 홈페이지에서 해결해 드립니다.

교재 내용 문의
나의 교재 문의 | 수학 과외쌤 | 자주하는 질문 | 기타 문의

교재 정답 및 정오표
정답과 해설 | 정오표

교재 학습 자료
개념 강의 | 문제 자료 | MP3 | 실험 영상

중학 영어의 필수 기본서

문법, 독해, 어휘 전 영역의 체계적인 실력 상승!

BITE

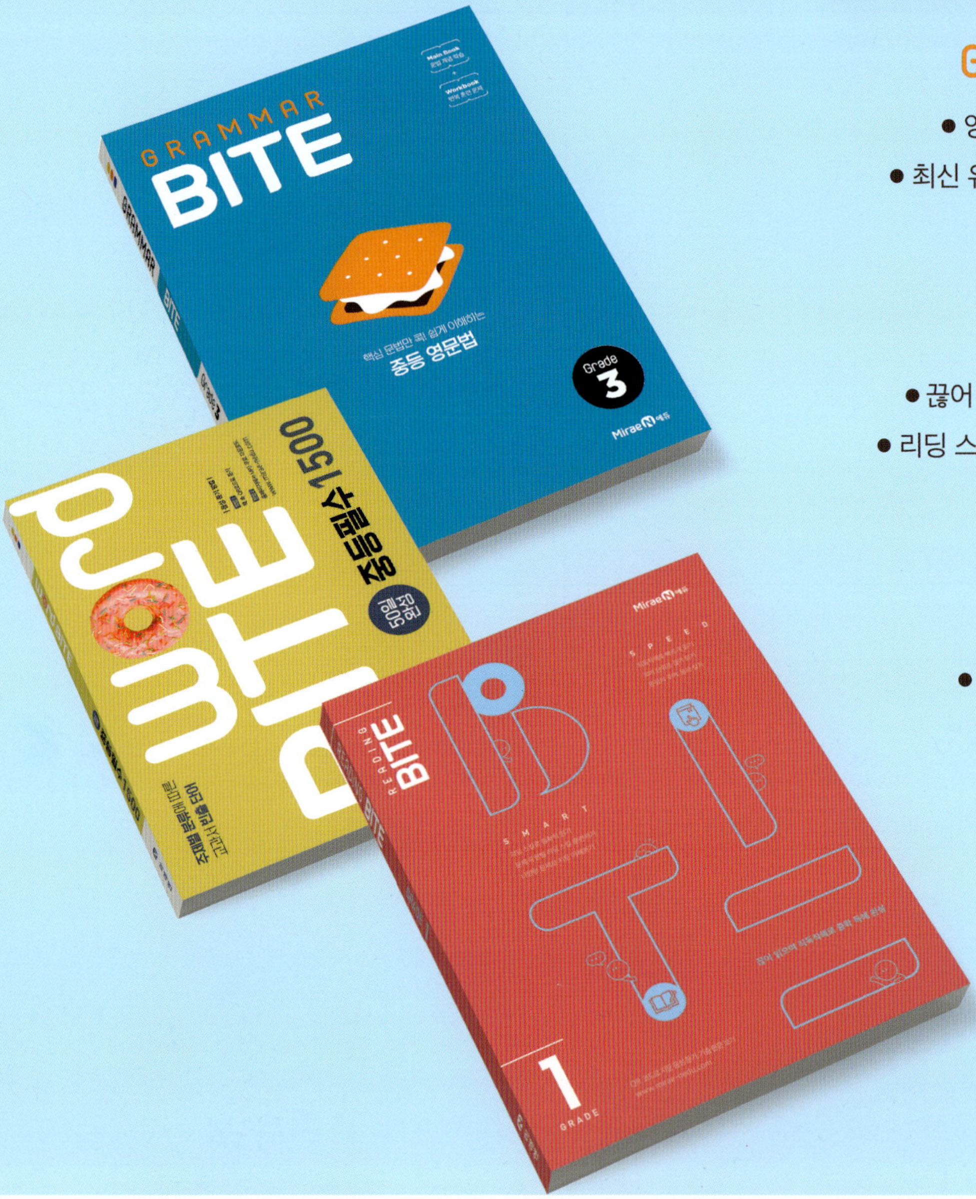

GRAMMAR BITE

- 영문법의 기본기가 탄탄해지는 영문법 기본서
- 최신 유형과 정확한 문법 설명으로 실전 능력 강화!

PREP / Grade 1, Grade 2, Grade 3 / SUM

READING BITE

- 끊어 읽기로 직독직해의 힘을 기르는 독해 기본서
- 리딩 스킬, 배경 지식 등을 확장하며 독해 실력 향상!

PREP / Grade 1, Grade 2, Grade 3 / PLUS 수능

word BITE

- 교과서 빈출 단어로 정복하는 영단어 기본서
- 단계별로 어휘 실력을 확실하게 다지기!

핵심동사 561, 중등필수 1500, 중등심화 1200

구성보기

Grammar Reading Word

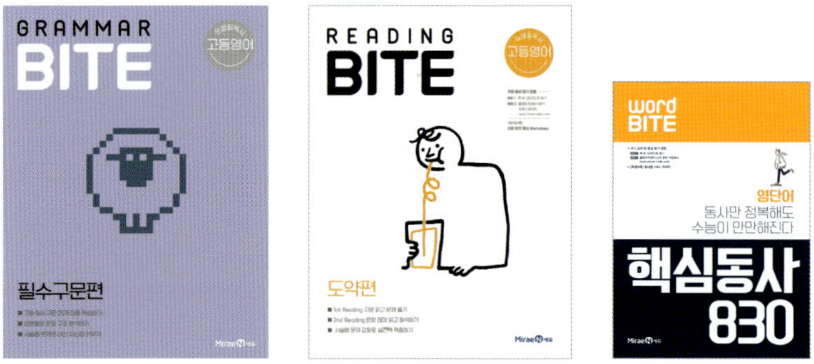

고등 영어의 기본기를 확실하게 완성하려면?

고등학교 BITE 시리즈

GRAMMAR BITE 핵심문법편, 필수구문편

READING BITE 도약편, 발전편

Word BITE 핵심동사 830, 수능적중 2000